DUMONT

Reise-Taschenbuch

9783016021133

W0099925

yucatán & chiapas

Juliane Israel

Senkrechtstarter

Der Cenote Negro bei der Laguna de Bacalar ist eine mit Süßwasser gefüllte Kalksteinhöhle. Davon gibt es Tausende auf Yucatán. Sie sind perfekt zum Baden, Tauchen oder auch einfach zum ›Treibenlassen‹. So vielfältig wie die Cenotes präsentiert sich das Leben auf Yucatán und in Chiapas! Tauchen Sie ein in eine Welt aus bunten Städten und einsamer Natur, Gerichten, die Sie noch nie gekostet haben, Traditionen und Geheimnissen, mitreißender Musik und freundlichen Menschen – und lassen Sie sich ab und zu einfach treiben.

Überflieger

Fisch essen im Fischerdorf

• Sabancuy

Riesenköpfe aus Stein

Bedrohtes Ökosystem

Laguna de Términos

• Villahermosa

Sie war eine der Größten

Malereien der Maya

Modern

Türkisfarbene Kaskadenwelt im Dschungel

Palenque •

Agua Azul •

Was für eine Stadt!

Tuxtla Gutiérrez •

• San Cristóbal de las Casas

Bonampak
•

Cañon del Sumidero •

Hier geht es ganz steil nach unten

Comitán de Domínguez •

• Parque Nacional Lagunas de Montebello

Kopfsteinpflaster und Kolonialhäuser

Im Land der 50 Seen

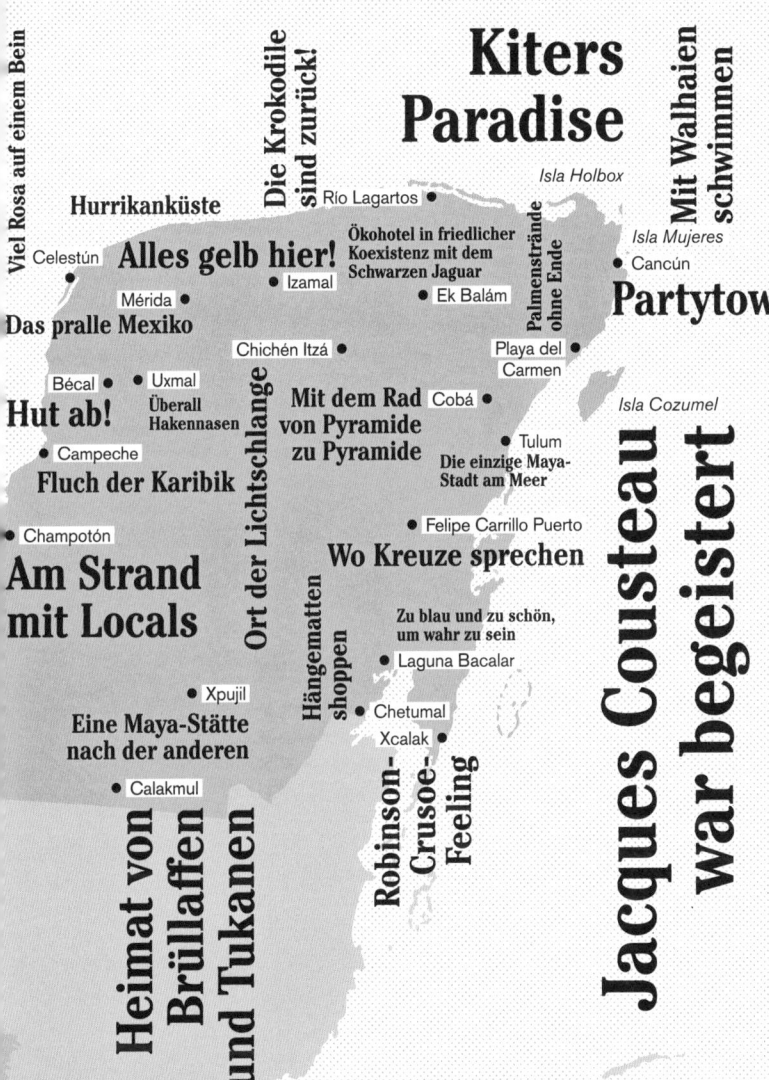

Viel Rosa auf einem Bein

Kiters Paradise

Die Krokodile sind zurück!

Río Lagartos •

Isla Holbox

Mit Walhaien schwimmen

Hurrikanküste

Celestún •

Alles gelb hier!

Ökohotel in friedlicher Koexistenz mit dem Schwarzen Jaguar

• Izamal

Palmenstrände ohne Ende

Isla Mujeres

• Cancún

Mérida •

• Ek Balám

Partytown

Das pralle Mexiko

Chichén Itzá •

Playa del Carmen •

Bécal •

• Uxmal

Mit dem Rad von Pyramide zu Pyramide

Cobá •

Isla Cozumel

Hut ab!

Überall Hakennasen

• Tulum

Die einzige Maya-Stadt am Meer

• Campeche

Fluch der Karibik

Ort der Lichtschlange

• Champotón

• Felipe Carrillo Puerto

Wo Kreuze sprechen

Am Strand mit Locals

Hängematten shoppen

Zu blau und zu schön, um wahr zu sein

• Laguna Bacalar

Jacques Cousteau war begeistert

• Xpujil

Eine Maya-Stätte nach der anderen

• Chetumal

Xcalak •

• Calakmul

Robinson-Crusoe-Feeling

Heimat von Brüllaffen und Tukanen

Yucatán und Chiapas — vom Golf von Mexiko und der Karibik umbrandet! Mal eben drüberfliegen, von Ost nach West und von Nord nach Süd. Viel Meer, viel Kultur, viel Urlaub!

Querfeldein

Fundstücke — zwischen Küste und Hinterland, zwischen Trubel und Einsamkeit, zwischen Frühzeit und Gegenwart. Yucatán und Chiapas bieten viel Raum für neue Erfahrungen.

Nur zum Baden hin?

Das wäre schade! Natürlich sind die weißen Strände an den Küsten Yucatáns oder auf den Inseln traumhaft schön, doch Mexiko hat man nicht erlebt, ohne einen Abstecher ins Hinterland zu machen – zu Mayaruinen und versteckten Cenotes, in Kolonialstädte und eine zünftige Cantina. Mein Tipp: Mieten Sie sich für ein paar Tage ein Auto und erkunden Sie die Halbinsel auf eigene Faust, Sie werden es lieben!

Kunterbunt

Die mexikanischen Kolonialstädte sind nicht nur architektonisch eine Augenweide, sondern auch farblich. Und jede ist ein wenig anders. Pastellgrün, lichtblau, sonnengelb und knallrosa leuchten die Hausfassaden von Campeche am Golf von Mexiko. Das nostalgische Städtchen Izamal dagegen setzt ganz auf Gelb, was im warmen Abendlicht eine Romantik entfaltet, die kaum noch zu toppen ist.

Tauchen wie Cousteau

Gleich mehrere grandiose Riffe machen die Gewässer um Yucatán zu den besten Tauchrevieren der Welt. Jacques Cousteau, der die Region berühmt machte, hatte es v. a. die Unterwasserlandschaft vor der Isla Cozumel angetan. Bei Cancún gibt es auf dem Meeresgrund sogar ein Museum.

Ein Sombrero auf dem Kopf ist im sonnenverwöhnten Mexiko eine gute Idee. Das Wort bedeutet so viel wie ›Schattenspender‹ und bezieht sich daher nicht nur auf die riesigen Teile im Mariachi-Stil, sondern auf alle Arten von Kopfbedeckungen. Die edelste Variante des Landes kommt aus Bécal: der Panamahut.

Wüste und Kakteen – war's das?

Von wegen! Yucatán präsentiert sich grün und die südlichen Tieflandregionen von Chiapas sind ein regelrechter Dschungel voller exotischer Bäume, knorriger Lianen und dichtem Buschwald, durch den Brüllaffen turnen und Tukane fliegen. Die mexikanischen Klischeelandschaften, wie sie in Westernfilmen und Roadmovies gezeigt werden, beschränken sich auf den trockenen Norden des Landes. Je weiter man nach Süden reist, desto üppiger wird die Vegetation. Kakteen gibt's trotzdem auf der Halbinsel.

Hoch hinauf!

Die Maya haben beeindruckende architektonische Spuren hinterlassen. Erklimmen Sie mal eine der Pyramiden – ein magischer Moment, den man mit etwas taktischer Zeitplanung ganz für sich allein genießen kann. Aber wundern Sie sich nicht, wenn Sie plötzlich alte zeremonielle Gesänge zu hören meinen …

»Mamita« – wundern Sie sich nicht, wenn Sie so angesprochen werden! Das ist hier liebevoll gemeint, nicht abschätzig.

Feste an jeder Ecke

Sie ist legendär: die Fiesta Mexicana. Und die Chancen stehen gut, einmal mitzufeiern. Ständig stolpert man in Mexiko über irgendein Fest, sei es zu Ehren des lokalen Schutzpatrons oder weil ein nationaler Feiertag ansteht – ein Anlass findet sich immer. Da wird dann fröhliche Musik gespielt und es warten deftiges Essen, scharfe Getränke, flotte Tänze und hitzige Diskussionen. Wenn es laut knallt, wurde gerade ein Böller gezündet. Sollten Sie Ende Oktober am Día de los Muertos im Land sein, dann verpassen Sie nicht das Wiedersehen mit den Toten – lebendiger geht's nicht!

So geht's sonntagnachmittags auf dem Hauptplatz von Mérida zu: Musiker spielen, und es wird getanzt, was das Zeug hält!

Inhalt

Vor Ort

Cancún und Inseln 14

Riviera Maya 48

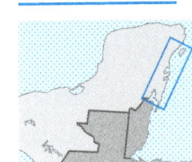

Im Biosphärenreservat Sian Ka'an trifft Süß- auf Salzwasser. Das Schutzgebiet lässt sich am besten per Boot erkunden.

Nordyucatán 98

In ganz Yucatán gibt es keine schönere Altstadt als die von Campeche mit ihren pastellfarbenen Häusern.

Die Golfregion 160

Chiapas 190

Das Kleingedruckte

Das Magazin

Vor

Ort

Playa del Carmen Q. Roo

Die weißen Strände bei Tulum sind wunderschön. Aber gleich hinter dem Strand können Sie auch auf Zeitreise gehen und faszinierende Ruinen der Maya-Kultur erkunden. Und südlich von Tulum wartet das artenreiche Biosphärenreservat Sian Kaàn auf Sie.

Cancún und Inseln

Jede Menge Abwechslung und Erholung pur — bietet die beliebte Urlaubsregion rund um Cancún. Vom Stadtbummel mit Touristenrummel bis zu einsamen Pulversandstränden mit türkisblauem Wasser ist alles dabei.

Seite 18

Torre Escénica

Einen ersten Eindruck von Cancúns Ferienparadies verschaffen Sie sich am besten von diesem Turm – bienvenidos in 80 m Höhe!

»Qué onda?« – So fragt man in Mexiko lässig »Wie geht's?«

Seite 19

Zona Arqueológica de San Miguelito

Verglichen mit anderen archäologischen Stätten Yucatáns sind diese Ruinen ziemlich mickrig, aber sie stellen eine schöne Abwechslung zum Beachen und zu den hochmodernen Einkaufszentren in der Zona Hotelera von Cancún dar.

Eintauchen

Seite 20

Museo Subaquático de Arte

Männer, Frauen und Kinder unter Wasser, verankert im Sand? Beim Schnorcheln und Tauchen durch das Unterwassermuseum MUSA vor der Küste von Cancún entdecken Sie eine surreale Kunstwelt.

Seite 80

Restaurant La Habichuela

Ein grüner Innenhof im Haciendastil und eine ideenreiche Küche – dieses Lokal in der Zona Comercial von Cancún sorgt für eine willkommene Abwechslung vom Hotelbuffet-Einerlei.

Lobster Dinner Cruise

Jede Menge Romantik verspricht eine abendliche Kreuzfahrt ab Cancún. Fürs leibliche Wohl ist gesorgt – natürlich mit Hummer & Co.

Isla Contoy

Auf der Insel sind über 100 Vogelarten zu Hause und zwitschern fröhliche Melodien durch das Naturschutzgebiet. Schon die Anfahrt per Boot ist ein Erlebnis.

Mit Riesen schwimmen

Vor der Isla Mujeres können Sie imposanten Walhaien ganz nahe kommen – ein Moment, der zeigt, wie klein der Mensch ist, denn mit bis zu 13 m sind dies die größten Fische der Welt.

Isla Holbox ⭐

Weißer Pulverstrand, mehr Pelikane als Menschen, Palmen noch und nöcher, glasklares Meer – auf Holbox werden Karibikfantasien wahr.

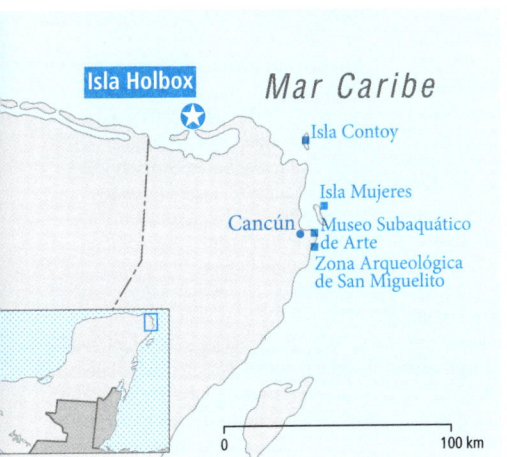

Isla Holbox
⭐

Mar Caribe

Isla Contoy

Isla Mujeres

Cancún
Museo Subaquático de Arte
Zona Arqueológica de San Miguelito

0   100 km

Das mexikanische Spanisch hat viele Eigenarten: ›Bier‹ heißt hier üblicherweise nicht *cerveza,* sondern *chela.*

»I wanna dance by water 'neath the Mexican sky / Drink some Margaritas by a string of blue lights / Listen to the Mariachi play at midnight / Are you with me, are you with me?« (Songtext von Lost Frequencies)

erleben

Strandparadies?

Auf die persönliche Wohlfühloase kommt es an, damit die Sehnsucht nach Meer und Entspannung in Cancún in Erfüllung geht. Denn eines sollte man wissen: Um hier gelöst Urlaub zu machen, muss man Menschen mögen. Viele Menschen. Cancún ist der größte Badeort an der mexikanischen Karibikküste und eine auf dem Reißbrett geplante Ferienfabrik, die Anfang der 1970er-Jahre den Köpfen der Tourismusplaner entsprungen ist. Zu dieser Zeit lebten hier noch um die 100 Maya. Sie verdienten sich ihren Lebensunterhalt mit Fischfang und der Suche nach dem Chicle-Saft, aus dem Kaugummi hergestellt wird. Doch die indigene Bevölkerung musste weichen. Und wie damals üblich, wurde die Natur nur als Rahmen für eine möglichst profitable, auf die Maximierung der Bettenzahl gerichtete Vermarktung gesehen. Das Meer in Cancún ist zwar türkis und der Sand weiß, doch wird man vergeblich nach einer karibischen Idylle suchen oder nach einem romantischen Platz, um die Hängematte im Schatten einer Palme aufzuhängen. Stattdessen erwarten den Reisenden über 140 Hotels aller Kategorien, klimatisierte Einkaufszentren, lasergesteuerte Discos und dröhnende Motorboote.

ORIENTIERUNG

Infos: Touristeninformationen gibt es in Cancún, auf der Isla Mujeres und auf der Isla Holbox.
Im Internet: www.cancun.travel. en (Infos zu Hotels, Restaurants und Transportmitteln; engl.), www. mexiko-cancun.de (von Zollbestimmungen über Feste bis zu Mietwagen; dt.).
Anreise und Weiterkommen: Als Verkehrsknotenpunkt der mexikanischen Karibikküste wird Cancún u. a. aus Deutschland direkt angeflogen. Gut ausgebaute Straßen und hervorragende Busverbindungen erschließen alle bedeutenden Ziele auf Yucatán. Zu den Inseln gibt es regelmäßige Fähren.

Wie anders dagegen die der Urlaubshochburg vorgelagerten Inseln! Hier sind Autos verboten, große Resorts kaum vorhanden. Schon die leicht erreichbare Isla Mujeres bietet wesentlich mehr Ursprünglichkeit und Ruhe, zumindest wenn die Tagesausflügler wieder weg sind. Richtig ruhig, ja beinahe einsam wird es auf der Isla Holbox ganz im Norden von Yucatán. An den langen weißen Sandstränden der Insel werden Sie mehr Pelikanen als Menschen begegnen.

Cancún ⚲ T 2; Karte 3, F 2

Eine Fahrt mit dem Stadtbus macht es deutlich: Cancún besteht aus zwei völlig voneinander getrennten Welten. Die eigentliche Stadt, die **Zona Comercial,** mit einem nur kleinen touristischen Zentrum liegt ein Stück abseits des Meeres. Die Welt der Touristen dagegen erstreckt sich über eine schmale, künstlich aufgeschüttete Landbrücke zwischen der Karibik und der **Laguna de Nichupté** und trägt den Namen **Zona Hotelera.** Das Meer ist blau, der Strand hat feinen weißen Sand. Dahinter ragen die mehr oder weniger einfallsreich gestalteten Fassaden der internationalen Hotelpaläste in den Himmel.

Zona Comercial

Die Zona Comercial, also die Innenstadt von Cancún, bildet gewissermaßen das infrastrukturelle Rückgrat der Zona Hotelera und ist wie diese auf dem Reißbrett geplant. Hier findet man sämtliche öffentliche Einrichtungen wie Banken, Informationsstellen, Busbahnhöfe, Kliniken und das Rathaus. Mit dem Wachstum der Zona Hotelera hat auch der Ort Cancún einen raschen Aufschwung genommen und dehnt sich nun viele Kilometer weit ins Umland aus.

1000-m-Bummel
Interessant zum Schaufensterbummel ist allein ein 1 km langer Abschnitt der mehrspurigen **Avenida Tulum.** Die Geschäfte, Restaurants und Cafés breiten sich bis in die kleinen Nebenstraßen aus. Startpunkt ist an der zur Zona Hotelera führenden Avenida Kukulcán, Endstation der Busbahnhof an der Einmündung in die Avenida Uxmal.

FAKTENCHECK

Einwohner: ca. 880 000
Bedeutung: bekannteste Stadt des Bundesstaates Quintana Roo (Hauptstadt: Chetumal)
Stimmung auf den ersten Blick: Partytown, Gringolandia, Hotelburgen – wer's mag …
Stimmung auf den zweiten Blick: authentische Restaurants und Märkte in der Innenstadt
Besonderheiten: eine der meistbesuchten Städte der Welt, internationales Flair

Zona Hotelera

Auf einer Länge von mehr als 20 km reihen sich entlang der einzigen Straße der Zona Hotelera, dem **Boulevard Kukulcán,** nahtlos die Hotelburgen aneinander, die meisten mit ausgedehnten Grünanlagen und großen Pools. Miami ist hier nicht nur geografisch näher als Mexiko-Stadt – auch Architektur und Lebensstil orientieren sich mehr an den USA als am eigenen Land.

Glitzerwelt statt Maya-Hütten
Auf dem Fahrradweg bemühen sich Jogger um Kondition. Statt Sombrero auf wettergegerbtem Gesicht die Baseballmütze auf blasser Haut, statt farbenfrohem Markt klimatisierte Shoppingmalls mit internationalem Angebot – kurzum: eine Ferienlandschaft, die ganz auf die Bedürfnisse US-amerikanischer Touristen zugeschnitten ist. Von ihnen bleibt kaum einer länger als eine Woche, stets die Sonne, Spaß und Abwechslung im Fokus. Es ist kaum noch vorstellbar, dass auf diesem schmalen Landstreifen einst einfache Maya-Hütten standen. Selbst an der dem Festland zugekehrten Seite,

am Ufer der Laguna de Nichupté, ragen bereits die ersten Hochbauten auf. Der Bauboom ist ungebrochen.

Was nun tun in dieser künstlichen Welt aus Glas und Glitzer, klimatisierten Betonwürfeln und flimmernder Hitze unter dem Firmament? Erst mal relaxen!

Strandspaß mit Tücken

Die gesamte Zona Hotelera wird von einem 23 km langen, feinsandigen weißen Strand gesäumt, der aus fossilem Plankton besteht und angenehm kühl ist. Palmen sucht man vergeblich, das Meer aber schimmert in verführerischem Türkis. Allerdings gibt es tückische Unterströmungen, vor denen man sich auch bei ruhigem Wetter in Acht nehmen muss. Farbige Wimpel an den einzelnen Strandabschnitten signalisieren die jeweiligen Sicherheitsstufen, die Sie durchaus ernst nehmen sollten: blau – sicher, gelb – Vorsicht, rot – Gefahr.

Sofern Sie nicht Gast in einem der exklusiven Strandhotels sind, ist der öffentliche Zugang zum Meer gar nicht so

EIN PAAR SPARTIPPS **S**

Das Preisniveau in Cancún liegt erheblich über dem Landesdurchschnitt und ist ganz auf die zahlungskräftigen Touristen ausgerichtet. Es gibt dennoch ein paar Möglichkeiten zum Geldsparen: An fast jeder Ecke findet man eine **Happy Hour.** Zwei Mahlzeiten zum Preis von einer bekommt, wer sich die **Cancún Discount Card** (www. cancun-discounts.com, 15 US-$) kauft – das gilt allerdings nur in teilnehmenden Restaurants. Im Eintrittspreis für den **EcoPark Xcaret** (s. S. 63) in Playa del Carmen ist auch der **Torre Escénica ➍** (s. rechts) enthalten.

einfach und nur an wenigen Stellen möglich, beispielsweise der **Playa Linda ➊** (Km 4) mit ruhigem Wasser im nördlichen Abschnitt und der **Playa Chac Mool ➋** (Km 10) mit leichtem Wellengang. Und das, obwohl es ein Gesetz gibt, das jedem die Nutzung der Strände gestattet. Am südlichen Abschnitt der **Playa Delfines ➌** (Km 17,7) stehen die bunten Buchstaben ›CANCÚN‹, die ein schönes Erinnerungsfoto abgeben, v. a. mit dem blauen Meer im Hintergrund.

Fast über den Wolken

Vom drehbaren Aussichtsturm **Torre Escénica ➍** können Sie sich in einer rotierenden Panoramakapsel in 80 m Höhe einen 360°-Überblick über Cancún verschaffen und das Meer aus der Vogelperspektive genießen. Hier oben begreift man erst so richtig, was für eine Urlaubsfabrik hier geschaffen wurde. Der Besuch dauert nur etwa 15 Minuten, die man am Morgen mit etwas Glück ganz für sich allein hat, zum Sonnenuntergang allerdings mit anderen Romantikern teilen muss.
Blvd. Kukulcán Km 4,5, tgl. 9–21 Uhr, 20 US-$

Spuren der Vergangenheit

Inmitten der Hotelkomplexe konnten sich die Maya einen Platz reservieren. Zentrum ist das 2012 eröffnete **Museo Maya de Cancún ➎**. Staunen Sie: Über 300 Exponate werden in dem modernen Gebäude gezeigt, darunter skurrile Skulpturen, finster blickende Masken, Reliefs mit geheimnisvollen Ritualen und das über 10 000 Jahre alte Frauenskelett der Mujer de las Palmas (›Frau der Palmen‹) aus einem Cenote bei Tulum. Wären Sie 800 Jahre früher gekommen, hätten Sie genau hier noch fischende und jagende Maya angetroffen. Sie siedelten damals um einen kleinen Palast und legten zu Füßen einer Pyramide ihre Opfer ab. Die Überreste dieser Bauten befinden sich auf

Die Playa Delfines ist einer der beliebtesten Strände von Cancún, und so leer wie auf diesem Bild trifft man ihn nur in der Nebensaison an. Zu allen Zeiten jedoch gilt: Das tropische Feeling hier ist fantastisch!

dem dschungelartigen Gelände rund um das Museum, das als **Zona Arqueológica de San Miguelito** bekannt ist und von Leguanen bewacht wird, die sprachlos in der Sonne dümpeln.

Blvd. Kukulcán, zw. Km 16 und 17, T 998 885 38 43, tgl. außer Mo 9–18 Uhr, 75 Pesos

Alte Maya-Siedlung

Nur einige Hundert Meter weiter südlich des Museums liegt auf der Lagunenseite die **Zona Arqueológica El Rey** ❻. Funde belegen, dass an dieser Stelle schon vor 4000 Jahren Menschen lebten. Die Palast- und Tempelreste, die heute noch sichtbar sind, stammen allerdings von Maya aus dem 14. bis 16. Jh.

Geg. der Playa Delfines, tgl. 8–17 Uhr, 75 Pesos

Tauchgang spezial

In Cancúns **Acuario Interactivo** ❷ können Sie in einem Freibecken für stolzes Geld mit Delfinen schwimmen, was aus Tierschutzgründen allerdings ein mehr als fragwürdiges Unternehmen ist. Das gilt ebenso für die hier angebotenen Tauchgänge zu Haien, die man unter Wasser durch eine Acrylscheibe beobachten kann. Das kleine Aquarium bietet aber auch jede Menge Unterhaltung für Besucher, die nicht selbst aktiv werden wollen. In separaten Becken schwimmen Stachelrochen und Seesterne.

Im Einkaufszentrum La Isla (s. S. 26), www.interactiveaquariumcancun.com, tgl. 9–20 Uhr, Eintritt 12 US-$, Schwimmen mit Delfinen 100 US-$

Staunen unter Wasser

Abtauchen zwischen der Punta Nizuc und der Isla Mujeres ist kein gewöhnliches Erlebnis. Im **Museo Subacuático de Arte (MUSA)** ❼ tummeln sich auf dem Meeresgrund in 8 m Tiefe Hunderte lebensgroßer Skulpturen, darunter Nachbildungen erstaunlich echt aussehender Menschengruppen, ein VW-Käfer und sogar eine übergroße (nicht tickende!) Zeitbombe. Es ist faszinierend und beklemmend zugleich, wenn man beobachtet, wie Fischschwärme durch eine Art Terrakotta-Armee hindurchschwimmen oder mehrere Männer mit ihren Köpfen im Meeresboden stecken, den Aktenkoffer neben sich. Installationen, die zum Nachdenken anregen. Und nicht nur das. Der britische Künstler Jason deCaires Taylor und seine Kollegen ver-

Cancún – Zona Hotelera

Ansehen
❶ Playa Linda
❷ Playa Chac Mool
❸ Playa Delfines
❹ Torre Escénica
❺ Museo Maya de Cancún/ Zona Arqueológica de San Miguelito
❻ Zona Arqueológica El Rey
❼ Museo Subacuático de Arte (MUSA)

Schlafen
🔟 Fiesta Am. Coral Beach

❷ Casa Tortugas
❸ Hostal Mayapan
❹ – ❽ s. Karte S. 23

Essen
🔟 Lorenzillo's
❷ – ❺ s. Karte S. 23

Einkaufen
🔟 Plaza Kukulcán/ Museo Sensorial del Tequila
❷ La Isla/Acuario Interactivo/Jetpack Adventures
❸ – ❻ s. Karte S. 23

Bewegen
❶ Aquafun Marina Cancún
❷ Wet'n Wild
❸ s. Karte S. 23

Ausgehen
🔟 Captain Hook
❷ Lobster Dinner Cruise
❸ The City Cancún
❹ Dady'o
❺ Cuncrawl
❻ Mandala Club
❼ s. Karte S. 23

---

knüpfen hier Kunst mit Naturwissenschaft: Auf dem pH-neutralen Material der Skulpturen wachsen Korallen heran. Auch Muscheln und Algen fühlen sich auf den Figuren wohl, die somit ein Teil der Unterwasserwelt werden. Sie müssen übrigens nicht unbedingt Taucher sein, um das alles zu erkunden: Es geht auch im Glasbodenboot oder beim Schnorcheln. Cerrada Las Golondrinas, Alfredo V. Bonfil 24, www.musamexico.org, tgl. 9–17 Uhr, Tourbuchung über die Website, ab 50 US-$

Salud!
Natürlich darf man im **Museo Sensorial del Tequila** 🔟 probieren, natürlich kann man das Feuerwasser auch kaufen. Nicht wenige Besucher verlassen das Museum, das eher einem Laden gleicht, mit einem kleinen Schwips. Doch immerhin hat man sich hier etliche Mühe gegeben, um den Herstellungsprozess des Tequila in Form eines Puppentheaters nachzustellen. Ganz nebenbei bekommt man einen guten Überblick über das mexi-

kanische Kunsthandwerk – irgendwas hübsches Buntes landet garantiert in Ihrer Einkaufstasche. Calle Rtno. Kukulcán, im Einkaufszentrum Plaza Kukulcán (s. S. 26), tgl. 10–22 Uhr, Eintritt frei

---

Schlafen

Die Strandhotels entlang der Zona Hotelera bucht man am günstigsten als Pauschalpaket bereits in der Heimat. Es handelt sich überwiegend um Vier- und Fünf-Sterne-Hotels, die mehrheitlich von amerikanischen Touristen aufgesucht werden. Zuweilen gibt es günstige Sondertarife im Internet. In der Innenstadt reihen sich die besseren Hotels entlang der Avenida Tulum, Unterkünfte für Backpacker entlang der nach Norden führenden Avenida Uxmal. Sie profitieren von der Nähe zum Busbahnhof, denn viele Traveller nutzen Cancún nur als Umsteigeplatz zu schöneren und preisgünstigeren Zielen.

Luxuriös und großzügig

1 Fiesta Americana Coral Beach: Schicke Anlage direkt am Meer mit 602 Zimmern, fünf Restaurants, vier Bars, einem großen kleeblattförmigen Pool sowie einem Kinderclub. Der Name ist Programm – gut betuchte US-Amerikaner sind die Stammgäste.

Zona Hotelera, Blvd. Kukulcán Km 9,5, T 998 881 32 00, www.fiestaamericanagrand.com, €€€

Ausgefallene Architektur

2 Casa Tortugas: Ein überraschend gutes Preis-Leistungs-Verhältnis bietet diese kleine Oase direkt an der Lagune.

Es gibt helle, moderne im Vintage-Stil eingerichtete Zimmer mit viel Platz, einen Swimmingpool mit Blick auf die Lagune und bequemen Sonnenliegen zum Entspannen unter Palmen – wow! Das ›Schildkrötenhaus‹ ist eine wirklich gute Übernachtungsoption im überteuerten Cancún. Kaffee bekommt man den ganzen Tag über *for free.*

Zona Hotelera, Cenzontle 4, www.casatortugas.com, €€

Eine Ente unter Schwänen

3 Hostal Mayapan: Beliebt bei Rucksacktouristen, denn dies ist die einzige sehr preiswerte Unterkunft in der Zona

Cancún – Zona Comercial

Ansehen
❶ – ❼ s. Karte S. 21

Schlafen
1 – **3** s. Karte S. 21
4 Ambiance Suites
5 El Rey del Caribe
6 Hotel Antillano
7 Hotel Colonial
8 Hostel Ka'beh

Essen
1 s. Karte S. 21
2 Vegan Planet
3 La Habichuela
4 El Rinconcito de Puebla
5 Taquería Coapenitos

Einkaufen
1 – **2** s. Karte S. 21
3 Mercado 23
4 Chedraui
5 Comercial Mexicana

Bewegen
❶ – ❷ s. Karte S. 21
❸ Soulbikes

Ausgehen
1 – **6** s. Karte S. 21
7 Hunter Bar

Hotelera. Angesichts ihrer Nähe zum Strand und zu den Discos nimmt man das an eine Tiefgarage erinnernde Ambiente gern in Kauf.
Zona Hotelera, Av. Kukulcán Km 8,5, Plaza Maya Fair, T 998 883 32 27, www.hostal-mayapan.hotels-quintana-roo.com, €

Klein und mit Charme
4 Ambiance Suites: Geräumige, schlichte Zimmer in ruhiger, aber zentraler Lage. Die Superior-Zimmer haben immerhin etwas Deko an den Wänden. Ein kleiner Pool im Garten sorgt für Erfrischung.
Zona Comercial, Av. Tulum 227, T 998 892 03 92, www.ambiancecancun.mx, €€

Die Alternativoase
5 El Rey del Caribe: Cancúns ungewöhnlichstes Hotel, das ökologische Gegenstück zu den protzigen Anlagen am Meer – nur 31 kuschelig eingerichtete Zimmer, streng nachhaltige Energie- und Wasserversorgung, kleiner, paradiesischer Garten mit Pool. Die Nichtraucheroase liegt im Herzen der Stadt und bietet auf Wunsch auch Schokoladen-

ölmassagen und Reiki. Eine frühe Buchung ist sehr ratsam.
Zona Comercial, Av. Uxmal 24, Ecke Av. Carlos J. Nader, T 998 884 20 28, www.elreydelcaribe.com, €€

Alteingesessen
6 Hotel Antillano: Eher funktional gehaltenes Stadthotel im Zentrum mit 48 Zimmern (die nach hinten sind ruhiger), kleinem Pool und freundlichem Personal. Der Busbahnhof liegt um die Ecke.
Zona Comercial, Av. Tulum, Ecke Calle Claveles, T 998 884 11 32, www.hotelantillano.com.mx, €

US-DOLLAR ODER PESOS?

Bei den Hotelpreisen auf Yucatán ist zu beachten, dass die großen Hotels wegen des Preisverfalls des mexikanischen Peso auf US-Dollar-Basis kalkulieren, kleinere Hotels, v. a. auf dem Land, jedoch ausschließlich in Pesos.

Gutes Preis-Leistungs-Verhältnis

7 **Hotel Colonial:** Seit Jahren beliebt, da preiswert, sehr sauber, zentral und gemütlich. Die 90 Zimmer sind unterschiedlich ausgestattet (mit/ohne Bad, mit/ohne AC), sodass für jeden Geldbeutel etwas dabei ist. Im netten Innenhof plätschert ein kleiner Brunnen. Zona Comercial, Calle Tulipanes 22, Ecke Av. Tulum, T 998 884 15 35, www.hotelcolonial cancun.com, €

Treff der Backpacker

8 **Hostel Ka'beh:** In dem zentral gelegenen Hostel steigen Traveller aus aller Welt ab – hier lernt man schnell neue Leute kennen, günstig ist es außerdem. Es gibt Dorms für 12, 6 und 4 Pers., im Zimmerpreis ist das Frühstück inkl., das den ganzen Tag serviert wird! WiFi kostenlos. Zona Comercial, Calle Alcatraces 45, südl. des Parque de las Palapas, T 988 892 79 02, www.hostelworld.de, €

Essen

Wie es sich für einen internationalen Urlaubsort dieser Größe gehört, ist das kulinarische Angebot breit gefächert. Einfach, günstig und landestypisch essen Sie in den kleinen mexikanischen Lokalen entlang der Avenida Uxmal in der Zona Comercial. Teurer, aber nicht unbedingt besser, ist das Angebot entlang der Avenida Tulum und besonders in der Zona Hotelera, wo das Ambiente häufig ansprechender ist als das Essen. Viele Restaurants locken mit einer Happy Hour – in der Hoffnung, der Gast bleibe auch zum Essen.

Geschmäcker sind verschieden: Am lang gestreckten Strand der Zona Hotelera von Cancún reiht sich ein All-inclusive-Resort ans andere – wer Ruhe sucht, ist hier definitiv am falschen Ort.

Romantik auf Stelzen

1 Lorenzillo's: Über der Lagune erhebt sich dieses schicke, auf Stelzen erbaute Fischrestaurant. Der Blick ist unschlagbar, das Essen auch. Es geht edel zu, die Spezialitäten sind Meeresfrüchte, doch es gibt auch Fleisch – oder beides in Kombination. Ein köstliches Surf-and-Turf-Gericht ist z. B. die ›Meereshexe‹ (Angus-Rind gefüllt mit Hummer und Shrimps). Besonders romantisch ist es bei Sonnenuntergang – mit einem Tequila Sunrise in der Hand macht sich rundum Zufriedenheit breit!

Zona Hotelera, Blvd. Kukulcán Km 10,5, T 998 883 12 54, www.lorenzillos.com.mx, €€€

Gesundes Augenspektakel

2 Vegan Planet: Nicht nur Veganer lieben dieses Restaurant, denn obwohl der Name anderes vermuten lässt, wird hier auch Fleisch serviert, darunter die besten Burger von ganz Cancún. Doch der Fokus liegt auf vegetarisch-veganem Essen, zudem gibt es glutenfreie Gerichte. Einfach fantastisch sind die kreativen Kombinationen (Avocadosuppe, Omega-3-Schoko-Shake etc.) und die Präsentation der Speisen. Das Menu ist so umfangreich, dass wirklich jeder etwas findet.

Zona Comercial, Av. Andrés Quintana Roo, geg. dem Einkaufszentrum Las Plazas Outlet Cancún, T 998 206 21 92, www.veganplanet.com.mx, tgl. 8–22 Uhr, €€

Karibisch-yucatekisch

3 La Habichuela: Populäres Gartenrestaurant mit Tempelkulisse und authentischer Maya-Küche. Mehrfach international ausgezeichnet. Die Spezialität ist Cocobichuela-Lobster in Currysauce, serviert in einer Kokosnuss (550 Pesos).

Zona Comercial, Calle Margaritas 25, T 998 884 31 58, www.lahabichuela.com, tgl. 12–16, 19–24 Uhr, €€

Fiesta Mexicana

4 El Rinconcito de Puebla: Aiaiaiiii – in diesem traditionell mexikanischen Res-

taurant sind die Abende lustig. Und bunt. Leuchtend gelbe Wände und die Deko mit knallrosa Plastiktischdecken und farbenfrohen Scherenschnittbildern (*papel picado*) an der Decke sorgen für gute Laune. Die Kellner sind immer für einen Spaß zu haben. Und es ist lecker. Große Portionen Enchiladas, Tacos und Fleischgerichte werden rustikal in Lavastein-Töpfen serviert. Gutes Preis-Leistungs-Verhältnis.

Zona Comercial, Calle Tulipanes, zw. Av. Tulum und Parque de las Palapas, T 998 114 23 55, tgl. 13–24 Uhr, €–€€

Unschlagbar günstig

5 Taquería Coapenitos: Tacos sind die Lieblingsspeise der Mexikaner, und wer hier isst, versteht, warum: Knusprige Tortillafladen mit saftigen Fleischstückchen und einem frischen Zwiebel-Koriander-Mix machen die leckersten Tacos al Pastor der Stadt. Für Schärfe sorgen verschiedene Soßen, die auf den Tischen bereitstehen. Das Ambiente ist eine Mischung aus amerikanischem Bistro und Imbissbude, die Preise sind unschlagbar günstig. Auch mexikanische Geschäftsleute essen hier zu Mittag.

Zona Comercial, Av. Carlos J. Nader 25, beim ADO-Busbahnhof um die Ecke und geg. dem Hostal Nomads, T 998 415 42 27, So–Mi 10–1, Do–Sa bis 2 Uhr, €

Einkaufen

Die Zweiteilung Cancúns ist auch beim Shopping offensichtlich: Während die Einkaufszentren in der Innenstadt v. a. von den Einheimischen für ihre täglichen Besorgungen genutzt werden, beglücken die hypermodernen Shoppingmalls in der Zona Hotelera, die sogenannten Plazas, die Urlauber. Mit der traditionellen mexikanischen Plaza haben sie jedoch nur den Namen gemein – statt eines kleinen Parks, in dem abends Musiker spielen und Pärchen flanieren, handelt es sich um gigantische Einkaufspaläste mit Boutiquen, überteuerten Souvenirläden, kleinen Supermärkten, Wechselstuben, Autoverleihern, Restaurants und Bars.

Für jeden etwas
1 Plaza Kukulcán: Eine der ältesten und mit 300 Geschäften größten Shoppingmalls in der Zona Hotelera. Zu empfehlen ist Ruth's Chris Steakhouse (www.ruthschris.com) für den großen und kleinen Hunger – sehr gepflegt, aber nicht billig.
Zona Hotelera, Blvd. Kukulcán Km 12, www.kukulcanplaza.mx

Einkaufen und Entertainment
2 La Isla: Zweifellos die attraktivste Mall in der Zona Hotelera – eine kleine Stadt für sich mit nur teilweise überdachten Passagen, umschlossen von einem künstlichen Kanal mit geschwungenen Brücken. La Isla vermittelt südländisches Flair à la Venedig, der Schaufensterbummel wird zum Erlebnis. Größter Anziehungspunkt ist das Acuario Interactivo (s. S. 19).
Zona Hotelera, Blvd. Kukulcán Km 12,5, www.laislacancun.com.mx

Geheimtipp
3 Mercado 23: Die Adresse für alle, die ein authentisches Shoppingerlebnis suchen. Auf diesem Souvenirmarkt mit farbenfrohem mexikanischem Kunsthandwerk aus dem ganzen Land können Sie ungestört bummeln, mal hier und mal da hineinschauen, zwischendurch einen mexikanischen Kakao trinken oder an einem kleinen Stand Quesadillas essen. Achtung: Nicht mit dem Mercado 28 verwechseln, einem teuren Touri-Spot mit aufdringlichen Verkäufern und jeder Menge Kitsch.
Zona Comercial, Av. Tulum, nördl. des Busterminals, tgl. 7–19 Uhr

Für Selbstversorger
Zwei große Supermärkte, die alles zum Kochen oder fürs Lunchpaket haben, ebenso ein gutes Angebot an Weinen

und Rum, sind **Chedraui 4** (an der Einmündung des Blvd. Kukulcán in die Av. Tulum) und **Comercial Mexicana 5** (Av. Tulum, geg. dem Busbahnhof).
Zona Comercial, beide tgl. 7–23 Uhr

Bewegen

Wassersport spielt natürlich die erste Geige, und es gibt nichts, das es hier nicht gäbe. Anbieter findet man entlang der gesamten Zona Hotelera. Auch im dschungeligen Hinterland lauert jede Menge Action.

Wassersport mal verrückt
2 Jetpack Adventures: Beim Jetpacking sieht es aus, als würde man von einer riesigen Anaconda durchs Wasser gezogen und dann in die Luft gehoben – das passiert durch zwei Wasserstrahlen rechts und links am Kopf der ›Anaconda‹ (149 US-$ für 20 Min.). Anders der Jetovator, schon der Name ist amüsant: Auf einer Mischung aus Hometrainer und Hexenbesen saust man übers Meer, diesmal angetrieben von drei Wasserdüsen (119 US-$ für 20 Min.).
Zona Hotelera, in der Shoppingmall La Isla (s. S. 26), www.jetpackadventures.com

Dschungeltouren mit Kick
Mit einem Quad Bike oder Jeep – natürlich einem Hummer – durch den Urwald düsen und an Seilen durch Baumwipfel turnen. Anbieter solcher Abenteueraktivitäten sind u. a. **Jungle Road Adventure** (www.jungleroadadventure.com) und **Selvática** (www.selvatica.com.mx).

Im Boot durchs Mangrovengewirr
1 Aquafun Marina Cancún: Im Speedboat geht es 1,5 Std. unter Vollgas über die Lagune und durch die Mangrovenkanäle, natürlich unter sachkundiger Begleitung.
Zona Hotelera, Blvd. Kukulcán Km 16, www.aquafun.com.mx, tgl. 8.30–17 Uhr

Wasserpark

2 Wet'n Wild: Ausgesprochen spritzig geht es in diesem Vergnügungspark zu. Was man mit einem großen Schlauch alles im Wasser anstellen kann, verbirgt sich hinter Namen wie Twister, Kamikaze und Bubba Tub. Mal geht's im Kreis, mal über künstliche Stromschnellen, mal einfach in die Tiefe. Außerdem gibt es Wasserrutschen und künstliche Wellen sowie ein Snorkelarium, was nichts anderes ist als ein geschütztes Areal zum Schnorcheln.
Zona Hotelera, Blvd. Kukulcán Km 25, www. wetnwildcancun.com, ab 47 US-$

Mit dem Drahtesel durch Cancún

3 Soulbikes: Das gute alte Fahrrad eignet sich prima, um Cancún zu erkunden. Und damit man sich in der Hitze nicht überanstrengt, werden E-Bikes verliehen. Man kann das Rad auch mit zur Isla Mujeres nehmen und dort den Tag verbringen. Allerdings sollte man die 17-Uhr-Fähre nicht verpassen, um das Rad rechtzeitig abgeben zu können. Auf der Website gibt es eine Karte mit Routentipps. Im Angebot sind auch geführte Touren.
Zona Comercial, Av. Carlos J. Nader 34, 2 A Local 4, T 998 119 95 95 (auch WhatsApp), www.soulbikesrental.com, tgl. 9–18.30 Uhr

Mexikanische Kochkunst

Can Cook in Cancún: In Claudia García Ramos' Kochschule taucht man tief in die Geheimnisse der mexikanischen Küche ein und lernt, authentische Gerichte zu zaubern. Nach Buchung wird man zum vereinbarten Termin an der Unterkunft abgeholt.
T 998 874 11 75, 998 147 48 27, www. cancookincancun.com

Ausgehen

Innerhalb und außerhalb der großen Hotels gibt es Dutzende von Nachtclubs und Discos. Die meisten bieten auch ein Unterhaltungsprogramm à la ›Das schönste Männerbein‹ oder ›Der knappste Bikini‹ an. Wer da nicht mithalten kann oder will, darf sich zuweilen als Karaoke-Sänger produzieren. Die Eintrittspreise inkl. Getränke liegen bei 35 bis 40 US-$. Der Mittelpunkt der Abendunterhaltung befindet sich rund um das Einkaufszentrum **Plaza Caracol** am Bulevar Kukulcán. Infos über aktuelle Veranstaltungen findet man auf www. cancun.eventguide.com.

Piratenschmaus

11 Captain Hook: In einem rekonstruierten historischen und wunderschön beleuchteten Holzschiff tuckern Sie abends aufs Meer hinaus. Für den Gaumen gibt's ein Dinner, für die Augen eine ›Seeschlacht‹.
Zona Hotelera, El Embarcadero, Blvd. Kukulcán Km 4,5, www.capitanhook.com, 19 Uhr, ab 65 US-$

Für Romantiker

2 Lobster Dinner Cruise: Wer seinen Hummer statt in Gesellschaft von Piraten lieber in gediegenerer Atmosphäre genießt, kann an Bord der Columbus Galleone gehen und auf der Laguna Nichupté zu Saxophonklängen in den Sonnenuntergang segeln.
Zona Hotelera, Marina Aquatours Pier, Blvd. Kukulcán Km 6,5, www.columbuscancun.

SPRINGBREAK

Der Wahnsinn hat einen Namen: Springbreak. Während der amerikanischen Semesterferien im Frühling, die je nach Uni ein bis zwei Wochen dauern und im Zeitraum zwischen Ende Februar und Mitte April stattfinden, fallen die Studenten in Cancún ein. Dann ist Party angesagt. Je wilder, desto besser. Machen Sie mit – oder aber einen großen Bogen um den Badeort.

TOUR
Ein Tag wie im Kultfilm
»Die blaue Lagune«

Bootsausflug zur Isla Contoy

Von **Cancún** aus nimmt das Boot Kurs in Richtung Norden, vorbei an der **Isla Mujeres,** hinaus aufs offene Meer. Die Fahrt macht Spaß, der Wind pfeift um die Nase. Nach 1,5 Std. taucht die **Isla Contoy** in der Ferne auf, unscheinbar und flach, bedeckt von Palmen und Büschen, umrahmt von feinstem weißem Sand, umspült von türkisblauem Wasser. So mögen viele Karibikinseln vor dem Tourismusboom ausgesehen haben. Die Isla Contoy liegt genau dort, wo das Karibische Meer und der Golf von Mexiko aufeinandertreffen. Kuba ist von hier gar nicht mehr weit entfernt.

1981 wurde die 8 km lange und bis zu 700 m breite Insel unter Naturschutz gestellt, 1998 sogar zum Nationalpark aufgewertet. Der Mensch ist hier nur Besucher, und auch deren Zahl ist begrenzt, denn mehr als 200 Personen pro Tag dürfen das Eiland nicht betreten. Sonnencreme und Plastik sind tabu. Auch Moskitospray sollte bereits im Hotel aufgetragen werden. Diese Vorsichtsmaßnahmen haben ihren Grund: Der **Parque Nacional Isla Contoy** ist eines der wichtigsten Vogelschutzgebiete von ganz Mexiko. Über 150 Arten leben hier, auch Zugvögel wissen die Insel zu schätzen – gut 10 000 Tiere nutzen sie im Frühjahr und Herbst als Zwischenstation. Aufgrund der flachen, nährstoffreichen Gewässer ist der Tisch besonders reich für Seevögel gedeckt. Braunpelikane, Fregattvögel, Kormorane und Tölpel fühlen sich hier ziemlich wohl und können beim Brüten und Fischen beobachtet werden.

Um die Erhaltung der Natur auf der Insel kümmert sich der gemeinnützige Verein Amigos de Contoy. Unterstützt wird er von der Lighthouse Foundation (www.

Wer Rückenprobleme hat, sollte bei angekündigtem Wellengang lieber nicht auf das Schnellboot zur Isla Contoy steigen!

Infos

♀ T 1

Start: Cancún

Dauer: 9–15 Uhr. Der eigentliche Aufenthalt auf der Insel fällt mit 2–3 Std. relativ kurz aus.

Organisation: Die Isla Contoy liegt etwa 40 km nördlich von Cancún und darf nur im Rahmen von organisierten Touren besucht werden, die sowohl in Cancún als auch der Isla Mujeres angeboten werden. Es gibt nur wenige Veranstalter mit Lizenz, z. B. Cooperativa Isla Mujeres Tours (www. islamujerestours.com. mx) und Asterix Tours (www.contoytours. com).

Weitere Infos: www.islacontoy.org

lighthouse-foundation.org), einer gemeinnützigen Hamburger Stiftung, die sich weltweit für Meere und Ozeane einsetzt. Im Falle der Isla Contoy kümmerte sie sich um die notwendigen finanziellen Mittel, das Know-how für den nachhaltigen Schutz der Insel und das Besuchskonzept.

Unser Boot landet in einer Bucht im Inselsüden an einem Holzsteg an. An dem schmalen Palmenstrand befinden sich ein **Besucherzentrum** samt Souvenirladen sowie das **Museo Isla Contoy**, das über die Unterwasserwelt des Nationalparks aufklärt. Die Einnahmen werden zur Unterstützung von Forschungsprojekten und für den Erhalt der Insel verwendet. Von einem 20 m hohen **Aussichtsturm** bietet sich ein fantastischer Blick über die Insel und das Meer, das in allen Blau- und Türkistönen schimmert. Man könnte ewig dort oben stehen …

Um Vögel auch an Land zu Gesicht zu bekommen, sollten Sie über die beiden **Lehrpfade** spazieren, jeweils etwa 500 m lang. Wer leise schleicht, kann mit etwas Glück die rotbauchigen Prachtfregattvögel beim Brüten beobachten oder Braunpelikane auf der Suche nach Baumaterial für ihr Nest sehen. Einen noch intensiveren Einblick in die Tierwelt der Insel erhält man auf einem Ausflug mit einem der Ranger – er kennt auch die anderen Bewohner von Contoy. Reptilien lieben die Abgeschiedenheit der Insel ebenso sehr wie die selten gewordenen Suppen- und Karettschildkröten. Sie kommen zur Eiablage hierher, doch da dies meist nachts geschieht, kann man die Tiere dabei nicht beobachten. Der Ranger erkennt aber ihre Spuren.

Wer lieber den Film »Die blaue Lagune« nachspielen möchte, hat in dem seichten Wasser der Bucht ausreichend Gelegenheit dazu. Hier zu schnorcheln und zu schwimmen ist ein Traum! Ab und zu schaut ein zahmer Rochen namens Fred vorbei. Und es kommt vor, dass Schildkröten um Sie herumschwimmen oder sogar ein kleiner – ungefährlicher – Hai zu sehen ist.

Zum Boot zurückgekehrt, verwöhnt Sie die Besatzung mit kühlen Getränken und frisch gegrilltem Fisch, der auf der Hinfahrt gefangen wurde.

com.mx, ca. 100 US-$ inkl. einheimischer Alkoholika

Megadisco

✴ **The City Cancún:** Nicht nur mit ihrer 1-Mio.-Watt-Soundanlage, ihrer 600-m²-Videowand und ihren neun Bars macht die Superdisco Eindruck. Sie hat Platz für 5000 Tanzhungrige und präsentiert die besten DJs weit und breit – ein Magnet für alle Nachtschwärmer.
Zona Hotelera, Blvd. Kukulcán Km 8,5, www. thecitycancun.com

Unter dem Laserhimmel

✴ **Dady'o:** Techno, Latin und Hip-Hop heizen den Besuchern dieser Disco auf zwei Ebenen ein. Das höhlenartige Ambiente mit zuckenden Laserstrahlen sorgt für den richtigen Moove zum Groove.
Zona Hotelera, Blvd. Kukulcán Km 9, tgl. 22–5 Uhr

Von Bar zu Bar

Cuncrawl ✴ (Zona Hotelera, Blvd. Kukulcán Km 9,5, www.cuncrawl.com) organisiert Fahrten auf dem Partyboot Rockstar, Champagnerdusche inklusive, und VIP-Rundtouren zu den angesagten Clubs der Stadt – ob man zum Schluss noch weiß, wo man überall war? Treffpunkt ist das Büro auf dem Boulevard. Ein beliebter Anbieter für Party Hopper ist auch der **Mandala Club** 6 (Zona Hotelera, Blvd. Kukulcán Km 9,5, www. mandalatickets.com). Die Preise von ca. 80 US-$/Pers. beinhalten jeweils auch alle Getränke.

Mehr Hippies als Schickimickis

7 **Hunter Bar:** Wer keine Lust auf die riesigen Partybunker hat, ist hier gut aufgehoben. Lässige Reisende aus aller Welt, nette Kellner, gute und bezahlbare Drinks, fetzige Musik – es ist alles da, um die Nacht durchzumachen.
Zona Comercial, Calle Alcatraces 45, tgl. 24 Std.

Feiern

● **Carnaval:** 1. Woche im März. Ganz im Latino-Style wird ausgelassen gefeiert, in Cancún mit karibischem Touch. Festwagen rollen durch die Straßen, überall gibt es Streetfood und Getränke, viele Veranstaltungen in der ganzen Stadt.
● **Lasser Sailing Show:** letzte zwei Märzwochen. Die Gewässer rings um Cancún füllen sich mit Jachten.
● **Cancún Jazz Festival:** 10.–13. Mai, www.cancunjazz.com. Zahlreiche in der Szene bekannte Interpreten treten im Parque de las Palapas und vor dem Centro de Convenciones auf.
● **Viva México:** Sept. Kulturelle Veranstaltungen über einen ganzen Monat – Folklore, Ausstellungen, Konzerte.
● **La Mar de las Artes:** Mitte Nov. Karibisches Kulturfestival, das vom Staat Quintana Roo veranstaltet wird. Musik, Tanz, visuelle und darstellende Künste, Literatur etc.

Infos

● **Oficina de Turismo:** Av. Cobá, nahe Ecke Av. Tulum, T 998 887 33 79, Mo–Fr 9–19, Sa bis 16 Uhr.
● **Touristenpolizei:** T 884 522 77
● **Verkehrspolizei:** T 998 884 07 10
● **Rotes Kreuz (Cruz Roja):** T 884 16 16
● **Flüge:** Cancúns Flughafen liegt knapp 20 km südlich des Zentrums und ca. 13 km westlich der Zona Hotelera. In der Empfangshalle gibt es Bankautomaten und einen Wechselschalter (Geld nachzählen!). Busse von ADO verkehren von 8.20 bis 0.30 Uhr ca. alle 30 Min. zwischen dem Flughafen und dem Busterminal im Zentrum, berühren allerdings nicht die Zona Hotelera. Vom Flughafen besteht auch eine Verbindung mit ADO nach Playa del Carmen (8.30–0.30 Uhr, ca. alle 30 Min.). Busfahrpläne unter www.ado.com.mx.

(s. S. 41) und zur Isla Cozumel von Playa del Carmen (s. S. 57).

● **Taxis/Uber:** Die Taxis haben keine Zähler, sodass man den Preis unbedingt vor Fahrtantritt aushandeln muss. Erkundigen Sie sich im Hotel nach den üblichen Tarifen. Eine günstigere Alternative ist Uber, für dessen Benutzung man jedoch die App herunterladen muss.

● **Öffentlicher Nahverkehr:** Cancún verfügt über ein gut ausgebautes innerstädtisches Busnetz, das die Zona Hotelera mit der Stadt und einem der Abfahrtshäfen der Fähren zur Isla Mujeres verbindet – R-1 (Zona Hotelera – Av. Tulum, einige auch bis Puerto Juárez und Punta Sam für die Fähren zur Isla Mujeres), R-2 und R-15 (Zona Hotelera – Av. Cobá – Mercado 28), R-27 (Zona Hotelera – Plaza Las Américas).

EASY TRAVELLING

Busbud ist eine Internetplattform, über die man Reiserouten per Bus planen und auch gleich die Tickets kaufen kann – entweder auf der Website (www.busbud.com) oder mit der App. Das besondere Plus: Anhand von Filtern können Sie sich den günstigsten Preis für ein Ticket oder die schnellste Verbindung anzeigen lassen. Das funktioniert selbst für Ziele in der Umgebung von Cancún!

Sammeltaxis (www.yellowtransfers.com, www.happyshuttlecancun.com) fahren das gewünschte Hotel an. Sie starten aber erst, wenn sie voll besetzt sind, und laden die Gäste der Reihe nach ab (ca. 200 Pesos/Pers.). Taxis berechnen mindestens 35 US-$ zur Zona Hotelera (www.cancun-taxi.com).

● **Busse:** Der Busbahnhof liegt in der Zona Comercial (Av. Uxmal, Ecke Av. Tulum, T (auch engl.) 998 884 43 52, 998 884 55 42, 998 887 42 22). Verbindungen u. a. zu folgenden Zielen: Chiquilá (2 x tgl., 3,5 Std.), Campeche (2 x tgl., 6–7 Std.), Chichén Itzá (6–10 Uhr, etwa stdl., 3–4 Std.), Mérida (6 x tgl., ca. 4 Std.), Playa del Carmen (ca. 6–24 Uhr, alle 10 Min., 1,5 Std.), Tulum (etwa stdl., 2–3 Std.), Valladolid (mehrfach tgl., 2–3 Std.). Minibusse (Playa Express, kleines Büro geg. dem Busbahnhof) fahren regelmäßig alle 15 Min. nach Playa del Carmen und alle 30 Min. nach Tulum.

● **Fähren:** Zur Isla Mujeres stdl. mit Ultramar Ferry (www.ultramarferry.com) ab der Zona Hotelera von El Embarcadero an der Playa Linda, von der Playa Tortugas und von der Playa Caracol (15 US-$ einfach, 21 US-$ hin und zurück) sowie von Puerto Juárez und Punta Sam (s. S. 41). Die Fähren zur Isla Holbox starten von Chiquilá

Isla Mujeres

📍 T 2; Karte 3, F/G 1

Schon bei der Anfahrt mit dem Schiff über die schmale Meerenge spürt man ihn … Und kaum hat man den ersten Fuß an Land gesetzt, packt er einen: der Inselblues. Ihm kann niemand entkommen! Das macht aber auch nichts, denn auf der Isla Mujeres steht Relaxen im Vordergrund: schwimmen und schnorcheln im kristallklaren Wasser, sonnenbaden und spazieren gehen an weißen Sandstränden.

Karibikfeeling

Palmen wiegen sich in der warmen Meeresbrise, Fischerboote dümpeln auf den Wellen, zwischen den bunt angepinselten Häusern nimmt das Leben seinen gemächlichen Gang. Trotz der nahen Ferienhochburg Cancún konnte sich die Isla Mujeres ihren Charme und

Auf der ›Insel der Frauen‹ ist es nicht mehr so freakig wie früher, aber immer noch lässig-entspannt – zumindest ab dem späten Nachmittag, wenn die Horden von Tagesbesuchern wieder abgezogen sind.

ihre Ruhe bewahren. Zumindest fast. Jeden Vormittag erlebt sie eine Invasion von Tagesausflüglern, die sich aber schon am frühen Nachmittag auf den Rückweg machen. Dann wird es wieder still. Daran dürfte sich auch kaum etwas ändern, denn es gibt einfach keinen Platz für einen Flughafen auf der Insel – allerdings bereits ein erstes großes Luxushotel.

Heiliger Ort und Piratennest

Trotz ihres spannenden Namens – ›Insel der Frauen‹ – gibt es über sie keine aufregende Geschichte eines Amazonenstaates oder eines Harems gefangener Spanierinnen in der Seeräuberzeit zu erzählen. Getauft wurde die Isla Mujeres von dem Seefahrer Francisco Hernández de Córdoba, der hier 1517 in einem Tempel Tonfiguren weiblicher Gottheiten entdeckte. Es handelte sich um ein Heiligtum der Fruchtbarkeitsgöttin Ixchel, das die Maya auf ihren Pilgerfahrten zur Isla Cozumel vermutlich regelmäßig aufgesucht hatten.

Im 17. Jh. hatten Piraten auf der Insel ihren Unterschlupf. Den Amerikanern diente sie während des Zweiten Weltkriegs als Marinebasis, die später von den Mexikanern übernommen wurde.

Isla Mujeres – Stadt

Palmen, Hotels und Fahrräder

Eduardo stoppt den Bootsmotor. Schon zum dritten Mal an diesem Tag hat er die Route von Punta Sam zur Isla Mujeres zurückgelegt, »seiner Insel«, wie er stolz betont. Die Fähren vom Festland legen am Pier des einzigen größeren Ortes an, der denselben Namen wie die Insel trägt. Hier wohnt Eduardo und kennt jeden Mauerstein, jede Palme und jede der kaum ein Dutzend Straßen. Die Isla Mujeres ist noch immer tropisch verträumt, doch auch sie verändert sich. »Die Zeiten der 1960er-Jahre, als es nur ein Hotel gab und die Insel ein Geheimtipp unter Rucksacktouristen war, sind lange vorbei«, erzählt Eduardo. »Alle wollen heute ein Stück vom Touristenkuchen abhaben. Manche verleihen Fahrräder, andere verkaufen Kaffee und Kuchen und viele meiner Freunde haben Unterkünfte eröffnet. Es gibt inzwischen viele große Hotels. Zu viele, wenn man mich fragt.«

Trotzdem ist der Fischfang immer noch der Haupterwerb vieler Inselbewohner. Das Meeresgetier landet frisch in den zahlreichen Restaurants, die meisten mit sehr gutem Ruf. Und obwohl man sich auf einer sehr kleinen Insel befindet, gibt es hier alle wichtigen Einrichtungen wie Supermärkte, Apotheken und Geldautomaten. Wer das Eiland erkunden möchte, leiht sich ein Fahrrad oder einen Golfwagen (s. S. 40).

Ausflugsziele auf der Isla Mujeres

Unter Wasser

Die Hauptattraktionen der Insel liegen am und besonders im Meer. An der Nordspitze bei der **Islote El Yunque ❶** beginnen Korallenriffe – sie sind ideal zum Schnorcheln. Noch mehr schöne Riffe verstecken sich an der Ostküste, z. B. vor der **Playa Pancholo ❷**. Weiter hinauszuschwimmen ist dort aufgrund der starken Unterströmungen jedoch riskant.

Und der Gewinner ist …

Trotz der Insellage gibt es für Sonnenanbeter und Badeurlauber weniger Strände, als man vermuten mag. Die Karibikseite ist der Brandung ausgesetzt, sehr rau und meist felsig. An der Lagunenseite haben die **Playa Pescador ❸** und die **Playa Lancheros ❹** nur einen recht bescheidenen Strand. Ganz im Süden, im Parque Nacional Garrafón (s. S. 36), fehlt er ganz. Dafür aber besitzt die Insel mit der **Playa Norte ❺** einen der schönsten Strände der gesamten Region: Palmen, kleine Strandbars und türkisfarbenes, flach abfallendes Wasser, das sich hervorragend für einen Urlaub mit Kindern eignet. Zum Schwimmen gut geeignet ist außerdem die **Playa Cocoteros (Los Cocos) ❻** auf der Nordwestseite der Insel.

Die Mischung macht's

Schön ist es auch im **Capitán Dulché ❼**. Der Beach Club bietet eine gelungene Mischung aus einem kleinen gepflegten Sandstrand zum Relaxen, einem Restaurant für den kühlen Drink sowie einem privaten **Museum.** Es zeigt eine Ausstellung zu Kapitän Dulché, dem ersten Admiral von Quintana Roo, sowie den Tauchern Ramón Bravo und Jacques Cousteau mit zahlreichen Schiffsmodellen, Bildern und maritimen Accessoires.
Carr. a Garrafón Km 4,5, T 998 849 75 89, www.capitandulche.com, tgl. geöffnet, 75 Pesos

Stressfreies Leben?

Obwohl weltweit unter Schutz gestellt, werden Meeresschildkröten nach wie vor gejagt und als Delikatessen angeboten. Bereits vor mehr als 30 Jahren haben einheimische Fischer deshalb die **Isla Mujeres Tortugranja ❽** gegründet. Da Schildkröten zur Eiablage immer an den Platz ihrer Geburt zurückkehren, sind die entsprechenden Strandabschnitte durch Gitter über den Eigelegen geschützt. Die geschlüpften Schildkröten

TOUR
Umweltfreundlich und frei

Mit dem Golfcart über die Isla Mujeres

Infos

📍 T 2; Karte 3, F/G 1
und s. Karte S. 38

Start/Ziel: Fähranlegestelle im Ort Isla Mujeres
(s. Cityplan S. 37)

Dauer: mit Pausen und Besichtigungen
4–5 Std.

Länge: 15 km

Golfcartverleih: s. S. 40

Zama Beach Club: Carr. Sac Bajo, tgl. 10–18 Uhr, www. zamaislamujeres.com

Punta Sur und Templo Ixchel: Mo–Sa 7–17, So bis 17.30 Uhr, 30 Pesos

An fast jeder Ecke stehen sie zum Verleih: elektrobetriebene Golfcarts. Es macht tierisch Spaß, mit ihnen über die Insel zu düsen. Vier Leute passen in das Gefährt. Man hat ein Dach über dem Kopf, das wenigstens teilweise vor der Sonne schützt, und kann sich stundenlang den Inselwind um die Nase wehen lassen.

Los geht's an der **Fähranlegestelle** am südlichen Rand des Ortszentrums, wo die meisten Verleihstationen sitzen. Ab hier verläuft die **Avenida Rueda Medina** an der Westseite der Insel entlang, zu Beginn ein ganzes Stück parallel zu einer kleinen Flugzeuglandepiste, die jedoch nur von der mexikanischen Armee und einigen Privatjets genutzt wird. Schon nach knapp 1 km fällt rechter Hand das **Monumento Tiburón Ballena** ins Auge: ein Walhai ›fliegt‹ über ein Boot mit der Aufschrift ›Isla Mujeres‹. Zeit für das erste Beweisfoto.

Weiter geht's vorbei an jeder Menge Bootsanlegern, Restaurants, Läden, bunten Häusern und einer Filiale des **Supermercado Chedraui.** Nach 4,5 km kommt das Inselkrankenhaus ins Blickfeld, das **Hospital Comunitario Isla Mujeres,** praktisch gegenüber lohnt die **Hacienda Mundaca ❾** (s. S. 36) einen Blick. Danach der Avenida Rueda Medina folgen und am nächsten Kreisverkehr rechts abbiegen. Nun sind Sie auf der **Carretera Sac Bajo,** die in nördlicher Richtung zwischen der Lagune und dem Meer verläuft. Diese ruhige Straße ist gesäumt von einigen der schönsten Ferienhäuser auf der Insel, schicken Hotelanlagen und Restaurants. Wenn Sie bereits Lust auf eine Pause haben, ist der **Zama Beach Club** ein guter Tipp: Von dem Restaurant führt ein langer Holzsteg aufs Meer hinaus – schnappen Sie sich einen kühlen Drink, lassen Sie die Beine baumeln und genießen Sie den Blick, der bis hinüber zur Skyline von Cancún reicht. Aber auch der weiße Sandstrand beim Beach Club ist wunderbar!

Auf derselben Straße geht es nun erst mal zurück. Kurz vor dem Kreisverkehr weist rechts ein Schild zur **Isla Mujeres Tortugranja** 8 (s. S. 33). Am Kreisverkehr nehmen Sie die erste Ausfahrt nach rechts und sind nun wieder auf der Avenida Rueda Medina. Nach gut 500 m liegt rechts der Beach Club **Capitán Dulché** 7 (s. S. 33) mit Museum. Bis zur **Vista Pública Playa Sur,** dem Aussichtspunkt über die Playa Sur, sind es noch knapp 1,5 km, vorbei am **Parque Nacional Garrafón** 10 (s. S. 36). Gleich hinter dem Aussichtspunkt befindet sich der Eingang zur **Punta Sur,** einem Park an der südlichen Inselspitze, umgeben von Klippen und gefährlich schönem türkisfarbenem Wasser auf drei Seiten. Nun ist wieder Zeit für ein Fotoshooting, denn die Farben des Meeres sind echt beeindruckend. Die Punta Sur ist der östlichste Punkt Mexikos und an Silvester ein beliebter Treffpunkt, um den ersten Sonnenaufgang des Landes im neuen Jahr zu sehen. Am Rand des Parks steht übrigens ein alter Mayatempel, der **Templo Ixchel,** gewidmet der gleichnamigen Fruchtbarkeitsgöttin.

Die Ostküste, entlang der es nun zurückgeht, ist wilder als die Westküste. Die Wellen krachen ans Ufer und auf die schroffen Felsen. Parallel zur Straße, beginnend am **Mirador Isla Mujeres,** verläuft ein Küstenpfad mit Bänken zum Ausruhen und idyllischen Plätzen zum Fotografieren. Von der Straße führen aber auch immer wieder kleine Stichwege dorthin. Nach 2,7 km kommen Sie am **Panteón Municipal La Gloria** vorbei. Diesen Friedhof sollten Sie sich ansehen, denn die Gräber sind ganz anders gestaltet als bei uns. Auf vielen stehen Fotografien der Verstorbenen. Auch die Iglesia Palapa ist einen Blick wert.

Entlang der Straße nach Norden stehen Straßenstände, an denen Muschelkunsthandwerk und Schmuck verkauft werden – vielleicht ist ein passendes Inselsouvenir dabei, bevor Sie das Golfcart wieder beim Verleih abgeben.

werden zunächst auf der Schildkrötenfarm in Becken großgezogen, ehe
man sie in die Freiheit entlässt. Nicht
nur kleine Exemplare leben hier, auch
bis zu 300 kg schwere ausgewachsene
Dauergäste. Einen Kritikpunkt gibt es
allerdings: Obwohl überall auf Schildern
gegen den Kauf und die Verwendung
von Plastik aufgerufen wird, gibt es im
angegliederten Souvenirshop kaum ein
plastikfreies Teil zu kaufen.

Carr. Sac Bajo Km 5, T 998 877 05 95,
tgl. 9–17 Uhr, 30 Pesos

Für Fans von ›Lost Places‹

Eine mulmige Atmosphäre liegt über
der **Hacienda Mundaca** 🟦**9** oberhalb
der **Playa Lancheros.** Das große Haus
mit seinem prächtigen Eingangstor, einst
umgeben von einem blühenden Garten,
liegt heute verlassen und verwildert da.
Der baskische Pirat und Sklavenhändler
Antonio de Mundaca soll laut einer Legende das Anwesen für seine große Liebe
erbaut haben, einer sehr umschwärmten
Inselschönheit. Er versprach ihr, sein Pi-
ratenleben aufzugeben und ehrbar zu
werden, doch sie heiratete einen anderen
und ging mit ihm fort. Man erzählt sich,
der Pirat habe bis zu seinem Lebensende
einsam in dem großen Haus gelebt und
sei an gebrochenem Herzen gestorben.
Die Inschrift auf seinem Grabstein
stimmt nachdenklich und veranlasst
vielleicht so manchen, die Urlaubstage
voll auszukosten: »Wie du bist, so war
ich – wie ich bin, so wirst du sein.«

Av. Rueda Medina, schräg geg. der Zufahrt zur
Schildkrötenfarm, tgl. 9–17 Uhr, 20 Pesos

Vorsicht Touristenfalle!

Da Sie zweifellos auf Werbung für den
Parque Nacional Garrafón 🟦**10** stoßen
werden und dann vielleicht einen Besuch
ins Auge fassen, muss hier eine traurige
Wahrheit gesagt werden: Geworben wird
u. a. mit dem Slogan »Schnorchelparadies
mit bunten Korallenfischen«, doch die
oberflächennahen Korallen in diesem
Gebiet wurden von den Wirbelstürmen
der vergangenen Jahre stark in Mitleiden-
schaft gezogen. Eigentlich ist wenig mehr
als ein Strandbad mit Aussichtsturm übrig geblieben. Zum Schnorcheln müssen
Sie außerdem Schwimmwesten anziehen,
was behindert und nur für neonfarbene
Punkte im Wasser sorgt. Die Preise für
sämtliche Attraktionen wie die Seilrut-
sche über dem Meer sind übertrieben, die
Speisen fad. Die stets umlagerte Bar deutet trotz der schlechten Getränke schon
darauf hin, dass die Naturbeobachtung
hier nicht (mehr) im Mittelpunkt steht.

www.garrafon.com, tgl. 8–17 Uhr, 100 Pesos

Schlafen

Vom Standardhotel mit Familienzimmern
übers Boutiquehotel bis zur Jugendher-
berge ist auf der Insel alles vertreten. In
der Nebensaison fallen die Preise um bis
zu 50 %, v. a. in den teuren Unterkünften.

Am besten Strand

🟧**1** **Na Balam:** Am schönsten ist es gleich
morgens durch den tropischen Garten zu
schlendern und die Kolibris an den Hibis-
kusblüten zu beobachten. Die 28 hübschen Juniorsuiten sind nicht übertrieben
ausgestattet, haben aber alles, was man
braucht. Die Zimmer zum Strand sind etwas moderner, dafür aber auch teurer. Der
Pool mit vielen Palmen ringsrum ist eine
nette Ergänzung zum schönsten Strand der
Insel gleich um die Ecke, die Playa Norte.
Mindestaufenthalt 3 Tage.

Calle Zazil-Há 118, T 998 877 02 79, www.
nabalam.com, €€€

Klein & komfortabel

🟧**2** **Secreto:** Das schicke und sehr moderne Boutiquehotel hat nur acht Zimmer und
deshalb eine schön familiäre Atmosphäre.
Obwohl es am Meer liegt, gibt es keinen
eigenen Strand, dafür aber einen schönen

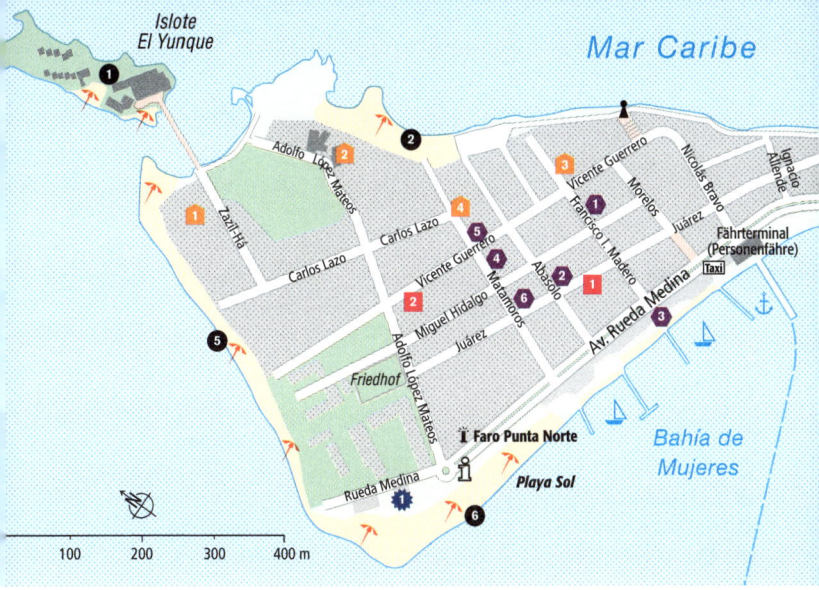

Isla Mujeres – Stadt

Ansehen

1 Islote El Yunque
2 Playa Pancholo
3 – 4 s. Karte S. 38
5 Playa Norte
6 Playa Cocoteros
   (Los Cocos)
7 – 10 s. Karte S. 38

Schlafen

1 Na Balam
2 Secreto
3 Hotel Sueño Maya
4 Poc-Na Hostel
5 – 6 s. Karte S. 38

Essen

1 Javis Cantina
2 Ruben's Restaurant
3 – 4 s. Karte S. 38

Bewegen

1 Mundaca Divers
2 Aqua Adventures
3 Cooperativa Isla
   Mujeres Tours
4 Rasta Bikes
5 MEGA Rentadora Ciro's
6 Golf Carts Indios

Ausgehen

1 El Rincón Isleño

Pool mit fantastischem Meerblick. Die Playa Norte liegt nur wenige Minuten entfernt.
Sección Rocas, T 998 877 10 39, www. hotelsecreto.com, €€

Mexikanisch farbenfroh

3 **Hotel Sueño Maya:** Es ist ein einfaches Hotelzimmer, in dem Sie hier übernachten, doch es bietet genug Platz, ein großes Bett, TV und AC. Die Wände sind teils knallig gelb-blau gestrichen, die Zimmer mit hübschem mexikanischem Kunsthandwerk dekoriert. Schön sind die kleinen Balkone und die Kochnischen mit Ziegeloptik. Das familiengeführte Hotel liegt zwar im Zentrum, aber nicht weit vom Meer und in einer ruhigen Straße. Es gibt auch Apartments für Familien.
Av. Francisco I. Madero, T 998 877 16 95, www.hotelsuenomaya.com, €€

Isla Mujeres

Ansehen

1 – **2** s. Karte S. 37
3 Playa Pescador
4 Playa Lancheros
5 – **6** s. Karte S. 37
7 Capitán Dulché
8 Isla Mujeres Tortugranja
9 Hacienda Mundaca
10 Parque Nacional Garrafón

Schlafen

1 – **4** s. Karte S. 37
5 Icaco Island Village
6 Nomads Hotel, Hostel
& Beach Club

Essen

1 – **2** s. Karte S. 37
3 Limón
4 Polo's Mango Café

Bewegen

1 – **6** s. Karte S. 37

Ausgehen

1 s. Karte S. 37

Gut & günstig

4 **Poc-Na Hostel:** Mit seiner tollen Lage an der Playa Norte und den günstigen Zimmern lockt das Hostel alle an, die nicht Unsummen für eine Unterkunft auf der Insel ausgeben wollen und sich sowieso mehr unter freiem Himmel bewegen. Je nach Geldbeutel hat man die Wahl zwischen Dorms (vier und acht Betten) oder Privatzimmern mit/ohne Bad bzw. AC. Die preisgünstige Strandbar ist der abendliche Treffpunkt von Reisenden aus aller Welt. Calle Matamoros, Ecke Calle Carlos Lazo, T 998 877 00 90, www.playapocnatulum. com, €

Nur für Erwachsene

5 **Icaco Island Village:** Leben wie im Paradies, so fühlt sich diese Vier-Sterne-Anlage jedenfalls an. Die Zimmer sind in einer schönen Kombination aus Weiß mit hellen Erdtönen dekoriert, direkt am Meer gelegen und haben große Fensterfronten, durch die man aufs Wasser blickt. Im Poolbereich und auf der Sonnenterrasse hängen Seilschaukeln, um die Seele in der Salzluft baumeln zu lassen. Av. Juárez 19, T 984 100 50 70, www.icaco islandvillage.com, €€€, in der Nebensaison oft 50 % günstiger

Einfach nur: wow!

6 **Nomads Hotel, Hostel & Beach Club:** Eine recht neue Unterkunft mit Vorbildfunktion! Die Zimmer und die Rezeption sind in einem stilvollen Eco-Chic gehalten. Alles ist mit Holz verkleidet, Retrolampen sorgen für gedämpftes Licht. Es gibt Locker auf den Zimmern, von denen viele Meerblick haben. Am hauseigenen Strand schaukeln Hängematten und auch

die Sitzsäcke sind gemütlich genug, um endlich sein Buch zu Ende zu lesen. Was braucht man mehr? Vielleicht noch einen Pool? Den gibt es ebenfalls!

Carr. a Garrafón Km 4,5, T 998 274 95 36, www.nomadsexperience.com, €€

Essen

Von wegen Kantine

1 **Javis Cantina:** Inhaber Javi lebt für diesen Laden, den er 2016 eröffnet hat. Die ›Kantine‹ hat sich auf Fisch und Meeresfrüchte spezialisiert, die hübsch angerichtet serviert werden – montags zu Livemusik. Am besten ist es, online einen Tisch zu reservieren.

Av. Juárez, zw. Abasolo und Madero, www.javiscantina.com, Do–Di 17–22.30 Uhr, €€

Mexikanische Hausmannskost

2 **Ruben's Restaurant:** Das kleine Restaurant im Zentrum ist ein traditioneller Comedor. Man bekommt authentische Küche in Form eines schlichten Zwei-Gänge-Menüs – als Vorspeise Salat oder Cremesuppe, als Hauptmahlzeit Chilaquiles, Enchiladas und andere typische Gerichte. Sehr gutes Preis-Leistungs-Verhältnis.

Calle Vicente Guerrero 18, T 998 151 05 11, www.rubensrestaurant.restaurantwebexperts.com, Mo–Sa 8–21 Uhr, €

Kulinarisches Highlight

3 **Limón:** Dieses Restaurant liegt etwas versteckt in einem Privathaus, aber der Weg lohnt – die Gerichte sind ein Genuss für Gaumen und Augen, der Service hoch motiviert. Die Karte reicht von Pasta bis Hummer.

Calle Lizeta, Payo Obispo, T 998 130 19 24, www.limonislamujeres.com, Mo–Fr 16–23 Uhr, €€€

Taco-Paradies

4 **Polo's Mango Café:** Weit mehr als ein Café! Schon der Riesenleguan, der übers Dach lugt, ist ein Hingucker. Das kleine, liebevoll geführte Lokal ist berühmt für seine Tacos und sein üppiges Frühstück, Kaffee *open end* inklusive. Auch Vegetarier kommen hier auf ihre Kosten. WiFi gibt es gratis dazu.

Payo Obispo 725, Colonia Meteorológico, geg. der Iglesia Guadalupe, T 998 400 19 04, www.mangocafe.restaurantwebexperts.com, tgl. 7–15 Uhr, €

Bewegen

Tauchen

Vor der Küste gibt es mehrere Riffe, die sich aber mit denen um die Isla Cozumel kaum messen können. Spannend als Tauchreviere sind allerdings einige Wracks von verunfallten oder vorsätzlich versenkten Schiffen. Tauchtrips organisieren u. a. **Mundaca Divers** **1** (Av. Francisco I. Madero 10, www.mundacadiversislamujeres.com) und **Aqua Adventures** **2** (Av. Juárez, www.diveislamujeres.com).

Mit Riesen schwimmen

Eine Hammererfahrung mit Selbstreflexion: Zwischen Juni und September können Sie vor der Isla Mujeres mit über 13 m langen Walhaien schwimmen! Aber keine Angst, denn diese Art von Haien frisst v. a. Plankton und gönnt sich nur ab und zu einen Thunfisch oder eine Makrele. Dennoch sollte man Abstand halten, da die *tiburones ballena* auf der roten Liste der bedrohten Arten stehen. Es gibt mehrere Anbieter, von denen **Searious Diving** (www.islawhalesharks.com) und **Cooperativa Isla Mujeres Tours** ❸ (Av. Rueda Medina, www.islamujerestours.com.mx) einen besonders guten Ruf genießen (ca. 135 US-$, meist inkl. Besuch der Isla Contoy).

Radfahren

❹ **Rasta Bikes:** Der gute alte Drahtesel eignet sich perfekt, um die flache Insel zu erkunden, und hier gibt es anständige Fahrräder zum guten Preis.

Calle Matamoros 46, T 998 223 13 65, tgl. 8–17 Uhr, 1 Tag/150 Pesos

Golfcarts

Golfwagen sind das beliebteste Fortbewegungsmittel auf der Insel. Pro Tag werden ca. 850 Pesos verlangt. Ein gültiger Führerschein sollte vorgelegt werden. Man muss ein Formular ausfüllen, das dann als ›Isla-Lizenz‹ gilt. Zu den zuverlässigen und transparenten Verleihern gehören **MEGA Rentadora Ciro's** ❺ (Calle Guerrero, T 998 877 05 68, tgl. 9–17 Uhr) und **Golf Carts Indios** ❻ (Av. Juárez 67, T 998 386 21 40, www.indios-golfcarts.com, tgl. 9–17 Uhr).

Ausgehen

Verglichen mit Cancún geht es auf der Isla Mujeres noch recht verhalten zu. Das ›Nachtleben‹ konzentriert sich auf die beiden Straßen Matamoros und Hi-

Die drolligen Punkte auf seinem Rücken und ein Mund so breit wie der von Julia Roberts machen den Walhai zum Liebling aller Taucher.

dalgo sowie auf einige Strandabschnitte, von denen aus Sie den Sonnenuntergang genießen können.

Hippie-Nostalgie

4 Poc-Na Hostel: Ausgelassene Stimmung, Lagerfeuer und preiswertes Bier locken viele Backpacker an die romantische Strandbar des Hostels, Erinnerungen an die 1970er-Jahre im indischen Goa kommen auf. Dies ist auch die Anlaufstelle Nummer Eins der Locals.

Im gleichnamigen Hostel (s. S. 38), tgl. bis 3 Uhr, €

Relaxen bei Kerzenschein

El Rincón Isleño: Man nehme einen schönen Strandabschnitt, ein Palmblätterdach und serviere leckeres Seafood und fruchtige Drinks – fertig ist der perfekte Ort zum Abhängen! Dazu sanfte Klänge und nette Leute.

Av. Rueda Medina 7, Playa Norte, T 998 216 51 73, tgl. 12.30–21 Uhr, €–€€

Infos

• **Oficina de Turismo:** Av. Rueda Medina, T 998 877 03 07, Mo–Fr 9–16 Uhr.
• **Im Internet:** www.isla-mujeres.net (wenig grundlegende Informationen, eher kommerzielle Anzeigen zu Unterkünften, Restaurants etc.).
• **Fähren:** Leider verkehren heute meist schnelle, geschlossene Katamarane, auf denen der Meerblick durch das Flimmern eines Fernsehschirms ersetzt wird. Für Reisende mit mehr Zeit empfiehlt sich die alte langsame Autofähre ab Punta Sam (8 km nördl. von Cancún, erreichbar mit Minibussen, 8–20 Uhr, ca. 5 x tgl., 60 Min.). Schnellfähren verkehren ab der Zona Hotelera in Cancún (s. S. 31) und von Puerto Juárez (4 km nördl. von Cancún, erreichbar mit der Buslinie R 1 oder den Minibussen entlang der Av. Tulum, 5–23 Uhr, ca. alle 20 Min., 20 Min.,

80 Pesos). Rückfahrten zum Festland im gleichen Takt.
• **Busse:** Ein Bus pendelt mehr oder weniger regelmäßig zwischen dem Fähranleger und der Playa Lancheros mit Stopps bei der Schildkrötenfarm (Tortugranja) und der Hacienda Mundaca.
• **Taxis:** Es gibt feste Preise, aber man sollte sich vorher vergewissern, um ›Missverständnisse‹ zu vermeiden.

Isla Holbox

Auf der Isla Holbox kommt man dem Karibiktraum noch mal ein ganzes Stück näher als auf der Isla Mujeres, denn es ist wesentlich einsamer hier. Der Strand ist breit und weiß, teilen muss man ihn in weiten Abschnitten nur mit Pelikanen. Dass es hier noch recht ursprünglich ist und nicht von Touristen wimmelt, liegt v. a. an der abgeschiedenen Lage. Um hierherzugelangen, muss man erst mal in den kleinen Hafenort **Chiquilá** ganz am Nordzipfel von Yucatán fahren. Von hier aus setzen die Boote zur Isla Holbox über, die eigentlich nur eine Halbinsel, aber per Auto (bislang) nicht erreichbar ist.

Gefährdetes Ökoparadies

Nach wie vor sind die Straßen des einzigen Inselortes ungepflastert und sandig, an Fahrzeugen sieht man nur Fahrräder und Golfwagen (auch die Taxis). Wassersport, Natur, gutes Essen und Entspannung – das ist es, was Holbox ausmacht! Doch auch dieses Paradies ist längst in das Visier der Tourismusplaner geraten, die gleich den passenden Namen gefunden haben: Península Maya. Ein großer Pier ist bereits im Bau und eine direkte Straße nach Cancún geplant. Wer die Natur unverfälscht genießen möchte, sollte schnell kommen, ehe es hier so aussieht wie heute in Playa del Carmen oder Tulum.

Villa de Holbox

Viva la vida!

Im verträumten Fischerdorf der Insel läuft alles *muy tranquilo* ab. Zwischen den bunten Holzhäusern haben die Holboxeños ihre Hängematten gespannt, dasselbe empfehlen sie ihren Gästen: einfach mal die Seele baumeln lassen. Wer genug gebaumelt hat, folgt den weißen Sandwegen des Örtchens bis an die nahe **Playa Holbox** oder **Playa Tortuga.**

Kreativ sind die Holboxeños ebenfalls: Von den Wänden der Häuser blicken Frida Kahlo, Kindergesichter und Meerestiere herab – Streetart vom Feinsten. Und in dem Örtchen gibt es auch alle Einrichtungen, die zum ›Überleben‹ nötig sind. Verzichten muss man nur auf ein ausschweifendes Nachtleben, die meisten Lokale schließen gegen 22 Uhr.

Ausflugsziele auf der und um die Isla Holbox

Strandspaziergang

Wo die Hotels im Nordosten aufhören, beginnt ein sandiger Pfad. Er führt an der Playa Holbox entlang bis zur **Laguna**

WO IST DER PIRATEN-SCHATZ?

Der Legende nach soll ein gewisser Francisco de Molas 40 Jahre lang an der Laguna Yalahau gelebt haben. Angeblich hat der skrupellose Pirat seinen Diener und Mitwisser enthauptet, damit der nicht das Versteck der Beute verriet. Francisco hatte aber auch nichts mehr davon, denn er starb kurz darauf selbst. Der ›Schatz‹ ist bis heute verschollen.

Yalahau, die sich vom Meer bis ins Inselinnere erstreckt. Tolle Ausblicke auf die türkisblaue Karibik sind garantiert und viele verschiedene Vogelarten können beobachtet werden.

Nur mit Nasenklammer!

Ein kleines Stück vor der Südküste der Isla Holbox liegt in der Laguna Yalahau die **Isla de los Pájaros** (›Vogelinsel‹). Nicht umsonst ist sie auch als Birdshit Island bekannt, denn der Kot stinkt wirklich erbärmlich und zwingt manchmal sogar zum Luftanhalten. Umso schöner die Vogelwelt: Pelikane, Löffler und rosarote Flamingos in Scharen. Von den Stegen und Aussichtsplattformen sind sie gut zu beobachten.

3-stündige Touren ab Villa de Holbox z. B. mit Vip Holbox (www.vipholbox.com, 30 US-$) und Glendy Tours (www.holboxglendytours.com, 32 US-$); Preis jeweils plus 25 Pesos Eintritt

Wo schon die Maya badeten

Endlich ein kühler Ort im heißen Mexiko! Im **Ojo de Agua Yalahau** sprudelt eine unterirdische Frischwasserquelle, die so richtig erfrischend ist. Schon die alten Maya müssen den Ort gekannt haben, lautet die Übersetzung für Yalahau doch ›dort, wo das Wasser entspringt‹. Schnorchelequipment im Rucksack kann nicht schaden, denn das Wasser ist glasklar. Auch ein früher Start schadet nicht, denn mit etwas Glück hat man den Pool dann für sich alleine.

Die Lagune liegt auf der Festlandseite einige Kilometer westlich von Chiquilá und kann nur im Rahmen einer Bootstour besucht werden, zumeist in Kombination mit der Isla de los Pájaros (s. oben).

Besuch bei Walhaien

Sie sind gutmütig, riesengroß und Pflanzenfresser. Jeden Sommer versammeln sich Walhaie in den seichten

Lieblingsort

Im Früchtekorb abhängen

Einen dampfenden Kaffee in der Hand, schaukele ich in einem Hängestuhl vor mich hin. Über mir ein lichtdurchflutetes Bambusdach, um mich herum Pflanzen und kultige Holztische im Shabby-Chic. Ich studiere die Speisekarte und kann mich kaum entscheiden, so vielfältig ist das Angebot im **Café Painapol.** Wenig später lächelt mich ein tropischer Früchtemix an: frische Ananas, knallig-gelbe Mangostückchen und saftige Papaya, abwechselnd bestreut mit dunklen und hellen Chiasamen, ein paar Mandeln darüber und einem Müslistreifen mittendrin. Daneben steht ein spinatgrüner Gesundheits-Smoothie im trendy Henkelglas, gefüllt mit einem Saft aus Fenchel, Avocado, Spinat, Orange und Maracuja. Der pure Gesundheitskick ist das hier – und unendlich köstlich. So könnte jeder Tag beginnen (Calle Tiburón Ballena, Isla Holbox, Di–So 8–17 Uhr, €–€€).

DIE BESTE REISEZEIT

Die Hauptsaison auf der Isla Holbox liegt wegen der Walhaie zwischen Mai und September, die Übernachtungspreise verdoppeln sich in diesem Zeitraum. Da dann gerade Regenzeit ist, fühlen sich die Mücken wohl, für die die Region berüchtigt ist. Bei Nordwind kann es im Winter hingegen recht frisch werden. Als klimatisch beste Monate für einen Trip nach Holbox gelten März bis Mai.

Gewässern vor der Isla Holbox und locken Schnorchler und Taucher zur ultimativen Begegnung. Inwieweit man diese Aktivität aus ökologischen Gründen vertreten kann, muss jeder für sich entscheiden. Holbox nutzt die Möglichkeit hingegen bedenkenlos und nennt sich bereits stolz Isla del Tiburón Ballena (›Insel der Walhaie‹). Einen guten Ruf genießt die Agentur Whale Shark Tours, die erfahrene Führer hat und dafür bekannt ist, respektvoll mit den Tieren umzugehen.

Whale Shark Tours, Av. Damero, www.holboxwhalesharktours.com, tgl. 9–17 Uhr, ab 120 US-$

Schlafen

Wer's urig mag

Palapas del Sol: Bunt gestrichene kleine Bungalows stehen direkt am Strand, das Meer immer im Blickfeld – herrlich. Die im mexikanischen Stil eingerichteten Zimmer sind hell, geräumig und haben eine Terrasse mit Hängematten. In der Strandbar gibt es leckere Cocktails und tolles Essen. Falls der Strand mit Seegras bedeckt sein sollte, können Sie auch in den kleinen Pool hüpfen.

Playa Norte, Calle Paseo Kuka, T (mobil) 984 875 20 31, www.palapasdelsol.com, €€€

Bezahlbarer Komfort

Villas Paraíso del Mar: Die gepflegte Anlage mit üppigem Garten und großem Poolbereich liegt am schönsten Strandabschnitt der Insel. Sie hat etwas von einem Pauschalresort, ist aber stilvoll gestaltet – beispielsweise sind alle Häuser im traditionellen Stil mit Palmblättern gedeckt und die geräumigen Zimmer sind mit viel Holz dekoriert. 5–10 Fußmin. vom Städtchen entfernt.

Av. Plutarco Elias s/n, T 984 875 20 62, www.villashmparaisodelmar.com, €€

Ein Ort zum Wohlfühlen

Casa Blat Ha: Das familiäre B & B liegt 2 Gehmin. von einem schönen und ruhigen Strandabschnitt entfernt. Die Besitzer sind sehr freundlich, die Zimmer (mit/ohne AC) klein und etwas dunkel, aber gemütlich, außerdem haben sie einen Balkon mit Hängematten. Zum einfachen, aber leckeren Frühstück gibt es Kaffee nonstop. Genial ist die Dachterrasse mit tollem Meerblick. Radverleih, 15 Min. zu Fuß ins Zentrum.

Calle Caguama 1, T 984 875 23 93, www.casablatha.com, €€

Für Sparfüchse

Hostel y Cabañas Ida y Vuelta: Die einfache Anlage bietet Hängemattenplätze, Hütten und eine Campingmöglichkeit (viele Mücken).

Calle Plutarco Elias Calles s/n, zw. Robalo y Chac-Chi, östl. der Plaza, T 984 218 27 74, www.holboxhostel.com, €

Essen

Die meist kleinen Inselrestaurants locken mit bester mexikanischer Küche, darunter natürlich viel Fisch. Die Preise liegen auf westeuropäischem Niveau.

Gehobene Kochkunst
El Chapulim: Hier kommt der Koch persönlich an den Tisch und gibt seine Tagesempfehlungen ab. Die Auswahl ist mit drei bis vier Speisen übersichtlich, aber alles wird frisch zubereitet und die Wartezeit ist kurz. Hier muss man etwas tiefer ins Portemonnaie greifen.
Calle Tiburón Ballena, T 998 242 24 70, Mo–Sa 13–23 Uhr, €€€

Chillen beim Grillen
Viva Zapata: Das Grillrestaurant orientiert sich mit seinen kulinarischen Kreationen an seinem Namensgeber, einer zentralen Figur in der mexikanischen Revolution. In authentischem Mexiko-Ambiente kommen Steaks, Fisch und Garnelen frisch gegrillt auf den Tisch, aber wie! Ein Knaller sind auch die Sopa de Mariscos (›Meeresfrüchtesuppe‹) und die Pasta Zapata mit Shrimps und einem Hauch von Habanero-Chili – *muy rico,* ›sehr lecker‹.
Av. Damero, T 984 875 23 62, tgl. 10–23.30 Uhr, www.vivazapataholbox.com, €€

Mamma mia!
Los Peleones: Leckere italienische Küche, auch gute Fischgerichte, und eine erstaunliche Weinauswahl in einem rustikalen Lokal über zwei Etagen. Es gibt Craftbier, u. a. La Holboxeña und Los Peleones, das köstliche Pale Ale des Hauses. Schon die Etiketten sind eine Wucht!
An der Plaza, tgl. 16.30–23.30 Uhr, €

Kein Tag ohne Tacos
TacoQueto: Der Laden mit Street-Ambiente ist immer voll, das Essen günstig und die Portionen sind groß – zu zweit wird man für 250 Pesos satt. Wer ein Bier zum Essen möchte, kann es in der Tienda nebenan kaufen und mitbringen. Ein absoluter Spartipp!
Av. Pedro Joaquín Coldwell, T 984 239 46 93, tgl. 18–24 Uhr, €

Muy tranquilo – sehr ruhig – geht es noch weitgehend auf der Isla Holbox zu. Am Strand werden spätestens gegen 22 Uhr die ›Bürgersteige‹ hochgeklappt, im Dorf allerdings steppt dann der Bär.

Start in den Tag

Le Jardin: Bananenscheiben bilden den Stamm, Kiwiviertel die Blätter, Andenkirschen die Kokosnüsse – fertig ist die Früchtepalme. Ein Boot aus Papaya und Wassermelone schippert am Tellerrand vorbei. Das französische Café ist ein guter Ort zum Frühstücken. Es gibt frische Baguettes und Croissants, Omelettes und Quiches, allerdings zu Preisen, als läge Paris um die Ecke. Dafür ist der Kaffee der beste der Insel. Mit Spielecke für Kinder.

Calle Lisa 2, T 984 115 81 97, Mi–So 8.30–12.30 Uhr, €€

Bewegen

Kitesurfen

Auf Holbox gibt es zwei gute Kiteschulen mit professionellen Lehrern und modernem Equipment. **Kukulkite:** Av. Pedro Joaquín Coldwell, www.kukulkite.com,

WUNDER DER NATUR

Von Mitte Mai bis Mitte August leuchtet nachts das Meer um die Isla Holbox. Die Illumination geht auf Plankton zurück – sobald das Wasser um die Miniorganismen in Bewegung gerät (durch Schwimmzüge, Fische oder sogar Strömungen), erstrahlen sie blau-grün. Biolumineszenz nennt man diese Fähigkeit von Lebewesen, Licht zu erzeugen. In mondlosen Nächten ist das Spektakel besonders schön. Auf eigene Faust kann man das Phänomen an der **Punta Cocos** beobachten, einer Landzunge, die ca. 20 Gehminuten südwestlich des Ortskerns nahe der Playa Tortuga liegt. Es werden auch entsprechende Touren angeboten.

tgl. 10–20 Uhr, und **Holbox Kiteboarding School:** Av. Damero, www.holboxkiteboarding.com, tgl. 9.30–18 Uhr.

Radfahren

Bike's Holbox: Schöne Beachbikes in gutem Zustand und zu guten Preisen. Inhaber José gibt seinen Kunden auch Tourentipps.

Calle Canane, www.elholboxeno.com, tgl. 8–18.30 Uhr

Wassersport & Ausflüge

Vip Holbox: Schnorchel- und Angeltrips, mit Walhaien schwimmen, Ausflüge zum Cabo Catoche, wo der Golf von Mexiko und das karibische Meer aufeinandertreffen – der Anbieter hat alles im Programm, was sich von hier aus unternehmen lässt. Auch eine spannende, 13 km lange Kajaktour auf einem Mangrovenfluss, für die allerdings eine gewisse Fitness benötigt wird.

Av. Damero, tgl. 9–13, 17–21 Uhr, www.vipholbox.com

Infos

- **Touristeninformation:** Calle Palomino, T 984 108 75 14 www.holboxguide.com, tgl. ab 9 Uhr.
- **Im Internet:** www.holboxisland.com.
- **Anreise:** Mit dem Busunternehmen Mayab von Cancún nach Chiquilá (mehrfach tgl., 3,5 Std.). Die Fähren verschiedener Anbieter verkehren zwischen 6 und 20 Uhr (etwa stdl., 25 Min., 160 Pesos). Über www.holboxferry.com kann man Tickets online kaufen, was aber nicht unbedingt nötig ist. Am Pier gibt es bewachte Parkplätze. Rückfahrt ab Holbox: Fähren etwa stdl. 5–19 Uhr, Busse nach Cancún 5.30, 7.30 und 13.30 Uhr.
- **Golfcarts:** An fast jeder Ecke und in fast jeder Unterkunft auf der Isla Holbox kann man Golfwagen mieten. Eine Stunde kostet etwa 200 Pesos.

Zugabe
Vorsicht, Sturzgefahr!

Wie Braunpelikane fischen gehen

E in Absturz? Für Menschen kann das böse enden. Der Braunpelikan hingegen ist Spezialist in solchen Dingen. Von den acht Pelikanarten, die es weltweit gibt, jagen nur er und der mit ihm verwandte Chilepelikan ihre Fischbeute mit einem Sturzflug ins Wasser. Ansonsten haben die Vögel den Inselblues unterm Gefieder: Von ihrer Ruhe und ihrem entspannten Dahingleiten lässt man sich auf der Isla Holbox gerne anstecken – und gleitet einfach mit. ∎

Riviera Maya

Ihr Name ist Programm — Der Küstenabschnitt zwischen Cancún und dem Fischerdorf Punta Allen verzückt durch ein Potpourri aus Maya-Kultur, langen Stränden, glasklaren Lagunen und vielen vielen Cenotes.

Grund zum Meckern? *»Ay cabrón« – ›Idiot‹* ist die richtige Wahl!

Eintauchen

Seite 78

Playa Akumal

Mit etwas Glück kommt es an diesem schönen Strand zu einem persönlichen Rendezvous mit Meeresschildkröten.

Seite 80, 82

Reserva de la Biósfera Sian Ka'an

Die Lagunen- und Mangrovenlandschaft dieses Schutzgebiets lässt sich am intensivsten per Rad und Kajak erleben.

Seite 82

Cobá

Über Wurzeln und Lianen geht es in dieser fantastischen Maya-Stadt mit dem Fahrrad von Pyramide zu Pyramide. Auf die meisten darf man sogar noch hinaufklettern – der Blick von oben: schlichtweg überwältigend!

Seite 90

Laguna Bacalar

Ein echter Traum in Blau sind die ›Malediven Mexikos‹ – man will gar nicht mehr weg von hier. Also Hängematte spannen und den Moment festhalten!

Cenote Siete Bocas
Cancún (35 km)
Ruta de los Cenotes
Puerto Morelos
Punta Bete,
Playa del Carmen
Playa Maroma
Cobá
Playa
Akumal
Isla Cozumel
Zona Arqueológica de Tulum
Reserva de la
Biósfera Sian Ka'an
Punta Allen

Mar Caribe

Laguna Bacalar

100 km

Bei Ausflügen in die Natur bitte rücksichtsvoll sein und Mückenschutz sowie Sonnencreme bereits im Hotel auftragen.

»Ich habe mein ganzes Leben versucht, meine mexikanischen Wurzeln mit Stolz und Ehre zu repräsentieren.« (Schauspielerin Salma Hayek)

erleben

Vamos a la playa

Klingt bekannt: ›Riviera‹ ist ein Begriff für eine besonders schöne Küste – und sofort tauchen die entsprechenden Bilder im Kopfkino auf. Was für das Tourismusmarketing an der Italienischen und Französischen Riviera gut geklappt hat, funktioniert auch an der Ostküste Yucatáns bestens, alle nötigen Zutaten sind vorhanden. Aus dem Kopfkino wird Realität.

Über 180 km erstreckt sich die Riviera Maya zwischen dem Tourismuszentrum Cancún im Norden und dem Fischerdorf Punta Allen im Süden. Daran schließt sich die Costa Maya an, eine Region mit weitaus geringerer touristischer Infrastruktur, wenngleich im Hafen von Mahahual sogar Kreuzfahrtschiffe anlegen.

Was gibt es an der Riviera Maya nicht alles zu entdecken! Man kann hier getrost zwei Wochen verbringen, ohne dass es langweilig wird. Während in Cancún, Playa del Carmen und Tulum neben Strandvergnügen auch das Partyleben lockt, geht es im Hinterland um einiges bodenständiger und mystischer zu. Lange, schnurgerade Straßen führen durch weites Flachland zu im tropischen Trockenwald versteckten Cenotes und Maya-Ruinen. Insbesondere die wunderschönen Strän-

---

ORIENTIERUNG

Infos: Touristeninformationen gibt es in Playa del Carmen (s. S. 64) und Chetumal (s. S. 95).

Im Internet: www.caribemexicano. travel/riviera-maya (viele Infos zu allen Zielen der Riviera Maya samt Tipps rund um Hotels, Restaurants und aktuellen Events).

Anreise und Weiterkommen: Die gesamte Karibikküste ist verkehrsmäßig hervorragend erschlossen. Bis hinter Tulum ist die Straße überwiegend vierspurig ausgebaut. Von Cancún bis Tulum verkehren in relativ raschem Takt Busse und Colectivos, etwas spärlicher wird es südlich von Tulum. Besonders zuverlässig ist der ADO-Shuttlebus, der alle 10 Min. zwischen Cancún und Playa del Carmen pendelt.

---

de sind jedoch der Grund, weshalb die Riviera Maya boomt. Die frühen Rucksackreisenden würden Schreianfälle bekommen, wenn sie ›ihre‹ Traumstrände von damals heute sehen würden. Mancherorts reihen sich die Hotelbunker über viele Kilometer entlang der Küste. Doch es gibt sie noch, die verschwiegenen Ecken für Anspruchslose: Fahren Sie nach Süden, ganz weit nach Süden!

Puerto Morelos

♀ T 3; Karte 3, F 4

Schauen, schlendern, schnorcheln. In Puerto Morelos passiert nicht viel. Alles macht noch den verschlafenen Eindruck eines karibischen Fischerhafens. Es ist eine wohltuende Atmosphäre, von der sich Künstler und Handwerker ebenso angezogen fühlen wie Touristen, denen Meditation, Reiki und Yoga mehr zusagen als Diskotheken, Wasserrutschen und All-inclusive-Touren.

Dorado für Sporttaucher

Der Ort lebt u. a. vom Tauchtourismus. Ziel ist das 600 m vom Ufer entfernte Riff, eines der besten und intaktesten Unterwasserreviere der mexikanischen Karibikküste, das zum Marinepark erklärt wurde. Selbst Schnorchler können hier Meeresschildkröten und Mantas bewundern und Schwärme farbenprächtiger tropischer Fische vor die Taucherbrille bekommen. Eines der Highlights für Taucher ist das Wrack einer spanischen Galeone einige Meilen vor der Küste.

HURRIKANOPFER **H**

2005 und 2007 zerstörten die Wirbelstürme Wilma und Dean nicht nur viele Gebäude, sondern auch viele Palmen. Nur wenige haben überlebt, die meisten wurden ersetzt. Der Größenunterschied zwischen ›alt‹ und ›neu‹ ist entlang der gesamten Küste noch heute deutlich sichtbar.

An Booten mangelt es nicht in Puerto Morelos – sie schippern Taucher und Schnorchler zum nahen Korallenriff.

UMWELTBEWUSST IM URLAUB

Kampagnen an der Riviera Maya rufen zu einem sensibleren Umgang mit der Umwelt auf:
- Bei Dschungeltouren das Insektenspray bereits im Hotel auftragen und nicht erst im Ökosystem.
- Zum Baden keine Sonnencreme mit toxischen Inhalten auftragen.
- Keinen Müll liegen lassen.
- Handtücher im Hotel müssen nicht jeden Tag gewechselt werden.
- Drinks schmecken auch ohne Strohhalm.
- Lokal einkaufen und Touren bei lokalen Veranstaltern buchen.
- Lieber aufs Fahrrad steigen als aufs lärmende Quad Bike und Bootstouren lieber mit einem Kajak als mit einem Motorboot machen.

Kein Gedrängel am Strand

Bis vor wenigen Jahren zog der Hafenort mit seinem schattenlosen Strand (s. Kasten S. 51) nur wenige klassische Badetouristen an. Seit es in Playa del Carmen zum Sonnenbaden aber zunehmend eng wird, ziehen immer mehr Gäste Puerto Morelos für einen erholsamen Urlaub vor. Freie Plätze am Meer gibt es noch genug, obwohl sich an der Peripherie die ersten All-inclusive-Anlagen breitmachen. Einen täglichen Reinigungsdienst am Strand wie in Cancún darf man hier allerdings (noch) nicht erwarten.

Mit Aussichtsturm

Im **Jardín Botánico Dr. Alfredo Barrera** sind nicht nur die alltäglichen Pflanzen der Region zu finden, eine Sektion ist auch den Heilpflanzen der Maya gewidmet, eine andere den Orchideen. Viele Vögel leben hier und mit etwas Glück lassen sich die seltenen Geoffroy-Klammeraffen blicken. Ein 2 km langer Trampelpfad führt zu einer kleinen Mayaruine. Unterwegs muss man eine Hängebrücke überqueren, und es lohnt sich ein Blick von einem der beiden Aussichtstürme. Um das Leben der Ureinwohner zu veranschaulichen, wurde eine typische Maya-Behausung nachgebaut. Vor dem Besuch des Gartens unbedingt mit Moskitospray einreiben, die Biester sind hier unerbittlich.

Straße Cancún–Tulum (MEX 307), 2 km südl. der Abzweigung nach Puerto Morelos, T 998 206 92 33, tgl. 8–16 Uhr, www.alter. ecosur-qroo.mx, 150 Pesos

Krokos zum Anfassen

Aus einer kommerziellen Krokodilfarm hat sich eine Aufzuchtstation entwickelt, den Zoo gibt es aber immer noch. Besonders Kinder lieben es im **Crococún,** dürfen sie doch ganz nah an die Tiere heran. Neben zahlreichen Krokodilen unterschiedlicher Größe leben hier auch Affen, Wildkatzen, Schlangen und Papageien.

Straße Cancún–Tulum (MEX 307) Km 31, 4,5 km nördl. der Abzweigung nach Puerto Morelos, T 998 850 37 19, www.crococun zoo.com, tgl. 9–17 Uhr, Erw. 32 US-$, Kind. 6–12 Jahre 22 US-$

Schlafen

Tropisch rustikal

Rancho Sak Ol (Rancho Libertad): Die 13 überwiegend strohgedeckten Cabañas in doppelstöckiger Bauweise mit eigener Terrasse und atemberaubendem Meerblick sind eine perfekte Ruheoase. In einigen Bungalows schaukelt man zum Meeresrauschen in den Schlaf, denn die Betten sind an Seilen aufgehängt! Gut ausgestattete Gemeinschaftsküche, kostenloser Verleih von Fahrrädern und Schnorchelausrüstung.

Calle en Proyecto del Fundo Legal de Puerto Morelos, ca. 1 km südl. des Zentrums, T 998 169 48 34, www.ranchosakol.com, €€

Oase zwischen Stadt und Strand

Cabañas Puerto Morelos: Die kleine Unterkunft mit nur sechs hellen und sauberen Zimmern mit Kochecke überzeugt durch ihre zentrale Lage fast am Strand. Im Garten gibt es einen Pool, im angeschlossenen Restaurant riesige und leckere Hamburger. Dasselbe gilt für die Margaritas.

Av. Javier Rojo Gómez, SMZ-02, MZ-12, Lote 7 A, T 998 251 80 60, €€

Mit Meeresbrise

Hacienda Morelos: Die überschaubare Anlage liegt direkt am Strand. Ihre 15 Zimmer sind rustikal kolonial gestaltet, sehr sauber und haben alle einen traumhaften Blick auf die türkisfarbene Karibik. Auf der Terrasse wartet ein Pool zum Abkühlen, natürlich auch mit Meeresblick.

Av. Rafael E. Melgar, T 998 253 60 60, www.haciendamorelos.com, €€

Künstlers Paradies

Acamaya Reef: Der französische Maler und Globetrotter Denis Urbai und seine Frau Daisy haben hier direkt am Strand ein kleines Paradies geschaffen. Die Bungalows sind einfach und zweckmäßig eingerichtet, dafür hören Sie das Meer rauschen. Außerdem gibt es Platz für das eigene Zelt oder Wohnmobil, mit Meeresblick. An der Strandbar werden das Frühstück, Snacks und Drinks serviert.

Calle de Las Palapas, ca. 3 km nördl., Zufahrt bei Km 29 der Straße Cancún–Tulum (MEX 307) kurz vor Crococún, T 998 871 01 31, www.acamayareefcabanas.com, €–€€

Preiswert

Buenos Días Guesthouse: Hippie-Flair ist angesagt. Die Gastgeber des B & B, Eva und Bernardo, sind äußerst hilfsbereit und geben gute Tipps für Ausflüge. Die Zimmer

sind gemütlich und teils mit AC ausgestattet. Mit den kostenfreien Leihfahrrädern ist der Strand nicht weit.

Calle Ciricote, Colonia Zetina, ca. 3 km vom Strand entfernt, T 998 846 68 14, www.buenosdiaspuertomorelos.com, €€

Essen

Garnele trifft Steak

John Grays Kitchen: Hinter der ›Küche‹ verbirgt sich ein Restaurant, das zu den besten vor Ort zählt. Ob Surf and Turf, gebratene Garnelen, Steaks oder Hamburger – hier schmeckt alles gut. Die Speisen sind nicht ganz günstig, kommen aber in großzügigen Portionen.

Av. Niños Héroes 16, T 998 871 06 65, www.facebook.com/johngrayskitchen, Mo 17–21.30, tgl. 16–22 Uhr, €€

Unter dem Palapadach

Los Pelicanos: Unter dem Palmendach sitzen Sie herrlich. Der Blick aufs Meer und die Gerichte – mexikanische Klassiker und Meeresfrüchte – erledigen den Rest zum Glücklichsein. Besonders gut sind das Ceviche und die Sopa de Mariscos.

Av. Rafael E. Melgar, an der Südostecke der Plaza, T 998 871 00 14, www.pelicanos.com.mx, tgl. 8–20 Uhr, €

Zwanglos und locker

El Pirata: Kleines Restaurant mit einem schattigen Außenbereich und günstigen Preisen. Der Fisch kommt frisch vom Grill und die Maistortillas sind hausgemacht. Am Wochenende wird zu Livemusik das Tanzbein geschwungen.

Av. Javier Rojo Gómez, an der Nordwestecke der Plaza, T 998 251 79 48, tgl. 10–23.30 Uhr, €

Das Treiben beobachten

Café d'Amancia: Farbenfrohes, kleines Straßencafé mit hervorragenden Kaffeekreationen. Die Frühstücksgerichte,

TOUR
Von Wasserloch zu Wasserloch

Per Rad oder Auto auf der Ruta de los Cenotes

Infos

📍 Karte 3, D/E 3/4

Start: Puerto Morelos

Länge: hin und zurück 60 km

Dauer: 1 Tag

Mietwagen: Europcar, Av. Tulum, Puerto Morelos, www.europcar.com.mx, tgl. 8–17 Uhr

Radverleih: s. S. 56

Touranbieter: Puerto Morelos Tours & Services, Av. Javier Rojo Gómez, am Parque Central, www.puertomorelostravelagency.com, tgl. 8–20 Uhr

›Heilige Quellen‹ – so wurden von den Maya die großen Löcher benannt, die sich in manchen Gegenden Yucatáns im Erdboden auftun. Was geheimnisvoll klingt, hat eine einfache Erklärung: Die Region ist von riesigen Systemen an Kalksteinhöhlen durchzogen – und manchmal stürzt eben auch ein vermeintlich stabiles Felsdach ein, ein sogenannter Cenote entsteht. Der füllt sich nun, den Elementen ausgesetzt, mit Süßwasser. Für die Maya ein mystischer Ort, den sie mit Opfergaben gnädig zu stimmen suchten.

Besonders viele Cenotes gibt es entlang der Riviera Maya, in ganz Yucatán sollen es über 3500 sein. Allerdings sind viele der einst so stillen Orte heute meist von Badegeschrei erfüllt. Es ist aber auch herrlich, in dem glasklaren und erfreulich kühlen Wasser zu planschen! Oder zu schnorcheln! Oder an einer Zipline hängend drüber hinwegzufliegen! Die besterschlossenen dieser Naturpools findet man entlang der **Ruta de los Cenotes,** die an der MEX 307 in Puerto Morelos beginnt. Mit einem Mietwagen ist die Tour völlig easy, aber man kann sich auch per Rad auf den Weg machen.

Nach 16 km ist die Nr. 1 erreicht, der tiefgrün schimmernde **Cenote Las Mojarras** (200 Pesos). Das Wasserloch ist ziemlich groß, weshalb hier gleich zwei Seilrutschen eingerichtet wurden, an denen Sie über den Pool hinwegsausen können. Außerdem ein Springturm. Und natürlich Toiletten, Hängematten und ein Picknickplatz. Die Maya würden Augen machen …

Nur 7 km weiter versteckt sich der **Cenote Siete Bocas** (400 Pesos) im Dschungel. Seinen Namen ›Sieben Mün-

Im Cenote Zapote gedeihen sogar Seerosen! Seinen Namen verdankt er allerdings den Sapote-Bäumen in seiner Umgebung.

der‹ erhielt er, weil es sage und schreibe sieben verschiedene Eingänge zu dem größtenteils unterirdisch gelegenen Naturpool gibt – am besten alle ausprobieren. Über eine Holztreppe geht es hinab in eine andere Welt! Kletter- und Schlingpflanzen ranken sich von den Felswänden in die Tiefe, das Wasser ist tiefblau. An einem anderen Zugang kann man tiefer in die Höhle hineinschwimmen – nichts für ängstliche Gemüter. Doch wenn ein schmaler Sonnenstrahl aufs Wasser fällt und eine dieser ganz besonderen Stimmungen zaubert, hat sich die Überwindung schon gelohnt.

Der **Cenote Selvática** bei Km 18 gehört zum teuren **Selvática Ecopark** (www.selvatica.com.mx, tgl. 9–17 Uhr, 111 US-$). Der Eintritt lohnt sich nur, wenn auch die zwölf Ziplines und die zwei angebotenen Schnorcheltouren genutzt werden. Ein kleines Stück weiter wartet der **Cenote Chilam Balam**. Er sieht aus wie eine Kuppel, deren Spitze nach innen geklappt ist. Einfach auf den Rücken legen, im kühlen Süßwasser treiben lassen und nach oben blicken – wahrhaft himmlisch!

Die nächsten drei Cenotes liegen bei Km 20 und gehören zum **Cenote Zapote Ecopark** (700 Pesos, www.cenoteszapote.com, tgl. 9–18 Uhr). Hier ist von allem etwas dabei: ein herrlich blauer Cenote, ein grüner Cenote (mit Plattformen zum Springen) und ein unterirdischer Cenote mit Tropfsteinen. Wer es nicht mit Höhlenforschung hat, springt von einer der Plattformen ins Wasser. Viva la vida!

Ins Tagesgepäck gehört neben Sonnenschutz, Badesachen, Schnorchelausrüstung und evtl. einem Picknick auch unbedingt ein Moskitospray!

Shakes, Snacks und die Kuchenauswahl sind großartig.
Av. Tulum, an der Südwestecke der Plaza, T 998 206 92 42, Di–So 7–22 Uhr

Einkaufen

Feilschen erwünscht
Mercado de Artesanías: Auf diesem kleinen Kunsthandwerksmarkt wird alles ausgebreitet, was Yucatán zu bieten hat – Hängematten, Schmuck, Keramik, Mode und vieles mehr. Beobachten Sie die Künstler bei ihrer Arbeit, lassen Sie sich durch die Gänge treiben – und nehmen Sie einen dicken Geldbeutel mit.
Av. Javier Rojo Gómez, ein Block südl. der Plaza, tgl. 9–20 Uhr

Immer wieder sonntags
Jungle Market: Hier findet man vielleicht das lang gesuchte Souvenir zu einem annehmbaren Preis. Oder genießt ein spätes traditionelles Maya-Frühstück. Um 11.30 Uhr beginnt immer eine Vorführung des Maya-Tanzes Jarana.
Ca. 2 km westl. der MEX 307, Dez.–April So 10–13 Uhr

Zeit zum Lesen
Alma Libre Bookstore: Stöbern Sie in den deckenhohen Regalen der kleinen Buchhandlung. Es gibt Neues und Gebrauchtes, auch deutsche Bücher sind darunter.
Plaza Morelos 4, Av. Tulum, www.almalibre bookstore.com, tgl.10–17 Uhr

Bewegen

Abtauchen
Wet Set Diving: Das vorgelagerte Riff bietet beste Bedingungen für spektakuläre Tauchgänge.
Av. Javier Rojo Gómez Sm 2 Mz 2 Lt 16, T 998 206 9204, www.wetset.com

Am Rad drehen
Green Bike: Mit dem Beachcruiser zum Strand oder mit dem Mountainbike die Umgebung erkunden – die Jungs von Green Bike haben die richtigen Räder parat. Auch Tandems und Tricycles werden vermietet.
Ojo de Agua 819, T 998 734 81 32, tgl. 9–19 Uhr, 1 Tag/10–15 US-$ inkl. Versicherung

In sich gehen
Yoga Casa Om: Das Team vom Casa Om ist breit aufgestellt, verschiedene Retreats stehen zur Wahl. Ergänzt wird das Ganze durch gesunde Ernährung und Freizeitaktivitäten.
Av. Javier Rojo Gómez 804, T 998 253 79 49, www.casaom.com

Ausgehen

Ein Paradies für Nachtschwärmer ist Puerto Morelos eher nicht. Manchmal wird abends ein Lagerfeuer am Strand entfacht und Trommeln schallen durch die warme Nacht.

Mond und Meer
My Paradise Beach Club: Die Happy Hour (15–16 Uhr!) unter dem Motto ›Zwei für Eins‹ sorgt für gute Cocktailpreise und eine noch bessere Stimmung in der gut besuchten Strandbar des Clubs. Füße in den Sand, Augen zum Meer.
Calle Plutarco Elias, Ecke Calle Javier Rojo Gómez, www.myparadise.com.mx, €€

Infos

• **Im Internet:** www.inpuertomorelos. com und www.puerto-morelos.org (alles Wissenswerte über den Ort), www.puer tomorelosvillas.com (aktuelle Fährzeiten von Playa del Carmen zur Isla Cozumel oder von Cancún zur Isla Mujeres).
• **Busse:** Die meisten Busse (auch der ADO-Shuttlebus Cancún–Playa del Car-

men) auf der Strecke zwischen Cancún und Tulum halten nur an der Abzweigung auf der MEX 307, wo bereits die Taxis warten (ca. 30 Pesos ins Zentrum). Einige Busse von Mayab fahren in den Ort hinein.

Playa del Carmen ♀ S3; Karte 3, E5

Der Tag beginnt spät in Playa del Carmen. Erst gegen 9 Uhr füllen sich die Lokale in der Fußgängerzone langsam mit hungrigen Reisenden, die bis spät in die Nacht zu Techno und Rock am Strand getanzt haben. Das einstige Fischerdorf ca. 70 km südlich von Cancún war früher nur für seine Fährverbindung zur Isla Cozumel bekannt. Als in den 1970er-Jahren die ersten Hippietouristen nach Mexiko kamen und die schönen Strände Yucatáns mit Gitarren und Lagerfeuer eroberten, lebten hier gerade einmal 200 Menschen. Doch in letzter Zeit hat Playa einen rasanten Aufstieg hingelegt: Sie ist die schnellstwachsende Metropole ganz Mexikos. Das spült zwar Geld in die Stadtkasse, doch auch der Charme geht flöten.

Am südlichen Stadtrand beginnt hinter der Anlegestelle der Cozumel-Fähren die **Zona Hotelera Playacar** mit Hotelkomplexen und einem kleinen Strandabschnitt. Auch an der nördlichen Peripherie entstehen immer neue internationale Hotels, wo wie in Cancún überwiegend Pauschaltouristen absteigen.

Centro

Playas Flaniermeile

Die strandnahen Gebäude in der Innenstadt rund um den **Parque Los Fundadores** und die **Capilla de Nues-**

tra Señora del Carmen sind bei Weitem nicht so klotzig wie in Cancún, sodass hier eher die Atmosphäre von einem Badeort am Mittelmeer aufkommt. Parallel zum Strand verläuft die Fußgängerstraße Avenida 5, **Quinta Avenida** genannt, die Einkaufs- und Amüsiermeile der Stadt. Restaurants, Kunstgalerien, Designershops und Souvenirläden haben sich hier angesiedelt. Später am Tag kommen ambulante Händler hinzu. Abends dann wird die Quinta zur Partymeile.

Nervenkitzel
Im **3D Museum of Wonders** ❶ steigt der Adrenalinpegel – zumindest bei allen, die sich auf optische Täuschungen einlassen. Ob man nun von einem Löwen angesprungen wird oder hoch über dem Abgrund schwebt, in den drei Ausstellungsräumen wird das menschliche Auge beeindruckend hinters Licht geführt.
Av. Norte 10, www.3dmuseumofwonders.com, tgl. 9–22 Uhr, Erw. 30 US-$, Kind. ab 3 Jahre 25 US-$, 10 % Rabatt bei Online-Buchungen

Hinterlassenschaft der Maya
Direkt am Strand liegen die Reste der alten Maya-Siedlung **Xaman-Há** ❷, die aus der postklassischen Epoche (1200–1500) stammt. Das Highlight der gepflegten Anlage sind allerdings die vielen großen Leguane, die in der Sonne relaxen.
Nahe Hotel Playacar, Zugang über den Strand, Eintritt frei

Strände in der Umgebung

Fast in der Stadt
Abseits von Lärm und Menschenmassen und trotzdem fast mitten in Playa liegt dieser außergewöhnliche Strandabschnitt, der mit der Blue Flag (s.

Kasten unten) ausgezeichnet ist. Die **Playa Punta Esmeralda** bietet etwas Einzigartiges: Ein mit kristallklarem Süßwasser gefüllter Cenote erstreckt sich wie eine Lagune zwischen Strand und Meer, sodass eine kleine Sandbank entsteht. Es gibt hier allerdings keine Bars oder Restaurants, also sollten Sie sich ein Picknick mitnehmen, um diesen

ES WEHT BLAU **B**

Playa del Carmens Hausstrand wurde mit der **Blue Flag** ausgezeichnet, die für nachhaltigen Tourismus steht. Dieses Gütezeichen wird jedes Jahr aufs Neue von der Stiftung für Umwelterziehung an Strände vergeben, die besonders vorbildlich in puncto Umweltbewusstsein und Wasserqualität sind. Das Logo ist eine blaue Flagge, die auf den ausgezeichneten Stränden auch gern in den Sand oder Kies gesteckt wird (www.blueflag.global).

tollen Ort ausgiebig zu genießen. Parken ist kostenlos möglich.

Fast wie im Paradies

Auf diese herrliche Bucht mit ihrem 4 km langen Strand weist nur ein kleines Schild am Rand der MEX 307 hin. Mit Palmen, weißem Sand und türkisfarbenem Wasser lässt **Punta Bete** das Klischee einer bekannten Rumwerbung Realität werden. Viel mehr als baden und tauchen kann man hier abseits jeglicher Ortschaft (bisher) allerdings nicht. Wem das genügt, der befindet sich im Paradies. Allerdings dehnt sich das ca. 8 km weiter südlich gelegene Playa del Carmen zunehmend aus, sodass Punta Bete bald mit dem lebhaften Badeort verschmolzen sein wird. Die meist rustikalen Unterkünfte sind im Bungalowstil konzipiert und befinden sich überwiegend in amerikanischer Hand.

Fast immer ruhig

Auch die 20 km nördlich von Playa del Carmen gelegene **Playa Maroma** verspricht Karibik pur. Der weiße Sand fühlt

Playa del Carmen

Ansehen
❶ 3D Museum of Wonders
❷ Xaman-Há

Schlafen
1 The Green Village
   Boutique Hotel
2 The Palm at Playa
3 Riviera Maya Suites
4 Cielo
5 Suites Corazón
6 Hotel Kinbé
7 Hotel Lunasol
8 Casa Tucan
9 Cocos Cabañas

Essen
1 Oh Lala
2 100 % Natural
3 La Cueva del Chango
4 Carboncitos
5 Manne's Biergarten
6 La Tarraya
7 Kaxapa Factory
8 El Fogón
9 Ah Cacao

Einkaufen
1 Sol Jaguar
2 Gastón Charó Art Gallery
3 Quinta Alegría Shopping
   Mall

Bewegen
❶ Tours del Carmen
❷ Tank-Ha Dive Center
❸ Cyan-Ha Dive Center
❹ Kitemex
❺ Bike Nomads
❻ Playacar Golf
❼ EcoPark Xcaret
❽ Temazcál & Masajes Pixan
❾ Don Quijote

Ausgehen
❶ Coco Bongo
❷ INTI Beach
❸ Tequila Barrel
❹ Ula Gula Bar

---

sich an wie Puderzucker. Das Wasser ist kristallklar und schimmert in allen Blau- und Türkistönen. Trotz des großen Freizeitangebots wie Reitausflügen oder Kajaktouren geht es hier ruhig und entspannt zu.

Fast alles da
Wer schnorcheln oder tauchen möchte, ist an der **Playa Paamul** 20 km südlich von Playa del Carmen bestens aufgehoben. Mit Scuba Mex (www.scubamex.com) gibt es hier auch eine renommierte Tauchschule, außerdem Übernachtungsmöglichkeiten wie die netten Paamul Cabañas (www.paamulcabanas.com) und ein nettes mexikanisches Restaurant. In Mai- und Juninächten legen Meeresschildkröten am Strand ihre Eier ab.

Fast so einsam wie früher
In rund 25 Minuten per Auto erreichen Sie einen der schönsten Strände der Gegend, die **Playa Xpu-Há.** Sie liegt

28 km südlich von Playa del Carmen, hat hellen Sand und seichte Wellen. So einsam wie früher ist es hier zwar nicht mehr, dafür gibt es nun einige Restaurants mit gutem Essen. Für den einzigen Zugang über eine Privatstraße und die Parkmöglichkeit wird eine Gebühr in Höhe von 50 Pesos verlangt.

Ein Stück weiter südlich befindet sich die **Playa Kantenah,** ein Strand voller Palmen mit einem vorgelagerten Korallenriff.

Schlafen

Im Norden und Süden des Hauptstrandes hat sich eine Hotelzone mit internationalen All-inclusive-Resorts etabliert, die sich am preiswertesten von zu Hause aus im Rahmen eines Pauschalprogramms buchen lassen. Generell sind die Preise in Playa del Carmen etwas günstiger als in Cancún.

Wunschlos glücklich

1 The Green Village Boutique Hotel: Das kleine Boutiquehotel liegt zentral und doch ruhig. Die Zimmer sind originell und mit natürlichen Materialien ausgestattet. Der Pool ist traumhaft, und das Personal sehr hilfsbereit und zuvorkommend. An der Poolbar gibt es abends leckere Cocktails.
Calle 20, zw. Av. 10 und 15, T 984 218 21 28, €–€€

Zum Entspannen

2 The Palm at Playa: Das kleine Boutiquehotel liegt zentral und doch ruhig. Der Pool auf dem Dach ist traumhaft, das Personal liest jeden Wunsch von den Lippen ab. An der Poolbar gibt es abends einen leckeren Sundowner. Den Mietwagen parken Sie unkompliziert in der Tiefgarage.
Calle 8 Norte, zw. Av. 5 und Av. 10, T 984 128 01 91, www.thepalmatplaya.com, €€€

Idylle pur

3 Riviera Maya Suites: Alltag raus, Urlaubsfeeling rein. Die schicken Bungalows der Hotelanlage liegen in einem idyllischen Garten verteilt und sind bestens für Familien geeignet. Planschen im Pool, Abhängen auf der Dachterrasse, im Restaurant gut essen – alles unter einem Dach. Die Hotelanlage liegt zentral und doch ruhig. Der Strand und die belebte Avenida 5 sind nur wenige Gehminuten entfernt.
Calle 32 Norte, Ecke Av. 1, T 984 803 46 57, www.rivieramayasuites.com, €€

Dem Himmel so nah

4 Cielo: Zwischen Einkaufsmeile und Strand liegt dieses kleine Boutiquehotel. Die Zimmer – teils mit Balkon – sind gemütlich und geräumig. Das angeschlossene Restaurant serviert leckere mexikanische Küche.
Calle 4 Norte, zw. Av. 5 und Av. 10, www.hotelcielo.com, T 984 873 12 27, €€

Mit Herz

5 Suites Corazón: Die Zimmer sind ansprechend gestaltet, sehr sauber und geräumig. Der Pool auf der Dachterrasse macht Laune zum Schwimmen. Parkplätze stehen zur Verfügung. Preis-Leistung stimmt hier.
Calle 14 Norte, zw. Av. 5 und Av. 10, T 984 803 45 86, www.suitescorazoncondos.com, €€

Elegant & charmant

6 Hotel Kinbé: Familiengeführtes Hotel unter italienischer Leitung mit 29 Zimmern und Swimmingpool.
Calle 10 Norte, zw. Av. 1 und Av. 5, T 984 873 04 41, www.kinbe.com, €€

Zum Verweilen

7 Hotel Lunasol: Das kleine Hotel mit nur 16 Zimmern liegt im Herzen von Playa del Carmen. Die Zimmer sind sauber und schön eingerichtet und verfügen über einen Balkon oder eine Terrasse. Mit Garten, Pool, Jacuzzi, Hängematten und Gemeinschaftsküche. Nancy und ihr Team sind sehr nett und helfen bei allen Fragen weiter.
Calle 4 Nr. 169, zw. Av. 15 und Av. 20, T 984 873 39 33, www.lunasolhotel.com, €€

Man spricht Deutsch

8 Casa Tucan: Das familiäre Hotel in deutschem Besitz ist sehr beliebt. Man hat viel Platz und deutsche Sauberkeit wird groß geschrieben. Es gibt auch drei Apartments. Im begrünten Innenhof wartet ein Pool zum Abkühlen.
Calle 4, zw. Av. 10 und Av. 15, T 984 803 53 49, www.casatucan.de, €

Urig

9 Cocos Cabañas: Das kleine, gemütliche Hotel eines schweizerisch-mexikanischen Paares steht an einem mit Felsen durchsetzten Palmenstrand. Nur sechs strohgedeckte Cabañas, Garten mit kleinem Pool, gutes Essen und süffige Drinks.

Playa Xcalacoco, ca. 8 km nördlich von Playa del Carmen, von der MEX 307 bei Km 65 an der Pemex-Tankstelle abbiegen, T 998 874 70 56, T (mobil) 998 185 77 98, www.cocos cabanas.com, €€

Essen

Très bien

1 **Oh Lala:** George und Mikaela kreieren hervorragende Gerichte. In gepflegtem Ambiente werden Gaumen und Augen verwöhnt. Die Preise sind gehoben, dies aber zu Recht. Rechtzeitig reservieren!
Calle 14 Norte Bis, zw. Av. 10 und Av. 5, T 984 127 48 44, www.ohlalabygeorge.com, Mo–Sa 18–22.30 Uhr, €€€

Vegetarisch im Grünen

2 **100% Natural:** Von der Avenida 5 führen einige Stufen hinab in einen schattigen Garten. Besonders schön sitzt man im 1. Stock mit Blick ins Geäst mächtiger Bäume. Neben mexikanischen Klassikern gibt es vorwiegend vegetarische Gerichte mit asiatischem Einschlag. Die frischen hausgemachten Fruchtsäfte sind einfach nur lecker.
Av. 5 Nr. 209, zw. Calle 10 und Calle 12, T 984 873 22 42, www.100natural.com.mx, tgl. 7.30–22.30 Uhr, €

In tropischem Grün

3 **La Cueva del Chango:** Schlemmen Sie im begrünten Innenhof des Restaurants zwischen Palmen und Bananenstauden. Oder genießen Sie bei Kerzenschein einen Cocktail. Die Küche ist einfallsreich, Fisch- und Fleischgerichte werden neu interpretiert.
Calle 38, zw. Av. 5 und dem Strand, T 984 147 02 71, www.lacuevadelchango.com, Mo–Sa 8–22.30, So bis 14 Uhr, €–€€

Überraschung in der Einkaufsmeile: das 100% Natural – bei so viel Grün drum herum versteht es sich fast von selbst, dass hier überwiegend Vegetarisches auf den Tisch kommt.

Only Cash

4 Carboncitos: Ein ›Must-go‹ abseits des Trubels, das auch gerne von Einheimischen aufgesucht wird. Große Auswahl an Fleisch- und Fischgerichten, das yucatekische Gericht *Cochinita pibil* (s. S. 265) ist ein Gedicht. Nur Barzahlung.

Calle 4, zw. Av. 5 und Av. 10, T 984 873 13 82, Di–So 15–22 Uhr, €€

Gegen Heimweh

5 Manne's Biergarten: Beim Berliner Manfred gibt es Schweinebraten, Fassbier und deutsches Ambiente.

Calle 4, zw. Av. 10 und Av. 15, T 984 876 53 63, www.mannes-biergarten.page.tl, Mi–Mo 16–23 Uhr, €

Alteingesessen und günstig

6 La Tarraya: In dem seit 1968 bestehenden, urigen Restaurant unmittelbar am Strand bekommt man frischen Fisch zu unschlagbar günstigen Preisen. Sie sitzen unter Palmen mit den Füßen fast im Meer. Die Kilopreise für den Fisch sollten Sie trotzdem im Vorfeld klären, um Überraschungen zu vermeiden.

Calle 2 Norte 2, T 999 165 27 37, tgl. 12–20 Uhr, €€

Südamerikanisch

7 Kaxapa Factory: Einfaches Ambiente, aber sehr beliebt aufgrund der preiswerten exotischen Gerichte und Säfte des venezolanischen Inhabers. Probieren Sie unbedingt die Arepas, die gefüllten Maisbrote.

Calle 10 Norte, zw. Av. 10 und Av. 20, T 984 169 56 99, www.kaxapa-factory.com, Di–So 9–18 Uhr, €

Fastfood auf Mexikanisch

8 El Fogón: Der Straßenimbiss bereitet sehr leckere Tacos zu. Es gibt auch Quesadillas und Tortas. Typisch mexikanisches Superfood eben. Authentisch und ohne Schnickschnack.

Av. Constituyentes, Ecke Av. 30, T 984 803 08 85, tgl. 13–18 Uhr, €

Süße Verführung

9 Ah Cacao: Hier wird das Göttergetränk der Maya in zahlreichen Variationen serviert. Es gibt aber auch kräftige Kaffeekreationen, Kuchen und herzhafte Snacks. Mehrere Filialen in Playa und Cancún.

Av. 5, Ecke Av. Constituyentes, T 984 803 57 48, www.ahcacao.com, tgl. 7.15–23.30 Uhr, €–€€

Einkaufen

Auf der **Avenida 5,** der Einkaufsstraße von Playa, gibt es alles, was das Herz begehrt. Feilschen ist angesagt, v. a. wenn Kreuzfahrtschiffe anlegen.

Típico

1 Sol Jaguar: Renommiertes Souvenirgeschäft mit qualitativ hochwertigem Kunsthandwerk aus allen Landesteilen Mexikos – bei Victor und Maricarmen werden Sie garantiert fündig.

Av. 5, zw. Calle 4 und Calle 6, tgl. 9–22 Uhr

Für Kunstliebhaber

2 Gastón Charó Art Gallery: Eine Oase im Herzen von Playa ist diese wunderschöne Kunstgalerie – beim Betreten der Räumlichkeiten taucht man in eine andere Welt ein.

Av. 5 Nr. 173, tgl. 10–22.30 Uhr

Alles unter einem Dach

3 Quinta Alegría Shopping Mall: Riesiges Einkaufszentrum mit Boutiquen bekannter Marken.

Av. 5, Ecke Constituyentes, tgl. 9–21 Uhr

Bewegen

Organisierte Touren

1 Tours del Carmen: Ob Kultur, Natur oder Action, die Agentur hat alles im Programm. Die Touren sind gut organisiert und persönlich geführt.

Av. 10 Norte 173, T 984 150 11 71, www.
toursdelcarmen.com.mx

Santi Tour: Svenja und Fidel bieten
Touren zu allen Highlights der yucatekischen Halbinsel an. Die Ausflüge finden
in kleinen Gruppen statt und werden auf
Deutsch geführt.
T 984 104 39 10 (auch WhatsApp), www.
santitour.com

Schnorcheln & Tauchen
Bereits vom Strand aus lassen sich
Schnorcheltouren unternehmen, sorgt
doch die vorgelagerte Isla Cozumel für
überwiegend ruhiges Wasser mit guter
Sicht. Um die Korallenriffen zu schnorcheln, ist man jedoch auf ein Boot angewiesen. Zu den renommierten Tauchschulen gehören das **Tank-Ha Dive Center** ❷
(Calle 10, zw. Av. 5 und Av. 10, T 984
873 03 02, www.tankha.com) und das
Cyan-Ha Dive Center ❸ (Av. 38 Norte,
im Hotel Shangri La, T 984 803 25 17,
www.cyanha.com).

Kitesurfen
❹ **Kitemex:** Vom Anfängerkurs bis zum
Fortgeschrittenenkurs hat das Team von
Kitemex alles in petto.
Punta Maroma, knapp 20 km nördl. von Playa
del Carmen, www.kitemex.com, tgl. 9–19 Uhr

Radfahren
❺ **Bike Nomads:** Die Leihfahrräder
werden auf Wunsch auch ins Hotel ge-
liefert.
Av. 10 Norte, Ecke Calle 8 Norte, T 998
895 92 55, www.bikenomads.com.mx, tgl.
9–18 Uhr, 8 US-$/Tag, 5 US-$/Tag bei einer
längeren Mietdauer

Golfen
❻ **Playacar Golf:** 18-Loch-Golfplatz,
Green Fee (180 US-$) inkl. Snacks und
Getränke.
Gehört zum Hotel Playacar, www.palace-re
sorts.com/playacar-golf-club

Fast wie in Disneyland
❼ **EcoPark Xcaret:** Das Gelände um
die tief ins Land greifende Laguna Xcaret
wurde zu einem Freizeitpark umgestaltet
(unter Einsatz von Dynamit!), der Kultur,
Unterhaltung und Abenteuer verbindet.
Während der postklassischen Maya-Epoche war die Bucht ein wichtiger Hafen
und Ausgangspunkt für die Wallfahrten
zur Isla Cozumel – heute befindet sich
hier ein Strandbad mit Restaurants und
Umkleidekabinen. Geboten werden außerdem Delfin- und Folkloreshows. Das
Mitbringen von Essen, Getränken, Radios
und Sonnenöl ist streng verboten.
6 km südl. von Playa del Carmen, www.xcaret.
com.mx, tgl. 8.30–22.30 Uhr, ab 99 US-$,
viele Sonderangebote

Schwitzen wie die Maya
❽ **Temazcál & Masajes Pixan:** Traditionelle Maya-Schwitzhütte und Entspan-
nungsmassagen von professionellen Händen – eine heilend-spirituelle Erfahrung
mit herzlichen Gastgebern.
Calle 92 Norte 17, Luis Donaldo Colosio,
nahe dem Hotel Paradisus, T 984 217 28 16,
Mo–Sa 10–20 Uhr

Spanisch lernen
❾ **Don Quijote:** Renommierte internationale Sprachschule. Kursbeginn ist jeweils montags.
Calle 6, zw. Av. 35 und Av. 40, T 984 873
07 55, www.donquijote.org/de/learn-spani
sh-in-mexico/playa-del-carmen

Ausgehen

Richtig zum Leben erwacht Playa erst nach
Sonnenuntergang, wobei die Atmosphäre
anders ist als in Cancún, wo Komatrinken
zum guten Ton der Jugendlichen gehört.
Playa hat noch etwas von den frühen Par-
tyjahren – man trifft sich in einer Bar, tanzt
am Strand, lauscht Livekonzerten. Jeder
bekommt sofort mit, wo ›die Musik‹ spielt.

Megashow
⚙ **Coco Bongo:** Ableger der gleichnamigen Megadisco in Cancún. Mischung
aus Show und Disco. Lange Warteschlan-
gen und hohe Preise (VIP-Bereich ab
115 US-$).
Calle 12, Ecke Av. 10, T 984 803 59 39,
www.cocobongo.com.mx, tgl. 22–3 Uhr

Relaxen am Meer
⚙ **INTI Beach:** Lounge Bar mit entspre-
chender Musik direkt am Meer. Auch das
Essen ist vorzüglich.
Nähe Calle 6 Norte, T 984 803 11 09, tgl.
9–24 Uhr, Mindestverzehr 500 Pesos/Pers.

Nicht nur Schnaps
⚙ **Tequila Barrel:** Grill samt Bar, die
sich abends schnell füllt. Große Tanzfläche,
gespielt werden v. a. Rock-Oldies. Neben
Tequila gibt es Cocktails, Bier und Wein.
Av. 5, zw. Calle 10 und Calle 12, www.tequila
barrel.com, tgl. 10–3 Uhr

Hip und cool
⚙ **Ula Gula Bar:** Man sitzt nett im
1. Stock mit Blick auf das abendliche
Treiben. Hervorragende Cocktails.
Av. 5, Ecke Calle 10, tgl. 12–24 Uhr

Feiern

Infos über aktuelle Veranstaltungen findet
man unter www.playadelcarmen.org.
• **Riviera Maya Jazz Festival:** 3 Tage
im Herbst, www.rivieramayajazzfestival.
com. Im Mamita's Beach Club spielen
Jazz-Größen aus aller Welt. Der Eintritt
ist kostenlos.

Infos

• **Oficina de Turismo:** Mehrere Touristenbüros entlang der Av. 5, u. a. gegenüber
dem Parque Los Fundadores, Mo–Fr
9–20.30, Sa, So bis 17 Uhr.

• **Im Internet:** www.playadelcarmen.com
(gute, wenn auch überwiegend kommerzielle Website mit vielen Tipps für Ausflüge,
Mietwagen und sogar Hochzeitsplanung).
• **Busse:** Es gibt zwei Terminals. Vom
ADO-Terminal an der Calle 12, Ecke Av. 20
starten die Langstreckenbusse der 1. Klasse. Der alte, zentral gelegene Busbahnhof
am Beginn der Av. 5 wird bedient von den
Bussen der 2. Klasse (Mayab, Riviera), dem
ADO-Airportbus (7–19 Uhr) sowie dem
ADO-Shuttlebus nach Cancún (6–24 Uhr,
alle 10 Min.). Die Minibusse Playa Express
halten an der Calle 2, zw. Av. 25 und Av. 30.
• **Colectivos:** Nach Tulum gelangt man
problemlos auch mit Sammeltaxis, die von
der Calle 2, Ecke Av. 20 losfahren, sobald
sie voll besetzt sind. Man kann überall zwischendurch zu- und aussteigen.
• **Fähren:** Stdl. Verbindungen zur Isla Cozumel mit Winjet (www.winjet.mx, 7–22 Uhr,
1 Std.) und Ultramar (www.ultramarferry.
com, 7–23 Uhr, 1 Std.). Die Tickets kosten 160 Pesos online bzw. 180 Pesos am
Schalter. Reservierungen sind nicht nötig.

Isla Cozumel

📍 S/T 4; Karte 3, E/F 5–7

Bereits am Fähranleger von Cozumel
taucht man ein in eine andere Welt.
Zunächst einmal in die der Kreuzfahrtschiffe, die auf ihrer Reise durch
die Karibik regelmäßig im Inselort San
Miguel halt machen und ihre Passagiere
zu einem kurzen Landgang entlassen,
der sich überwiegend auf den Besuch der
überteuerten Souvenirläden beschränkt.
Wie eine andere Welt erscheint auch die
übrige Insel, zumindest im Vergleich
mit den Badeorten auf dem Festland.
Cozumel gilt als eines der exklusivsten
Ferienparadiese des Landes. Der Reiz
von Mexikos größter Insel liegt v. a. in

den kleinen Badebuchten, den vorgelagerten Korallenriffen und den luxuriösen Unterkünften.

Die Hotelzonen erstrecken sich an der geschützten Westküste, von Playa del Carmen durch eine 14 km breite Meerenge getrennt. Eine am Ufer entlangführende Straße erschließt den südlichen Teil der Insel, die noch dicht bewaldet ist. Wer ein pulsierendes Strandleben wie in Cancún oder Playa del Carmen sucht, wird enttäuscht sein – man bleibt seinem Resort treu und lieber unter sich.

Ein Blick zurück

Cozumel im Jahr 1511

Sie haben einen ›Fang‹ gemacht. Den Maya von Cozumel sind zwei Spanier ins Netz gegangen: der Matrose Gonzalo Guerrero und der Mönch Gerónimo de Aguilar. Doch die auf der Insel Gestrandeten haben Glück. Anstatt Ixchel oder Itzamná, den Göttern der Maya, geopfert zu werden, müssen sie ›nur‹ als Sklaven dienen. Das Gute daran: Beide lernen die Sprache der Einheimischen.

Als der Konquistador Hernán Cortés 1519 von den verschollenen Landsleuten hört, macht er sich auf, um ihre Freilassung zu erwirken. Doch nur aus einem Grund: Er braucht kundige Dolmetscher für seinen Eroberungszug durch Mexiko. Guerrero hat sich unter den Maya inzwischen als brillanter Kriegsführer gegen die Spanier etabliert und eine adlige Maya geheiratet (ihre Kinder sind die ersten Mestizen Mexikos), doch Aguilar schließt sich Cortés an. Als dieser später noch die Häuptlingstochter Malinche geschenkt bekommt, die Maya und Aztekisch spricht, sind alle seine Verstän-

Hochhausgleich liegen zumeist mehrere Kreuzfahrtschiffe im Hafen von Cozumel vor Anker. Für einen Tag bevölkern ihre Passagiere die Insel, durchstöbern die Geschäfte oder lassen sich herumkutschieren.

GUMMI ZUM KAUEN   **G**

Schon im Altertum, bei Ägyptern, Römern und Byzantinern, wurde auf allen möglichen Harzen und Rinden herumgekaut, der Kaugummi unserer Tage hat seinen Ursprung aber in Mexiko. Die Azteken und die Maya verwendeten den Saft des Breiapfelbaums zur Herstellung einer Kaumasse, die sie *tzicli* nannten. Mitte des 19. Jh. begann der amerikanische Fotograf Thomas Adams mit der Weiterverarbeitung dieses Baumsaftes. Zwar gab es in den USA bereits Kaugummi aus Paraffinwachs, die elastische Kaumasse Chicle, wie sie in Mexiko hieß, erwies sich aber als wesentlich besser – Adams' New York Gum No. 1 trat seinen Siegeszug an. Ab 1890 eroberte William Wrigley den Markt, und ab 1920 wurde Kaugummi auch in Europa bekannt und ist seither aus den Geschäften nicht mehr wegzudenken. Nicht so in Singapur, das für seine strenge Gesetzgebung bekannt ist. Zwischen 1992 und 2004 war der Verkauf untersagt, da Jugendliche damit angeblich die Schlitze der Kartenautomaten der öffentlichen Verkehrsmittel lahmlegten. Und noch heute darf dort Kaugummi nur unter Vorlage des Ausweises abgegeben werden.

digungsprobleme gelöst und damit ein wichtiger Grundstein für die Eroberung des Landes gelegt.

Nach den Maya

Die Tage der Maya auf Cozumel sind nun gezählt – 40 000 sterben an Pocken, eingeschleppt von den Europäern. Ihre Tempel verfallen, die Natur erobert die Insel zurück. Piraten wie Henry Morgan oder Jean Lafitte gehen an der geschützten Küste vor Anker und ergänzen ihr Trinkwasser aus der Laguna Chankanab.

Gegen Mitte des 19. Jh. ist Cozumel völlig entvölkert. Erst durch die Ankunft zahlreicher Flüchtlinge, die während des Kastenkrieges (1848) das Festland verlassen, erwacht die Insel zu neuem Leben. In das Blickfeld wirtschaftlicher Interessen rückt Cozumel zu Beginn des 19. Jh. durch seine reichen Bestände an Zapote-Bäumen, aus deren Saft schon die Maya Chicle gewonnen hatten – den Grundstoff für Kaugummi. Aromatisiertes Gummi zwischen den Zähnen zu zermahlen wird nun auch in der westlichen Welt Mode und beschert den Inselbewohnern reichlich Arbeit, wenn auch kaum genügend Lohn zum Leben. Der Boom legt sich rasch, als billige Chemie das Naturprodukt ersetzt.

Ein neuer Boom

Während des Zweiten Weltkriegs unterhalten die Amerikaner im tropischen Paradies einen vorgeschobenen Posten und eine U-Boot-Basis, ergänzt durch einen Feldflughafen für die Versorgung aus der Luft. Dann kehrt wieder Ruhe ein, bis Anfang der 1960er-Jahre der französische Taucher und Dokumentarfilmer Jacques Cousteau die Insel endgültig aus dem Dornröschenschlaf weckt und den Weg für einen neuen Wirtschaftszweig bahnt, den Tourismus. Lebten 1970 etwa 10 000 Menschen auf der Insel, sind es heute über 60 000.

San Miguel de Cozumel

Auf der 44 km langen und maximal 18 km breiten Insel gibt es nur einen nennenswerten Ort. San Miguel de Cozumel liegt an der dem Festland zugewandten

Seite gegenüber von Playa del Carmen. An der schönen Meerespromenade, der **Avenida Rafael E. Melgar,** reihen sich Geschäfte und Restaurants aneinander, die ihre Waren und Dienstleistungen in US-Dollar auszeichnen. Gegenüber der Hauptmole öffnet sich der **Parque Benito Juárez,** umschlossen von den modernen Bauten der Stadtverwaltung und einigen teuren Restaurants. Im Norden und Süden geht das Zentrum in die Hotelzonen über.

Zeitenwandel

Das in einem ehemaligen Hotel unter-gebrachte **Museo de la Isla Cozumel** ❶ präsentiert die Geschichte, Flora und Fauna der Insel. Zu den zahlreichen Ex-ponaten gehören eine Maya-Behausung sowie historische Fotos, die den enormen Wandel seit Ende des Zweiten Weltkriegs verdeutlichen.

Av. Rafael Melgar 321, www.cozumelparks. com, Mo–Sa 9–16 Uhr, 60 Pesos

Bis zu den Sternen

Dass schon die Maya ausgezeichnete Astronomen waren, ist bekannt. Die-ser Tradition folgt das **Planetario de Cozumel Cha'an Ka'an** ❷, das neben einem Besuch im Observatorium und Touren zur Beobachtung des nächtlichen Sternenhimmels auch Shows und Filme zeigt. Allerdings ist das Vergnügen nicht ganz günstig und auch der Rest preislich völlig überzogen.

Av. Claudio Canto, im Süden von San Miguel, www.planetariodecozumel.org, Di–Sa 10–18 Uhr, 130 US-$

Großes in Miniatur

Berühmte Bauwerke wie der Palacio de Bellas Artes in Mexiko-Stadt oder das Kloster Santo Domingo in Oaxaca im Kleinformat sind im **Discover Mexico Park** ❸ zu sehen, der damit eine gute Übersicht über die mexikanische Archi-tektur bietet. Auf geführten Touren wird man zudem mit den Besonderheiten des

Landes vertraut gemacht. Höhepunkte sind die Herstellung eigener Schokola-de und eine Tequila-Verkostung. Der Museumsshop ist allerdings ziemlich überteuert.

Carr. Costera Sur Km 5,5, www.discover mexicopark.com, 26 US-$, Kind. 4–12 Jahre 19 US-$

Laguna Chankanab

Schnorchelparadies

Der Nationalpark um die **Laguna Chan-kanab** ❹ zählt zu den beliebtesten Aus-flugszielen auf Cozumel. Mittelpunkt ist ein vom Meer abgetrenntes Süßwasser-becken, in dem sich Schwärme bunter Fische tummeln. Zum Schutz der etwa 60 Spezies darf man hier aber weder baden noch schnorcheln. Dieses Naturaquarium ist umgeben von einem botanischen Gar-ten mit über 300 tropischen und subtro-pischen Pflanzenarten. Er reicht bis zum Meeressaum, der von Kalksteinfelsen und -höhlen durchsetzt ist und sich hervorra-gend zum Schnorcheln eignet. Auch hier steht die Begegnung mit Delfinen auf dem Programm. Die Show ist im Eintrittspreis inbegriffen, wer mit den Tieren schwim-men will, muss extra zahlen.

9 km südl. von San Miguel, keine Busverbin-dung hierher, www.cozumelparks.com, tgl. 8–17 Uhr, Erw. 23 US-$ inkl. Delfinshow, Kind. 4–12 Jahre 16 US-$, Schwimmen mit Delfinen ab 80 US-$

Parque Ecológico Punta Sur

Öko mit Aussicht

Am Südzipfel der Insel erstreckt sich der **Parque Ecológico Punta Sur** ❺. Zahlreiche Tiere haben hier ihren Le-bensraum, darunter Flamingos sowie

Krokodile, die man mit etwas Glück (noch besser: ein Fernglas!) von Aussichtsplattformen aus erspähen kann. An einem Badestrand lässt es sich gut schnorcheln und schwimmen, auch Kajaks können ausgeliehen werden. Einen wunderbaren Ausblick bietet der **Faro Celarain,** den man zu Fuß, mit einem Motorroller oder per Auto erreicht. Selbst einen Maya-Tempel gibt es, den **Templo El Caracol.** Im Sommer besteht die Möglichkeit, an nächtlichen Touren zur Schildkrötenbeobachtung teilzunehmen. Es gibt ein nicht ganz günstiges Restaurant, das Mitbringen von eigenen Speisen und Getränken ist nicht gestattet.

Ca. 30 km südl. von San Miguel, www.cozumelparks.com, tgl. 9–16 Uhr, Erw. 16 US-$, Kind. 4-12 Jahre 10 US-$

Zona Arqueológica San Gervasio

Tempel im Dschungel
Über 30 Siedlungen und Tempelanlagen aus der postklassischen Maya-Periode (1200–1500) wurden auf der

---

IM NAMEN VEREWIGT **N**

San Gervasio (s. rechts) ist nicht die einzige Hinterlassenschaft der Maya auf Cozumel. An der Nordostküste steht am Meer das **Castillo Real ⓖ**, der größte der hier erhaltenen Tempel. Noch nachhaltiger haben sie sich im Inselnamen verewigt: Cozumel leitet sich von der Maya-Bezeichnung Ah-cuzamil-petén (›Insel der Schwalben‹) ab – die Hintergründe dafür können nur im Wortwörtlichen gesucht werden.

Insel entdeckt, nur eine allerdings auch ausgegraben und restauriert. Die **Zona Arqueológica San Gervasio ⓖ** liegt herrlich versteckt im Dschungel (Insektenspray mitnehmen!) und umfasst mehrere Gebäude, darunter den der Mond- und Fruchtbarkeitsgöttin gewidmeten **Templo Ixchel.** Er galt als religiöses Zentrum der Insel, die zu Maya-Zeiten ein bedeutender Wallfahrtsort war – besonders Frauen pilgerten hierher, um Ixchel um ihre Gunst zu bitten.

Ca. 7 km östl. von San Miguel, www.cozumelparks.com, tgl. 8–16.30 Uhr, 80 Pesos

Cozumels Tauchreviere

Weltberühmt und vielfältig
Mit über 30 Riffen in seiner näheren Umgebung hat Cozumel den fast schon legendären Ruf als eines der besten Tauchreviere der Welt. Am bekanntesten ist das **Arrecife Palancar ⓼**, das von 80 m Tiefe bis knapp unter dem Meeresspiegel reicht. Es zieht sich als System mehrerer einzelner Abschnitte etwa 1 km vor der Südwestspitze der Insel entlang. In 17 m Tiefe wurde eine Christusfigur aufgestellt. Während die von Gräben, Höhlen, Tunneln und Korallentürmen durchzogene Unterwasserlandschaft nur etwas für erfahrene Taucher ist, kann man die zwischen Riff und Strand liegenden **Palancar Shallows** auch als Anfänger bzw. mit dem Schnorchel erkunden.

   Das **Arrecife Maracaibo ⓽** vor der Südküste fällt bis in eine Tiefe von 37 m ab und begeistert durch seinen Korallenreichtum. Wer an der **Santa Rosa Wall ❿** taucht, schwimmt einen Steilabfall entlang, der sich im Dunkel der Tiefsee verliert und starken Strömungen ausgesetzt ist. Nur Taucher mit viel Erfahrung sollten sich hierherwagen. Das

Isla Cozumel

Ansehen

1. Museo de la Isla Cozumel
2. Planetario de Cozumel Cha'an Ka'an
3. Discover Mexico Park
4. Laguna Chankanab
5. Parque Ecológico Punta Sur
6. Zona Arqueológica San Gervasio
7. Castillo Real
8. Arrecife Palancar
9. Arrecife Maracaibo
10. Santa Rosa Wall
11. Arrecife Tunich

Schlafen

1. Playa Azul
2. Hacienda San Miguel
3. Hotel Flamingo
4. Alicia's Bed & Breakfast

Essen

1. La Cocay
2. Kinta
3. Mercado Municipal
4. Chocolatería Isla Bella

Bewegen

1. Playa San Francisco
2. Playa Palancar
3. Playa Chiqueros
4. Playa Chen Río
5. Playa Morena
6. Playa Bonita
7. Playa Hanan
8. Temazcál

Gleiche gilt für das nahe **Punta Tormentos** liegende **Arrecife Tunich** 11, an dem sich gern Mantas und Barracudas tummeln.

www.scuba-diving-cozumel.com

Schlafen

Da es wenig Strände gibt, wird die Insel von europäischen Touristen nur selten als Ziel für einen Badeurlaub gewählt. Viele Hotelanlagen sind v. a. auf US-amerikanische Touristen eingestellt, die in den All-inclusive-Anlagen ein paar Tage ausspannen, und auf Taucher, die die einzigartige Unterwasserwelt der Insel erkunden wollen.

Body and Mind

1. **Playa Azul:** Die große Ferienanlage mit eigenem Sandstrand, einer

18-Loch-Golfanlage und einem umfangreichen Wellnessbereich lässt keine Wünsche offen. Alle Zimmer haben Meerblick und sind bestens ausgestattet.
Carr. San Juan Km 4, Zona Hotelera Norte, T 987 869 51 60, www.playa-azul.com, €€€

Klein & fein
2 Hacienda San Miguel: Das Hotel ist in einem wunderschönen Kolonialgebäude untergebracht. Die Zimmer sind ebenso kolonial eingerichtet und sehr sauber und gepflegt. Die Hacienda liegt ruhig, aber zentral und nur vier Blocks vom Strand entfernt. Genießen Sie das Frühstück im gepflegten Garten.
Calle 10, T 987 872 19 86, www.hacienda sanmiguel.com, €€

Innenstadtoase
3 Hotel Flamingo: Zentral gelegenes Haus mit hellen und luftigen Zimmern sowie einem Penthouse. Auf der Sonnenterrasse lässt sich herrlich entspannen, ein Billardtisch sorgt für den abendlichen Zeitvertreib.
Calle 6 Norte 81, T 987 872 12 64, www. hotelflamingo.com, €€

Mit Familienanschluss
4 Alicia's Bed & Breakfast: Alicia und ihr Mann Chuco vermieten fünf einfache und zweckmäßig eingerichtete Zimmer (mit/ohne AC). Das Frühstück ist hervorragend.
Calle 19, zw. Calle 65 und Calle 65 bis, T 987 113 70 20, www.aliciasbedandbreakfast. com, €

Essen

Die Restaurants nahe dem Pier sind auf Kreuzfahrttouristen und Tagesausflügler aus Playa del Carmen eingestellt und entsprechend teuer, ohne dabei besonders gut zu sein. Es gibt jedoch ein paar Ausnahmen:

Viva Italia
1 La Cocay: Die Küche hinterlässt einen typisch italienischen Geschmack auf der Zunge. Das Mobiliar ist etwas schwerfällig, der Service dafür umso erfrischender.
Calle 8 Norte 208, zw. Av. 10 und Av. 15, T 987 872 55 33, tgl. 16–23 Uhr, €–€€

Nicht verpassen
2 Kinta: Nicht nur das Essen ist vorzüglich, auch das Ambiente wurde liebevoll gestaltet. Nehmen Sie sich Zeit für eines der saisonal wechselnden Fünf-Gänge-Menüs, dazu gibt es den passenden Wein. Unbedingt vorab reservieren.
Av. 5, zw. Calle 2 und Calle 4, T 987 869 05 44, www.kintarestaurante.com, tgl. 17–23.30 Uhr, €€

Preiswert und gut essen
3 Mercado Municipal: An einem der vielen Essensstände in der Markthalle kann man sehr preiswert ein Mittagsmenü *(comida corrida)* bekommen, aber auch andere landestypische Leckereien probieren.
Zw. Av. 20 und Av. 25, tgl. 7–16 Uhr, um 50 Pesos

Süße Sünde
4 Chocolatería Isla Bella: Das Mutter-Tochter-Unternehmen kreiert Schokoladen und Pralinen mit vielen Geschmacksvarianten. Alle sind handgefertigt und ein geschmacklicher Traum. Die Preise sind recht hoch, aber jeden Cent wert.
Av. 4, zw. Calle 2 und Calle 4, www.chocola teriaislabella.com, tgl. 11.30–18.30 Uhr

---

Bewegen

Schwimmen und Sonnenbaden
Die beliebtesten und besterschlossenen Strände sind die **Playa San Francisco 1** und die **Playa Palancar 2**, wo sich am

Die Strände von Cozumel können sich sehen lassen! Hier macht sich auch bemerkbar, dass der Massentourismus auf der hochpreisigen Insel noch nicht Einzug gehalten hat: Man bleibt unter sich, hat viel Platz.

Wochenende auch die Bewohner der Stadt tummeln. An der Ostküste gibt es zahlreiche kleine Strände, die allerdings oft nur mit dem Jeep erreichbar sind. Aufgrund der ungeschützten Lage kann das Baden hier außerdem gefährlich werden. Zu den bekannten Stränden hier zählen die **Playa Chiqueros** ❸ (mit Restaurant), die **Playa Chen Río** ❹ (mit Restaurant), die **Playa Morena** ❺, die **Playa Bonita** ❻ und die **Playa Hanan** ❼.

Wellness auf Indianisch

❽ **Temazcál:** Schon den Maya und Azteken war ›Wellness‹ ein Begriff. Unter der Bezeichnung Temazcál (Dampfhaus) betrieben sie diese gesundheitsfördernde Therapie, ähnlich unserer Sauna, die überdies mit spirituellen Ritualen verbunden war. Spezialisiert auf diese alte Praxis hat sich u. a. die mitten im Wald gelegene

Mayan Steam Lodge, wo man sich mehrere Stunden lang verwöhnen lassen kann.

Reserva Xkanha, 3 km südl. von San Miguel, T 987 876 35 65, Mo–Sa 9–12.30, 13–17.30 Uhr, ab 80 US-$ inkl. Säften und Obst aus dem eigenen Garten

Feiern

● **Carnaval:** Feb./März. Auf der Insel hat man sich den Mardi Gras aus New Orleans zum Vorbild genommen – ein Riesenspektakel.

Infos

● **Oficina de Turismo:** Parque Benito Juárez, 1. Stock, Mo–Sa 9–18 Uhr, T 987 112 68 33.

- **Im Internet:** www.islacozumel.net (Infos über Unterkünfte und Restaurants; engl.), www.cozumelparks.com (Beschreibung der wichtigsten Sehenswürdigkeiten), www.scuba-diving-cozumel.com (alles Wissenswerte für Taucher).
- **Flüge:** Mit Interjet (www.interjet.com) und Aeroméxico (www.aeromexico.com) u. a. nach Mérida (40 Min.) und Cancún (15 Min.).
- **Fähren:** Stdl. Verbindungen nach Playa del Carmen mit Winjet (www.winjet.mx, 5.45–21 Uhr, 1 Std.) und Ultramar (www.ultramarferry.com, 5.45–22 Uhr, 1 Std.). Es gibt keine Fähren nach Cancún! Reservierungen sind nicht nötig, die Fahrkarten werden direkt am Anleger (180 Pesos) oder auch online (160 Pesos) verkauft. Eine Autofähre fährt nach Puerto de Punta Venado/Calica (www.transcaribe.net, Mo–Sa 5 x tägl., So 2 x tgl., ca. 2 Std.).

Tulum ♀ R 4/5; Karte 3, C 7

Die Füße im weichen Sand vergraben, das Meer vor Augen, schnuckelige Restaurants und verführerische Souvenirshops rechts und links der schmalen Küstenstraße, schaukelnde Hängematten zwischen den Palmen: Tulum, also der Badeort Tulum, kann schon noch als Paradies bezeichnet werden, auch wenn es hier nicht mehr einsam ist und man die Sonne und den Strand mit Menschen aus aller Welt teilen muss. Aber es ist genug Platz für alle vorhanden, und wer frühmorgens zur archäologischen Stätte aufbricht, um die sich hier (fast) alles dreht, hat den Sonnenaufgang und die Maya-Ruinen beinahe für sich alleine.

Auch die Maya wussten bereits eine gute ›Wohnlage‹ zu schätzen. Tulums Haupttempel El Castillo, das ehemalige Zeremonialzentrum der Stadt, liegt spektakulär oberhalb des Meeres.

Zona Arqueológica de Tulum

Die Abzweigung von der MEX 307 zu den Ruinen ist kaum zu verfehlen, ein großes Schild weist darauf hin. Direkt an der Kreuzung halten 2.-Klasse-Busse und Colectivos, die 1.-Klasse-Busse stoppen nur in der 3 km weiter südlich gelegenen Ortschaft Tulum (s. S. 76). Öffentliche Verkehrsmittel dürfen nicht bis zu den Ruinen fahren. Der Fußmarsch von der Kreuzung, **Crucero Ruinas** genannt, bis zur Stätte dauert etwa zehn Minuten, es pendelt aber auch eine kleine Touristenbahn. Wer in einer der Unterkünfte am Strand wohnt, kann am Meer entlang zu den Ruinen laufen.

Tgl. 8–17 Uhr, 70 Pesos

Bewohnt bei Ankunft der Spanier

Als die Spanier am 8. Mai 1518 zum ersten Mal die damals noch bewohnte Maya-Festung Tulum von ihren Schiffen aus sahen, waren sie von deren Größe beeindruckt: »Bei Sonnenuntergang erblickten wir in der Ferne eine Stadt so groß, dass Sevilla nicht besser oder größer sein könnte, und darin sahen wir einen sehr hohen Turm«, schrieb der Seefahrer Juan Díaz in sein Tagebuch. Mit dem Turm meinte er offenbar das Castillo von Tulum.

Geniale Entdecker

Mehr als drei Jahrhunderte später, am 3. Oktober 1839, sticht das englische Schiff Mary Ann von New York aus in See. An Bord: der US-amerikanische Forschungsreisende John Lloyd Stephens und der britische Zeichner Frederick Catherwood. Sie sind auf dem Weg zu ihrem großen zentralamerikanischen Abenteuer. 1842 erreichen sie Tulum, die einzige große Maya-Stadt, die idyllisch am Meer liegt.

FRÜH DA SEIN

Um die Ruinenstätte in Ruhe zu genießen, sollten Sie gleich morgens um 8 Uhr vor Ort sein, dann lässt sich auch die Hitze noch einigermaßen ertragen. Die Anlage ist übersichtlich und in ein bis zwei Stunden erkundet, allerdings gibt es kaum Infotafeln – hier schafft ein Audioguide Abhilfe (s. Kasten S. 74). Aufgrund des großen Andrangs wurden die Ein- und Ausgänge getrennt. Von der Kasse folgt man zunächst der alten Stadtmauer in Richtung Norden und betritt die Stätte durch eines der beiden nördlichen Tore.

Ihre ersten Nächte im Palast von Tulum sind auch für die unerschrockenen Forscher nicht ganz ohne, verrät ein Tagebucheintrag von Stephens: »Die Dunkelheit, das Heulen des Windes, das Knacken der Äste im Wald und das wütende Peitschen der Wellen gegen die Felsen gaben unserer Besetzung dieses verlassenen Gebäudes eine beinahe romantische Erhabenheit.«

Stephens und Catherwood erforschen als Erste die verlassene Maya-Stadt. Während Stephens seine Entdeckungen ausführlich beschreibt, zeichnet Catherwood leidenschaftlich alle Tempel, Reliefs und Ornamente. Die beiden Bücher über ihre Reisen werden zu Bestsellern und geben der Maya-Forschung einen enormen Anstoß.

Ort der Morgendämmerung

Die Stelle, an der Tulum zu Beginn des 13. Jh. errichtet wurde, befindet sich an einem der wenigen felsigen Abschnitte entlang der 900 km langen Küstenlinie der Halbinsel Yucatán. Es scheint also, dass die Lage mit Bedacht ausgewählt wurde. Bis ins 16. Jh. hieß der Ort

Zamá, was so viel wie ›Morgendämmerung‹ bedeutet – von hier aus kann man wunderbare Sonnenaufgänge beobachten. Die Umbenennung in Tulum erfolgte erst später.

Wie *zamá* ist auch *tulum* ein Wort des Mayathan, einer yucatekischen Maya-Sprache. Der Ausdruck lässt sich passend mit ›Wall‹ übersetzen. Tulum wird von einer dicken Mauer geschützt, die den inneren, zeremoniellen Bereich vom Rest der Stadt abgrenzen sollte. Ins Innere der Anlage führten fünf schmale Gewölbeeingänge. Von jedem der fünf Tore verliefen *sacbeo*, sogenannte ›weiße Straßen‹, ins Landesinnere. Sie verbanden die verschiedenen Maya-Zentren Yucatáns miteinander.

Neues Zeremonialzentrum

Nach aktuellen Forschungen ging die Initiative zur Gründung Tulums von einem Ort namens Tankah aus, der 5 km weiter nördlich liegt. Hier siedelte bereits seit etwa 150 v. Chr. eine Maya-Gemeinschaft. Mit der Erbauung von Tulum wollten sie ein neues repräsentatives und gleichzeitig gut geschütztes Zeremonialzentrum errichten. Die meisten Gebäude stammen aus der Zeit zwischen 1200 und 1450, der Maya-Postklassik.

ALLES WISSENSWERTE AUFS OHR GEPACKT

Wer ohne Führer durch Tulum schlendern möchte und ausführliche Informationen nicht missen will, sollte sich die deutschsprachige Audioguide-App ›Tulum‹ auf sein Smartphone laden – ein GPS-geführter Rundgang mit O-Tönen und Fotos, der die Geschichte der Maya-Stadt lebendig macht (www.mundoido.com, 3,99 €).

Rundgang durch die Ausgrabungsstätte

Wo der Windgott pfeift

Eine eindrucksvolle Lage hat gleich nach dem Betreten der Anlage durch eines der nördlichen Stadttore der **Templo del Dios de los Vientos,** der ›Tempel des Windgottes‹. Er steht auf einer halbrunden Plattform auf einer Felsspitze über dem Meer. Rundliche Strukturen sind für die Maya-Kultur eine eher seltene Bauweise und wurden in der Mythologie mit dem Windgott Ehécatl assoziiert. Es verband sich damit die Vorstellung, dass runde Formen dem Wind weniger Widerstand boten und er ungestört zirkulieren konnte.

Palast für einen ›wahren‹ Mann

Der höchste Fürst in den Maya-Gesellschaften der Postklassik trug den Titel Halach Huinik. Auf Mayathan bedeutet das so viel wie ›wahrer Mann‹. Er vereinte in sich die religiöse, militärische und zivile Macht, vertrat die Götter auf Erden und sorgte für die Kommunikation zwischen ihnen und den Menschen. Das Amt und den Titel vererbte er an seinen erstgeborenen Sohn. Aufgrund der imposanten Bauweise wurde der **Palacio del Gran Sacerdote** als Residenz dieses Priesterfürsten von Tulum interpretiert. Er steht auf einer großen rechteckigen Plattform, zu der zwei Treppen emporführen. Das gesamte Haus war einst mit Stuck überzogen und bemalt. Es besaß ein flaches Dach, das in der Hitze Yucatáns angenehmen Schatten bot.

Burg und Baden

Überragt wird die Bucht von Tulum von **El Castillo,** dem ehemaligen Zeremonialzentrum der Stadt, das von einer eigenen Mauer umgeben war. Dieser heilige Bezirk blieb den Priestern und dem Adel

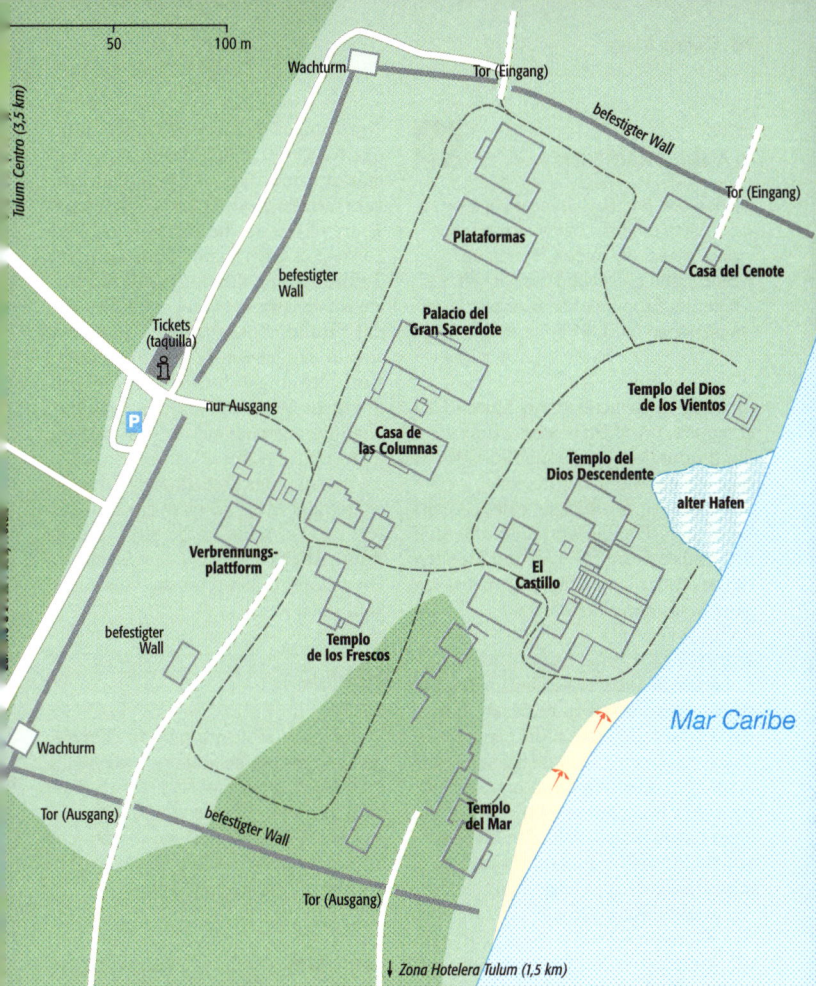

Die Ruinenstätte Tulum

vorbehalten. Die Eingangssäulen zum Vorplatz sind mit Schlangen dekoriert, was Forscher auf die Idee brachte, dass hier die Tolteken aus dem Hochland von Mexiko ihre Finger im Spiel hatten und Tulum über weitreichende Kontakte verfügte. An die nördliche Ecke des Kastells schmiegt sich der kleine **Templo del Dios Descendente,** der über dem Eingang das

Relief eines herabsteigenden Gottes zeigt. Dieser kommt in Tulum immer wieder vor, weshalb Forscher glauben, dass er hier besonders verehrt wurde. Über seine tatsächliche Bedeutung herrscht allerdings keine Einigkeit: Manche Wissenschaftler verbinden ihn mit der Anbetung der untergehenden Sonne, andere mit Venus und dem Regen. Wieder andere wollen

LANGE TRADITION **T**

Noch bis ins 20. Jh. hinein kamen die Nachkommen der Maya in Tulum zusammen, um in den Ruinen der Stätte den christlich-heidnischen Kult des Sprechenden Kreuzes auszuüben (s. S. 86).

in ihm den Bienengott Ah Mucen Cab erkennen, was dazu passen würde, dass die Produktion von Honig und Wachs sehr wichtig war in der Region.

Der Weg zur Rückseite des Kastells lohnt sich: Die Felsen fallen hier steil ins türkisfarbene Meer ab und Treppen führen zum kleinen Strand hinab – ein ganz besonderer Badeplatz.

Wenn Bilder reden könnten

… hätten die Wandmalereien im **Templo de los Frescos** viel zu erzählen. Einige Reste lassen sich durch die Säulen hindurch erspähen. Ineinandergewundene Schlangen sowie Opferszenen mit Blumen und Früchten weisen in Richtung eines Fruchtbarkeitskults. Die Maya malten traditionell mit blau, rot und gelb, schwarz wurde zur Umrandung genutzt.

Außen am Gebäude verläuft über den Säulen ein Fries mit drei Nischen, die wieder den Herabsteigenden Gott zeigen. Für die Maya-Architektur war es typisch, Skulpturen zu integrieren. Auch am unteren Gebäude verläuft ein Flachrelief, das die Masken des Regengottes Chaac und Schlangenelemente zeigt.

Tulum Centro und Zona Hotelera Tulum

Tulum Centro, 3,5 km westlich der Ruinen und ca. 4 km vom Meer entfernt, verdankt seine Existenz allein dem Tourismus. Die MEX 307 führt mitten durch den Ort. Souvenirgeschäfte, Restaurants und Bars, Auto-, Quad- und Fahrradverleiher sowie Anbieter von Touren aller Art bestimmen das Bild. So sieht es auch in der **Zona Hotelera Tulum** aus, die sich entlang der schmalen Küstenstraße erstreckt und wo sich das Strandleben abspielt. Tulum hat sich in den letzten Jahren zunehmend zum Ziel junger Touristen entwickelt, die mehr Wert auf Party, Action und Nightlife legen als auf die Besichtigung historischer Ruinen.

Südlich der Strandhotels führt die Uferstraße MEX 15 über das Naturreservat Sian Ka'an (s. S. 80) bis nach **Punta Allen** (⚲ R6). Dieser Küstenstreifen gehört zu den schönsten der mexikanischen Karibik.

Schlafen

In der Zona Hotelera gibt es überwiegend teure bis sehr teure Unterkünfte (500 US-$ pro Nacht sind keine Seltenheit), die aber glücklicherweise zumeist im lokalen Baustil gehalten wurden und nicht in die Höhe streben. Günstiger übernachtet man in Tulum Centro.

Laid back

Teetotum: Modernes Boutiquehotel mit stilvoller Einrichtung. Die Anlage liegt genau zwischen dem Zentrum, der archäologischen Stätte und dem Strand. Ein Supermarkt ist in der Nähe, Leihfahrräder gibt's kostenfrei. Das angeschlossene Restaurant ist gut.
Av. Cobá Sur, Lote 2, Tulum Centro, T 984 143 89 56, www.hotelteetotum.com, €€€

Frida & Diego

Posada Luna de Sur: Das kleine Privathotel ist von außen unscheinbar und lässt den hervorragenden Service nicht erahnen. Die Zimmer sind groß und mit

Kühlschrank sowie Wasserkocher ausgestattet. Das Frühstück schmeckt am besten auf der Dachterrasse.

Calle Luna Sur 5, Tulum Centro, T 984 182 96 96, www.posadalunadelsur.com, €€€

Ruhig & schlicht

Posada Tulum 06: Die kleine Unterkunft hat einfache und saubere Zimmer. Eine Abkühlung gewünscht? Dann ab in den Pool im schattigen Innenhof.

Andromeda Tulum Oriente Manzana 10, Tulum Centro, T 984 802 58 06, www.posada06 tulum.com, €€

Reisende aus aller Welt

The Weary Traveler Hostel: Der ›Müde Traveller‹ ist ein angesagtes und gut besuchtes Hostel. Mit Gemeinschaftsküche und kleinem Pool im Innenhof. Kostenloser Shuttle zum Strand.

Calle Polar Pte. 36, Tulum Centro, T 984 211 26 08, Schlafsaalbett 15 US-$/Pers., €

Abseits vom Trubel

Don Diego de la Selva: Der perfekte Ort für Ruhesuchende. Die kleine und sehr gepflegte Anlage steht unter französischer Leitung. Die Zimmer sind hell und ansprechend gestaltet. Das angeschlossene Restaurant bietet Frühstück und mexikanische Klassiker. Im hübschen tropischen Garten befindet sich ein kleiner Pool.

Calle Tulum Mza 24, Lote 03, Tulum Centro, T 984 871 22 33, www.dondiegodelaselva. com, €€

Designerhotel

Mezzanine: Das elegante Hotel bietet einen großen Pool, traumhafte Zimmer und ein hervorragendes Restaurant. Der Service ist stets freundlich und zuvorkommend. Schnorchelausrüstung und Fahrräder stehen kostenfrei bereit.

Carr. a Boca Paila Km 2, Zona Hotelera, T 984 131 15 96, www.mezzaninetulum. com, €€€

Wunschlos glücklich

Encantada Tulum: Traumhaftes, direkt am Strand gelegenes Boutiquehotel mit acht luxuriös ausgestatteten Zimmern, die jeweils eine eigene Terrasse oder einen Balkon haben. Eine sanfte Meeresbrise ersetzt die nicht existierende Klimaanlage.

Carr. a Boca Paila Km 8,7, Zona Hotelera, T 650 212 67 82, www.encantada.com, €€€

Essen

Shooting star

Unico: Das noch junge Restaurant bietet kreative Gerichte, die liebevoll angerichtet sind. Die Weinauswahl ist erstklassig.

Av. Tulum, neben Scotia Bank, Tulum Centro, T 984 804 38 36, www.unicotulum.com, Mo–Sa 15–23 Uhr, €€

Einfach & gut

El Rincón Chiapaneco: Die Ausstattung ist einfach, dafür gibt es authentische mexikanische Küche auf den Teller. Tolle Säfte.

Calle Jupiter Sur, Mo–Sa 8.30–22 Uhr, €

C'est la vie

Le Bistro: Baguettes, Croissants, Crêpes, guter und kräftiger Kaffee sowie eine entspannte Atmosphäre.

Calle Alfa Norte 4501, Tulum Centro, T 984 688 22 61, Di–So 7.30–22 Uhr, €

Pizza, Pizza

La Nave: Wer Lust auf richtig gute Pizza oder Pasta hat, ist hier richtig. Abends treffen sich unter dem Palmblattdach die italienischen Auswanderer auf einen Drink.

Av. Tulum 570, Tulum Centro, T 984 871 25 92, tgl. 8.30–24 Uhr, €

Alles Taco!

Taqueria La Chiapaneca: Der kleine Straßenimbiss bietet mexikanisches Fastfood wie Tacos, Tortas und Empanadas, auch für den späten Hunger. Bei Einheimischen und Touristen gleichermaßen beliebt.

Av. Tulum, nahe ADO-Busterminal, Tulum Centro, Di–So 10–23 Uhr, €

Dschungelküche

Kitchen Table: Eine unvergessliche Erfahrung ist der Besuch in diesem rustikalen Restaurant – man sitzt unter einem riesigen Palmblattdach und kann dabei zuschauen, wie in der offenen Küche gebrutzelt wird. Das Ergebnis lässt sich schmecken! Reservierung erforderlich.

Carr. a Boca Paila, Zona Hotelera, T 984 188 49 24, www.kitchentabletulum.com, tgl. 18–23 Uhr, €–€€

Infos

- **Im Internet:** www.tulum.com.
- **Busse:** Mehrmals tgl. mit 1.-Klasse-Bussen vom ADO-Busterminal (Av. Tulum, Tulum Centro) nach Cancún und Chetumal. Zu beiden Orten fahren auch 2.-Klasse-Busse und Colectivos. Anfahrt zur Ausgrabungsstätte s. S. 73.

Die Umgebung von Tulum

Playa Akumal und Laguna Yal-Kú ♀ Karte 3, C/D 6

Schildkröten beobachten

Die **Playa Akumal** ca. 27 km nördlich von Tulum ist einer der ruhigsten Strände an der Riviera Maya. Das hat sich unter den Schildkröten herumgesprochen, die hier im April und Mai ihre Eier im Sand verbuddeln. Drei Monate später schlüpfen dann Tausende von Schildkrötenbabys

NOCH MEHR SCHILDKRÖTEN S

Wer die etwas abgelegene Playa Akumal nicht ansteuern, aber dennoch Schildkröten beobachten möchte, wird auch in Tulum oder Puerto Morelos (s. S. 51) fündig. In beiden Orten gibt es entsprechende Angebote.

und krabbeln dem Meer entgegen. Wollen Sie wissen, was Akumal übersetzt bedeutet? ›Schildkrötenland‹ natürlich!

Geradezu berühmt ist die Playa Akumal unter Tauchern. 1958 verlegte der mexikanische Tauchverein CEDAM seinen Sitz hierher, um den Schatz eines spanischen Frachtschiffes zu bergen, das 1741 vor der Küste gesunken war. Das Wrack zieht nun immer mehr Taucher an, für die es eine entsprechende Infrastruktur gibt, einschließlich – überwiegend teure – Unterkünfte.

Baden und Schnorcheln

Von der Playa Akumal führt eine 3 km lange Stichstraße nach Norden zur **Laguna Yal-Kú**. Das Areal ist relativ naturbelassen, es gibt nur ein paar Holzbänke und einen Verleih von Schnorchelausrüstung – es lohnt sich, denn um die Felsen tummeln sich viele bunte Fische.

Tgl. 9–17 Uhr, 280 Pesos

Laguna Xel-Há ♀ Karte 3, C 7

›Wo die Wasser geboren wurden‹

Wie die Laguna Xcaret (s. S. 63) bildet auch die Laguna Xel-Há die Kulisse für einen Vergnügungspark. Auf relativ engem Raum findet man einen Süßwassersee, eine Meeresbucht und sogar Ruinen der Maya, für die dieser Ort eine wichtige Kultstätte war. Taucher bargen u.a. mehrere Altäre aus der Lagune. Xel-Há besitzt alle wichtigen Einrichtungen und ist bestens auf Tagesausflügler vorbereitet. Zu den Highlights der hier angebotenen Aktivitäten zählt der Unterwasserspaziergang mit futuristischem Sauerstoffhelm (50 US-$). Es dürfen weder Lebensmittel noch Sonnenöl mitgebracht werden.

MEX 307, ca. 18 km nördl. von Tulum, www. xelha.com, tgl. 8.30–18 Uhr, 90 US-$, online etwas preiswerter

Bahía Soliman und Bahía Tankah ♀ Karte 3, C 7

Seele baumeln lassen

Die beiden Buchten galten lange als Geheimtipp und bevorzugter Drehort für Werbefilme. Inzwischen reihen sich auch hier die ersten Ferienhäuser aneinander. Vor der Küste erstreckt sich ein kleines Riff, sodass kaum Wellengang und ideale Bedingungen zum Baden und Schnorcheln herrschen. In der Bahía Tankah liegt, umgeben von Mangroven, der **Cenote Manatí.** Ein schöner Platz, um im klaren Süßwasser zu baden.

Ca. 11 km nördl. von Tulum, Cenote 125 Pesos

Die Cenotes ♀ Karte 3, C 7/B 8

Auch in der Umgebung von Tulum gibt es viele Cenotes (s. S. 54) und auch hier werden viele gekonnt vermarktet. Die meisten kommerziell genutzten ›Wasserlöcher‹ sind Teil des ausgedehnten Höhlensystems **Nohoch Nah Chich,** das zu den größten der Welt zählt. Detaillierte Informationen zu den einzelnen Cenotes findet man unter www.todotulum.com.

So richtig einsam wird es südlich von Tulum im Biosphärenreservat Sian Ka'an (s. S. 82), das sich am besten per Boot erkunden lässt.

TOUR
Into the Wild

Mit Fahrrad und Kajak durch die Reserva de la Biósfera Sian Ka'an

Es fühlt sich an wie die absolute Freiheit – und genau das ist es auch: Freiheit im Fahrradsattel. Die Sonne wärmt, der Fahrtwind bläst mir kühlend ins Gesicht. Vom Radverleih Bobber Bikes vorbei an Hotelanlagen, Restaurants und Läden der Zona Hotelera de Tulúm wird die schmale Straße bald ruhiger. Palmen wiegen sich im Wind und der Blick aufs Meer wird frei. Der knallbunt angepinselte Souvenirshop Mexicarte sorgt noch mal richtig für Farbe, und auch die exklusive Ferienanlage Glamping Libélula Tulum erinnert daran, dass ich in einer hochpreisigen Gegend unterwegs bin, doch bald ist auch das vergessen. Nach gut 3,5 km ist der erste Stopp erreicht: das **Sian Ka'an Visitor Center.** Hier bezahle ich 35 Pesos Eintritt, trage mich ins Gästebuch ein und darf passieren. Die **Península Boca Paila** liegt jetzt vor mir. Die Straße mutiert zur Piste. Schon nach wenigen Metern auf beiden Seiten Wasser: links die Karibik mit einsamen Stränden, rechts die **Laguna Boca Paila.** Immer wieder halte ich an, so schön ist der Anblick der verschiedenen Blautöne.

Die Maya hätten sich keinen besseren Namen für die Gegend einfallen lassen können: Sian Ka'an – ›Wo der Himmel geboren wurde‹.

Die Reserva de la Biósfera Sian Ka'an ist eine fast menschenleere Region, mit 5280 km² doppelt so groß wie das Saarland. Nur noch ein paar Hundert Maya leben über kleine Siedlungen verteilt im Schutzgebiet. Dafür umso mehr Tiere: Der tropische Trockenwald ist die Heimat von Jaguaren, Pumas und Tapiren, in den Mangroven nisten viele Seevögel, Schildkröten und Krokodile fühlen sich in den Süß- und Salzwasserlagunen wohl. Wen man hier auch noch trifft, wie ich bald feststellen werde: Seekühe, Manatís auf Spanisch.

1987 wurde Sian Ka'an von der UNESCO zum Biosphärenreservat erklärt. Obwohl Bauprojekte offiziell verboten sind, werden doch Hotels errichtet. Doch mein Ziel

Infos

📍 R 5/6

Start: Radverleih
Bobber Bikes, Zona
Hotelera Tulum

Dauer: 2 Tage

Länge: zum Camping El Último Maya
ca. 6,5 km mit dem
Fahrrad; zur Puente
Boca Paila nochmals
11 km ein Weg.

Radverleih: Bobber
Bikes, Carr. a Boca
Paila, Plaza Los
Lirios, Zona Hotelera
Tulum, T 984 234 75
00, tgl. 10–20 Uhr,
ca. 10 US-$/Tag

**Camping El Último
Maya:** 350 Pesos/
Pers. mit eigenem
Zelt, 1500 Pesos
für ein einfach
ausgestattetes Zelt,
Eintritt für Nichtgäste
100 Pesos, Gerichte
ca. 250 Pesos

Kajaktour: Yucatán
Outdoors (www.
yucatanoutdoors.
com, 40 US-$)

Emily's Secret Paradise: 8–18 Uhr

Weitere Infos: www.
siankaantours.org,
www.visitsiankaan.
com

ist ohnehin der **Camping El Último Maya,** 2,5 km vom Visitor Center entfernt. Er liegt an einem herrlichen hellen Strand, nur ab und zu schauen Tagesbesucher vorbei. Allerdings gibt es ein gut gehendes Restaurant, was das Robinson-Crusoe-Gefühl etwas eindampft. Dafür ist ein kühles Bier gesichert!

Für den nächsten Tag habe ich eine Kajaktour gebucht. Die Sonne geht gerade auf, als ich mich mit Toño, meinem Führer, an der **Laguna Campechén** treffe, die an den Zeltplatz grenzt. Kurze Einweisung und schon geht's los! Noch sind keine anderen Traveller unterwegs, das Gewässer gehört uns. Lautlos gleitet das Kajak durch das ruhige Wasser, nur das Eintauchen des Paddels ist zu hören. Es geht vorbei an kleinen Inseln, und schon erspähen wir erste Vögel. Kormorane und Reiher sitzen im Geäst der Mangroven, die mit ihren hohen Stelzwurzeln ein bisschen mystisch wirken. Pelikane schweben im Formationsflug dicht übers Wasser und sogar Flamingos staksen umher. Ich frage Toño nach den Seekühen, die im Reservat leben sollen. Er gibt mir einen Tipp: Ein guter Platz, um die drolligen Meeressäuger zu sehen, sei eine 10 km entfernte Brücke. Das reizt mich doch sehr!

Kaum von der 3-stündigen Kajaktour zurückgekommen, schwinge ich mich wieder in den Sattel und radle die Buckelstrecke zur **Puente Boca Paila.** Das lohnte sich allein schon wegen der zwei Tukane, die direkt an mir vorbeifliegen. Neben einer neuen Betonbrücke steht noch eine alte Holzbrücke. Hier treffen das Süßwasser der Lagune und das Salzwasser des Atlantiks aufeinander – Brackwasser entsteht, der Lebensraum der Seekühe. Doch zuerst sichte ich ein 6 m langes Krokodil. Schon mal nicht schlecht. Aber dann taucht doch tatsächlich ein rundlicher Körper im trüben Wasser auf, ein Karibik-Manatí. Wenn man weiß, wie selten diese Tiere heute sind, ist das ein ehrfürchtiger Moment. Wow!

Nun noch der Rückweg. 17 km Holperpiste bis zum Fahrradverleih. Nach 4 km sehe ich ein Schild: **Emily's Secret Paradise** mit Restaurant. Perfekt. Mein Magen knurrt lauter, als die Wellen rauschen. Doch Quesadillas und Shrimp-Tacos bringen die Welt wieder in Ordnung und machen mich fit für die restliche Strecke.

Abkühlung gefällig?

Der **Cenote Dos Ojos** 3 km südlich von Xel-Há besteht aus zwei Pools, daher der Name ›Zwei Augen‹. Einen beleuchteten Abschnitt voller Stalagmiten und Stalaktiten kann man schnorchelnd erkunden, für die anderen Bereiche wird eine Tauchausrüstung benötigt. Am Cenote gibt es Sitzgelegenheiten, Duschen und sogar ein kleines Restaurant.

Ganz in der Nähe liegt der **Labnaha Cenote Park,** unter Kennern lange als schönster all dieser Naturpools gehandelt. Aufgrund der begrenzten Aufenthaltszeit (max. 30 Min.), des großen Andrangs und der hohen Preise ist er aber nur noch bedingt zu empfehlen. Man kann schnorcheln, in Höhlen hinabklettern oder in ihnen tauchen.

Cenote Dos Ojos: www.cenotedosojos.com, tgl. 9–17 Uhr, 20 US-$; **Labnaha Cenote Park:** www.labnaha.com, tgl. 11–17 Uhr, ab ca. 50 US-$

Ab in die Tiefe

Für jedermann ideal zum Schnorcheln ist der sehr kalte **Gran Cenote** (Sac Aktun) 3 km nördlich von Tulum an der Straße nach Cobá. Nur sehr erfahrene Taucher hingegen sollten sich an die Erkundung des **Cenote Angelita** machen, der etwa 16 km südlich von Tulum an der MEX 307 liegt. Durch seine trübe Schicht von Hydrogensulfit zwischen der Süß- und Salzwasserschicht wirkt er ungewöhnlich gespenstisch und faszinierend zugleich.

Gran Cenote: www.cenotessacactun.com, tgl. 10–17 Uhr, 130 Pesos; **Cenote Angelita:** www.cenoteangelita.com, tgl. 9–17 Uhr, Tauchgang ab 120 US-$

Reserva de la Biósfera Sian Ka'an ⭐ 📍 Q/R5–7

Am Ende der Welt

Südlich von Tulum erstreckt sich das 5280 km² große Biosphärenreservat Sian Ka'an. Die weg- und steglose, von Kanälen durchzogene Einsamkeit lässt sich mit dem Boot erkunden, auch in Kombination mit einem Fahrrad (s. S. 80). Einer der Zugänge befindet sich knapp 6 km südlich der Zona Hotelera Tulum. Allerdings ist die Piste, die von hier aus durch das Schutzgebiet führt, in einem miserablen Zustand und wird nur einmal pro Tag mit einem Colectivo von Tulum aus befahren. Für Mietwagen ist sie nicht zu empfehlen. Den Endpunkt bildet das verschlafene Fischernest **Punta Allen** mit kaum mehr als 500 Einwohnern an einer Bucht, die von einem herrlichen Riff gesäumt wird. Vor allem Hochseeangler kommen gern hierher. Übernachten kann man in der einfachen Posada La Conchita (T 984 185 81 76, €) oder im luxuriösen Hotel Sol Caribe (www.solcaribe.com, €€€).

VOGELBEOBACHTUNG

Da Cobá ein bemerkenswertes Naturschutzgebiet ist, sollte man den Rundgang durch die Ruinen nicht nur wegen der Hitze möglichst früh am Morgen beginnen. Auch die Vögel lieben die kühleren Momente und zeigen sich zu dieser Tageszeit besonders zahlreich.

Cobá 📍 R4; Karte 3, A6

Mit dem Fahrrad durch den Dschungel? Von Maya-Ruine zu Maya-Ruine? Wo gibt's denn so was? In Cobá! Und nicht nur das: Hier dürfen Sie noch auf die Pyramiden hinaufklettern. Der Blick von oben ist überwältigend, besonders in den frühen Morgenstunden und spätnachmittags. Dann ist ohnehin die beste Zeit für einen Besuch, denn die Temperaturen sind noch einigermaßen angenehm und man entgeht dem Andrang der Tagesausflügler.

Die Ruinen von Cobá verteilen sich auf vier, zum Teil mehrere Kilometer auseinanderliegende Hauptgruppen. Per Fahrrad (Verleih am Eingang) lassen sich die Entfernungen gut meistern.
Tgl. 8–17 Uhr, 70 Pesos

Geschichte

Große Stadt – große Wirkung

Hinter dem Namen Cobá (›aschgraues Wasser‹) verbirgt sich eine Maya-Stätte, die zwischen dem 6. und 9. Jh. zu den größten Niederlassungen auf Yucatán zählte. Ermöglicht wurde diese für die Trockenregion ungewöhnlich hohe Bevölkerungsanzahl durch unterdisch gespeiste Seen, die für genügend Wasservorräte sorgten. Die bisher nur teilweise freigelegten Bauten weisen einige Merkmale der großartigen Tempelstädte im guatemaltekischen Petén auf, können sich aber hinsichtlich ihrer Ausführung nicht mit Orten wie Tikal oder mit spätklassischen Bauten in Sayil, Edzná oder Labná messen. Vielleicht wollte man nur durch schiere Größe beeindrucken und legte auf künstlerische Gestaltung weniger Wert.

Ein dichtes Netz gut ausgebauter Wege, sogenannter *sacbé*, lässt vermuten, dass Cobá einst eine wichtige Rolle im Warenaustausch zwischen der Karibik und der Golfküste spielte. Eine etwa 100 km lange und bis zu 10 m breite Hauptstraße verband Cobá mit Yaxuná bei Chichén Itzá, eine andere führte möglicherweise nach Tulum.

20000 Bauten im Dschungel

Etwa um 925 n. Chr. verlor Cobá wie viele andere klassische Maya-Städte an Bedeutung, blieb aber offenbar weiterhin bewohnt. Davon zeugen einige Bauwerke aus der Postklassik (900–1450). Wann genau der Ort endgültig aufgegeben wurde, ist nicht bekannt.

1868 entdeckten zwei mexikanische Forscher das in dichtem Wald verborgene Maya-Zentrum. Auf sie folgte 1891 der Österreicher Teobert Maler, der die wichtigsten Bauwerke fotografierte. Es dauerte aber noch bis 1926, ehe sich Archäologen der US-amerikanischen Carnegie Institution im Rahmen der Ausgrabungen von Chichén Itzá auch dieser Ruinenstadt annahmen. Dennoch liegt der größte Teil nach wie vor unter der Vegetation verborgen, und auch zur Geschichte sind noch viele Fragen offen.

Grupo Cobá

Etwa 50 m nach Betreten des Geländes führt rechts ein Pfad zur Cobá-Gruppe, dem ehemaligen Zeremonialzentrum am **Lago Macanxoc** mit der 24 m hohen Pyramide **La Iglesia** (›die Kirche‹). Der eigentümliche Name stammt von den Anwohnern, die eine Figur auf einer Stele vor der Pyramide als die Jungfrau Maria interpretierten und auf einem kleinen Altar davor Gottesdienste abhielten. Bedauerlicherweise hat ein Hurrikan die Stele umgestürzt und zerbrochen. Die Pyramide darf nicht mehr bestiegen werden.

Grupo Nohoch Mul

Zurück auf dem Hauptweg geht es nun durch schattigen Wald. Bei der nächsten Abzweigung biegt man links ab und steht nach etwa 1 km vor der

Pyramide der Gruppe Nohoch Mul (›hoher Hügel‹), mit 42 m der höchste Tempel Nordyucatáns. In Anlehnung an Chichén Itzá trägt auch diese Pyramide den irreführenden Namen **El Castillo**, obwohl sie natürlich nicht militärischen, sondern religiösen Zwecken diente. 120 Stufen führen nach oben. Der Ausblick ist genial. Hinsetzen und genießen!

Haben Sie genug gestaunt, sollten Sie noch das kleine Heiligtum hier oben ansehen. Über dem Eingang ist in zwei Nischen deutlich der Herabsteigende Gott (s. S. 75) zu erkennen, in dem einige Wissenschaftler den Schutzgott der Bienen sehen. Honig war damals ein hochgeschätztes Exportprodukt und spielt nach wie vor eine wichtige Rolle in der lokalen Wirtschaft.

Weniger gut erhalten als der Tempel ist eine überdachte **Stele** am Fuß der Pyramide. Sie zeigt einen hohen Würdenträger, der auf dem Rücken von zwei Gefangenen steht, die ohne Zweifel dem Opfertod entgegensehen.

Grupo Pinturas

Zum Hauptweg zurückgekehrt, wendet man sich nach links und erreicht die Pinturas-Gruppe, einen kleinen Komplex aus Säulenstümpfen und einer bescheidenen Pyramide. Der Tempel lässt noch Reste der ursprünglichen Bemalung erkennen.

Grupo Macanxoc

Wer noch genug Energie hat, kann vom Hauptweg dem Hinweisschild zur Macanxoc-Gruppe folgen. Nach etwa 1 km stößt man auf eine Ansammlung von teilweise stark erodierten Stelen. Von hier aus sind es noch 2 km bis zum Ausgang.

Schlafen, Essen

Gute Wahl
Hacienda Cobá: Kleines Hotel im traditionellen Stil mit sechs sauberen Zimmern. Die Bäume im hübschen Garten spenden erholsamen Schatten. Parkplätze sind vorhanden.
Av. 1, nahe Verkehrskreisel, T 998 227 01 68, www.haciendacoba.com, €€

Recht rustikal
Hotel Sac Be: Große Zimmer mit oder ohne AC, sauber und gemütlich. Geweckt wird man durch Hahnengeschrei. Verlangen Sie ein ruhiges Zimmer mit Abstand zur Küche. In dem angeschlossenen guten Restaurant kann man sich mit Huevos a la Mexicana (Rührei mit Paprika, Tomaten und Zwiebeln) und anderen kleinen Speisen stärken.
An der Zufahrtsstraße kurz vor dem Ortseingang, T 984 144 30 06, www.hotel sacbe.com, €

Yucatekisch gut

La Pirámide: Das Lokal liegt sehr idyllisch an der Laguna Cobá. Serviert werden yucatekische Spezialitäten, aber auch sehr gute Gerichte aus anderen Teilen Mexikos. Calle 7 Nr. 118, T 984 173 74 70, tgl. 8–17 Uhr, €€

Infos

• **Busse:** Gute Verbindungen nach Tulum (45 Min.), Playa del Carmen (1,5 Std.) und Valladolid (45 Min.).

Von Tulum zur Costa Maya

Südlich von Tulum ebbt der Tourismus allmählich ab. Kaum noch Reklametafeln mit englischen Werbetexten, keine Hotelanlagen mehr. Ein schmales Straßenband führt durch monotonen Buschwald – noch, denn die Straße in Richtung Chetumal wird derzeit ausgebaut.

Muyil   ♀ R 5; Karte 3, B 8

Kaum besuchte Maya-Ruinen

Auch in Mexiko besinnt man sich auf das indigene Erbe: Neuerdings trägt die Stätte wieder den einheimischen Namen **Chunyaxché,** der sich aber noch nicht wirklich durchgesetzt hat. Benannt wurden die Ruinen nach der angrenzenden Lagune, der sie wohl ihre Existenz verdankt.

Die Überreste sind lange nicht so spektakulär wie in Tulum, aber der Besuch lohnt sich allein wegen der Atmosphäre – hier kommen Entdeckerfreuden auf, die frühen Forscher mögen ebenso empfunden haben! Herausragendes Ge-

bäude ist **El Castillo,** eine 17 m hohe, teils restaurierte fünfstufige Pyramide aus der Postklassik (10.–16. Jh.). Damals stand Muyil wohl unter den Fittichen von Chichén Itzá. Da der Ort in den frühen spanischen Quellen jedoch keine Erwähnung findet, war er bei Ankunft der Konquistadoren vermutlich bereits in Vergessenheit geraten und von Buschwald überwuchert.

Knapp 25 km südl. von Tulum ein Stück abseits der MEX 307, tgl. 8–17 Uhr, 45 Pesos

Nach den Ruinen rauf aufs Boot

Von den Ruinen führt ein schmaler Plankenweg (mit Aussichtsturm) zur **Laguna Chunyaxché** im Biosphärenreservat Sian Ka'an (s. S. 80). Am Ufer warten Boote für eine Tour. Highlight ist ein Bad in dem Kanal, der die Lagune mit dem Meer verbindet. Er hat eine natürliche Strömung und so treibt man ohne große Anstrengung dahin und beobachtet ganz in Ruhe die Natur – zur Sicherheit natürlich ausgerüstet mit einer Schwimmweste. Am Schluss wird man von den Führern wieder aus dem Wasser gefischt.

Zufahrt von der MEX 307, immer geöffnet, 40 Pesos, Bootstour ca. 40 US-$/Pers.

Felipe Carrillo Puerto   ♀ Q 6

Ein Verkehrsknotenpunkt im südöstlichen Yucatán und aufstrebend, aber erschreckend unattraktiv – man sieht es Felipe Carrillo Puerto wahrlich nicht an, dass es einmal eine bedeutende Rolle in der Geschichte Yucatáns gespielt hat.

Seinen Namen trägt der Ort zu Ehren des ehemaligen Gouverneurs von Yucatán, Felipe Carrillo Puerto (1872–1924). Er setzte sich für die Belange der Maya ein und wurde 1924, während des Putschversuchs durch Adolfo de la Huerta, von Aufständischen gefangen genommen und hingerichtet.

Je weiter man entlang der Küste nach Süden reist, desto mehr ebben Tourismus und Infrastruktur ab, desto ärmer wird es. Die Gegend scheint Lichtjahre von Cancún entfernt.

Blut an den Händen

In den Jahren 1847 bis 1933 war Yucatán Schauplatz eines blutigen Krieges zwischen den Maya und den weißen sowie mestizischen Yucatecos. Die regierende weiße Oberschicht des noch jungen Staates Mexiko beutete auch nach der Unabhängigkeit von Spanien 1821 die indigene Landbevölkerung aus und enteignete deren Grundbesitz, um große Plantagen anzulegen. Es begann ein über 85 Jahre dauernder Kastenkrieg, von Seiten der Maya mit dem Ziel, einen unabhängigen Staat Yucatán zu etablieren.

1850, auf dem Höhepunkt der Auseinandersetzungen, gründeten rebellierende Maya den heute als Felipe Carrillo Puerto bekannten Ort und gaben ihm den Namen Chan Santa Cruz (›kleines heiliges Kreuz‹). Er sollte zum wichtigsten Zentrum des Widerstands werden.

Sein eigenartiger Name bezieht sich auf die Erscheinung des ›sprechenden Kreuzes‹, eine Art Orakel. Dahinter steckte der oberste Schamane, Nohoch Tàatich (›großer Herr‹), der wie ein Bauchredner zu den Maya-Kämpfern sprach und sie zum Widerstand gegen die mexikanischen Truppen antrieb.

Die Cruzob (›Kreuzler‹), wie sich die militanten Maya selbst nannten, siegten in der Schlacht von Bacalar und sicherten sich damit bis zum Beginn des 20. Jh. eine weitgehende Autonomie. Später mussten sie sich jedoch den Regierungstruppen beugen und flohen in die nahen Wälder, wo sie noch bis in die 1930er-Jahre hinein teils erbitterten Widerstand leisteten. Die letzten Cruzob schlossen 1935 einen Friedensvertrag mit der Regierung, in dem sie die staatliche Autorität Mexikos anerkannten.

Ihre Dörfer verwalteten sie aber nach wie vor selbst, und auch der Kult des Sprechenden Kreuzes existiert bis heute in einigen Orten weiter.

Ein sprechendes Kreuz

Das kleine strohgedeckte **Santuario del Cruz Parlante** (›Heiligtum des Sprechenden Kreuzes‹) neben dem **Cenote Lom Ha'** (›gespaltene Quelle‹) ist bis heute für die Maya ein bedeutendes Symbol ihres Selbstbewusstseins. An diesem Ort wurde das erste Kreuz entdeckt, das allerdings längst verschwunden ist. Dem Glauben daran tut es keinen Abbruch. Man darf das Heiligtum nur ohne Schuhe und Kopfbedeckung betreten und sollte den Fotoapparat in der Tasche lassen.
Ecke Calle 58 und Calle 69, immer geöffnet, Eintritt frei

Zeichen der Vergangenheit

Das Wandgemälde an der Außenmauer des **Centro Cultural Chan Santa Cruz** und Exponate in seinem Inneren rufen den Kampf der Maya ins Bewusstsein. Ansonsten wird hier Kunsthandwerk der Region präsentiert.
An der Plaza, Mo–Fr 8–21.30, Sa, So 18–20 Uhr, Eintritt frei

Chac-Chooben ⚲ P/Q 7/8

Am Wochenende einsam

Aus dem 7. Jh. stammen die kleinen Pyramiden dieser Maya-Stätte, die erst 1994 ausgegraben und 2002 der Öffentlichkeit zugänglich gemacht wurde. Vom Massentourismus ist sie bisher verschont geblieben, obwohl unter der Woche zunehmend Kreuzfahrtpassagiere anzutreffen sind, deren Schiffe im nahen Mahahual anlegen. Wer die Wahl hat, sollte daher das Wochenende zum Besuch wählen.
Carr. Lazlo Cárdenas–Limones, tgl. 8–17 Uhr, 55 Pesos

Schlafen, Essen

Das Beste vor Ort

Hotel Esquivel: Das moderne Stadthotel hat recht ordentliche, saubere AC-Zimmer. Mit Pool und Kinderspielplatz im Garten.
Calle 63, Ecke Calle 68, nahe der Plaza, Felipe Carrillo Puerto, T 983 834 03 44, www.hotelesquivel.blogspot.com, €

Einfach schlafen, gut essen

El Faisan y el Venado: Im ›Fasan und Hirsch‹ gibt es typische Maya-Kost. Die Portionen sind groß, der Service freundlich. Das angeschlossene Hotel ist ziemlich abgenutzt.
Av. Benito Juárez (MEX 307), Felipe Carrillo Puerto, T 983 834 00 43, tgl. 8–22 Uhr, €

Costa Maya

Seinen Ruf als Geheimtipp hat dieser Küstenstreifen zwischen dem Hafenort Mahahual und dem Fischerdorf Xcalak bereits verloren. Und man braucht kein Prophet zu sein, um hier eine Entwicklung vorherzusagen, wie sie etwa Playa del Carmen durchlaufen hat. Also beeilen Sie sich lieber, wenn Sie noch etwas von der Natürlichkeit der Costa Maya mitkriegen wollen – spätestens sobald der neue Flughafen bei Tulum fertiggestellt ist, ticken die Uhren auch hier anders.

Mahahual ⚲ R 8

Karibik auf Zeit

Mit dem Neubau einer Anlegestelle für große Dampfer hat Mahahual Anschluss an den Massentourismus gefunden – und es soll weitergehen. Die Pläne klingen wie ein Fluch: Man will eine Stadt mit über 100 000 Einwohnern aus dem Boden stampfen. Aber noch ist dies ein idealer Ort zum Ausspannen an der türkisfarbenen Karibik, fern jeder Hektik – zumindest am Wochenende, denn dann legen keine Kreuzfahrtschiffe an. Aber auch während der Woche sind alle ›Kreuzfahrer‹ am späten Nachmittag wieder verschwunden und Ruhe kehrt ein.

Größte Attraktion ist das vorgelagerte **Arrecife Chinchorro**, das sich bis ins benachbarte Belize erstreckt und zu den schönsten Tauchrevieren der Karibik zählt. Mahahual zieht aber auch viele Sportfischer an, die Jagd auf Zackenbarsch, Malabar-Schnapper und Barrakuda machen.

Schlafen, Essen

Im Ort Mahahual gibt es etliche Hotels, doch schöner sind die Unterkünfte in Richtung Süden entlang der Carretera Mahahual–Xcalak, einer holprigen Sandpiste.

Öko? Logisch!
Balamkú Inn On The Beach Resort: Kleines, sehr gepflegtes Hotel, dessen Zimmer und Bungalows direkt am Strand liegen und natürlich Meerblick haben. Der gesamte Energieverbrauch wird mit Wind- und Solaranlagen gedeckt. Kajaks stehen kostenfrei zur Nutzung bereit. Carr. Mahahual –Xcalak Km 5,6, T 983 732 10 04, www.balamku.com, €€

Familiär
Posada Pachamama: Die saubere Unterkunft liegt zentral und direkt am Strand. Alle Zimmer sind hell und freundlich eingerichtet und haben einen Balkon mit Meerblick. Calle Huachinango, T 983 104 38 71, www. posadapachamama.com, €€

Entdecken, genießen, erholen
Hotel Quinto Sole: Die Zimmer sind geräumig und komfortabel ausgestattet, manche davon haben Meerblick. Auf der Dachterrasse lässt sich prima relaxen, es gibt sogar einen kleinen Pool. Das angeschlossene Restaurant ist empfehlenswert, wenn auch nicht gerade günstig (ab 140 Pesos steil aufwärts). Der dazugehörige Beach Club serviert kräftige Cocktails zu ebensolchen Preisen. Die nahebei anlegenden Kreuzfahrschiffe und ihre Fracht können auf Dauer etwas anstrengend sein. Carr. Mahahual–Xcalak Km 0,35, T 998 319 21 25, www.quintosole.mx, €€

Exzellente Option
The Krazy Lobster: In dem beliebten Beach Club wird von Hühnersuppe bis zu frischem Hummer alles serviert. Sonnenliegen und -schirme sowie Hängematten stehen zur freien Verfügung. Frühstück gibt es ab 8 Uhr. Calle Huachinango 28, T 998 230 92 83, www.thekrazylobster.com, tgl. 8–18 Uhr, €–€€

Infos

• **Busse:** Mit ADO-Bussen 3 x tgl. über Tulum, Playa del Carmen und den Flughafen Cancún nach Cancún (4,5 Std.) sowie 2 x tgl. nach Chetumal (14 Uhr/5 Std., 20 Uhr/3 Std.).

Xcalak 📍R9

Je weiter man sich von Mahahual entfernt, desto schmaler wird die Halbinsel und desto ursprünglicher die Landschaft. Sie ist geprägt von Stränden, Lagunen und Mangroven, die teilweise bis aufs Skelett ›abgemagert‹ sind – noch immer die Folgen von Hurrikan Dean, der 2007 hier besonders schwer wütete. 60 holprige

Kilometer sind es bis nach Xcalak, aber die Sandstreifen unterwegs verlocken nicht unbedingt zum Pausieren, sind sie doch größtenteils durch angeschwemmten Plastikmüll und Seegras verunstaltet.

Auf ein Bier mit Einheimischen

Authentisch bzw. *muy rústico* geht es auch in dem Fischerort zu. Wer jedoch mit einfachen Verhältnissen klarkommt und nicht viel mehr als Sonne, Wind und das Meer vor der Nase braucht, findet in Xcalak noch eines der letzten nahezu unberührten Refugien an der mexikanischen Karibikküste. Die knapp 400 Einwohner sind sehr nett und freuen sich über einen Schwatz mit Gästen. Mit seinen bunten, windschiefen Holzhäusern hat der Ort einen ausgesprochen karibischen Touch – Belize ist eben nicht mehr weit.

Schlafen, Essen

Wegen der schlechten Netzabdeckung sollte man via E-Mail Kontakt aufnehmen.

Für Sonnenanbeter

Playa Sonrisa: Kleine Cabañas stehen direkt am Strand, die Anlage ist gepflegt und die Atmosphäre sehr familiär. Die Gastgeber Murph und Cindy haben kein Problem damit, wenn ihre Gäste – vorzugsweise Paare ohne Kinder – ohne Badeanzug unterwegs sind. Gekocht wird auch.
Im Ort am Strand, www.playasonrisa.com, €€, übers Internet günstiger

Zum Ausspannen

Costa de Cocos: Lust auf ein Rundumpaket Glück? Ein einsamer Strand samt toller Strandhütte, persönliche Gästebetreuung, kostenloser Kajakverleih, individuelle Bootstrips, leckeres Essen und hausgemachte Limonade – fehlt noch was?
2,4 km nördl. vom Ortszentrum am Strand (20 Min. Fußmarsch), www.costadecocos. com, €€

Mitten im Ort

Casa Cangrejo: Karibikflair pur verströmt diese Lodge mit ihren einfachen Holzbungalows und den großen Holzterrassen, wo die Hängematten ihren perfekten Platz gefunden haben. Beine hoch, Blick aufs Meer, Seele baumeln lassen. Verpflegung kann dazugebucht werden. Inhaber Eduardo organisiert Fliegenfischen.
Am Strand, ein Stück nördl. vom Sportplatz, www.casacangrejoxcalak.com, €€

Ceviche vom Löwenfisch

Toby's Restaurant: In ihrem schlichten Restaurant mit Plastikstühlen braten und frittieren der junge Toby und seine Mama frischen Fisch, dazu gibt es Salat und Reis. Auch Ceviche, Hummer und Kokos-Garnelen kommen auf den Tisch. Alles sehr lecker und günstig! Es werden auch drei einfache Cabañas vermietet. Mit WLAN.
Im Ort, eine Querstraße vom Strand entfernt, T 983 107 54 26, tgl. 10–18 Uhr, €€

Frisch und authentisch

Silvia's Restaurant: Gute mexikanische Küche, auch Meeresfrüchte, mitten im Nirgendwo – Silvia kocht mit Leidenschaft, das schmeckt man! Kilopreise für Fisch besser vorher erfragen *(Cuanto cuesta un kilo de …?)*.
Calle 5 de Mayo, tgl. 10–19 Uhr, €

Bewegen

Tauchen etc.

XTC Dive Center: Entlang der Küste zieht sich das größte Korallenatoll nördlich des Äquators. Die professionelle Tauchschule hat sich auf Trips zum Chincorro-Riff spezialisiert. Auch Radverleih, Zimmervermietung und ein schönes offenes Restaurant.
Nördl. vom Ort direkt am Strand, www.xtc divecenter.com, tgl. 8–22 Uhr

Laguna Bacalar

 P8

Als die Malediven von Mexiko wird sie beworben, toppt deren Meeresfarben sogar noch: Schon ihr spanischer Beiname, **Laguna de los Siete Colores,** verrät, dass die Laguna Bacalar nicht nur in einem Ton schillert, sondern in sieben verschiedenen – von dunkelblau über tiefblau bis hin zum so anziehenden Türkis.

Die Lagune, die sich über mehr als 50 km entlang der Küste erstreckt, ist eigentlich ein See, entstanden durch den Einsturz mehrerer Cenotes. Gespeist wird sie von unterirdischen Flüssen. Ihre Farben entstehen aufgrund verschiedener Mineralien, die in den Bodensedimenten abgelagert sind, z. B. Kalzium- und Schwefelkohlenhydrate. Die Tiefenunterschiede von durchschnittlich 17 bis 35 m und die im Wasser reflektierenden Sonnenstrahlen besorgen den Rest.

Das Westufer

Idyllische Badestellen
An der Westseite der Lagune entlang der MEX 307 gibt es viele schöne Stellen zum Baden. Wer es einsam mag, macht sich selbst auf die Suche, ansonsten steuert man einen der öffentlichen Badeplätze an. Sie kosten Eintritt, sind dafür aber mit Picknickbänken, Liegewiesen und manche sogar mit Wasserrutschen ausgestattet.

Bacalar

Zum Schlendern wie gemacht
Er hat ihn verdient, den Titel »Pueblo Mágico« (›magisches Dorf‹), den das mexikanische Tourismusministerium an Orte vergibt, die historisch bedeutsam sind und eine besondere Architektur oder Lage besitzen. Bacalar hat all das und verführt seine Besucher mit einem zauberhaften Flair.

Besonders schön ist es rund um den **Zócalo,** wo abends Händler ihre Stände mit mexikanischem Kunsthandwerk aufbauen, Backpacker auf den Bänken ihr Streetfood verputzen und sich anschließend ein köstliches Eis der Heladería Annie Delicias gönnen. Entlang der **Avenida 1,** die parallel zum Ufer verläuft, findet man lauschige Plätzchen ganz nah am Wasser. Es gibt einige gute Restaurants und jede Menge schöner Unterkünfte, teils direkt an der Lagune und mit fantastischem Blick.

Besiedelt wurde Bacalar bereits um 415 n. Chr. von den Maya. Sie nannten den Ort Sian Ka'an Bakhalal, was übersetzt so viel bedeutet wie ›von Schilf umgeben‹.

Fuerte de San Felipe

Festung mit Aussicht
Einen Piratenüberfall nach dem anderen hatte die Siedlung in späterer Zeit zu erleiden. Das ließ die Spanier 1727 auf einem Hügel mitten im Ort eine kleine Festung errichten. Das Fuerte de San Felipe erinnert an die wilden Zeiten von Eroberung und Verteidigung, der Gier nach Gold und den Kampfgeist mutiger junger Soldaten. Und es lädt ein zum Eintauchen in das Damals und Jetzt: den Festungsturm besteigen, die engen Gänge durchstreifen, die dicken Mauern fühlen, das **Pirateriemuseum** besuchen. Von der mit 34 Kanonen bestückten Bastion bietet sich überdies eine wundervolle Aussicht über die Lagune. Av. 3, Di–So 9–19 Uhr, Besichtigung ca. 45 Min., 105 Pesos

Lieblingsort

Instagrammer werden neidisch

Soll ich ihn posten oder nicht? Meine Freunde wären neidisch. Meine Familie auch. Soll ich diesen wunderschönen Ort der Welt verraten? Den Instas. Die ihn dann nur aufsuchen werden, da er geradezu perfekt fürs Social-Media-Selbstmarketing ist. Ich bin auf dem **Ecocamping Yaxché.** Die Lagune liegt ruhig und türkisblau vor mir. Die Sonne scheint ins Wasser, bringt es zum glitzern. Die bunte Hängematte, die an zwei Holzpfählen im Wasser baumelt, ist nicht schlecht. Doch der Hit ist die Schaukel: Ein großes Holzgerüst steht ein paar Meter vom Ufer entfernt in der Lagune, drei Schaukeln aus starken Hanfseilen und rustikalen Holzbrettern sind daran befestigt. Ich komme lang-sam in Schwung, die Beine tauchen immer wieder ins Wasser ein. Weit über die Lagune reicht der Blick. Der laue Wind fönt meine nassen Haare. Ich stoße einen Freiheitsschrei aus. Soll ich springen oder nicht? Ich behalte es für mich und schaukle weiter (Ecocamping Yaxché, Laguna Bacalar, s. S. 92).

Cenote Azul

Blick ins Fischbecken

Bis zu 80 m wassergefüllte Tiefe unter den Füßen, die Sicht glasklar und morgens um 8 Uhr das ganze Idyll für sich allein: 4 km südlich von Bacalar befindet sich der Cenote Azul, bekannt für seine intensive Farbe. Dies ist der ideale Ort zum Baden und Schnorcheln. Palmen und Felsen reichen bis an das Wasserloch heran, in vielen Bereichen kann man auf Felsen im Wasser stehen und Fische ohne Taucherbrille beobachten. Und an Land sonnen sich große Leguane in der Mittagshitze – legen Sie sich einfach dazu, sobald die anderen Badenden eintreffen!

An der MEX 307, 4 km südl. von Bacalar, tgl. 10–18 Uhr, 100 Pesos

Schlafen

Die Auswahl ist riesig. Die meisten besseren Unterkünfte liegen etwas außerhalb von Bacalar.

Bestechendes Gesamtkonzept

Ecocamping Yaxché: Die Anlage liegt wunderschön an der Lagune und bietet viele Plätzchen zum Entspannen, u. a. Hängematten und eine Schaukel über dem Wasser (s. S. 91). Man kann in Zimmern (mit/ohne Bad), in Zelten direkt an der Lagune oder im eigenen Camper übernachten. Das Restaurant bietet solide mexikanische Küche zu super Preisen. Tagesgäste sind willkommen.

6,5 km nördl. des Zentrums von der MEX 307 abbiegen und dem Feldweg 750 m folgen, T 983 834 20 81, http://ecoaventurabacalar. com.mx, €

Gute Gemeinschaft

Hostal y Suites Pata de Perro: Alle Zimmer sind liebevoll im Landhausstil gestaltet, einige teilen sich ein sauberes Gemeinschaftsbad. Besonders hübsch ist die Familiensuite mit Kochnische und schönem Bad. In der großen Gemeinschaftsküche und im Essbereich kommt man schnell mit anderen Reisenden ins Plaudern.

Calle 22 Nr. 63, zw. Av. 3 und Av. 5, Bacalar, www.patadeperrobacalar.com, €

Einfach Wow

Casa Bakal: Sehr gepflegte, saubere Anlage an der Lagune mit wunderbarer Aussicht. Die Zimmer sind einfach ausgestattet, die Bungalows haben private Holzterrassen mit Hängematten. Es gibt einen Pool mit Lagunenblick, Kajaks und Fahrräder stehen kostenfrei zur Verfügung. Im Angebot sind auch Massagen.

Costera 81, ca. 3 km südl. des Zentrums, T 983 182 03 25 www.casabakal.com, €

Nachhaltig

Villas Ecotucan: Die Öko-Lodge liegt in einem wunderschönen Garten und hat direkten Zugang zur Lagune. Die Cabañas, erbaut aus Feldsteinen und Holz, sind geräumig und luftig, die Fenster bestehen aus Moskito-Gagen mit Holzjalousien. Auch über den breiten Betten hängen Moskitonetze. Jede Cabaña verfügt über eine kleine Terrasse mit Gartenblick. Strom und Warmwasser werden mit Solarenergie erzeugt. WiFi nur im Gemeinschaftsbereich.

9 km nördl. von Bacalar, T 983 177 96 95, www.ecotucan.com, €€

Essen

Unschlagbar köstlich

Pizzeria Bertilla: Reich belegt und knusprig sind die Pizzen des freundlichen italienischen Inhaberpaars, aber auch deren Pasta schmeckt sehr gut. Der Besitzer erkundigt sich stets persönlich, ob alles schmeckt und man zufrieden ist. Gut besucht, daher Wartezeit einplanen.

Av. 5, am Stadtpark, Bacalar, T 983 834 26 42, tgl. 16–22.30 Uhr, €

Tacos & mehr

Christian's Tacos: Wer gute Tacos, Tortas und andere Kleinigkeiten bei einem Cocktail und in kuscheligem Ambiente genießen möchte, ist bei Christian richtig. Die Preise sind fair, nur der Service könnte etwas flotter sein.
Calle 1, Bacalar, T 983 114 90 94, tgl. 18.30–24 Uhr, €

Noch mehr Tacos

Tacos El Socio: Noch bessere Tacos als bei Christian, allerdings in nüchterner Umgebung mit Plastikstühlen, bekommt man in dieser Tacería gleich um die Ecke. Die Portionen sind groß, die Preise für Bacalar unschlagbar günstig und die Kombinationen aus Fleisch, Salat und scharfen Soßen einfach nur lecker! Auch zum Mitnehmen.
Calle 20, Bacalar, T 983 733 66 12, Mo–Sa 7–20 Uhr, So bis 14 Uhr, €

Ausgehen

Da ist der Wurm drin

Damajuana Cocktailbar: Obwohl Bacalar weit entfernt von Oaxaca ist, dem Zentrum der Mezcal-Produktion, serviert diese Bar gute Mezcal-Cocktails. Auch eine Verkostung verschiedener Sorten ist möglich. Sa Livemusik oder DJ. Chillige Atmosphäre, Lagunenblick.
Av. 1, Ecke Calle 12, Bacalar, tgl. 17–1 Uhr

Bewegen

Bootstouren & Kajakverleih

Bacalar Boat Tours (Calle 14, T 983 835 55 05, tgl. 8–18 Uhr) bietet u. a. Ausflüge zur Isla de los Pájaros mit Kolonien heimischer Vogelarten (300 Pesos/Pers.). Kajaks für eine Tour auf eigene Faust vermieten mehrere Hostels an der Lagune, z. B. der **Ecocamping Yaxché** (s. S. 92 oder **Magic Bacalar** (Av. 3, zw. Calle 36 und Calle 38, Bacalar, www.magicbacalar.com).

Feiern

Carnaval: Feb. Farbenfrohe Kostüme und Musik aus der Region.
Fiestas de San Joaquín: Aug. Fest zu Ehren des Schutzpatrons der Stadt mit Prozessionen, Bootsrennen etc.

Infos

- **Touristeninformation:** Av. 3, zw. Calle 22 und Calle 24, Bacalar, Mo–Fr 8–16 Uhr, T 983 834 28 86.
- **Im Internet:** www.bacalar.gob.mx, www.bacalarmosaico.com.
- **Verkehr:** Busse der 2. Klasse halten auf dem Weg nach Süden in der Calle 5, auf dem Weg nach Norden in der Calle 7 (beides Einbahnstraßen). Busse der 1. Klasse umfahren den Ort auf der MEX 307. Der Busbahnhof von ADO befindet sich zwischen Calle 28 und 30.

Chetumal   ♥ P/Q9

Einst war Chetumal ein wichtiger Hafen der Maya, von dem aus sie Gold, Federn und Kupfer in den Norden Yucatáns verschifften. Die ›moderne‹ Geschichte beginnt erst 1898, als die Stadt von dem mexikanischen Kapitän Othón Blanco neu gegründet wurde – auch er hatte erkannt, dass die geschützte Bucht wie geschaffen für einen Handelsposten war.

Der Anfang verlief schleppend. Doch mit dem Aufschwung Cancúns, dem Ausbau der Straßen hierher und der Einrichtung eines Freihafens nahm das Wachstum der Stadt ordentlich Fahrt auf. Heute ist Chetumal ein wichtiges Handelszentrum mit 200 000 Einwohnern und die Hauptstadt des Bundesstaates Quintana Roo.

Chetumal liegt am südlichsten Punkt der Ostküste Yucatáns an der Mündung des Río Hondo, dem Grenzfluss zu Belize. Am Wochenende besuchen viele Nachbarn die heimischen Märkte. Doch auch für Mexikaner ist die Stadt aufgrund der günstigen Zölle in Belize ein beliebtes Shoppingziel. Und sonst? Sehenswürdigkeiten gibt es praktisch keine, doch kann man von hier aus die zahlreichen archäologischen Stätten der Umgebung erkunden oder auch nach Belize oder Guatemala weiterreisen.

Alles über die Maya
Touristisches Highlight von Chetumal ist das wirklich spannende **Museo de la Cultura Maya.** Die Exponate, überwiegend Repliken, sind nach der traditionellen Kosmologie der Maya angeordnet: Das Untergeschoss repräsentiert die neunstufige Unterwelt Xibalbá, das mittlere Stockwerk die Welt der Lebenden und das Obergeschoss den Bereich der Götter. Ein Ceiba-Baum, den Maya heilig, sprießt in einem Lichtschacht nach oben und fungiert als verbinden-

des Glied zwischen diesen drei Ebenen. In die Ausstellung wurde der gesamte Lebensraum der Maya einbezogen, also auch das heutige Belize, Honduras und Guatemala. Zahlreiche Modelle sowie interaktive Präsentationen lassen keine Langeweile aufkommen. In einigen Räumen rings um den zentralen Innenhof (freier Zutritt) finden Ausstellungen zeitgenössischer Kunst statt.

Av. Héroes, im Park, Di–Sa 9–19, So bis 14 Uhr, 67 Pesos

Die kleine Schwester
23 km westlich von Chetumal liegt die kleine **Laguna Milagros.** Ihr Wasser ist nicht ganz so klar wie das der Laguna Bacalar, leuchtet aber ebenfalls herrlich türkis. Am schönsten ist die Erkundung der Lagune per Kajak, das man im Ort **Huay Pix** bei der Posada del Brujo (Calle Javier Rojo Gómez, T 998 336 63 38, www.posadadelbrujonegocio.site) ausleihen kann. Hier gibt es auch hübsche Cabañas direkt am See.

Schlafen

Modern und zentral
Fiesta Inn: In diesem perfekt ausgestatteten Stadthotel einer bekannten Hotelkette ist für jeglichen Komfort gesorgt. Dachterrasse mit toller Aussicht, Pool und Bar. Parkplätze stehen kostenfrei bereit.

Av. Álvaro Obregón 229, Ecke Av. Independencia, T 983 835 32 00, www.fiestainn. com, €€

Mit Restaurant
Hotel Los Cocos: Das angenehme Mittelklassehotel mit schicken AC-Zimmern liegt im Herzen der Stadt. Im Restaurant werden mexikanische Klassiker serviert (ab 140 Pesos). Mit Garten, Pool und Sonnenliegen.

Av. de los Héroes 134, T 983 832 05 42, www.hotelloscocos.com.mx, €

WIE MAN SICH BETTET ... **B**

Neben Mérida ist Chetumal der Ort, wo man eine Hängematte erstehen sollte – hier werden sie gemacht. Das Original besteht aus den Fasern der (Sisal-)Agave, allerdings werden die berühmten mexikanischen *hamacas* heute auch gerne aus Baumwolle oder Nylon hergestellt. Achten Sie beim Kauf darauf, dass die Maschen eng geknüpft sind – je feiner, desto bequemer (und teurer). Wer es besonders komfortabel mag oder sich zu zweit in die Hängematte legen möchte, sollte eine *matrimonial* erstehen, ein ›Ehebett‹.

Gut für einen Stopover

Hotel Juliet: Das Mittelklassehotel liegt zentral und bietet einen ordentlichen Standard. Die Zimmer im Obergeschoss sind ruhiger und heller.

Av. de los Héroes 169, T 983 833 50 80, www.hoteljulietchetumal.com, €

Essen

Fisch karibisch-mexikanisch

Marisquería El Taco Loco: Seit 1979 gibt es dieses kleine, sehr beliebte Lokal, das auf die Zubereitung von Fisch und Meeresfrüchten spezialisiert ist. Besonders lecker sind die berühmten Seafood-Tacos – es gibt sie in 26 Varianten!

Calle José María Morelos 87, T 983 832 12 13, www.tacoloco.mx, tgl. 8–18 Uhr, €

Mehr als nur Pizza

Sergio's Pizza: Das traditionsreiche Lokal ist bei den Einheimischen sehr angesagt. Neben knuspriger Pizza werden auch klassische Gerichte der Halbinsel serviert. Ab 7 Uhr kräftige Frühstücksgerichte.

Av. Álvaro Obregón 182, T 983 832 29 91, www.sergiospizzas.com.mx, tgl. 7–23.30 Uhr, €

Hausmannskost

Pantoja: Auf den Tisch kommen lokale Gerichte, die sehr schmackhaft und reichhaltig sind. Das Ambiente ist rustikal und schnörkellos.

Av. 16 de Septiembre 38, T 983 832 39 57, Mo–Sa 10–17 Uhr, €

Infos

- **Touristeninformation:** Calle 5 de Mayo, T 983 8 33 24 65.
- **Busse:** Das Hauptbusterminal ADO liegt ca. 2 km nördlich des Zentrums. Verbindungen der 1. Klasse u. a. nach Cancún (5,5–6,5 Std.), Escárcega (ca. 5 Std.), Mahahual (2–3 Std.), Mérida (6–8 Std.), Palenque (7–8 Std.), Playa del Carmen (4–6 Std.), Tulum (3,5–4 Std.). Der Terminal der 2. Klasse, der Terminal de Autobuses de Chetumal, liegt ein Stück östlich davon in der Avenida Salvador Novo. Minibusse nach Bacalar fahren vom Minibus-Terminal, Calle Primo de Verdad, Ecke Calle Miguel Hidalgo.
- **Fähren:** Verbindungen zum Caye Caulker in Belize.

Maya-Stätten bei Chetumal

Rechts und links der MEX 186, die von Chetumal über Xpujil und Escárcega in Richtung der Westküste von Yucatán führt, liegen Dutzende Maya-Stätten, teils tief verborgen im Dschungel und nur auf abenteuerlichen Wegen erreichbar. Doch gerade das macht ihren Zauber aus. Nicht zuletzt bieten sie fantastische Blicke, denn hier dürfen die Pyramiden allesamt bestiegen werden. Wer sich mehrere dieser Ruinen ansehen möchte, braucht ohne Zeitdruck zwei bis drei Tage. Das Örtchen Xpujil (s. S. 182) auf halber Strecke zwischen Chetumal und Escárcega ist eine gute Zwischenstation mit genügend Unterkünften und Verpflegungsmöglichkeiten.

Dzibanché und Kinich-Ná   ♥ 08

Die nahe beieinanderliegenden Stätten Dzibanché (›auf Holz geschrieben‹) und Kinich-Ná (›Haus der Sonne‹) wurden erst 1927 durch den britischen Arzt und Amateurarchäologen Thomas Gann entdeckt und seit den 1990er-Jahren Schritt für Schritt ausgegraben.

81 km nordwestl. von Chetumal, tgl. 8–17 Uhr, 65 Pesos

Gruß aus Tikal

Seine Blütezeit erlebte **Dzibanché,** das eng mit Calakmul (s. S. 180) verbunden war, zwischen dem 6. und 11. Jh. Möglicherweise stammten die Herrscher aus Calakmul sogar von hier, wird die Stadt doch in einer Inschrift aus Dzibanché erstmals erwähnt.

Zunächst gelangt man zum **Palacio de Dinteles** (›Palast des Türsturzes‹). Hier wurde der hölzerne Türsturz mit einer Kalenderhieroglyphe (733 n. Chr.) entdeckt, dem das Bauwerk seinen Namen verdankt. Eine breite Treppe führt hinauf zu einer Plattform, auf der sich zwei Heiligtümer befinden. Südlich davon schließen sich zwei durch Pyramiden und Plattformen getrennte Plätze an. Der Erste, die **Plaza Gann,** wird auf der Nordseite vom **Templo de los Tucanes** (›Tempel der Tukane‹) begrenzt, einer Plattform, auf der wohl einmal ein hölzerner Tempel gestanden hat. An der Westseite ragt der **Templo de los Cautivos** (›Tempel der Gefangenen‹) empor, benannt nach einem Relief mit Darstellungen gefesselter Krieger, die wie bei den Maya üblich wohl dem Opfertod entgegensehen.

Über Treppen steigt man zur **Plaza Xibalbá** hinauf, die von dem noch nicht völlig freigelegten **Templo de los Cormoranes** (›Tempel der Kormorane‹) und dem eindrucksvollen **Templo del Buho** (›Tempel der Eule‹) gesäumt wird. Der Eulentempel erinnert in seiner Ausführung an die großartigen Anlagen von Tikal in Guatemala, denn er wird wie dort üblich von zwei Heiligtümern gekrönt.

Akropolis mit Tempeln

In **Kinich-Ná** (› Haus der Sonne‹), 2 km nördlich von Dzibanché, wurde bisher nur ein Gebäudekomplex mit mehreren Platt-

formen freigelegt. Ihren Namen erhielt die Stätte nach einem Fries an der Hauptpyramide mit Bildern des Sonnengottes.

Kohunlich ♥ O 9

Die Ruinenstadt wurde erst 1912 durch den Amerikaner Merwin entdeckt. Er gab ihr den Namen Cohonn Ridge, das die Mexikaner später in Kohunlich verballhornten. Das ausgedehnte Zeremonialzentrum ist nur punktuell freigelegt und stammt aus der klassischen Epoche (400–600 n. Chr.). Stilistisch ähnelt es der guatemaltekischen Ruinenstätte Petén. Hauptmerkmal dieser regionalen Architektur, die auch in Benque Viejo und Altún Há (beide Belize) anzutreffen ist, sind reich verzierte, polychrome Stuckfassaden mit der Maske des Sonnengottes als zentralem Motiv.

68 km südwestl. von Chetumal, tgl. 8–17 Uhr, 75 Pesos

Geheimnisvolle Masken

Auch Kohunlich ist berühmt für seine großen Masken. Sie flankieren beispielsweise den Aufgang zum Haupttempel, dem **Templo de los Mascarones** (›Tempel der Masken‹). Wahrscheinlich stellen alle den Sonnengott Kinich Ahau dar, allerdings in unterschiedlicher Manifestation. Einige Porträts weisen allerdings auch Attribute des Regengottes Chaac auf.

Der gute Erhaltungszustand der Masken erklärt sich aus einer späteren Überbauung, die einen schützenden Mantel über die Stuckaturen legte. Entdeckt wurden die Kunstwerke erst im 20. Jh. durch Grabräuber, die versuchten, ins Innere der Pyramide vorzudringen. Glücklicherweise gelang es ihnen nicht, die wertvollen Stücke abzutransportieren – so geschehen mit einer ähnlichen Maske aus La Muñeca, die in den USA auftauchte. Unter den bislang noch nicht freigelegten Seiten der Pyramide verbergen sich möglicherweise weitere Stuckarbeiten.

Der **Juego de Pelota** (›Ballspielplatz‹) und die **Plaza de Estelas** (›Platz der Stelen‹) sind zwar nicht so spektakulär wie die Pyramide der Masken, tragen aber zum Zauber bei, den diese Stätte, eingebettet in subtropischen Wald, ausstrahlt.

Mit Köpfchen

Interessant, wenn auch auf den ersten Blick nicht ersichtlich, ist das ausgeklügelte Zisternensystem der Stadt. Da Cenotes fehlen, waren die Bewohner auf Regenwasser angewiesen, das in flachen, mit Kalkmörtel ausgekleideten Mulden aufgefangen und über Kanäle verteilt wurde. In der kleinen Senke vor der Pyramide der Masken haben sich die Reste eines solchen Speichers erhalten. Ähnliche, als *chultunes* bezeichnete Zisternen kann man auch in Tulum, Edzná und den Städten der Puuc-Zone sehen.

Infos

Alle Mayastätten zwischen Chetumal und Escárcega liegen wie an einer Perlenkette aufgereiht entlang der MEX 186, sind ausgeschildert, aber meist nur mit einem Mietwagen oder Taxi direkt erreichbar.

● **Busse:** Verbindungen mehrmals tgl. zwischen Chetumal und Xpujil mit den Unternehmen SUR und ADO. Man kann sich an den Kreuzungen zu den Stätten absetzen lassen, muss dann aber auf ein Taxi hoffen – Dzibanché liegt 24 km von der Hauptstraße entfernt, Kohunlich 8 km, Balamkú (s. S. 179) 3 km. Die Ausgrabungsstätten Xpuhil, Becán und Chicanná (s. S. 182, 183) liegen dagegen nah an der Straße und man kann zu Fuß gehen. Ganz anders liegt der Fall bei Calakmul. Bis dahin ist es eine einstündige Abenteuerfahrt, die man nur mit dem Mietwagen machen kann.

Bilden die Masken am Templo de los Mascarones menschliche Personen oder Götter ab? Oder eine Kombination aus beidem?

Nordyucatán

Bienvenidos im Norden der Halbinsel — Hier schlägt das wahre Herz Mexikos! Bezaubernde Kolonialstädte, großartige Relikte der Maya-Kultur, nostalgische Haciendas und ein romantisches Fischerdorf warten auf ihre Erkundung.

Seite 101

Mérida

Galerien und Museen, bunte Märkte und Streetfood, koloniale Paläste und authentisches Leben – die ehemalige Kulturhauptstadt Amerikas steckt voller Überraschungen und kann auch gut per Fahrrad erkundet werden.

Seite 116

Mexikanisch kochen

Der yucatekischen Küche hat sich die Kochschule von Los Dos in Mérida verschrieben. Nach der Arbeit werden die Gerichte in schöner Atmosphäre gemeinsam verspeist.

Schlafen Flamingos wirklich im Stehen?

Eintauchen

Seite 118

Cenotes de Cuzamá ⭐

Das glasklare kalte Wasser dieser drei Naturpools ist perfekt dazu geschaffen, um sich in der Hitze Yucatáns für eine Weile abzukühlen – in Süßwasser, ohne danach zu ›kleben‹.

Seite 119

Reserva de la Biósfera Ría Celestún

Besonders zur Brutzeit der Flamingos zwischen Dezember und März ist Rosa die angesagte Farbe in der Lagune dieses kleinen Küstenorts – in dem man übrigens auch super Fisch essen kann.

Seite 128

Uxmal

Das Meisterwerk der klassischen Maya-Architektur wird bewacht von den krummen Nasen des Regengottes Chaac und überragt von der Pyramide des Wahrsagers.

Seite 140

Hacienda Sotuta de Peón

Wie lief das Leben auf einer herrschaftlichen Sisalfarm ab? In den hübsch sanierten Gemäuern der alten Hacienda wird es Ihnen erklärt. Und yucatekische Küche gibt es hier auch zu kosten.

Seite 141

Izamal

Gelbe Häuser, wuchtige Maya-Pyramiden und ein koloniales Kloster – ein Spaziergang durch die Stadt der drei Kulturen macht einfach Laune.

Seite 158

Río Lagartos

In der Umgebung dieses abgelegenen Lagunendorfes nördlich von Valladolid fühlen sich Krokodile wieder wohl. Von einem Holzsteg aus lassen sie sich mit etwas Glück beobachten.

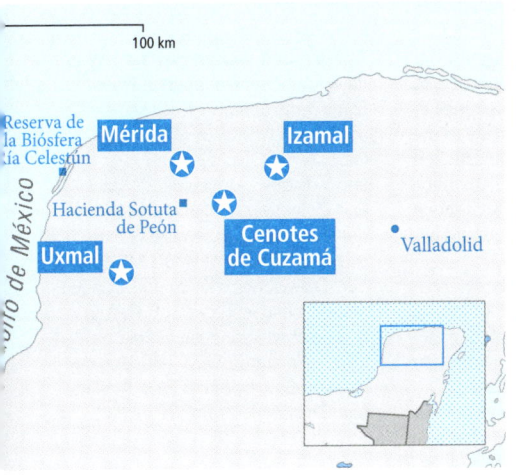

»Barriga llena, corazón contento« – ›Voller Bauch, glückliches Herz‹ (Mexikanisches Sprichwort)

»Schlaf mit offenen Augen, träum mit deinen Händen. Träume laut, singe, bis deiner Stimme Wurzeln, Stämme, Zweige, Vögel, Sterne wachsen …« (Octavio Paz, mexikanischer Dichter und Nobelpreisträger für Literatur)

erleben

&

Mittendrin im mexikanischen Leben

S obald etwas Abstand zur Gegend um Cancún und der Riviera Maya erreicht ist, wird das Leben authentisch. Im flachen Buschland verteilen sich natürlich gewachsene Städte, die einen zentralen Hauptplatz haben, den Zócalo. Nirgendwo kann man die Mexikaner besser studieren als hier, denn auf der Plaza kommen sie alle zusammen. Auch für Fans kolonialer Architektur gibt es hier einiges zu entdecken. Mérida ist die Nummer eins unter den Kolonialstädten von Yucatán, aber auch Izamal, die gelbe Stadt, und Valladolid können sich sehen lassen: überall Paläste, Arkaden und bezaubernde Patios.

Da die Gegend im 19. Jh. die zentrale Anbauregion für Sisal war, gibt es hier viele Haciendas. Einige stehen Besuchern offen oder wurden zu schicken Hotels und Restaurants umgebaut.

Mérida wird gern als Tor zur Welt der Maya bezeichnet, und das hat seinen Grund: Südlich der Stadt beginnt die Ruta Puuc, die mehrere archäologische Stätten miteinander verbindet und touristisch bestens erschlossen ist. Die Hauptattraktionen sind zweifellos Uxmal und Chichén Itzá. Zwischen den anstrengenden Besichtigungstouren kann man

sich in einem der vielen Cenotes der Gegend erfrischen.

Ihren ganz eigenen Charme hat die Küste Nordyucatáns, wo Flamingos die Hauptrolle spielen. Sie leben in den vielen Lagunen, die es hier gibt.

ORIENTIERUNG ⓞ

Infos: In Mérida gibt es ein Touristenbüro. Dort und in den Hotels erhält man das kostenlose Monatsmagazin »Yucatán Today« mit aktuellen Tipps und interessanten Beiträgen.
Im Internet: www.yucatantoday.com (beste Infoquelle über die Halbinsel), www.culturayucatan.com (aktuelle Kulturveranstaltungen).
Anreise und Weiterkommen: Mérida ist das Drehkreuz des Busverkehrs. Regelmäßige 1.-Klasse-Verbindungen bestehen mit Cancún, Campeche, Chichén Itzá, Tulum und Valladolid. Busse der 2. Klasse und Colectivos bedienen Ziele in der Umgebung. Mietwagenfahrer sollten beachten, dass die MEX 180 D zwischen Mérida und Cancún mautpflichtig ist (über 300 Pesos). Ausweichen kann man auf die parallel verlaufende MEX 180. Von der Mautstraße gibt es nur zwei Ausfahrten: Chichén Itzá und Valladolid.

Mérida 📍M 3

Ist sie die Schönste auf Yucatán? Claro que sí! Hat sie kolonialen Charme, viel Kultur und gute Spots zum Übernachten, Essen und Ausgehen? Absolut! Die Meridanos sind zu Recht stolz auf ihre Stadt. Stolz auf deren Vielfalt, Geschichte und kulturelles Erbe. Und auch stolz auf das ausgeprägte Wir-Gefühl, das die Bewohner und somit die Atmosphäre auszeichnet. Das spürt man sofort und lässt einen die Stadt ins Herz schließen. Bummeln Sie also los, aber lieber nicht zur Mittagszeit, denn es ist heiß in Mérida. Oder tun Sie es den Einheimischen gleich und rüsten Sie sich mit einem Fächer aus. Oder einem Schirm. Zur Not tut's auch eine schnöde Mütze.

Ein Blick zurück

Eine neue Stadt entsteht

Gegründet wurde Mérida am 6. Januar 1542 von Don Francisco de Montejo, genannt El Mozo (›der Bursche‹) – in Abgrenzung zu seinem Vater, der denselben Namen hatte und bei einem ersten Versuch der Landnahme im Jahr 1526 gescheitert war. Die Stadt entstand auf den Überresten der Maya-Siedlung Ti'ho' und wurde Mérida getauft, weil sie El Mozo mit ihrer prähispanischen Bausubstanz an den namensgleichen Ort in Spanien erinnerte. Hier wie dort dienten die historischen Tempel und Paläste als Steinbrüche für die Errichtung der neuen Stadt.

Ihren Reichtum erlangten die Bewohner Méridas durch den Sisalexport nach Europa. Prompt traten europäische Ideen und Baustile die Reise in die Gegenrichtung an und prägen bis heute das Stadtbild.

F FAKTENCHECK

Einwohner: ca. 1 Mio.
Bedeutung: die erste spanische Siedlung auf Yucatán, heute die Hauptstadt des gleichnamigen Bundesstaates und dessen wichtigstes Wirtschaftszentrum
Stimmung auf den ersten Blick: laut, viel Verkehr, Altes vermischt mit Modernem, trendy
Stimmung auf den zweiten Blick: authentisches Mexiko – man ist live im Alltag dabei
Besonderes: Kultur ist oft kostenlos, an den Wochenenden viele Events

Eine Name – viele Wahrheiten

Es gibt Legenden noch und nöcher, weshalb Mérida den Spitznamen Ciudad Blanca (›weiße Stadt‹) trägt. Ist der Grund der helle Kalk, mit dem die Gebäude seit der Kolonialzeit verputzt werden und der die Sonne reflektiert? Oder die vermeintliche Sauberkeit der Stadt? Oder die hellen Hemden, die Guayabaras, die Lieblingsbekleidung

M NACHHALTIGES MISSVERSTÄNDNIS

Der Name Yucatán soll auf den Seefahrer Hernández de Córdoba zurückgehen, der 1517 zur Sklavenjagd auf der Halbinsel landete. Auf die Frage der Spanier nach dem Namen des Landes, das sie gerade betreten hatten, entgegneten die Einheimischen *ci utan* – was aber nichts anderes bedeutete als ›Er spricht sehr nett‹. Ihre Heimat hingegen nannten sie *ulumil cuz yetel ceh* (›Land von Truthahn und Reh‹) oder auch *petén* (›Insel‹).

der einheimischen Männer? Der französische Historiker Michel Antochiw Kolpa (1940–2014) hat seine ganz eigene Theorie entwickelt, die bis ins Jahr 1542 zurückreicht: Die Montejos, die Herren über die Stadt, wollten ein Zentrum für weiße Kolonialherren und Siedler schaffen, zu dem die Maya keinen Zugang mehr hatten. Wen man auch fragt in der Ciudad Blanca – jeder hat eine andere Erklärung für ihren Beinamen.

Plaza Mayor

Er ist der umschwärmte Mittelpunkt der Stadt: die **Plaza Mayor** bzw. der **Zócalo**. Hier spielt – im wahrsten Sinne des Wortes – die Musik (s. S. 103). Das riesige bunte Schild mit dem ›Mérida‹-Schriftzug ist stets von Hobbyfotografen samt ihren Hobbymodels umlagert, auch die Bänke sind immer gut besetzt. Ein weiterer Grund, warum es hier immer voll ist: Es gibt Free WiFi – samt Steckdosen. Und das alles inmitten einer herrlichen Kulisse, denn um den Platz versammeln sich die prächtigsten Bauwerke der Stadt.

RITUELLES BALLSPIEL **B**

Jeden Freitagabend um 20.30 Uhr wird neben der Catedral San Ildefonso an der Plaza Mayor **Pok ta Pok** gespielt, das rituelle Ballspiel der Maya. Zuschauen ist kostenlos! Einen ›echten‹ Ballspielplatz können Sie in Chichén Itzá (s. S. 145) sehen. Dort sind die Steinringe weiter oben an den Wänden angebracht. Ziel bei dem Spiel ist es, den harten Kautschukball mit der Hüfte, den Ellbogen oder den Knien durch die steinerne Öffnung zu bekommen – autsch!

Jeden Sonntagmorgen verwandelt sich die Plaza Mayor in einen Markt, auf dem Hängematten und Taschen, bestickte Blusen, indigener Schmuck und vieles mehr verkauft wird. Dazu gibt es eine Menge Essensstände. Probieren Sie Tacos, Panuchos, Salbutes, Kibis, Empanadas und Tortas zu unschlagbaren Preisen!

Jesus mit Brandblasen

An der Ostseite der Plaza ragt die **Catedral San Ildefonso ❶** empor. Sie wurde über einem Maya-Tempel errichtet, wofür man die Steine gleich mehrerer weiterer prähispanischer Gebäude der Stadt nutzte. Und wer waren die Bauarbeiter? Die Maya selbst wurden dazu verdonnert. Zwischen 1561 und 1598 schufen sie den riesigen Bau samt seinen stufenartigen Doppeltürmen zur Verehrung eines für sie fremdartigen Gottes.

Der spanische Geschmack kommt durch die maurischen Architekturelemente nicht zu kurz, doch seit die Golddekorationen während des Kastenkrieges 1848 und der Revolution von 1910 entfernt wurden, kommt das Innere der Kathedrale ausgesprochen schlicht daher. Ein Zeugnis des Zusammentreffens zwischen den christlichen Eroberern und den heidnischen Ureinwohnern ist das große Wandbild. Es zeigt Titul Xiú, den Maya-Herrscher von Maní, während eines Besuchs bei seinem Bezwinger Don Francisco de Montejo. Die große Statue des gekreuzigten Cristo de la Unidad hinter dem Altar gilt als Symbol der Versöhnung zwischen der christlichen und der indianischen Welt.

In der **Capilla del Cristo de las Ampollas** links vom Altar ist eine indigene Holzschnitzerei aus dem 16. Jh. zu sehen, der Christus mit den Brandblasen. Der Legende nach wurde sie aus einem Baum geschnitzt, den die Maya einst nächtelang brennen sahen, ohne dass er nachher Brandspuren aufwies.

Lieblingsort

Ein Sonntagnachmittag auf dem Zócalo

Vor mir steht ein Becher mit Eis: Guayaba und Coco. Diese tropischen Sorten der **Dulcería und Sorbetería Colón** an der Nordseite der **Plaza Mayor** (Zócalo) hauen mich jedes Mal um. Während ich es mir im Schatten der Arkaden schmecken lasse, beobachte ich das Drumherum: Die Nachmittagssonne scheint, und ganz Mérida – so scheint es – genießt den Tag im Freien. Der Platz ist proppevoll. Teenager im besten Flirtalter stürzen sich auf die ›Kussstühle‹ und kichern vor sich hin. Kinder scharen sich um die Clowns, die Luftballon- und Süßigkeitenverkäufer. Straßenhändler mit Hängematten und Mariachi-Sänger halten nach zahlungswilligem Publikum Ausschau. An den kleinen Tischen unter den Arkaden rückt man näher zusammen, schwatzt, trinkt ein Bier oder einen Kaffee, ehe man weiterflaniert. Ich gönne mir noch eine Portion Eis und probiere mal etwas ganz Exotisches: Tamarindo mit Elote.

STRASSENSCHILDER MIT INDIVIDUELLEM TOUCH

S

Sind Ihnen an der Plaza Mayor schon die kleinen Keramiken in Höhe einiger Straßenschilder aufgefallen? Es handelt sich um die Repliken historischer Vorlagen, die von den Kolonialherren angebracht wurden, um den zumeist analphabetischen Maya die Orientierung zu erleichtern und ihnen die Grundlagen ihrer Sprache beizubringen. Die Keramiken zeigen Figuren oder Tiere sowie deren spanische Bezeichnung und beziehen sich auf ein Ereignis oder einen für die jeweilige Straße typischen Bewohner.

Die Skulptur stand ursprünglich in der Kirche von Ichmul. Als diese durch einen Brand zerstört wurde, fand man die Skulptur geschwärzt und mit Blasen bedeckt, aber grundsätzlich in guter Verfassung. Seit 1645 befindet sie sich in der Kathedrale und jedes Jahr Anfang Oktober wird ihr zu Ehren ein großes Fest gefeiert.

Im **Museo de Arte Contemporáneo Ateneo de Yucatán** (MACAY, s. S. 110) neben der Kathedrale bekommt man einen guten Überblick über die zeitgenössische Kunst der Region.

Catedral: tgl. 6–12, 16–19 Uhr, Eintritt frei

Zeigt her eure Häuser

An der Südseite des Platzes fällt ein rosa getünchtes Haus ins Auge, die **Casa de Montejo** ❷, der ehemalige Palast der Familie des spanischen Stadtgründers. Nachdem sich die Vorhut etabliert hatte, übersiedelte auch der Rest der Familie Montejo von Mexiko-Stadt nach Mérida und residierte als uneingeschränkter Herrscherclan mit Tausenden von Indiosklaven. Man ließ sich natürlich nicht lumpen und stattete das Haus standesgemäß aus, u. a. mit klassizistischen Elementen wie den Mädchenfiguren, die unter den tempelähnlichen Giebeln der Fenster stehen und sie zu stützen scheinen.

Das hohe figurengeschmückte Portal verdeutlicht das Selbstbildnis der Spanier jener Zeit: In voller Rüstung und mit einer Hellebarde bewaffnet stehen spanische Krieger auf den Köpfen unterworfener Indígenas, die ihre Münder zum Schrei geöffnet haben. Zum Fassadenschmuck gehören auch das Wappen der Montejos sowie Büsten des Admirals, seiner Frau Doña Beatrix und ihrer Tochter Doña Calinda. Die Möbel im Inneren sind zwar keine Originale der Familie, stammen aber aus der Kolonialzeit. 1549 fertiggestellt, gilt die Casa de Montejo als das erste europäische Haus auf Yucatán.

Plaza Mayor, Di–Sa 10–19, So bis 14 Uhr, Eintritt frei, kostenlose Führungen Di–Sa 11–13, So 11 Uhr

Platz für ein Tänzchen

Die Westseite der Plaza nimmt der **Palacio Municipal** ❸ aus dem 18. Jh. ein. Mit seinen Kolonnaden und dem Uhrturm gibt er ein harmonisches Gesamtbild mit der gegenüberliegenden Kathedrale ab. Von der Veranda im 1. Stock wurde am 15. September 1821 die Unabhängigkeit Yucatáns proklamiert. Heute hat man von hier aus einen schönen Blick über das Treiben auf dem Platz.

Jeden Montagabend dient der Palacio als Kulisse für Veranstaltungen. Zumeist werden regionale Volkstänze aufgeführt, beispielsweise die von Gitarrenspielern begleitete Jarana – Tänzer und Tänzerinnen tragen weiße Kleider mit bunten Stickereien, was einfach wunderschön aussieht.

Plaza Mayor, Di–Sa 10–19, So bis 14 Uhr, Eintritt frei

Schatten und Kunst

Fast die gesamte nördliche Front des Platzes wird vom **Palacio de Gobierno ❹** beherrscht. Unter den Arkaden des Regierungspalastes haben sich Restaurants und Läden angesiedelt – willkommene Schattenplätze im heißen Mérida. Vom Innenhof führt eine breite Treppe hinauf zu einer umlaufenden Galerie und dem Festsaal mit Werken des lokalen Künstlers Fernando Castro Pacheco (1918–2013). Die Bilder ähneln stilistisch zwar den typisch mexikanischen Murales (›Wandbilder‹), wurden aber auf Leinwand gemalt. Dargestellt sind die Mythen der Maya und das Leben auf Yucatán nach der Ankunft der Spanier.

Unmittelbar neben dem Palast befindet sich der Zugang zur **Pasaje Picheta,** einer kleinen Passage mit Geschäften, Cafés und Galerien.

Palacio de Gobierno: Plaza Mayor, Mi–Mo 8–22 Uhr, Eintritt frei

Außenfassade zu erkennen. Im Kloster wurde eine **Pinakothek** eingerichtet, die Gemälde und andere Exponate von der Kolonial- bis zur Neuzeit zeigt.

Calle 60, Ecke Calle 59, Mo–Sa 9–17, So ab 10 Uhr, Eintritt frei

Zeitenwandel

Auch die Räume des benachbarten **Teatro José Peón Contreras ❻** gehörten einmal zum Konvent. Sie beherbergten eine Zeit lang die Universität, dann zog das Teatro San Carlos hier ein. Auf dem Höhepunkt des Sisalbooms Anfang des 20. Jh. wurde der Bau von dem italienischen Architekten Enrico Deserti völlig umgestaltet und erhielt seinen heutigen Namen. An der Ecke hat die Touristeninformation ihr Büro, und gleich daneben ist das **Café Peón Contreras** mit seinen leckeren Kaffeespezialitäten der perfekte Ort für eine Pause.

Teatro José Peón Contreras: Di–Sa 9–18 Uhr, Veranstaltungen Freitagabend und Sonntagnachmittag, Tickets um 200 Pesos

Calle 60

Für Ja-Sager

Biegt man am Regierungspalast in die Calle 60 ein, gelangt man nach wenigen Schritten zum beschaulichen **Parque Hidalgo.** An der Straßenecke Calle 59 und Calle 60 ist wieder eine der Keramikrepliken zu sehen, ein Hund.

Die gegenüberliegende **Iglesia de Jesús de Tercerca Orden ❺** steht bei den Meridanos hoch im Kurs für Hochzeiten. Sie war seit 1618 Teil eines Jesuitklosters, das damals das ganze Viertel einnahm. Wie die Kathedrale wurde auch die Kirche aus den Steinen alter Maya-Tempel erbaut, wobei die spanischen Besatzer streng darauf achteten, dass keine Maya-Ornamente erhalten blieben. Zwei Steine entgingen ihren Augen allerdings – sie sind an der

MÉRIDAS TOP 3 **M**

… von Ricardo, einem Studenten aus Mexiko-Stadt:
– **Fahrradfahren** auf dem Paseo de Montejo (s. Kasten S. 109)
– Mit Freunden zum Essen auf den **Mercado 60 ❾** gehen – von Mexikanisch über Italienisch bis zu Thailändisch gibt's hier alles, am Wochenende auch oft Livemusik. Die Atmosphäre mit bunten Lichtern, Frida-Wandbildern und Menschen aus aller Welt ist einmalig (Calle 60, zw. Calle 51 und Calle 53, tgl. 18–1 Uhr, ab 150 Pesos).
– Meine absolute Lieblingskneipe ist **La Negrita Cantina ✲** (s. S. 116), hier wird fast immer Party gemacht!

Küssen verboten

Einen Blick lohnt der herrliche arkadengesäumte Innenhof von Yucatáns größter staatlicher Hochschule, der **Universidad Autónoma de Yucatán** ❼ (www.uady. mx). Jeden Freitag ab 21 Uhr finden hier folkloristische und andere musikalische Veranstaltungen statt.

Vorbei am schicken Hotel Casa del Balam erreicht man den **Parque Santa Lucía.** Ein Foto auf den riesigen Kussstühlen ist ein Muss! Eigentlich sind sie für verliebte Paare gedacht, die eine konservative Familie im Nacken haben: Auf den gegeneinander verdrehten Sitzflächen kann man sich zwar prima unterhalten, aber nur unter Verrenkungen küssen … Überall in Mérida stehen solche Stühle, auch in Normalgröße. Jeden Sonntag füllt sich

Mérida

Ansehen

1. Catedral San Ildefonso
2. Casa de Montejo
3. Palacio Municipal
4. Palacio de Gobierno
5. Iglesia de Jesús de Tercerca Orden
6. Teatro José Peón Contreras
7. Universidad Autónoma de Yucatán
8. Iglesia Santa Lucía
9. Nahualli Casa de los Artistas
10. Monumento a los Montejo
11. Casas Gemelas
12. Casa Jure
13. Palacio Cantón / Museo de Antropología y Historia
14. Archivo Histórico de Mérida
15. Monumento a Felipe Carrillo Puerto
16. Casa Montes Molina
17. Monumento a Justo Sierra
18. Monumento de la Patria
19. Mercado Municipal
20. Panteón Florido
21. Museo de Arte Contemporáneo Ateneo de Yucatán (MACAY)
22. Gran Museo del Mundo Maya
23. Museo de la Ciudad
24. Museo Arte Popular de Yucatán
25. Pinacoteca Gamboa Guzmán

Schlafen

1. Casa Lecanda
2. Mérida Santiago
3. Casa del Maya B & B
4. Casa del Balam
5. Julamis
6. Medio Mundo
7. Luz en Yucatán
8. Dolores Alba
9. Del Peregrino
10. Siesta Fiesta Hostel

Essen

1. Apoala
2. Los Almendros
3. Oliva Enoteca
4. Hacienda Teya
5. Amaro
6. Taquería La Lupita
7. Ki Xocolatl
8. Café Crème
9. Mercado 60

Einkaufen

1. Casa de las Artesanías
2. La Casa de los Artesanos
3. Guayaberas Jack
4. Hamacas El Aguacate
5. Costco
6. Miniaturas Folk Art
7. Museo de la Canción Yucateca

Bewegen

1. Los Dos Cooking School
2. La Calle Spanish School
3. Ecotourism Yucatán
4. House & Garden Tour
5. Dzalbay

Ausgehen

1. Centro Cultural Olimpo
2. La Negrita Cantina

---

der hübsche Platz, der einmal die Grenze der Innenstadt markierte, mit den Ständen eines Kunsthandwerksmarktes, und donnerstags ab 21 Uhr wird Livemusik, v. a. Trova, gespielt und getanzt. Unter den Kolonnaden liegt ein Restaurant am anderen, unbedingt einen Besuch lohnt das **Ki Xocolatl** (s. S. 113).

Von Rassentrennung erzählt die **Iglesia Santa Lucía** 8 aus dem 16. Jh. – nur hier durften schwarze Sklaven einen Gottesdienst besuchen. Die kleine, einfache Kirche hat einen bezaubernden Hof, der bis 1821 als städtischer Friedhof diente.

Bei Künstlern zu Hause

Ein wunderschönes Kolonialhaus bietet den Rahmen für die Kunst von Melva Medina und ihrer Familie. In der familienbetriebenen **Nahualli Casa de los Artistas**  ❾ stellen Vater, Mutter und Schwester gemeinsam aus. Die Gemälde, Skulpturen und Radierungen sind außergewöhnlich. Señora Medina beantwortet gerne Fragen zu ihrer Familie, Kultur, Kunstphilosophie und den Ideen hinter den Stücken. Ein wunderbarer Ort zum Stöbern oder Kaufen.

Calle 60 Nr. 405, zw. Calle 43 und Calle 45, www.nahualligallery.com, Mo–Fr 10–14, 16–20, Sa 10–14 Uhr, Eintritt frei

Paseo de Montejo

Eine Art Champs-Élysées hatten die Stadtplaner im Sinn, als sie den Paseo de Montejo in Angriff nahmen. Das ist ziemlich gut gelungen! Méridas dreispurige Prachtstraße wird gesäumt von herrschaftlichen Palästen und Villen, die die Zeit des wirtschaftlichen Wohlstands auf der Halbinsel widerspiegeln. Ende des 19. und Anfang des 20. Jh. boomte der Handel mit Sisal (*fibra de henequén*), dem ›grünen Gold von Yucatán‹. Ihren Reichtum stellten die Landbesitzer und Kaufleute in Méridas Adresse Nr. 1 zur Schau. Einige der Gebäude beherbergen heute öffentliche und private Institutionen. Manche sind hübsch restauriert, andere seit Jahrzehnten dem Verfall preisgegeben.

Pracht und Prunk

Am südlichen Ende des Boulevards erinnert das **Monumento a los Montejo** ❿ an die Gründer von Mérida. Als Nächstes folgen die **Casas Gemelas** ⓫, zwei identische Villen im Kolonialstil. Auf der anderen Straßenseite warten mehrere Restaurants und das nette

Méridas Prachtboulevard wurde nach Francisco de Montejo y León benannt – dass sich der Ort einmal so entwickeln würde, hatte der Stadtgründer 1542 sicherlich nicht vor Augen …

Café Sukra (s. S. 114) auf Gäste. Die wunderschöne **Casa Jure** ⑫ ist noch immer in Privathand und wird von ihrer Besitzerin, Señora Miriam Jure, für Veranstaltungen vermietet.

Museumspalast
Vorbei an Banken und anderen Dienstleistungsunternehmen ist schließlich der **Palacio Cantón** ⑬ (1904–11) erreicht. Dies war die Residenz von General Francisco Cantón Rosado (1833–1917), ein wichtiger Mann im Kastenkrieg gegen die Maya und von 1898 bis 1902 Gouverneur von Yucatán. Der Palast ging 1932 an die Regierung von Yucatán über, die hier das **Museo de Antropología y Historia** einrichtete. Seitdem jedoch viele Objekte ins Gran Museo del Mundo Maya (s. S. 110) umgezogen sind, lohnt sich der Besuch nur für echte Maya-Enthusiasten. Interessant sind die Fotografien von Teobert Maler. Der Österreicher entdeckte viele Maya-Ruinen und hielt sie als Erster fotografisch fest (s. S. 252).

Paseo Montejo 485, Ecke Calle 43, Di–So 8–17 Uhr, 60 Pesos

Wahre Helden leben ewig
Geschichtsfans können im **Archivo Histórico de Mérida** ⑭ (Mo–Sa 9–18 Uhr) stöbern gehen. Nur wenige Schitte sind dann noch zum obeliskartigen **Monumento a Felipe Carrillo Puerto** ⑮, das an einen mutigen Mann erinnert. Carrillo Puerto setzte sich schon als junger Mann für die indigene Bevölkerung ein – vielleicht, weil seine Nachbarn Maya waren. Von ihnen lernte er deren Sprache, und als er 1922 zum Gouverneur von Yucatán gewählt wurde, hielt er sogar seine Antrittsrede in Mayathan. Dieses Amt nutzte Carrillo Puerto nun, um sich für die politischen Rechte der Frauen, den Erhalt der alten Maya-Stätten und natürlich weiter für die Maya stark zu machen. Er trieb die Rückgabe ihres Landes voran

BAHN FREI

Jeden Sonntag von 7 bis 12 Uhr sowie jeden ersten Samstag im Monat von 18 Uhr bis 22 Uhr verwandelt sich eine Spur des knapp 2 km langen Paseo de Montejo in einen Radweg, die **Biciruta**. Dann werden hier jede Menge Drahtesel vermietet (50 Pesos/Std.) – vom ›normalen‹ *bici* über Tandems bis zu Vehikeln, in denen sieben Personen Platz finden. Mischen Sie sich unter die Einheimischen und strampeln Sie mit, Feierstimmung ist garantiert!

und machte sich damit unter den spanischen Großgrundbesitzern mächtige Feinde. Am 3. Januar 1924 wurde Carrillo Puerto von seinen Gegnern entführt und erschossen. Ihm zu Ehren benannte man sieben Jahre später die Stadt Santa Cruz de Bravo im Bundesstaat Quintana Roo in Felipe Carrillo Puerto um.

Europäischer Schick
800 m weiter den Boulevard entlang steht links eine auffällig schöne Villa mit einem geschwungenen Treppenaufgang und weißen Säulen, die **Casa Montes Molina** ⑯. Dies ist Méridas einziges Haus aus der Goldenen Ära, das im Originalzustand bewahrt wurde und öffentlich zugänglich ist. Wer sich für den Lebensstil der neureichen Hacendados interessiert, kann hier auf eine Reise durch das Interior Design der vorletzten Jahrhundertwende gehen: verschnörkelte Möbel, Kronleuchter, antikisierende Uhren mit Gold und Figürchen, Lampen aus Baccarat- und Muranoglas, Art-déco-Stücke, Skulpturen aus Porzellan und Alabaster, Geschirr etc.

Paseo de Montejo 469, www.laquintamm. com, Mo–Fr 9–17, Sa bis 14 Uhr, 85 Pesos, Führungen auch auf Englisch

Vom Stadtmäzen zum Vaterland

Am nächsten Kreisverkehr steht das älteste Denkmal des Paseo de Montejo, das **Monumento a Justo Sierra** ⓱. Der liberale Schriftsteller war einer der führenden Köpfe der Intellektuellenszene zur Wohlstandszeit Anfang des 20. Jh. und als Kultusminister für weitreichende Bildungsreformen zuständig.

Den Endpunkt des ursprünglichen Boulevards markiert das **Monumento de la Patria** ⓲. Elf Jahre lang arbeitete der kolumbianische Bildhauer Romulo Rozoan daran, bevor es 1956 eingeweiht wurde. Das Denkmal zeigt mehr als 300 Figuren, die Mexikos Geschichte von der Gründung Tenochtitláns durch die Azteken bis zur Mitte des 20. Jh. darstellen.

Südlich der Plaza Mayor

Unter Locals

Angenehm chaotisch geht es auf dem **Mercado Municipal** ⓳ (auch Mercado Lucas de Gálvez) zu. Hier sieht man noch Maya-Frauen in traditioneller Tracht. Mit Säcken und Kisten bepackt reisen sie allmorgendlich aus der Umgebung an, um die Erzeugnisse ihrer kleinen Gärten zu verkaufen. Hier können Sie auch authentisch mexikanisches Essen und exotische Fruchtsäfte probieren. Das Obergeschoss der Halle trägt den etwas hochtrabenden Namen **Mercado Artesanía,** also Kunsthandwerksmarkt, wird diesem Anspruch jedoch kaum gerecht. Vorsicht vor Taschendieben!

Calle 67, zw. Calle 56 und Calle 58, Mo–Sa 6–20 Uhr

Wo die Toten tanzen

Der **Panteón Florido** ⓴ ist voller Skulpturen, Blumen, kleiner Denkmäler und Mausoleen – ein echt mexikanischer Friedhof eben. Zum Maya-Fest Hanal Pixán, den Tagen der Toten Ende Oktober bzw. Anfang November, kommen Hunderte Angehörige an die Gräber, stellen Kerzen auf, singen Lieder, legen Essen bereit oder sitzen einfach versunken in Erinnerungen bei ihren Verstorbenen. Besonders junge Leute bemalen ihre Gesichter mit Skelettmotiven oder tragen Gruselkostüme.

Calle 66, tgl. 8–17 Uhr, Anfahrt mit Stadtbussen ab der Calle 67

Museen

Regionale Kunst

㉑ **Museo de Arte Contemporáneo Ateneo de Yucatán (MACAY):** Hier bekommt man einen guten Überblick über die zeitgenössische Kunst der Region. Werke renommierter lokaler Künstler wie Fernando García Ponce und Gabriel Ramírez Aznar werden in der Dauerausstellung gezeigt. Während sich der Architekt Ponce mit seinen geometrisch-kubistischen Collagen einen Namen machte, widmete sich Aznar der abstrakten Malerei. Doch im Museum ist auch Platz für weniger bekannte lokale Maler und Bildhauer, die in wechselnden Ausstellungen präsentiert werden. Früher residierte in dem palastähnlichen Gebäude der fanatische Erzbischof Diego de Landa (s. S. 138). In der **Pasaje de la Revolución** zwischen dem Museum und der Kathedrale werden regelmäßig Werke internationaler Künstler ausgestellt.

Pasaje de la Revolución, zw. Calle 58 und Calle 60, www.macay.org, Mo, Di, Do–Sa 10–14 Uhr, Eintritt frei

Für Maya-Fans

㉒ **Gran Museo del Mundo Maya:** Das modern konzipierte Museum ist der Welt der Maya gewidmet, und zwar bis in die heutige Zeit. Faszinierend sind v. a. die Funde aus dem Cenote von Chichén

Itzá – es handelt sich um Opfergaben, die einen Einblick in das religiöse Leben der Maya ermöglichen. Leider sind das Einführungsvideo und die meisten Infos in spanischer Sprache.

Calle 60 Norte 299 e, an der MEX 261, ca. 8 km nördl. der Plaza, www.granmuseo delmundomaya.com, Mi–Mo 9–17 Uhr, 150 Pesos

Geld stinkt nicht

㉓ Museo de la Ciudad: In der ehemaligen Hauptpost wurde das Stadtmuseum untergebracht. Das aus dem Jahr 1908 stammende, prunkvolle Gebäude spiegelt den damaligen Reichtum der Stadt als Zentrum der Sisalindustrie wider. Über mehrere Räume verteilt widmet es sich der Stadtgeschichte von den präkolumbischen Tagen bis zur Neuzeit. Im **Parque Eulogio Rosado** vor dem Museum erinnert ein Denkmal an die Gefallenen im Kastenkrieg (s. S. 276).

Calle 56 Nr. 529, zw. Calle 65 und Calle 65-A, Di–Fr 9–18, Sa, So bis 14 Uhr, Eintritt frei

Von Künstlern und Helden

㉔ Museo Arte Popular de Yucatán: Das Museum gibt einen guten Überblick über die mexikanische Volkskunst. Bestickte Blusen *(huipiles)*, Teppiche, Fantasiefiguren aus Pappmaschee *(alebrijes)* und vieles mehr sind zu sehen. Klar, dass es auch einen Souvenirshop gibt. Im **Parque de La Mejorada** vor dem Museum erinnert ein **Monumento a los Niños Héroes** (›Denkmal für die Heldenkinder‹) an fünf Kadetten im Alter von 13 bis 19 Jahren und den Leutnant der Militärakademie, die im mexikanisch-amerikanischen Krieg das Schloss Chapultepec in Mexiko-Stadt verteidigten und fielen. Mexiko verlor nach dem Krieg ein 1,36 Mio. km² großes Gebiet an die USA, darunter die heutigen Staaten Arizona, Kalifornien, Nevada, Utah sowie Teile von Colorado, New Mexico und Wyoming.

Calle 50-A Nr. 487, Parque Mejorada, Di–Sa 10–17, So bis 14 Uhr, 20 Pesos

Zwei yucatekische Künstler

㉕ Pinacoteca Gamboa Guzmán: In fünf Sälen werden vorwiegend Porträts und Gemälde mit religiösen Themen aus dem 19. und 20. Jh. gezeigt, außerdem Ölgemälde, Bleistiftzeichnungen und persönliche Gegenstände des yucatekischen Malers Gamboa Guzmán (1853–92). Die benachbarte **Sala Gottdiener** zeigt imponierende Bronzeskulpturen von Maya, geschaffen von Yucatáns berühmtestem Bildhauer Enrique Gottdiener.

Calle 59, Di–Sa 9–17, So ab 10 Uhr, 45 Pesos

Schlafen

Mit großem Wohlfühlfaktor

❶ Casa Lecanda: Das Haus liegt zentral und ist ein luxuriöser Rückzugsort. Die sieben hellen Zimmer strahlen behagliche Ruhe aus. Genießen Sie eine Tamarinden-Margarita am Pool im begrünten Innenhof. Es wird Ihnen hier an nichts fehlen.

Calle 47 Nr. 471, T 999 928 01 12, www.casalecanda.com, €€€

Makellos

❷ Mérida Santiago: Dieses kleine Boutiquehotel liegt schön zentral und überzeugt mit großen, hellen und geschmackvoll eingerichteten Zimmern. Parkplätze und Pool sind vorhanden. Es werden viele Ausflüge und Aktivitäten angeboten.

Calle 74-A Nr. 499, zw. Calle 57 und Calle 59-A, T 999 285 44 47, www.hotel meridasantiago.com, €€€

Prämiertes Haus

❸ Casa del Maya B&B: Das Kolonialgebäude wurde mit Liebe zum Detail gestaltet. Alles ist picobello sauber und das Personal äußerst hilfsbereit. Ein kleiner

Pool im Innenhof lädt zum Erfrischen ein. Parkplätze gibt es kostenfrei.

Calle 66 Nr. 410 a, zw. Calle 45 und Calle 47, T 999 645 71 15, www.casadelmaya. com, €€€

Optischer Genuss

4 **Casa del Balam:** Relaxen Sie in kolonialem Chic. Die Zimmer sind ansprechend gestaltet, gepflegt und klimatisiert. Im schönen Innenhof gibt es einen Pool, Parkplätze stehen kostenfrei zur Verfügung. Das Zentrum ist nur 300 m entfernt.

Calle 60 Nr. 488, T 999 924 88 44, www. casadelbalam.com, €€

Klein & fein

5 **Julamis:** Das Julamis liegt schön zentral und besticht durch dezente und geschmackvolle Gestaltung. Alles ist blitzsauber. Der Hausherr serviert ein gesundes Frühstück. Kinder unter 16 Jahren sind nicht erwünscht.

Calle 53 Nr. 475, Ecke Calle 54, T 999 924 18 18, www.hoteljulamis.com, €€

Farbenspiel

6 **Medio Mundo:** Das Boutiquehotel in den kolonialen Gemäuern zeigt Mut zur Farbe. Die Zimmer sind im kolonialen Stil eingerichtet und sauber. Ein Pool im Patio steht bereit. Es wird ein veganes Frühstück serviert. Auf das obligatorische TV-Gerät in den Zimmern wird hier verzichtet.

Calle 55 Nr. 533, zw. Calle 64 und Calle 66, T 999 924 54 72, www.hotelmediomundo. com, €€

Klösterliche Ruhe

7 **Luz en Yucatán:** Das Hotel wurde im ehemaligen Wohnhaus des Nonnenklosters eingerichtet, das einst zur Iglesia Santa Lucía gehörte. Die Anlage ist äußerst reizvoll. Es gibt einen kleinen Pool im Patio.

Calle 55 Nr. 499, zw. Calle 60 und Calle 58, T 999 924 00 35, www.luzenyucatan. com, €€

Kolonialer Charme

8 **Dolores Alba:** Das traditionsreiche Hotel in kolonialen Gemäuern mit modernem Anbau hat 100 Zimmer, die groß und sauber sind. Die koloniale Einrichtung wirkt teils etwas schwerfällig. Im Hof gibt es einen großen Pool, Parkplätze stehen kostenfrei bereit.

Calle 63 Nr. 464, zw. Calle 52 und Calle 54, T 999 928 56 50, www.doloresalba.com, €

Ruhig und zentral

9 **Del Peregrino:** Das Haus in farbenfreudigem mexikanischem Stil hat gemütliche, saubere Gästezimmer. Im Innenhof gibt es einen Pool mit Bar.

Calle 51 Norte 488, T 999 924 30 07, www. hoteldelperegrino.com, €€

Backpackers Heaven

10 **Siesta Fiesta Hostel:** Das Hostel in der ehemaligen Trinidad-Galerie hat einfach eingerichtete Zimmer. Die Hängematten und der Pool im Innenhof laden zum Relaxen ein. Es wird ein einfaches Frühstück serviert.

Calle 60, Ecke Calle 51, T 999 923 24 63, www.siestafiestahostel.com, €

Essen

Fusion

1 **Apoala:** Im Schatten der Arkaden lässt sich hervorragend speisen oder auch nur ein Getränk genießen und dabei die Leute beobachten. Küchenchefin Sara Gómez verbindet die Küchen von Yucatán und Oaxaca.

Calle 60 Nr. 471, Ecke Calle 55 T 999 923 19 79, www.apoala.mx, Mo–Sa 13–24, So 14–22 Uhr, €€

Das Original

2 **Los Almendros:** Das Lokal gibt es bereits seit 1962 und es ist eine Institution in Mérida. Berühmt ist es für seine yucatekischen Spezialitäten wie Pocchuc (gegrilltes Schweinefleisch in einer Zitrusmarinade).

Calle 50-A Nr. 493, T 999 928 54 59, www.restaurantelosalmendros.com.mx, Mi–Mo 12–18 Uhr, €–€€

Mal anders

3 Oliva Enoteca: Ausgezeichnete italienisch angehauchte Küche in frischem Ambiente. Genau das Richtige für alle, die eine Auszeit von der mexikanischen Küche brauchen. Die Weinauswahl ist groß und hervorragend. Reservierung empfehlenswert.

Calle 47, Ecke Calle 54, T 999 923 30 81, www.olivamerida.com, Mo–Sa 13–22 Uhr, €€

Romantisch

4 Hacienda Teya: Für dieses Restaurant lohnt es sich, die Anfahrt in Kauf zu nehmen. Die Hacienda wurde 1683 von Doña Ildefonsa Calderón y de la Helguera gegründet, die das Land von der Spanischen Krone zugesprochen bekam. In absolut romantischer Umgebung bekommt man hier erstklassige yucatekische Küche.

An der MEX 180 im Dorf Teya, ca. 14 km östl. von Mérida, T 99 94 29 24 26, www.haciendateya.com, tgl. 12–18 Uhr, €€

Auch etwas für Vegetarier

5 Amaro: Im Amaro wird gute, vielfältige Küche in einem schönen Ambiente serviert. Man tafelt im Geburtshaus des bekannten Politikers Andrés Quintana Roo. Abends gibt es Livemusik im Patio.

Calle 59 Nr. 507, zw. Calle 60 und Calle 62, T 999 928 24 51, www.restauranteamaro.com, Mo–Sa 11–23.30 Uhr, €

Preiswert, frisch, authentisch

19 Mercado Municipal: An den zahlreichen Essensständen im Markt (s. S. 110) kann man für wenige Pesos essen wie die Mexikaner. Im Obergeschoss findet man Tische und Stühle, unten nur einfache Stände.

Calle 67, zw. Calle 56 und Calle 58, Mo–Sa 6–20 Uhr, €

Auf die Plätze, Tacos, los!

6 Taquería La Lupita: Köstliche Tacos mit verschiedenen Füllungen, knusprige Polcanes, Lechón al horno und weitere Klassiker der yucatekischen Küche. Die Portionen sind ordentlich und die Preise niedrig. Es gibt auch ein Tagesgericht.

Calle 57, Mercado Santiago Local 36–38, www.taquerialalupita.com, tgl. 6.30–13.30 Uhr, €

Vorsicht Suchtgefahr!

7 Ki Xocolatl: Seit 2002 haben die Gründer dieser Schokofabrik Tausende von Kilometern in Mexiko zurückgelegt, um die besten Produzenten für Kakao zu finden – hier wird ab der Bohne verarbeitet. Die Mischung aus Shop und Café ist prima. Erst probiert man sich durch Kekse, Brownies und Schokofrappés, dann kann

HÄNGEMATTEN UND HEMDEN

Mérida ist für seine Hängematten über die Grenzen hinaus berühmt. Die von fliegenden Händlern angebotenen *hamacas* sind oft minderer Qualität. Wer hochwertige Produkte sucht, sollte in eines der Spezialgeschäfte gehen, wo man sie auch testen kann. Weitere Kauftipps s. Kasten S. 94. Im Ort **Tixkokob** (N 3) ca. 20 km östlich von Mérida können sie den Herstellern über die Schulter schauen. Ebenso berühmt sind auch die Guayabaras aus Mérida: lose geschnittene, vorzugsweise aus Leinen gefertigte Hemden, die teilweise aufwendig bestickt sind und über der Hose getragen werden. Sie haben mit Exilkubanern ihren Weg hierher gefunden.

man sich für zu Hause eindecken. Dabei sitzt man nett auf einer Terrasse direkt am Parque Santa Lucía. Für zwei Schokogetränke und zwei Nascherreien werden etwa 250 Pesos fällig.

Calle 60 Nr. 471, www.kixocolatl.com, Mo–Sa 9–23, So 12–21 Uhr, €

Für die Pause zwischendrin

8 **Café Crème:** Ein toller Ort zum Frühstücken oder für einen nachmittäglichen Kaffee, denn der schmeckt hier super! Für den Hunger zwischendurch gibt es günstige Gerichte oder Kuchen. Drinnen und draußen sitzt man gemütlich im Grünen.

Calle 41 Nr. 348, T 999 192 95 65, Mo–Sa 8.30–17 Uhr, €–€€

Hier gibt es alles

9 **Mercado 60:** s. S. 105

Einkaufen

Mérida ist der vielleicht beste Ort auf Yucatán, um sich mit landestypischen Souvenirs einzudecken.

Souvenirs

1 **Casa de las Artesanías:** Hier gibt es eine breite Auswahl an regionalem Kunsthandwerk, die Produkte werden direkt und fair bei den Herstellern bezogen, allerdings

---

UNGEWÖHNLICH **U**

Im Norden von Mérida tickt das alltägliche Leben, doch auch hier gibt es Dinge, die nicht alltäglich sind. Wenn Sie für Ihre Einkäufe im Supermarkt **Costco** vorbeischauen, entdecken Sie mitten auf dem Parkplatz eines dieser yukatekischen ›Wasserlöcher‹, den **Cenote Ka' Kutsal** (Calle Felipe Carrillo Puerto 243, Zona Industrial, tgl. 24 Std.).

---

sind die Preise teils recht hoch. Einen weiteren Laden gibt es gegenüber dem Museo de Antropología y Historia (s. S. 109).

Calle 63 Nr. 513, zw. Calle 64 und Calle 66, Mo–Sa 8.30–21, So 10–17 Uhr

2 **La Casa de los Artesanos:** Hier gibt es eine große Auswahl typischer Mitbringsel für die Daheimgebliebenen. Das bunte Sortiment kommt aus allen Teilen Mexikos.

Calle 62 Nr. 492, zw. Calle 59 und Calle 61, T 999 923 45 23, Mi–Mo 13–21 Uhr

Traditionelle Mode

3 **Guayaberas Jack:** Wer einmal ein klassisches Guayabera getragen hat, der weiß, was die männlichen Mexikaner daran schätzen. Es ist bequem, schick und angenehm auf der Haut. Dieser Laden ist auf die traditionellen Hemden Yucatáns spezialisiert, auf Wunsch auch maßgeschneidert.

Calle 59 Nr. 507 a, T 999 928 60 02, Mo–Sa 11–20 Uhr

Lass dich hängen!

4 **Hamacas El Aguacate:** Hängematten sind der Stolz der Yucateken. Die Auswahl an Größen und Farben im El Aguacate ist riesig und die Qualität klasse.

Calle 58 Nr. 604, Ecke Calle 73, T 999 923 12 92, Mo–Fr 9.30–18.30, Sa 9.30–16 Uhr

Welt der kleinen Dinge

6 **Miniaturas Folk Art:** Mexiko en miniature – Möbel für Puppenstuben, Zinnsoldaten, kleine Bauten oder makabre Ensembles für den Tag der Toten, die in Mexiko beliebte Kunst der Miniaturisierung zeigt hier ihr ganzes Repertoire. Der gut sortierte Laden bietet auch Kunsthandwerk aus vielen Teilen Mexikos an.

Calle 59 Nr. 507, zw. Calle 60 und Calle 62, Mo–Sa 10–14, 16–21 Uhr

Trova für daheim

7 **Museo de la Canción Yucateca:** CDs der herzergreifenden yukatekischen

Sie sorgen für den klanglichen Hintergrund, und das nicht nur in Mérida: die Mariachi-Bands. Allerdings gehören neben Gitarristen meist auch noch Geiger und Trompeter dazu.

Trova-Musik gibt es auch unter den Arkaden an der Plaza Mayor.

Calle 57, Ecke Calle 48, www.museodela cancionyucateca.com, Di–Fr 9–17, Sa, So 9–15 Uhr

Bewegen

Stadtrundfahrten

Vor der Kathedrale startet etwa alle 30 Min. ein roter Doppeldeckerbus zu 1,5-stündigen Rundtouren durch die Stadt (Hop-On Hop-Off, d. h. für den Preis von 150 Pesos darf man entlang der Route beliebig oft zu- und aussteigen). Uriger sind die rustikal umgebauten Busse von Transportadora Carnaval, die an der Ecke Calle 60 und Calle 55 neben der Iglesia Santa Lucía zu ihrer 2-stündigen Tour starten (www.carnavalitoci tytour.com, Mo–Sa, So 13 und 15 Uhr, 120 Pesos). Man kann sich auch ganz traditionell in einer Pferdekutsche durch die Straßen fahren lassen.

Stadtspaziergänge

Jeden Tag wird eine **Free Walking Tour** durch die Altstadt von Mérida angeboten. Die 2-stündigen Führungen werden auf Englisch und Spanisch durchgeführt. Auch wenn die Sache grundsätzlich kostenlos ist, freut sich der Guía über ein Trinkgeld!

www.freetour.com/merida, Start 10 Uhr, Treffpunkt im Parque Santa Lucía neben den großen Kussstühlen, keine Anmeldung erforderlich

Mexikanisch kochen

❶ Los Dos Cooking School: Die renommierte Kochschule unter der Leitung von Mario Canul entführt in die Geschmackswelt der yucatekischen Halbinsel. Ob Basisküche oder ein 5-tägiger Meisterkurs, die Teilnahme ist auf jeden Fall eine tolle Erfahrung. Neben Kochkursen werden auch vielfältige Ausflüge in das kulinarische Mérida angeboten.
Calle 68 Nr. 517, T 999 144 52 02, www. los-dos.com

Spanisch lernen

❷ La Calle Spanish School: Flexibles Programm von stundenweisem Einzelunterricht bis zu mehrwöchigen Gruppenkursen. Die Unterbringung in Gastfamilien vor Ort wird gern organisiert.
Calle 55 Nr. 480, T 999 274 31 30, www. lacalle-spanishschool.com, Mo–Fr 11–17 Uhr

Rad- und Kajaktouren

❸ Ecotourism Yucatán: Nach 35 km im Sattel ist der Sprung in das kristallklare Wasser eines Cenote eine echte Belohnung. Die geführte Tour rings um Mérida dauert ca. 4 Std. Im Angebot sind auch Kajaktouren durch die Mangroven.
Calle 3 Nr. 235, zw. Calle 32-A und Calle 34, T 999 920 27 72, www.ecoyuc.com

Für Gartenfreunde

❹ House & Garden Tour: Die English Language Library (MEL) organisiert 3-stündige Touren zu den Gärten herrschaftlicher Villen – Einblicke, die man sonst nicht bekommt.
Calle 53 Nr. 524, zw. Calle 66 und Calle 68, T 999 278 03 66, www.meridaenglishlibrary. com, Nov.–März Di 9 Uhr

Salsakurse

❺ Dzalbay: Wie einige andere Cantinas bietet auch das angesagte Lokal Dzalbay Salsakurse an.
Calle 53 Nr. 443, Ecke Calle 64, www.dzalbay cantina.com, Mo–Fr 16–24, Sa, So ab 14 Uhr

Ausgehen

Zwar fehlen in Mérida die Megadiscos der Karibikküste, aber es gibt keinen Ort in ganz Yucatán, vielleicht sogar in ganz Mexiko, der so ein vielfältiges kulturelles Angebot hat. Aktuelle Hinweise zu Veranstaltungen findet man unter www. yucatanliving.com.

Abwechslungsreich

❶ Centro Cultural Olimpo: In dem Kulturzentrum finden ganzjährig Ausstellungen, Workshops, Konzerte und Theateraufführungen statt. Allein das Kolonialgebäude ist sehenswert – von den Balkonen der 1. Etage bietet sich ein toller Blick auf den Platz mit Kathedrale.
Plaza Mayor, Calle 62, Ecke Calle 61, descu bro.mx/centro-cultural-olimpo

Unter Mexikanern

❷ La Negrita Cantina: In dieser Cantina steht das Trinken im Vordergrund, im Angebot sind u. a. einige *cervezas artesanales*. Dazu gibt's Knabbereien *(botanas)* wie Nachos und am Wochenende Livemusik. Das La Negrita ist bei Einheimischen sehr beliebt.
Calle 49 Nr. 415, Ecke Calle 62, tgl. 12–22 Uhr

Feiern

● **Corazón de Mérida/Noche Mexicana:** jeden Samstagabend. Die Straßen um die Plaza Mayor werden für den Autoverkehr gesperrt, an jeder Ecke gibt es Musik. Lohnend ist der Weg entlang des Paseo de Montejo zur Calle 47, wo gegen 19 Uhr die Noche Mexicana mit Mariachi und Gesang beginnt. Hier tanzen die Meridanos auf der Straße die Nacht durch.
● **Mérida en Domingo:** jeden So. Bei dem Straßenfest ›Mérida am Sonntag‹ wird die Innenstadt um den Zócalo zu einer großen

FIESTA MEXICANA **F**

Die Fiesta Mexicana ist nicht ohne Grund legendär. Anlass ist meist ein katholisches Fest für einen der lokalen Heiligen. Deren Bildnisse werden dann durch die Straßen getragen, begleitet von ohrenbetäubender Musik und dem Krachen von Feuerwerkskörpern. Abends finden sich alle zu Musik und Tanz auf der zentralen Plaza ein, natürlich inkl. Essen und Getränken. Doch auch sonst finden sich jede Menge Gründe für eine Fiesta …

Fußgängerzone mit Kleinkunst, Livemusik und Imbissbuden.

• **Noche Romántica:** Mi. Die ›Romantische Nacht‹ findet regelmäßig ab 20.30 Uhr im Museo de la Canción Yucateca (s. S. 114) statt – an jedem zweiten Mittwoch im Monat werden Werke junger Komponisten vorgestellt, an jedem letzten Mittwoch im Monat wird an herausragende Trova-Komponisten erinnert.

• **Mérida Fest:** Jan. Zum Gedenken an den Jahrestag der Stadtgründung steigt Méridas größte Feier mit über 700 Veranstaltungen an 39 Orten – die Palette reicht von Lesungen bis zu Rockkonzerten. Alles ist kostenlos!

• **Día de la Candelaria:** 2. Feb. Mariä Lichtmess wird in Mérida besonders ausgiebig begangen – mit Prozessionen und Messen, dem feierlichen Abbau der Weihnachtskrippen in den Kirchen und Tänzen der kostümierten Vasallos de la Candelaria.

• **Carnaval:** Feb./März: Der farbenprächtigste Karneval auf Yucatán. Auf dem X'matkuil-Messegelände findet ein Umzug mit Wagenparade und Tänzen statt. Es gibt kostenlose Shuttles aus der Innenstadt.

• **Ostern:** März/April. Die Semana Santa wird hier mit Passionsspielen besonders eindrucksvoll gefeiert.

• **Trova Festival:** März. Trova-Balladen lassen jedes romantische Herz dahinschmelzen. Vorgetragen werden sie von kleinen Gruppen mit Gitarre und Sänger (trovador), die durch die Straßen ziehen und bevorzugt in den Restaurants ihr Ständchen darbringen.

Infos

• **Oficina de Turismo:** Calle 60, Ecke Calle 57, Parque Hidalgo, im Seitenflügel des Teatro José Péon Contreras, T 999 924 92 90, www.merida.gob.mx, Mo–Fr 8–20, Sa, So ab 9 Uhr.

• **Im Internet:** www.yucatanliving.com (Infos über Ärzte, Freiwilligendienste, Kultur, Veranstaltungen und Küche in Mérida und Yucatán).

• **Flüge:** Der Flughafen liegt 10 km südwestlich der Stadt. Verbindungen mit regionalen Fluggesellschaften bestehen u. a. nach Mexiko-Stadt, Cancún, Villahermosa und Tuxtla Gutiérrez. Vom Flughafen in die Stadt mit Bus Nr. 79 u. a. zum Parque San Juan oder in die Calle 70 nahe dem CAME-Busbahnhof (ca. alle 15 Min.). Taxis/Uber ins Zentrum kosten ca. 200/100 Pesos.

• **Busse:** Der zentrale Busbahnhof der 1. Klasse, der **Terminal CAME,** liegt an der Ecke Calle 70 und 71 (T 999 924 83 91, 999 924 91 30). Von hier fahren Langstreckenbusse der Gesellschaften ADO, ADO-GL und UNO u. a. nach Campeche (häufig, 3 Std.), Cancún (häufig, 4–5 Std.), Palenque (1 x tgl., 8 Std.), Playa del Carmen (relativ häufig, 5 Std.), Valladolid (häufig, 2 Std.) und Villahermosa (mehrfach tgl., 9 Std.). Der Busbahnhof der 2. Klasse, der **Terminal de Autobuses Clase Económica,** liegt um die Ecke vom CAME-Terminal in der Calle 69. Von hier verkehren Busse nach Uxmal und Izamal, aber auch nach Cancún. Ein weiterer Busbahnhof der 2. Klasse, der **Terminal de Autobuses Noreste,** liegt

Zu tief in den Schminkkoffer gegriffen, könnte man meinen, doch damit tut man den Flamingos Unrecht: Ihnen geht es vordergründig nicht um Schönheit, sondern ums Sattwerden, und ihre Lieblingsspeise sind nun mal Krebse, deren Karotin in der Schale sichtbare Zeichen hinterlässt.

in der Calle 50, Ecke Calle 67. Von hier verkehren Busse der unterschiedlichen Gesellschaften u. a. nach Tepich, Tecoh und Maní (Lineas Unidas del Sur), Izamal und Celestún (Autobuses de Occidente), Río Lagartos (Autobuses del Noreste), Izamal, Valladolid, Chichén Itzá, Cobá, Tulum (Autobuses de Oriente). Vom **Parque San Juan** in der Calle 69 fahren Minibusse nach Dzibilchaltún, Muna und Ticul. Busse via Dzibilchaltún nach Progreso starten vom **Terminal Progreso** in der Calle 62. Detaillierte Infos unter www.yucatantoday.com/en/topics/yuca tan-bus-lines-and-taxis.

• **Taxis/Uber:** Uber hat auch Mérida erobert. Taxiunternehmen halten dagegen und haben die App ›Mi Taxi Yucatán‹ ins Leben gerufen, doch die hinkt hier und da noch hinterher. Eine Fahrt innerhalb der Innenstadt kostet ca. 50 Pesos.

• **Mietwagen:** Viele Leihfirmen sitzen in der Calle 23 westl. vom Flughafen. Im Zentrum findet man Europcar (Calle 58 Nr. 480, tgl. 7–19 Uhr) und National (Calle 60 Nr. 486, tgl. 8–20 Uhr).

Die Umgebung von Mérida

Cenotes de Cuzamá N 3

Unterwegs im Sisalkarren

Eine besondere und authentische Tour wartet beim Dorf **Cuzamá** ca. 43 km südöstlich von Mérida. Drei Cenotes mit den schönen Namen ›Liegender

Fels‹, ›Baum der Ameisen‹ und ›Neun Wassertropfen‹ gilt es zu erkunden. Doch nicht zu Fuß und nicht per Motorradtaxi, sondern mit einem typischen Transportmittel aus der Zeit der intensiven Sisalproduktion: einem kleinen Eisenbahnwagen, der von einem Pferd über die Gleise gezogen wird. So rumpeln Sie 9 km durch dschungeliges Flachland. Sollte Gegenverkehr kommen, müssen alle vom Wagen absteigen, der wird aus den Gleisen gehoben, das andere Gefährt vorbeigelassen, und weiter geht's.

Cuzamá, die Cenotes liegen etwas südl. der Ortschaft, Touren: T 999 549 70 38, tgl. 8–16 Uhr, ca. 2,5 Std., ca. 350 Pesos

Abstieg ins Unbekannte

Als Erstes wird der **Cenote Ucil** erreicht, der kleinste und dunkelste der drei. Eine Treppe führt hinab in die Düsternis, auch Baumwurzeln drängen sich durch den Zugang in die Tiefe. Mächtige Tropfsteine hängen wie in einer Drachenhöhle von der Decke oder wachsen an den Felswänden empor. Das Wasser ist ganz klar, tief und ideal zum Schwimmen.

Ein Stück weiter befindet sich der **Cenote Chak-Zinik-Ché.** Auch hier verschafft eine steile Holztreppe Zutritt und auch hier reichen die Wurzeln eines Baumes bis ins Wasser. Das ist türkisblau, 30 m tief und herrlich erfrischend. Sogar ohne Taucherbrille kann man weit hinabblicken, so klar ist es.

Noch einmal rumpelt der Wagen weiter, der letzte Stopp heißt **Cenote Bolom-Chojol.** Senkrecht geht es auf einer Holzplankenleiter in die Tiefe. Unten wartet ein türkisfarbener See, auf dem die Sonnenstrahlen tanzen, die durch den schmalen Eingang fallen. Danach geht es zurück nach Cuzamá – Sie können nun gemütlich sitzen bleiben, denn der heimkehrende Pferdewagen hat Vorfahrt.

Infos

• **Busse:** Anfahrt von Mérida mit Bussen vom Terminal de Autobuses Noreste (stdl., 45 Min.).

Celestún   ♀ K3

Spektakel in Rosa

Es krächzt und schnakt, trötet und gaakt, und die Urheber dieses Geräuschgewitters sind der Grund, weshalb man nach Celestún kommt: Von Dezember bis März überwintern Tausende Kubaflamingos in der **Reserva de la Biósfera Ría Celestún** und suchen in der flachen, brackigen **Laguna de Celestún** nach Nahrung. Dabei haben die bis zu 50 000 Tiere v. a. eins in ihren rosaroten Köpfen: Krebse! Die nämlich sorgen durch das Karotin in ihrer Schale für die rosarote Gefiederfärbung der Flamingos. Es sieht zu drollig aus, wie sie mit ihren gereckten Hälsen durch das trübe Lagunenwasser tänzeln.

Wer denkt, es gäbe ›nur‹ Flamingos zu sehen, irrt: Auch Pelikane, Kormorane, Reiher und Fregattvögel sind zahlreich unterwegs. Ihr Lieblingsbrutplatz

WAS IST EIGENTLICH EINE RÍA?   **R**

Mit ›Ría‹ wird ein Küstenstrich bezeichnet, der eine schmale, tief ins Land eindringende Meeresbucht besitzt – wie in der Reserva de la Biósfera Ría Celestún. Im Gegensatz zu einem Fjord ist eine Ria nicht durch Gletscher entstanden, sondern durch Flüsse, die infolge einer Überflutung von Festlandsflächen mit Meereswasser bedeckt wurden.

ist die **Isla de los Pájaros** (›Vogelinsel‹), die in der Lagune liegt. Schildkröten, Krokodile und Schlangen fühlen sich in der Mangrovenlandschaft ebenfalls wohl.

Rauf aufs Boot

Am nächsten kommt man den Tieren auf einer der Bootstouren, die von vielen Einheimischen angeboten werden (s. S. 121). Der Haken ist allerdings der Preis, der von Jahr zu Jahr steigt und angeblich nicht verhandelbar ist, wie gern betont wird. Feilschen ist tatsächlich frustrierend hier und oft entscheidet der Moment: Wenn bereits sechs von den acht Personen, die auf ein Boot passen, an Bord sind und darauf warten, dass es endlich losgeht, hat man gute Karten auf einen besseren Preis.

Die Touren dauern etwa zwei Stunden. Zunächst geht es meist zu einem versteinerten Wald, dem **Bosque Petrificado de Tampetén.** Die Baumstämme eines abgestorbenen Mangrovenhains haben sich durch das Salz im Boden weiß verfärbt und ragen mystisch in den Himmel. Durch einen Tunnel aus Mangroven fährt man nun für eine Badestopp zu einer der beiden Süßwasserquellen **Baldiosera** oder **Cambay.** Wer eine Taucherbrille dabeihat, kann die Stelz- und Luftwurzeln der Mangroven aus nächster Nähe betrachten.

Nehmen Sie eine Nasenklammer mit auf die Tour, die Hinterlassenschaften der Flamingos und Pelikane stinken kräftig. Auch Mückenschutz ist angebracht, zumindest wenn kein Wind weht – sonst wird die Tour zur Tortur.

Schlafen

Traumhaft schön

Eco Paraíso Xixim: Die schöne Bungalowanlage am Rand des Naturschutzgebiets verspricht einen extrem hohen Entspannungsfaktor. Der hoteleigene Sandstrand ist weiß und naturbelassen, es gibt einen Swimmingpool mit Jacuzzi sowie ein Restaurant mit Bar. Die Anfahrt ist leider etwas beschwerlich.
Camino a Sisal Km 10, 10 km nördl. von Celestún, T 998 916 21 00, www.hotelxixim. com, €€€

Stylische Adresse

Playa 55 Beach Escape: Vorsicht! Sie wollen nicht wieder gehen! Das ansprechende Gebäude beherbergt acht wunderschön eingerichtete, komfortable Zimmer mit einer eigenen Terrasse oder einem Balkon, natürlich mit Blick auf das türkisfarbene Meer. Es gibt auch einen Swimmingpool.
Calle 12 Nr. 55k, T 988 916 20 00, www. playa55beachescape.com, €€€

Ein Juwel

Casa de Celeste Vida: Das kleine Hotel verfügt über ein Apartment und zwei Ferienhäuser. Alles ist sauber und wohnlich eingerichtet. Der Strand liegt vor der Tür und lädt zu langen Spaziergängen ein. Die kanadischen Besitzer stehen mit Rat und Tat zur Seite. Kanus und Fahrräder stehen kostenfrei bereit.
Calle 12 Nr. 49e, T 999 411 20 95, www. hotelcelestevida.com, €€

Essen

Celestún ist für seine ausgezeichneten Fischrestaurants (mit teils ungewöhnlichen Öffnungszeiten) bekannt.

Mit den Füßen im Sand

Los Pampanos: Direkt am Strand werden ohne Schnickschnack frischer Fisch und Oktopus vom Grill serviert. Auch das Ceviche kann sich sehen lassen. Das Pampanos ist bei Touristen sehr beliebt.
Calle 12, T 988 916 26 61, tgl. 11.30–19.30 Uhr, €

Viel Platz

El Lobo: Hier lässt es sich vorzüglich frühstücken. Später am Tag gibt es auch Pizza und Hamburger. Von der Dachterrasse überblickt man den Parque Central.

Calle 10, Ecke Calle 13, T 988 916 20 71, Di–So 8–11, 19–24 Uhr, €

Infos

- **Busse:** Regelmäßige Verbindungen vom Terminal de Autobuses Noreste in Mérida.
- **Bootstouren:** Boote fahren am kleinen Hafen nahe der Autobrücke ab oder vom Strand (ca. 120 US-$/Boot für ca. 90 Min.). Man kann eine Tour auch von Mérida aus organisieren, die dann die Busfahrt beinhaltet. Allerdings ist es wesentlich günstiger, wenn man auf eigene Faust anreist.

Dzibilchaltún   📍 M 2

Es war einmal

Heute deutet nichts mehr darauf hin, dass diese Ruinenstätte etwa 20 km nördlich von Mérida einst die größte Maya-Siedlung ganz Yucatáns war: Gegen Ende der klassischen Periode um 830 n. Chr. zählte Dzibilchaltún (›der Ort der flachen beschrifteten Steine‹) um 50 000 Einwohner. Sie profitierten vom Cenote Xlacáh, der konstant für Frischwasser sorgte.

Lange bevor Orte wie Uxmal oder das berühmte Chichén Itzá existierten, pflegte Dzibilchaltún weit reichende Handelsbeziehungen bis nach Guatemala. Das Leben in der Stadt erlosch erst mit Ankunft der Spanier, die unverzüglich die größten Tempel zerstörten und mitten auf den Hauptplatz eine Kapelle setzten – die im Vergleich zu den wenigen verbliebenen Gebäuden allerdings recht mickrig ausfiel. Trotz seiner historischen Bedeu-

tung hat Dzibilchaltún heute weit weniger architektonische Hinterlassenschaften zu bieten als unwichtigere Maya-Städte. So ließ man sich auch mit den Ausgrabungen Zeit, die erst 1958 begonnen.

MEX 261 von Mérida Richtung Progreso bis zur ausgeschilderten Abzweigung, Ausgrabung tgl. 8–17 Uhr, Museum tgl. 8–16 Uhr, 180 Pesos; Rucksäcke, Essen und Getränke dürfen nicht mitgenommen werden

Geheimnisvolle Rituale

Am besten erhalten ist der kleine **Templo de las Siete Muñecas** (›Tempel der Sieben Puppen‹) aus dem 5. Jh. Seinen guten Zustand verdankt er einer späteren Überbauung, die vermutlich erst kurz vor Ankunft der Spanier durchbrochen wurde. Die Forscher gehen davon aus, dass man den alten Tempel erneut als Kultstätte nutzen wollte. Ein Schacht führt ins Innere, wo die sieben Tonfigürchen gefunden wurden, die dem Bauwerk seinen Namen gaben. Ihre deformierten Körper lassen vermuten, dass der Tempelraum einem geheimen Medizinkult diente.

Bei der Sommer- und Wintersonnenwende scheint die Sonne direkt durch den Eingang des Tempels und bringt das Tor zum Leuchten, das dann einen Schatten auf die dahinterliegende Wand wirft – ein beeindruckendes Spektakel, das einmal mehr die astronomischen Fähigkeiten der Maya beweist.

Keine Menschenopfer

Auf dem Ausgrabungsgelände liegt auch der **Cenote Xlacáh.** Sein Wasser ist klar und kalt. Dem für das Überleben der Bewohner von Dzibilchaltún so wichtigen Wasserloch wurden Opfer dargebracht, wie Tausende von Tonscherben auf seinem Grund beweisen. Knochen befanden sich nicht darunter, d. h. Menschenopfer wie in Chichén Itzá waren hier offenbar nicht üblich. Südlich des Cenote liegt die **Estructura 44,** mit 130 m eines der längsten Gebäude der Maya-Welt.

TOUR
Immer am Meer langtuckern

Mit dem Motorroller von Progreso nach Dzilam de Bravo

Wenig befahren und ganz viel Natur – die **YUC 27** zwischen Progreso und Dzilam de Bravo vereint beides. Je weiter man vorankommt, desto ursprünglicher und einsamer zeigt sich die Landschaft.

Lagunenlandschaft

Die Lagune gleich hinter **Progreso** trägt aufgrund des rosa Schlicks den treffenden Namen **Laguna Rosada**. Sie ist ein wahres Vogelparadies. Nach Hurrikan Gilbert 1998 haben sich die ersten Flamingokolonien hier niedergelassen. Später siedelten weitere Vögel von Celestún über, sodass sich in dem Feuchtgebiet mittlerweile die größte Population von Wasservögeln ganz Yucatáns versammelt. Ibisse, Kormorane und Löffler finden hier einen reich gedeckten Tisch, denn die salzigen Gewässer sind das bevorzugte Biotop ihrer Lieblingsnahrung, der Salinenkrebse. Man braucht nicht einmal ein Boot, um die Tiere zu beobachten – bei der **Playa Uaymitun** gibt es einen Beobachtungsturm (Eintritt frei).

Am Ende der Welt

Kurz vor dem Fischerort Telchac Puerto zweigt eine Straße zur **Zona Arqueológica de Xcambó** ab. Die Lage unmittelbar an der Lagune gibt dem Ort ein ganz besonderes Setting, eine Art Am-Ende-der-Welt-Gefühl kommt auf. Von der Spitze der Hauptpyramide kann man zwischen den Mangroven hindurch das Gewässer erspähen. Die Wassernähe finden allerdings auch die Moskitos klasse, also unbedingt vorher Repellent auftragen. Wie in Dzibilchaltún steht hier eine Kapelle mitten unter den Tempelresten, was völlig skurril wirkt und den Versuch der Spanier, ihren Gott um jeden Preis ›unters Volk zu bringen‹, wunderbar veranschaulicht. Jedes Jahr am 19. und 20. Mai kommen zu Ehren der Jungfrau Maria

Die Tour lässt sich problemlos an einem Tag schaffen. Viel schöner aber ist es, die Sache gemütlich anzugehen und eine Nacht in dem Fischerdorf Dzilam de Bravo zu verbringen.

Infos

📍 M–O 2

Start/Ziel: Progreso
(s. S. 124)

Länge: ca. 140 km
hin und zurück

Dauer: 1–2 Tage

Motorrollerverleih:
Yucatán Vacations,
Calle 25 Nr. 151,
www.yucatan
vacations.com,
Mo–Sa 9–17 Uhr,
500 Pesos/Tag

Unterkunft:
Posada Luz del Mar,
Calle 13, Dzilam de
Bravo, T 99 11 02
83 44, €

**Zona Arqueológica
de Xcambó:** tgl.
8–17 Uhr, 75 Pesos

viele Menschen hierher, einmal mehr verschmelzen die religiösen Traditionen der Maya mit dem Christentum.

Wachgeküsst

Weiter geht's zum Fischerdorf **Telchac Puerto**, der wichtigste Ort der Region. Er erwacht langsam aus seinem Dornröschenschlaf, denn immer mehr Ferienwohnungen werden gebaut – auch ein Zeichen des wachsenden Wohlstands der mexikanischen Mittelschicht. Es gibt einige kleine Restaurants, die meist Fisch servieren.

Wind und Meer

9 km später ist **San Crisanto** erreicht. Fischer haben sich hier zu einer Kooperative zusammengetan und schippern Touristen durch die Lagunenlandschaft. Einfach danach fragen, und ruckzuck findet sich jemand, der gerne ein paar Pesos dazuverdient (handeln!). Hinter **Chabihau** hat Hurrikan Wilma die Küste erheblich umgestaltet und viele kleine Lagunen hinterlassen, die sich ebenfalls zu einem Vogelparadies entwickelt haben.

Für Fans von Lost Places

Alte Fliesen, eine wacklige Wendeltreppe zum verfallenen Obergeschoss, morsche Türrahmen ohne Tür – hinter dem Dorf **Santa Clara** steht am Wegrand trutzig und verlassen die alte **Hacienda Mina De Oro**, ein ehemaliges Lagerhaus für Salz und Sisal. Ein magischer, mysteriöser Ort, der vom Grün zurückerobert wird. Hier herumzustromern ist ein kleines Abenteuer. Klasse Fotomotive im Shabby-Look, der sogar echt ist, lauern an jeder Ecke.

Piratennest

Endpunkt der Küstenstraße ist **Dzilam de Bravo**. Am Strand und im Hafen schaukeln Fischerboote, Pelikane schweben im Formationsflug über die Wellen, ab und zu verirren sich auch ein paar Flamingos hierher. Viel los ist nicht, das Flair ist eher simpel-mexikanisch. Anspruchsvolle touristische Bedürfnisse werden hier nicht befriedigt, aber es gibt ein paar Unterkünfte und die Kooperative Dzayachuleb – ein paar ortsansässige Fischer bieten Touren zu Brutplätzen von Seevögeln an. In den Gewässern trieb im 17. Jh. übrigens der berüchtigte Pirat Jean Lafitte sein Unwesen und soll hier angeblich auch seine letzte Ruhestätte gefunden haben.

Das Wasser des Cenote Xlacáh, in dem heute gebadet wird, sorgte früher für das Überleben der Bewohner von Dzibilchaltún. Damit es nicht versiegte, brachte man ihm Opfer dar, jedoch keine menschlichen.

Maya-Museum

Zur Stätte gehört auch das **Museo de los Pueblos Mayas.** Hier sind Funde aus ganz Yucatán ausgestellt, darunter das Relief einer gefiederten Schlange aus Chichén Itzá und Weihrauchgefäße aus Palenque. Aber auch Scherben aus dem Cenote Xlacáh und die eigenartigen Puppen, denen der Haupttempel seinen Namen verdankt, können bewundert werden. Dem Leben der heutigen Maya ist eine eigene Abteilung gewidmet.

Infos

● **Minibusse/Colectivos:** Verbindungen vom Parque San Juan in Mérida (Calle 69 zwischen Calle 62 und 64) bis zum Ort Dzibilchaltún. Von dort liegen die Ruinen ca. 1 km entfernt.

Progreso   📍 M 2

Längster Pier der Welt

Die Hafenstadt ist ein beliebtes Badeziel der Meridanos, macht auf Europäer aber eher einen trostlosen Eindruck: Der Strand bietet kaum Schattenplätze und ist fast nahtlos zugebaut. Zwischen Bars, Restaurants und Hotels liegt so manche Neubauruine – da war wohl das Geld alle oder die Baugenehmigung gar nicht erst vorhanden. Schöner wird es erst, wenn man westlich oder östlich des Zentrums weiterfährt – der Strand erstreckt sich kilometerlang bis zu den Nachbarorten **Chelém, Chuburná** und **Chicxulub Puerto.**

Unmittelbar in Progreso zieht sich ein endlos erscheinender Pier ins Meer hinaus – immerhin 6,5 km lang. So lang, dass er sogar einen Straßennamen hat: Calle 82. Riesige Kreuzfahrt- und Containerschiffe legen hier an. Ursprünglich wurde der Pier für den Export von Sisal und Fischtrawler gebaut. Apropos Fisch: Wer den gern auf seinem Teller hat, ist in Progreso richtig. Am Malecón, der Küstenpromenade, liegt ein Restaurant am anderen, und alle rühmen sich, den besten Fisch des Ortes anzubieten.

Das Ende der Dinos

Im knapp 27 km südöstlich von Progreso liegenden **Chicxulub** (♀ M 2) deutet nichts darauf hin, dass es einmal im Zentrum eines Infernos lag, das vor 66 Mio. Jahren radikal die Welt veränderte. Damals schlug ein etwa 10 km großer Asteroid hier ein, der einen über 200 km breiten Krater in das Schelf sprengte und 50 % allen Lebens auf der Erde auslöschte, darunter die Dinosaurier. Viele Fragen sind allerdings noch offen – die Erforschung ist kompliziert und lässt bislang genügend Raum für Spekulationen.

Schlafen

Günstig am Strand wohnen

Playa Linda: Das Hotel an der Strandpromenade hat nur sieben Zimmer sowie Suiten mit kleiner Küche und Balkon, ist familiär und bezahlbar.
Malecón, Ecke Calle 76, T (WhatsApp) 969 103 92 14, €

Nur für Erwachsene

The Mayan Gypsy: Das künstlerisch gestaltete Hotel liegt in unmittelbarer Nähe zum Strand. Die Zimmer sind äußerst geschmackvoll gestaltet. Alles ist perfekt. Ein Pool steht zum Erfrischen bereit. Die Gemeinschaftsküche ist sauber und gut ausgestattet.
Calle 21 Nr. 116 a, T 949 307 16 22, www.mayangypsy.com, €€

Top Lage

Capital O José y Lety: Zweckmäßige Unterkunft in guter Lage zu Strand und Zentrum. Die Zimmer mit Blick in den Innenhof sind sauber und geräumig. Schöner Pool, kostenfreie Parkplätze.
Calle 21, Ecke Calle 60, T 999 910 10 05, €

Essen

Geheimtipp

Yum Ixpu: Hierher kommt man wegen Fisch und Meeresfrüchten – alles wird frisch und in den verschiedensten Variationen zubereitet. Der Service arbeitet effizient, das Ambiente ist einfach.
Calle 31 Nr. 207, T 969 935 57 76, Di–So 10.30–18 Uhr, €

Schmausen am Strand

Almadía: Fisch, Paella, Pizza mit Garnelen – alles da. Das gehobene Restaurant serviert auch Huhn und Pasta.
Malecón, zw. Calle 62 und Calle 64, Di–So 11–18 Uhr, Fischgerichte €€

Infos

- **Busse:** Etwa alle 30 Min. nach Mérida (1 Std.), 2 x tgl. nach Telchac Puerto und Dzilam de Bravo.

Ruta Puuc ♀ M/N 3–5

Lust auf eine große Portion Maya? Gespickt mit Hacienda-Streuseln? Und Cenotes-Soße? Dieses Haute-Cuisine-Rezept der yukatekischen Kultur verkosten Sie entlang der Ruta Puuc, einer abwechslungsreichen Rundtour über die MEX 261 und MEX 184 mit Start und Ziel in Mérida. Wer sie komplett erleben will, ist nach 280 km Geschichte, Bade-

NOBEL NÄCHTIGEN

Über 180 Haciendas aus der Zeit des Sisalbooms gibt es um Mérida – viele von ihnen nur noch Ruinen, andere bestens renoviert und umgebaut zu Hotels für eine betuchte Klientel. Hier zwei der Schönsten: Bill und Hilary Clinton sind hier gern zu Gast in der **Hacienda Temozón** (M 3/4, www.lahaciendatemozon. com, DZ ab 300 €). Mit Händchen saniert und ein Wohlfühlerlebnis ist auch die **Hacienda Tepich Casa Vargas** (M/N 3, www.hacienda tepich.com, DZ 75 US-$). Eine vollständige Liste aller Haciendas findet man unter www.haciendas enyucatan.com und www.hacienda mexico.com.

spaß und Dschungelerkundung wieder zurück am Ausgangspunkt.

Puuc bedeutet in der Maya-Sprache ›Hügel‹, und tatsächlich ist die Landschaft südlich von Mérida nicht so flach wie der Rest Yucatáns. Dafür sorgt die **Sierrita de Ticul,** eine Hügelkette, die sich von Nordwest nach Südost quer über die Halbinsel zieht und eine natürliche Grenze zum flachen Karstland des Nordens bildet.

DREIMAL MAYA

In der Spätklassik (ca. 500–900 n. Chr.) hatte die Architektur der Maya auf der Halbinsel Yucatán drei verschiedene Ausformungen: im Nordwesten der Puuc-Stil (z. B. Uxmal), im Süden der Río-Bec-Stil (um Chetumal) und im Westen der Chenés-Stil (um Campeche).

Auf den Spuren der Maya

Entlang der Ruta Puuc liegen zahlreiche Maya-Stätten im sogenannten Puuc-Stil. Sie entstanden zur Zeit der Spätklassik (s. Kasten unten) und zeichnen sich durch einen besonderen Architekturstil aus: Die Fassaden der Gebäude sind in verschiedene Wandflächen und Gesimse gegliedert und dekoriert mit Ornamenten aus Stein. Das Highlight dieser Maya-Stätten ist zweifellos Uxmal mit der großen Pyramide des Zauberers. Aber auch Kabáh, Sayil, Xlapak und Labná, die wenig besucht werden, strahlen eine Mystik aus, die beeindruckt.

Geführt oder allein?

Wer nur die Highlights sehen will, kann die Tour als Tagesausflug bei lokalen Veranstaltern in Mérida buchen. Spannender ist es auf eigene Faust mit einem Mietwagen und einem Zeitbudget von zwei bis drei Tagen. Gute Übernachtungsorte sind Ticul oder eine der vielen Haciendas (s. Kasten oben). Ins Gepäck gehören auf jeden Fall Badesachen, denn entlang der Strecke liegen einige Cenotes. Auch Moskitospray sollte dabei sein.

Infos

- **Im Internet:** www.yucatantoday.com/en/topics/puuc-route (Überblick über die an der Route liegenden Ruinenstätten; engl.), www.reed.edu/uxmal (hervorragende, ins Detail gehende Seite über die Stätten der Puuc-Region mit wissenschaftlichem Anspruch, gute Bilder und Pläne).

Haciendas und Cenotes

Die Große

Los geht es mit der **Hacienda Yaxcopoil** (M 3), die 37 km südlich von Mérida an der MEX 261 liegt. Sie geht auf

das 17. Jh. zurück und zählte mit über 11 000 ha zu den größten Haciendas Yucatáns. Den Eingang bildet ein doppelbogiges Tor im maurischen Stil. Viele Räume sind im Originalzustand der Zeit des Sisalbooms (19. Jh.) belassen, man kann frei herumstromern und bekommt einen Einblick in den Glanz von damals. Eine Überraschung wartet im Maschinenhaus: Hier wird die Energie für die Hacienda erzeugt – und zwar mit einem 110-PS-Dieselmotor der deutschen Firma Körting.
www.yaxcopoil.com, Mo–Fr 9–18, Sa 9–16, So 9–14 Uhr, 100 Pesos

Die Perfekte
Wer jetzt schon Hunger hat, fährt noch 11 km weiter bis zur **Hacienda San Pedro Ochil** (♥ M 4). Sie gehört Robert Hernández, dem Eigentümer der Finanzgruppe Banamex. Bei der Renovierung wurden alte Handwerkstechniken der Maya angewendet, entstanden ist ein Schmuckstück. Auf dem Gelände finden Sie Geschäfte, Werkstätten lokaler Kunsthandwerker, einen Cenote zum Baden, ein kleines Museum mit historischen Fotos und ein Restaurant, in dem yucatekische Küche zu vernünftigen Preisen aufgetischt wird.
www.haciendaochil.com, tgl. 10–18 Uhr

Die Erfrischenden
Um die Haciendas verstecken sich mindestens zehn Cenotes, einer schöner als der andere. Von der Hacienda San Pedro Ochil sind es etwa 7 km auf einer schmalen Straße zum **Cenote X'batun** und dem **Cenote Dzonbacal** (♥ M 4). Beide liegen mitten im Wald, Treppen führen hinab zu den höhlenartigen Pools, und die Wurzeln der Bäume hängen wie Lianen auf die Wasseroberfläche herunter.
Cenote X'batun: tgl. 8–17 Uhr, 80 Pesos; Cenote Dzonbacal: tgl. 9.30–17 Uhr, 60 Pesos

Ruta Puuc

Die Mystische
12 km östlich der Hacienda San Pedro Ochil warten entlang eines holprigen Feldweges, gerade noch so mit einem normalen Auto passierbar, weitere Wasserlöcher auf abenteuerlustige Schwimmer. Sehr schön ist der wenig besuchte **Cenote Kankirixche** hinter dem Ort **Abalá** (♥ M 4). Eine Treppe führt hinab in eine große Höhle. Durch die Öffnung im Karstgestein fällt jedoch genügend Licht, sodass das Wasser herrlich blau schimmert. Tropfsteine hängen von der Decke und blühende Schlingpflanzen bahnen sich ihren Weg in die Tiefe.
Tgl. 8–17 Uhr, 60 Pesos

Die Schickste
Nochmals ca. 4 km östlich liegt das Dorf **Mucuyché** (♥ M 4), ein absoluter Geheimtipp in Sachen Cenotes. Auf dem

Gelände der wunderschönen **Hacienda Mucuyché** liegt ein Cenotes-Labyrinth mit einem Kanal, Höhlengängen und offenen Becken. Es gibt auch ein richtiges Schwimmbecken, eingebettet in eine Kulisse aus halb verfallenen Fassaden, Arkaden und Portiken der alten Hacienda. Eines wird klar: Den Sisalbaronen ging es finanziell wirklich fantastisch. Im Restaurant der Hacienda kann man sich yucatekische Spezialitäten mit Blick in den Garten schmecken lassen. Unter der Woche ist kaum etwas los, am Wochenende kommen jedoch auch einheimische Familien gern hierher.

Wer immer noch nicht genug hat: Ganz in der Nähe liegen der **Cenote Yaal Utzil** und der **Cenote Chihuo-Hol.**

Hacienda Mucuyché: www.cenoteshaciendamucuyche.com, tgl. 9–16 Uhr, 480 Pesos; **Cenote Yaal Utzil:** tgl. 9–17 Uhr, 30 Pesos; **Cenote Chihuo-Hol:** tgl. 8–18 Uhr, 20 Pesos

Die Vergessene

8 km nördlich von Mucuyché stehen mitten im Dorf **Uayalceh** (♀ M 4) die Reste der gleichnamigen Hacienda. Die Zeit ist hier stehen geblieben: dort ein altes Tor, hier schöne Arkaden mit Fliesenboden, da ein verfallener Springbrunnen und schließlich der hübsche Uhrturm – jedes Detail ein Fotomotiv für sich.

www.haciendasenyucatan.com/uayalceh, unregelmäßige Öffnungszeiten, Eintritt frei

Grutas de Calcehtok ♀ L/M 4

Höhle des steinernen Rehs

Wieder zurück auf der MEX 261 sind es von der Hacienda San Pedro Ochil knapp 20 km Richtung Süden nach **Muna** und weitere 25 km gen Nordwesten nach **Calcehtok.** Das, worauf es hier ankommt, ist ein 3 km vom Dorf entferntes Höhlensystem, nach Loltún (s. S. 135) das zweitgrößte Yucatáns. Allerdings ist dieses hier noch nicht für den Massentourismus erschlossen. Mit Stirnlampen kriecht man durch enge Tunnel, klettert an Seilen in den Abgrund und rutscht durch schlammige Passagen. Das klingt so abenteuerlich, wie es ist, und sollte auf keinen Fall alleine gemacht werden! Im Angebot sind Touren von einer bis zu sieben Stunden.

›Höhle des steinernen Rehs‹ bedeutet Calcehtok übersetzt – dieser Name geht auf eine Steinskulptur zurück, die hier 1875 entdeckt wurde. Funde von Scherben und Tonfiguren beweisen, dass die Höhlen von den Maya als Kultstätte genutzt wurden. Auch während des Kastenkrieges Mitte des 19. Jh. dienten sie als Versteck.

Tgl. 9–18 Uhr, 2-stündige Tour ca. 150 Pesos, kann vor Ort gebucht werden

Oxkintoc und Grutas de Aktun Usil ♀ L 4

Fast menschenleer

2 km westlich von Calcehtok liegt die Maya-Stätte **Oxkintoc** mit mehreren kleinen Tempeln und Plätzen. Nahebei verstecken sich die **Grutas de Aktun Usil,** ein Höhlensystem, dessen Felswände bedeckt sind mit Maya-Ritzungen und -zeichnungen. In den Felsspalten sind noch viele alte Tonscherben zu sehen. Einen Führer können Sie in Oxkintoc engagieren.

Tgl. 8–17 Uhr, 55 Pesos

Uxmal   ♀ M 4

Sie hat was ganz Besonderes! Diese fantastische Maya-Stätte weiß nicht nur mit ihren architektonischen Highlights zu beeindrucken, sondern auch mit ihrer stillen, geradezu mystischen Atmosphäre. Da Uxmal so weit entfernt von den

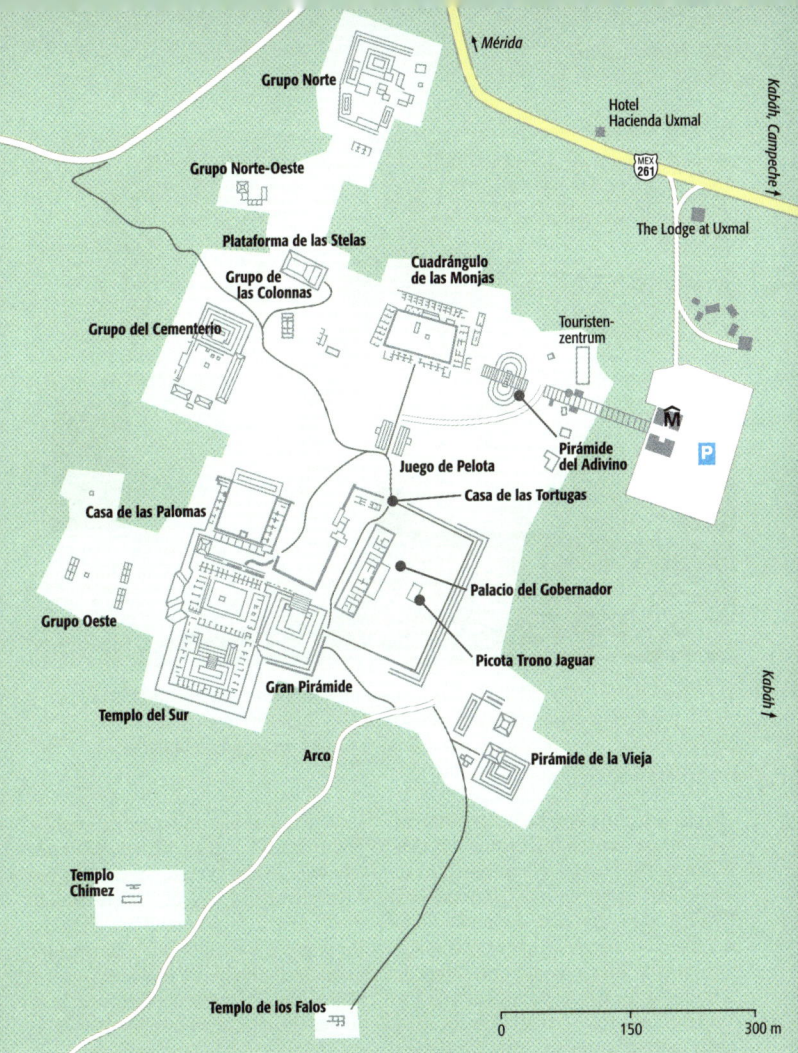

Uxmal

Badeorten der Karibikküste liegt, ist ein Tagesausflug hierher kaum möglich, der Besucherstrom entsprechend ausgedünnt. Mit ein klein wenig Glück haben Sie die Anlage für sich allein.

MEX 261, ca. 80 km südl. von Mérida, tgl. 8–17 Uhr, 418 Pesos

Die dreifach Gegründete

Ohne Zweifel hatte die Stadt während ihrer Blütezeit zwischen dem 7. und 10. Jh. eine politische Führungsrolle in der Puuc-Region inne. Trotzdem ist über Uxmal nur wenig bekannt. Fest steht, dass die Bauwerke den Höhepunkt des spät-

*Da haben die Spanier ziemlich danebengegriffen mit ihrer Benamsung:
Als ›Viereck der Nonnen‹ bezeichneten sie dieses Bauwerk in Uxmal,
auch wenn der Christenglaube damals noch nicht Einzug gehalten hatte.*

klassischen Stils der Maya markieren. Nur eine gefundene Inschrift gibt bisher genauere Auskunft: Demnach herrschte hier in den Jahren 890 bis 915 Chan Chak K'ak'nal Ajaw, der viele der heute noch sichtbaren Gebäude errichten ließ. Nach ihm endete dieser Bauboom, offenbar schrumpfte die Bevölkerung in den nächsten Jahrhunderten. Uxmal (›die dreifach Gegründete‹) wurde schließlich verlassen und vom Dschungel verschluckt. Bis heute versuchen Archäologen, der Geschichte der Stadt auf die Spur zu kommen. 1996 wurde sie von der UNESCO zum Weltkulturerbe erklärt.

Mächtiger Regengott

Uxmal wurde nicht wie andere Städte Yucatáns an einem Cenote gegründet, da es diese Art von natürlichen Wasserlöchern in der Gegend nicht gibt. Stattdessen sammelte man das Regenwasser – entweder in künstlich geschaffenen Zisternen (*chultunes*) oder in natürlichen, aber von Menschenhand abgedichteten Bodenniederungen (*aguadas*). Klar, dass der Regengott Chaac eine wichtige Stellung in der Stadt einnahm. Das lässt sich an den vielen Abbildungen von ihm (unschwer an der Hakennase zu erkennen) ablesen, die viele der Gebäude schmücken.

Riesig und ungewöhnlich

Der freigelegte Teil der Maya-Stadt hat eine Ausdehnung von 700 × 800 m. Vom Eingangsgebäude führt der Weg direkt zur Hauptattraktion, der **Pirámide del Adivino** (›Pyramide des Wahrsagers‹). Sie hat einen für die Maya-Architektur ungewöhnlichen ovalen Grundriss. Eine Legende erzählt, dass die Pyramide innerhalb einer Nacht von einem Zwerg und einer Hexe geschaffen worden sei. Tatsächlich wurde sie – wie in der Maya-Architektur üblich – mehrfach überbaut und über einen Zeitraum von mehr als drei Jahrhunderten errichtet. Archäologen konnten fünf verschiedene Baukörper ausmachen. Die älteste Struktur wurde 569 fertiggestellt, die jüngste im 10. Jh. Zwei steile Treppen führen auf die 38 m hohe Plattform, auf der drei Tempel stehen. Die Pyramide darf allerdings nicht mehr bestiegen werden.

Versteckte Priesterinnen

Zu Füßen der Pirámide del Adivino liegt das sogenannte **Cuadrángulo de las Monjas** (›Viereck der Nonnen‹). Die irreführende Bezeichnung geht auf Pater López de Cagullodo zurück, den ersten europäischen Besucher. Er war der Ansicht, dass in den ›Zellen‹ Priesterinnen auf ihren Opfertod gewartet hätten und das ewige Feuer hüten mussten.

Vier lang gestreckte Gebäude sind auf unterschiedlichen Ebenen um einen 65 x 45 m großen Innenhof herum angeordnet, den man durch einen Bogen mit Kraggewölbe betritt. Rechts und links befinden sich je acht kleine Räume, von denen die eine Hälfte nach außen, die andere zum Innenhof hin ausgerichtet ist. Gegenüber erhebt sich auf einer fast 7 m hohen Plattform das älteste und bedeutendste Gebäude des Nonnenvierecks, der fast 100 m lange Nordbau. Dessen 30 m breite Treppe wird flankiert von zwei kleinen Tempeln. Den linken (westlichen) hat man Venustempel genannt, weil ein Motiv im Fries mit dem Planeten Venus in Verbindung gebracht wird.

Die Fassaden des Nordbaus sind in feinstem Puuc-Stil dekoriert. Der untere Teil besteht aus sauber aneinandergefügten Quadern, durchbrochen von großen, fast quadratischen Eingängen. Darüber zieht sich, durch zwei Simse eingefasst, ein breiter Fries über die gesamte Länge. In ausgewogener Harmonie wechseln geometrische Muster mit stilisierten Masken, Maya-Hütten und Schlangenmotiven. Die Schlangen sind allerdings toltekischer Chic und wurden erst nachträglich hinzugefügt. Die geschwungenen Rüsselnasen des Regengottes Chaac betonen die Ecken des Gebäudes.

Sie hatten es drauf

Südlich vom Nonnenviereck erstreckt sich der **Juego de Pelota,** der ›Ballspielplatz‹. Die beiden hier gefundenen Steinringe, durch die der harte Kautschukball gespielt werden musste, tragen das Datum 649.

Dahinter erreichen Sie eine Plattform, auf der die **Casa de las Tortugas** (›Haus der Schildkröten‹) ihren Platz hat. Der kleine Tempel ist mit Schildkrötenskulpturen geschmückt.

Unmittelbar daneben erhebt sich der **Palacio del Gobernador** (›Palast des Gouverneurs‹), ein durchgestyltes Bauwerk, das die Fähigkeiten der Maya-Architekten allen Nachfahren unter die Nase reibt. Der Bau ist 100 m lang, 12 m breit und 8 m hoch. Über einer riesigen Plattform und einer Terrasse erhebt sich der Palast, der sich in einen Hauptbau und zwei Seitenflügel gliedert. Im Untergeschoss befinden sich an der Vorderseite elf Eingänge und je einer an

---

TEURE RUINEN **T**

Der Bundesstaat Yucatán hat den Besuch der bedeutendsten Ruinenstätten mit Extra-Gebühren belastet, um zusätzliche Einnahmen aus dem Tourismus zu generieren. In Chichén Itzá sind es 406 Pesos, in Uxmal 338 Pesos. Mexikaner zahlen fairerweise ein Drittel davon. In den hier aufgeführten Preisen sind die Aufschläge bereits enthalten.

den Seiten. Sie führen zu 24 Kammern, die alle das typische Kraggewölbe der Maya-Tempel haben. Ein mächtiges Fries wird durch Stufenmäander, Flechtornamentik und 103 Chaac-Masken zum Leben erweckt. Über 20 000 einzelne Steine waren nötig, um dieses eindrucksvolle Mosaikband zu schaffen.

Schöner Ausblick

Von der südwestlichen Ecke des Gouverneurspalastes gelangt man unmittelbar auf die freigelegten Stufen der neunstufigen **Gran Pirámide** (›Große Pyramide‹). Der mühsame Aufstieg lohnt allemal, bietet sich doch von oben ein großartiger Rundblick über das Ruinengelände. Von der westlichen Kante der Plattform kann man sehr gut die **Casa de las Palomas** (›Haus der Tauben‹) erkennen. Einem Taubenschlag nicht unähnlich, zieht hier der gut erhaltene, kammartige Dachaufsatz *(crestería)* alle Augen auf sich – schönster Puuc-Stil inklusive.

Einer der ältesten Tempel

… der Anlage ist die **Pirámide de la Vieja** (›Pyramide der alten Frau‹) südöstlich der Gran Pirámide. Hier soll die Mutter des legendären Zwergs gewohnt haben. Von oben lässt sich der Gouverneurspalast gut fotografieren.

Von der Pyramide führt ein Pfad zu 400 m entfernten Gebäuderesten, denen man den Namen **Templo de los Falos**

TON- & LICHTSCHAU **S**

Jeden Abend wird im Nonnenviereck eine Show abgehalten, bei der zu Trommel- und Flötenmusik markante Punkte der Stätte beleuchtet werden. Ein Sprecher erzählt die Geschichte Uxmals (April–Okt. tgl. 20, Nov.–März 19 Uhr, 72 Pesos, 45 Min., auch auf Deutsch).

(›Phallus-Tempel‹) gegeben hat. Hier findet man eine Reihe von Steinskulpturen in Phallusform, die vermutlich als Wasserspeier dienten.

Östlich des Nonnenvierecks liegt die **Grupo del Cementerio** (›Friedhofsgruppe‹). Ihr Westtempel wurde bereits restauriert. Die Anlage erhielt ihren Namen aufgrund der vier kleinen Altäre, die mit Schädeln und Hieroglyphen bedeckt sind.

Schlafen, Essen

Die Unterkünfte an den Ruinen sind begrenzt und relativ teuer. Wer mit dem Mietwagen unterwegs ist, kann in Ticul oder Santa Elena günstiger übernachten.

Luxus mit Abstrichen

The Lodge at Uxmal: Das Luxushotel wurde zum Teil in traditioneller Maya-Architektur erbaut, im tropischen Garten liegt ein schöner Pool. Das Restaurant lässt für die gehobenen Preise allerdings zu wünschen übrig, der Service ist langsam. Am Eingang zu den Ruinen, T 998 887 24 95, www.mayaland.com, €€€

Archäologen-Unterkunft

Hotel Hacienda Uxmal: Hier residieren die Archäologen während der Grabungsarbeiten. Es gibt Wohneinheiten mit Veranden, einen Pool und einen Garten. Gäste unter 21 Jahren sind nicht erlaubt. Das Restaurant ist leider nur mittelmäßig. Geg. der Zufahrt zu den Ruinen, T 800 719 54 65, www.mayaland.com, €€

Preisgünstig

Uxmal Resort Maya: Die Anlage liegt ca. 1 km von den Ruinen entfernt, hat 82 sehr gepflegte, große Zimmer und einen sauberen Pool. Das Restaurant ist auch hier nur mittelmäßig. Carr. Mérida–Campeche Km 78, T 999 930 03 90, www.uxmalresortmaya.com, €

Genuss pur

Nueva Altia: Die Anlage liegt versteckt, etwas abseits der Hauptstraße. Das grüne, weitläufige Gelände verspricht Ruhe und Entspannung. Gelungene Mischung aus Unterkunft und Spa.
Santa Elena Km 195, www.nuevaaltia.com, T 998 106 68 22, €€

Verstecktes Juwel

The Pickled Onion: Urige Unterkunft in kanadischem Besitz mit palmblattgedeckten Hütten in einem großen Garten. Sehr gepflegt und familiär mit hervorragendem Restaurant. Eine gute Alternative zu den Hotels in Uxmal.
Santa Elena, 15 km östl. von Uxmal, T 997 111 79 22, www.thepickledonionyucatan.com, €€

Infos

● **Touristeninformation:** im Eingangsgebäude, tgl. 8–17 Uhr. Hier gibt es auch ein kleines Museum, ein Restaurant (bis 22 Uhr), einen Souvenirshop, eine Gepäckaufbewahrung und einen Parkplatz.
● **Busse:** Von Méridas Terminal de Autobuses TAME (geg. dem ADO-Terminal) fahren mehrfach tgl. 2.-Klasse-Busse nach Uxmal. Auf der Rückfahrt können die Busse sehr voll sein, sodass man u. U. stehen muss. Alternativ kann man mit einem Colectivo bis Muna fahren und dort in ein Colectivo nach Mérida umsteigen.

Kabáh ♀ M 5

Der nächste Stopp entlang der Ruta Puuc ist Kabáh. Die MEX 261 führt mitten durch das Ausgrabungsgelände und unterteilt es in eine westliche und eine östliche Gruppe. Bisher wurden v. a. die Bauwerke östlich der Straße rekonstruiert. Was heute recht bescheiden wirkt, war zu Maya-Zeiten ein wichtiges Zeremonialzentrum.
MEX 261, 25 km südl. von Uxmal, tgl. 8–17 Uhr, 85 Pesos

Nasen als Dekor

Zur Ostgruppe gehört der auf einer Plattform stehende **Templo de las Máscaras** (›Palast der Masken‹). Er wurde im Puuc-Stil errichtet, beschreitet jedoch in seiner Dekoration neue Wege. Statt des üblichen Wechsels von Ornamenten und stilisierten figürlichen Darstellungen ist die Fassade ausschließlich mit über 250 Masken des Regengottes Chaac überzogen. Die meisten seiner rüsselartigen Nasen sind abgebrochen, müssen aber in der Vergangenheit für ein nettes Spiel aus Licht und Schatten an der Gebäudefront gesorgt haben. Der alte Name des Tempels, Codz Poop (›eingerollte Matte‹), bezieht sich auf die Form der dargestellten Rüssel. Und auch der Name Kabáh (›ziselierende Hand‹) nimmt Bezug auf die hohe Kunst der prähispanischen Steinmetze, die hier eines ihrer Meisterwerke schufen.

Neuere Forschungen lassen allerdings vermuten, dass es sich bei den Masken nicht um Chaac handelt, sondern um Gesichter des Bergmonsters, das die Bauwerke als heilige Berge kennzeichnen soll. Dass auch die Fassade des Untergeschosses dekoriert ist, zeigt bereits den Einfluss des Chenes-Stils – Campeche ist eben nicht mehr weit weg.

Falscher Bogen

In der westlichen Gruppe auf der anderen Straßenseite steht der **Arco de Kabáh,** der den Anfang einer Maya-Straße (*sacbé*) markiert, die früher nach Uxmal führte. Dieser Steinbogen ist ein Musterbeispiel für das Maya-typische Kraggewölbe, auch falscher Bogen genannt. Bei dieser Bautechnik werden die Steinlagen so lange gegeneinander verschoben, bis sie sich gegenseitig berühren.

Sayil ♀ M5

Sie wollten immer schon einmal wissen, wie es sich anfühlt, ein König zu sein? Dann besteigen Sie den Palast in Sayil (›Ameisenhügel‹). Er gehört Ihnen, genauso wie die ganze Stätte. Denn bis hierher verirren sich nur selten Besucher, meist ist der Ort menschenleer. Bestaunen Sie von oben Ihr Königreich aus Dschungel, Rasen und alten Steinen. Denn viel mehr ist in der Maya-Stadt aus dem 8. Jh. nicht erhalten.

Von der MEX 261 ausgeschildert, knapp 5 km südl. von Kabáh, tgl. 8–17 Uhr, 55 Pesos

Steinkunst mit Wow-Effekt

Der gigantische Palast jedoch ist ein Must-See: 70 m lang und drei Stockwerke hoch mit galerieartigen Fronten. Die Eingänge des **Palacio,** wie man ihn kurz und schmerzlos genannt hat, werden von dicken Säulen unterteilt und von aneinandergereihten Säulchen flankiert, die die Holzbauweise der einfachen Hütten nachahmen. Das haben Ihre Baumeister gut hinbekommen! Etwas gemogelt haben sie beim Fries über den Eingängen – die großen Eckzähne der hervorspringenden Masken entstammen nicht ihrer eigenen Fantasie, sondern wurden bei Tempeln im Río-Bec-Stil abgeguckt. Daneben befindet sich ein Relief mit Schlangen, die den herabsteigenden Gott zeigen (s. S. 75). Von den Gebäudeecken blickt, wie in der Puuc-Region üblich, der Regengott Chaac mit seiner geschwungenen Rüsselnase über das Terrain.

400 m vom Palast in Richtung Süden steht der **Mirador,** ein verfallener Tempel, der von einem dekorativen Zinnenkranz *(crestería)* bekrönt wird. Von diesem Bauwerk führt ein 100 m langer Pfad zu einer eher grob behauenen **Stele** mit einer phallischen Figur – in Stil und Motiv untypisch für die Maya-Welt.

Grüße von Chaac

Nur rund 6 km von Sayil entfernt liegt an derselben Straße der Maya-Tempel **Xlapak.** Erhalten geblieben ist ein kleines rechteckiges Bauwerk, das von einem reich dekorierten Fries geziert wird. Besonders eindrucksvoll sind die Chaac-Masken an den vier Ecken des Gebäudes.

Tgl. 8–17 Uhr, Eintritt frei

Labná ♀ M5

So langsam sind Sie Experte in Sachen Puuc-Stil. Auch Labná ist ein ausgezeichnetes Anschauungsobjekt hierfür.

Ca. 6 km östl. von Sayil, tgl. 8–17 Uhr, 55 Pesos

Bedeutendes Maya-Zentrum

Die wenigen hier gefundenen Datierungen lassen darauf schließen, dass die Bauwerke von Labná im 9. Jh. errichtet wurden, also in der Maya-Spätklassik. Aufgrund der großen Anzahl von Zisternen – man fand mehr als 60 dieser *chultunes* – nehmen die Archäologen an, dass zu dieser Zeit viele Menschen in der Stadt lebten.

Und wieder die Nasen

Die als **Palacio** (›Palast‹) bezeichnete Gruppe im Nordteil von Labná zählt zu den größten Tempelanlagen im Puuc-Gebiet. Sie steht auf einer Terrasse an einem riesigen Platz, der viele Menschen versammeln konnte und von den Resten einer Maya-Straße durchzogen wird. Bekanntes taucht auf: Die Fassade des Osttrakts ist mit Dreiergruppen von eingebundenen Säulen, Bändern mit geometrischen Ornamenten und Nasenmasken geschmückt. Erkannt? Dann haben Sie den Puuc-Test mit Bravour bestanden!

Noch kaum restauriert

Die Südgruppe wird von einer Pyramide mit aufgesetztem Tempel beherrscht, dem **Mirador.** Über den beiden restaurierten Plattformen und dem Tempelgebäude ragt der eindrucksvolle Dachkamm auf. Der frühe Forschungsreisende John Lloyd Stephens schreibt in seinem Buch, dass dieser Tempel mit einem großen Stuckrelief verziert war, das eine bunt bemalte, sitzende Figur zeigte. Heute zeugen nur noch die vorstehenden Steine am Dachkamm von dieser Deko. Das einzige Überbleibsel der Tempeldekoration ist der untere Teil einer Figur an der Südwestecke des Gebäudes.

Einer der Schönsten seiner Art

… ist der südwestlich vom Mirador stehende **Arco de Labná** (›Triumphbogen von Labná‹). Von hier aus soll einst eine gerade Straße *(sacbé)* bis nach Kabáh geführt haben. Da die Maya das echte Gewölbe nicht kannten, behalfen sie sich mit dem sogenannten Kraggewölbe. Der Bogen ist 3 m tief und 5 m hoch. Flankiert wird er von zwei kleinen Räumen mit Zugang von der Nordwestseite. Vorspringende Simse rahmen den Fries ein – ähnliche Mosaiken haben wir in Uxmal bereits gesehen. Über den beiden Eingängen sind in einem Hochrelief zwei typische Maya-Hütten dargestellt, die Strohdächer mit Federn dekoriert. Für die Rückseite des Baus hat man sich mit der Deko nicht mehr so viel Mühe gegeben, doch das Mäander-Motiv ist auch ganz schick.

Grutas de Loltún   ♥ N 4/5

Einen Abstieg in die Unterwelt – etwas bedrückend, aber auch faszinierend – und einen Einblick in die dunkle Sphäre der Maya-Kultur: Das ermöglichen die Grutas de Loltún. Allerdings sollten Sie darauf vorbereitet sein, dass es in der Höhle ziemlich warm ist, die Luftfeuchtigkeit beträgt 100 %. Es gibt keine angelegen Wege, aber Licht. Feste Schuhe sind von Vorteil, doch notfalls geht es auch mit Sandalen.

Ca. 15 km nordöstl. von Labná und etwa 5 km vor Oxkutzcab, tgl. 9–17 Uhr, nur mit geführter Tour möglich, 135 Pesos

Von Bergen, Tälern und Monstern

Erst spät wurde den Forschern die Bedeutung der Höhlen als Kultstätte bewusst. Zunächst sahen sie darin nur Wohnorte. Die Erkundung war ausgesprochen beschwerlich, was man sich selbst heute noch gut vorstellen kann. Wiederentdeckt wurde Loltún erst 1959 von zwei Amerikanern. Als gesichert scheint, dass die Höhlen schon vor über 2000 Jahren von den Maya genutzt wurden.

Seit man weiß, dass Cenotes nicht nur der Wasserversorgung, sondern auch als Kult- und Opferstätten dienten, geht man davon aus, dass die Unterwelt bei den Maya eine große Rolle spielte – Xibalbá (›Ort der Angst‹) wurde sie von ihnen genannt. Schon in der Schöpfungsgeschichte der Maya, »Popol Vuh«, ist sie das Reich der Herren der Unterwelt, die es zu überlisten gilt. Das gelingt den göttlichen Zwillingen Xbalanké und Hunahpú letztendlich auch.

Die Maya hatten eine sehr enge Beziehung zur Erde, die sie als Wesen mit einer Seele empfanden. Sie glaubten, Berge und Höhlen seien von den Göttern bewohnt. Und der Regen entstehe in den Höhlen, die somit auch der Wohnort des Regengottes Chaac sind. Vor der Killerfledermaus Camazotz, die Hunahpú einst den Kopf abbiss, brauchen sich heutige Besucher allerdings nicht mehr zu fürchten: Zwar haben Forscher in Loltún tatsächlich Reste der blutsaugenden Riesenfledermaus *Desmodus draculae* gefunden, sie lebte aber bereits im Erdzeitalter des Pleistozän und ist schon lange ausgestorben …

Abstieg in die Tiefe

Betritt man die Höhle mit diesem Wissen, ist man dem Weltbild der Maya ein gutes Stück näher und kann den Ort besser begreifen. Der Zugang erfolgt durch eine breite Öffnung im Fels, bewacht vom verwitterten Relief des Guerrero de Loltún (›Krieger von Loltún‹), dem die Attribute des Regengottes zugesprochen werden. Die Figur trägt olmekische Züge und dürfte demnach aus der vorklassischen Zeit stammen (600–150 v. Chr.). Immer im Mai, kurz vor Beginn der Regenzeit, pilgerten die Maya zur Höhle und versuchten Chaac durch Gaben gnädig zu stimmen. Die Opferschalen und Weihrauchgefäße sind nach wie vor an ihrem Ort.

Im Labyrinth der Hallen

Zunächst gelangt man in die **Sala de Visitantes** (›Saal der Besucher‹), in der eine Quelle sprudelt. Ein Gang führt zur über 20 m hohen **Catedral** (›Kathedrale‹), in der zwei Stalagmiten stehen – *lol* (›Stein‹) und *tun* (›Blume‹), die Namensgeber der Höhle.

Die größte Höhle ist die 30 m hohe und 100 m lange **Sala de Inscripciones** (›Saal der Inschriften‹). Hier befinden sich die meisten Reliefs und Malereien, darunter Phallusdarstellungen als Fruchtbarkeitssymbole, farbige Handabdrücke und Abbildungen von Skeletten. Viele der Bilder sind nach wie vor rätselhaft.

Oxkutzcab ⚲ N4

Ort der Orangen

Nach nur zehn Minuten Autofahrt ab den Grutas de Loltún ist das Städtchen Oxkutzcab erreicht, das an der Kreuzung der MEX 31 mit der MEX 184 liegt. Der lebhafte Ort ist umgeben von Obst-

plantagen und Dreh- und Angelpunkt als Marktplatz. Maya-Frauen in Tracht verkaufen ihre Waren. Die Orange ist die wichtigste Frucht, jedes Jahr wird sogar ein **Festival de la Naranja** veranstaltet. Dann werden die Früchte kunstvoll aufgetürmt. Das riesige Wandgemälde im **Mercado Municipal** mitten im Zentrum zeigt das ländliche Leben in der Region. Die kleine, gelb getünchte **Iglesia San Francisco de Asís** gehört zu einem ehemaligen Franziskanerkloster aus der Mitte des 17. Jh.

Ticul ⚲ M4

Stadt der Töpfer

Willkommen im Zentrum der historischen Puuc-Region und in einem authentischen Provinzstädtchen. Zwar fehlen spektakuläre Sehenswürdigkeiten, dafür ermöglicht der Ort einen vom Tourismus ungetrübten Einblick in den Alltag der rund 20 000 hier lebenden Yucatecos. Samstags ist Markt und die Calle 23 dann für den Verkehr gesperrt. Neben der Herstellung von Schuhen und bestickten Blusen ist die Töpferei der wichtigste Wirtschaftszweig. Einige der kleinen Werkstätten haben sich auf Reproduktionen klassischer Maya-Motive spezialisiert. Die unförmigen Steinfiguren von Mönchen in der **Iglesia San Antonio de Padua** zeigen dagegen, dass es eine Weile gedauert hat, bis die einheimischen Steinmetze mit der christlichen Ikonografie vertraut waren.

Schlafen

Einfach, unbeschwert, persönlich

Posada el Jardín: Die Unterkunft ist einfach und günstig, die Zimmer sind groß und sauber, im schönen Garten liegt ein kleiner Pool. Gastgeber Roman ist sehr

herzlich und weiß eine Menge über die alten Maya. Eine Wohlfühloase fernab der üblichen Tourirouten.
Calle 27 Nr. 216, zw. Calle 28 und Calle 30, T 999 114 44 43, €

Etabliert
Hotel Plaza Yucatán: Das Mittelklassehotel befindet sich in einem historischen Gebäude. Ganz hübsch ist der offene Frühstücksbereich um einen kleinen Palmengarten. Es gibt einen sicheren Parkplatz.
Calle 23, Ecke Calle 26, T 997 972 04 84, www.hotelplazayucatan.com, €

Essen

Lecker mexikanisch
Príncipe Tutul-Xiu: Yucatekische Küche (z. B. Hühnchen mit *mole negro,* einer würzigen Schokosoße mit zig Gewürzen, darunter Fenchel und Chili), Guacamole, Enchiladas und viele andere Leckereien kommen in großen Portionen auf den Tisch. Das Ambiente ist offen gestaltet, der Service flott und die Preise völlig in Ordnung.
Calle 45 Nr. 102, tgl. 11–19 Uhr, €

Für den späten Hunger
Pizza la Gondola: Vorteil dieses nahe der Plaza gelegenen Restaurants ist die lange Öffnungszeit, aber Pizza und Pasta sind nicht übel.
Calle 23, Ecke 26 a, T 997 972 01 12, tgl. 8–13, 17–23 Uhr, €

Das beste Eis in der Stadt
La Flor de Michoacán: Zum Glück ist Ticul groß genug, sodass es auch hier eine Filiale dieser Eisdiele gibt.
Calle 25, tgl. 9–23.30 Uhr, €

Gefäße im Stil der Maya werden in Ticul hergestellt. Die Kunsthandwerker bedienen sich alter Vorlagen und ›kratzen‹ die Motive in den noch ungebrannten Ton.

Einkaufen

Arte Maya und **Arte y Decoración Maya** sind die beiden bekanntesten Geschäfte, die Terrakottaminiaturen verkaufen. Beide in der Calle 23 am Stadtausgang Richtung Muna, tgl. 8–20 Uhr

Infos

● **Busse:** Der Busbahnhof liegt in der Calle 24 hinter der Kirche. Häufig Verbindungen der 2. Klasse nach Mérida (1,5 Std.) und Felipe Carrillo Puerto (4 Std.) sowie gelegentlich mit Chetumal (6 Std.). Einige 1.-Klasse-Busse fahren nach Cancún (9 Std.) und Playa del Carmen (7 Std.).
● **Colectivos:** Mit Sammeltaxis geht's von der Calle 24, Ecke Calle 25 in die umliegenden Orte.

Maní 9 N4

Ort der Bücherverbrennung

Nun führen mehrere Wege zurück nach Mérida, doch Sie sollten den über **Maní** wählen: Es ist spannend, einmal in dem Ort zu stehen, an dem einer der größten Frevel an der Kultur und dem Erbe der Maya und damit auch an der Wissenschaft begangen wurde. Im eindrucksvollen **Convento de San Miguel Arcángel,** dem damals größten Franziskanerkloster dieser Region, ließ Bischof Diego de Landa im Juli 1562 alle Bücher, Handschriften, Kunstgegenstände und Ahnengebeine der Maya verbrennen, die er in die Finger bekommen konnte. Die Ironie bei der Geschichte: De Landa selbst hatte seine Erlebnisse in Mexiko akribisch niedergeschrieben und seine Berichte enthalten detailreiche Informationen über die Geschichte und Kultur der Maya auf Yucatán.

Eine unerschöpfliche Quelle

»Relación de las Cosas de Yucatán« lautet der Name der Schrift, die Diego de Landa 1566 verfasst hat und die 1579, im Jahr seines Todes, erschien. Das Original ist längst verschollen, und erst 1863 wurde eine offensichtlich gekürzte Kopie in den Archiven der Königlichen Bibliothek von Madrid wiederentdeckt. In ihm berichtet De Landa detailliert über Geografie, Fauna, Flora, politische Struktur und Leben der Maya bei der Ankunft der Spanier. Das wohl wichtigste Detail des Manuskripts ist jedoch ein Alphabet der Maya-Glyphen, das den Wissenschaftlern den entscheidenden Schlüssel für die bis heute nicht vollständig gelungene Enträtselung der Maya-Schrift in die Hand gab.

Reiner Eigennutz

De Landa hat diese Schrift keineswegs aus Interesse an der Kultur der Maya verfasst – im Gegenteil: Damit versuchte er sich gegen die ihm gegenüber erhobenen Vorwürfe brutaler Menschenrechtsverletzungen zu verteidigen. Den Stein ins Rollen gebracht hatte der 1562 auf Yucatán eingesetzte Bischof Francisco Torán. Er

---

WICHTIGE ÜBERBLEIBSEL

Nur vier alte Handschriften der Maya blieben erhalten, darunter der »Dresdner Codex« und der »Madrider Codex«. Der bekannte »Codex Chilam Balam« entstand erst unter spanischer Herrschaft zwischen 1782 und 1875. Er enthält prophetische Schriften des Wahrsagerpriesters Chilam Balam, aber auch kurze Chroniken der spanischen Eroberung, des Baus der Kirche von Mérida, von Hungersnöten etc. Einige dieser Texte wurden im Dorf **Chumayel** 15 km nordöstlich von Maní (s. links) gefunden.

verfasste einen Bericht, der zur Abberufung de Landas nach Spanien führte. Dort musste sich der Kleriker vor dem Consejo de las Indias (› Indienrat‹) verantworten. Zwar wurde Diego de Landa für schuldig befunden, doch gelangte er zehn Jahre später doch noch ans Ziel seiner Wünsche: Als Torán sein Amt entnervt aufgegeben hatte, kehrte er 1573 nach Mexiko zurück und vertrat dort die Interessen seines Ordens gegenüber der Kirchenbehörde.

Mayapán ♀ M/N4

Diese Maya-Stätte 30 km nördlich von Chumayel besticht durch ihre Einsamkeit und ihre Wildheit. Viele Gebäude sind nur spärlich ausgegraben und restauriert, aber irgendwie macht gerade das den Reiz aus. MEX 184, tgl. 8–17 Uhr, 45 Pesos

Letzte Maya-Hochburg
Mayapán gilt als letzte große Hauptstadt der Maya-Kultur. Sie wurde zwischen 1200 und 1450 n. Chr. errichtet und gehört damit nicht mehr zur Spät-, sondern bereits zur Postklassik (ca. 9.–17. Jh.). Auf einer Fläche von 4 km² standen rund 4000 Gebäude, die Einwohnerzahl wird auf etwa 12 000 geschätzt.

Im »Codex Chilam Balam« (s. Kasten S. 138) ist nachzulesen, dass Hunak Ke'l, ein Adliger des Stammes der Cocóm, von den konkurrierenden Itzá um das Jahr 1194 gefangen genommen und als Menschenopfer in den Cenote von Chichén Itzá geworfen wurde. Er überlebte die Sache jedoch, entkam und eröffnete den Krieg gegen die Itzá. Im Verlauf der Auseinandersetzungen wurde Chichén Itzá zerstört und Mayapán gegründet.

Kleine Schwester
Mayapán ist eine kleinere, sehr einfache Kopie von Chichén Itzá. Besonders schön zeigt sich das an der 15 m hohen **Pirámide de Kukulkán,** die der Hauptpyramide von Chichen Itzá aufs Haar gleicht. Von oben haben Sie eine schöne Aussicht auf den umliegenden Wald und auf die **Plaza Central.** Hier befinden sich administrative und religiöse Gebäude sowie die Wohnhäuser der herrschenden Klasse. An der Ostseite des Platzes führt ein Pfad nach links zu einer niedrigen Struktur, die mit Masken des Regengottes Chaac dekoriert ist – merkwürdigerweise im Puuc-Stil, der mindestens 300 Jahre zuvor seine Glanzzeit hatte. Vielleicht wurden die Baumeister von Mayapán durch die nahen Puuc-Paläste inspiriert.

150 m weiter steht ein Rundbau, der, ähnlich wie der Caracol in Chichen Itzá, als Observatorium gedient haben könnte. Ein Beobachtungsraum konnte jedoch nicht ausgemacht werden.

Endphase der Maya
Die Cocom herrschten mit despotischer Hand über Nordyucatán. Religion trat in den Schatten, straffe militärische Organisation und wirtschaftliche Expansion standen auf dem Plan. Dauerrivale der Cocom war Tutul Xiu, der Fürst vom benachbarten Maya-Reich Maní. 1450 überfiel er Mayapán, ließ die Führungsriege der Cocom umbringen und die Stadt zerstören. Die Folge: Das Reich zerfiel in viele Kleinstaaten, was den endgültigen Niedergang der Maya-Zivilisation einleitete – anstatt eine Einheit zu bilden, gab es nur mehr zerstrittene Stämme, die dem Einmarsch der Spanier nichts entgegenzusetzen hatten. Die Nachfahren des Cocom-Herrschers von Mayapán leisteten den Eroberern lange Widerstand, die Familie gibt es bis heute.

Abkühlung gefällig?
Die Gegend um Mayapán ist gespickt mit Cenotes. Der **Cenote Telchaquillo** liegt nur 3 km entfernt im gleichnami-

gen Ort. Von hier führt ein 7 km langer Feldweg über das Dorf **Pixyá** zum **Cenote Nah Yah** und dem nahe gelegenen **Cenote Suem**. Noch einmal 3,5 km weiter liegt der **Cenote Noh-Mozon** schön im Wald versteckt.

Alle Cenotes ca. 9–16 Uhr, 10 Pesos

Tecoh und Umgebung

📍 M/N 3

Viel Kirche, sonst nichts

Etwa 15 km nördlich von Mayapán liegt die Ortschaft **Tecoh** mit der wehrhaften **Parroquia de Nuestra Señora de la Asunción.** Die Kirche wurde auf den Grundmauern einer geschleiften Maya-Pyramide errichtet, deren Stufen nach wie vor als Zugang dienen. Wenn Sie in Mérida schon die Kathedrale gesehen haben, wird Ihnen auffallen, dass sich die maurischen Türme beider Bauwerke sehr ähneln. Das Barockretablo im Inneren der Kirche wurde nicht nur mit Skulpturen verziert, sondern auch mit Malereien des Zapoteken Miguel Cabrera (1695–1768), der damals als bester Maler in ganz Mexiko galt.

Abwärts ins Abenteuer

Vor der Tür von Tecoh liegt ein weiteres Highlight: die **Grutas de Tzabnah.** Am Eingang zu den Höhlen warten Führer, die zwei Optionen anbieten: eine lange (1,5 Std.) und eine kurze (25 Min.) Tour. Ausgerüstet mit Helm und Lampe geht es los. Sie sollten bequeme, gern auch alte Schuhe tragen sowie lange Hosen, die schmutzig werden dürfen. Diese Höhlenerkundung ist kein Spaziergang – es wird gekrochen, geklettert und sogar geschwommen, denn mitten in der Höhle voller Stalagmiten und Stalaktiten verstecken sich mehrere Cenotes. Nach einem ersten Pool, der

schon richtig klasse ist, kommt noch ein zweiter, den man kletternd erobern muss. Das Ganze ist nichts für Leute mit Klaustrophobie, aber natürlich kann man jederzeit abbrechen und zum Ausgang zurückkehren.

Tgl. 8–17 Uhr, 70 Pesos plus Trinkgeld für den Führer

Touristenmagnet

12 km westlich von Tecoh gelangt man zur **Hacienda Sotuta de Peón.** Sie wurde von dem deutschstämmigen Besitzer Adolfo Lübcke Flores saniert und als Hotel eröffnet. Der Clou: Die Hacienda ist betriebsbereit. Zweimal im Jahr werden die Agaven geerntet und verarbeitet. Besucher bekommen auf einer 3-stündigen Tour die Schritte von der Pflanze bis zum Seil erklärt. Mit Karren geht es über das alte Schienennetz der Hacienda. Badesachen nicht vergessen – Schwimmen in dem nahen **Cenote Dzul Ha** ist eine Erfrischung in der Hitze Yucatáns. Hunger? Gleich zwei Restaurants gehören zum Anwesen und servieren yucatekische Küche, auch für Vegetarier. Müde? Es gibt 30 Zimmer, großzügig und schick.

www.haciendaviva.com, Führungen 10, 13 Uhr, 550 Pesos

Acancéh

📍 N 3

Mit Acancéh ist die letzte Attraktion entlang der Ruta Puuc erreicht. Das Städtchen gibt ein gutes Beispiel dafür ab, wie die Spanier der Kultur der Maya auf die Pelle gerückt sind.

Pyramide mit Ausblick

Mitten im Ort, an der **Plaza de la Tres Culturas,** stehen neben der kolonialen **Iglesia Nuestra Señora de la Natividad** zwei **Maya-Pyramiden**. Die Größere geht in ihren Ursprüngen wahrscheinlich auf die Frühzeit der Klassik (ca. 3. Jh.) zurück. Von der Spitze hat man einen guten Blick auf den Ort und kann hier in den Treppenaufgang eingelassene monumentale Stuckmasken bewundern.

Tgl. 8–17 Uhr, 65 Pesos

Osterspektakel

Wenn Sie zufällig während der Karwoche in Acancéh sind, sollten Sie sich das Passionsspiel ansehen. Voller Leidenschaft wird die Kreuzigung Christi von ausgewählten Bewohnern nachstellt – eine Ehre für die Schauspieler.

In der Markthalle am Platz verkaufen Frauen in tradioneller Kleidung Obst und Gemüse, aber auch Kleinigkeiten für den Hunger zwischendurch wie Tacos und Tamales.

Izamal N/O3

Am schönsten leuchten die gelben Fassaden in der Spätnachmittagssonne. Dann ist die Stimmung in der Stadt der drei Kulturen, wie Izamal auch genannt wird, besonders romantisch, v. a. rund um das Kloster. Fast alle Gebäude im kolonialen Zentrum tragen den gleichen warmen, gelben Farbton. Das hat seinen Grund: Im Jahr 1993 hatte sich die katholische Kirche das Thema ›Indigene Völker‹ auf die Fahne geschrieben und Papst Johannes Paul II. seinen Besuch in der historischen Stadt angekündigt. Die brachte man vorher auf Vordermann: Alle Häuser wurden gelb-weiß gestrichen – die Farben des Vatikanstaats.

Ganz auf Gelb programmiert ist die Stadt Izamal, auch das Convento San Antonio de Padua aus dem 16. Jh. trägt diese Farbe. Erbaut wurde es auf der Plattform und mit den Steinen einer Maya-Pyramide.

Stadt der drei Kulturen?

In Izamal treffen sie geballt aufeinander: indigene Pyramiden, spanische Kolonialhäuser und moderne Architektur. Ein Stilmix, der den besonderen Charme der Stadt ausmacht.

Izamal war ein wichtiger Ort der alten Maya, schon um 750 v. Chr. siedelten hier Menschen. Der erste namentlich bekannte Maya-Stamm waren die Chanes, die aus der Gegend der Laguna Bacalar hierherkamen. Als sie von den Itzá vertrieben wurden, errichteten diese ein Heiligtum für ihren obersten Gott Izamná. Der Ort entwickelte sich zu einer Pilgerstätte.

Im 16. Jh. kamen die Spanier nach Yucatán und nahmen Izamal ohne Widerstand ein. Sie nutzten die Stadt als Ausgangspunkt für ihre Eroberungszüge ins Landesinnere. 1823 wurde Izamal in den Rang einer Villa erhoben und blieb auch nach der Unabhängigkeit Mexios von Spanien lange Zeit eine der wichtigsten Städte auf Yucatán.

Convento San Antonio de Padua

Eindrucksvoll und natürlich in leuchtendem Sattgelb thront das koloniale Convento San Antonio de Padua über dem Zentrum von Izamal. Was aussieht wie ein natürlicher Hügel, ist die Plattform der **Pirámide P'ap'hol-chaak,** dem ehemaligen Heiligtum für den Maya-Gott Izamná. Der heidnische Tempel der Indígenas wurde von den Spaniern zerstört und als Zeichen ihrer Macht und des neuen Christengottes erbauten sie an genau dieser Stelle das Franziskanerkloster – mit den Steinen des Maya-Heiligtums.

Zugang über die Calle 31, geg. dem Stadtpark; Eintritt zum Atrium frei; Museum: Di–So 10–20 Uhr, 35 Pesos; Ton- und Lichtschau ›La Luz de los Mayas‹ Mo–Sa 20.30 Uhr im Atrium, 95 Pesos

Fast wie in Rom

1561 war der riesige Arkadenhof, das **Atrium,** fertiggestellt. Was damals für die hinterbliebenen Maya ein Frevel war, erfüllt die heutigen Einwohner mit Stolz, denn mit seinen 75 Bögen ist es das zweitgrößte Atrium der Welt – nach dem berühmten Petersplatz in Rom. Die Statue von Papst Johannes Paul II., die mitten im Atrium steht und an seinen Besuch in Izamal erinnert, dürfte sich hier also recht wohl fühlen. Johannes Paul II. war der erste Papst, der die Grausamkeit der Missionierung der Indígenas und die Zerstörung ihrer Kultur anerkannte und sich öffentlich dafür entschuldigte. In Izamal und ganz Mexiko ist er deshalb hoch angesehen.

Wunder gibt es immer wieder

In der kleinen **Klosterkapelle** steht die Statue der Jungfrau von Izamal, die eine erstaunliche Geschichte erzählt: 1558 ließ Bischof Diego de Landa zwei identische Statuen der Jungfrau anfertigen, eine für Izamal und eine für Mérida. Die Jungfrau von Izamal wurde bekannt für die vielen Wunder, die man mit ihr in Verbindung bringt. So verweigerte sich die Statue einst vor einem Transport nach Valladolid, indem sie immer schwerer wurde und die Träger zum Umkehren zwang. Auch schützte sie die Stadt mehrfach vor Epidemien und Schädlingsbefall, so glaubt man zumindest. Bei einem Brand im April 1829 wurde die Statue zerstört. Die Izamaleños baten Mérida, ihnen die Zwillingsstatue zu spenden. Der Wunsch ging in Erfüllung, und in einer feierlichen Prozession wurde die Jungfrau von Mérida nach Izamal gebracht. Inzwischen ist sie zur Schutzpatronin von Yucatán aufgestiegen und wird dementsprechend verehrt und viel besucht. Im Kloster befindet sich ein kleines **Museum,** wo Fotos vom Papstbesuch und Kleider der Jungfrau ausgestellt sind.

Ironie der Geschichte

Vor dem Aufgang zum Franziskaner-
konvent steht die Statue eines Mannes
mit zweifelhaftem Ruf: Diego de Landa
(s. S. 138). Er war während der Erobe-
rungszeit der höchste Würdenträger auf
Yucatán und ordnete die Verbrennung
aller vorspanischen Maya-Schriften an,
um das Götzentum der Indígenas aus-
zurotten und die Christianisierung vor-
anzutreiben. Das Denkmal lässt keinen
Zweifel an der Rolle aufkommen, die er
für die Einheimischen einst gespielt hat:
Vergeblich sucht man in den starren, as-
ketischen Gesichtszügen ein Anzeichen
von Milde oder Güte.

Pyramiden

Insgesamt ragen fünf Hügel aus dem sonst
flachen Zentrum von Izamal empor, weshalb die Stadt auch Ciudad de los Cinco
Cerros (›Stadt der fünf Hügel‹) genannt
wird. In Wirklichkeit sind alle diese Hügel
Plattformen alter Maya-Pyramiden. Noch
viele weitere Gebäude aus der Zeit der
Maya bildeten das prähispanische Izamal,
doch sind die meisten heute überbaut
oder liegen versteckt in den Gärten und
Patios der modernen Häuser.

Wo der höchste Gott wohnt

Schräg gegenüber dem Kloster steht hinter
Bäumen versteckt die **Pirámide Itzama-
tul.** Sie misst 21 m in der Höhe und war
dem Schöpfergott Itzamná geweiht, dem
höchsten Gott der Maya von Yucatán. Die
Nord- und Ostseite sind rekonstruiert, sodass Sie einen Eindruck davon bekommen, wie die Pyramide einst aussah.
Calle 26, tgl. 8–18 Uhr, Eintritt frei

Lieber ins Café

An die Südwestseite des Hauptplatzes
grenzt die unscheinbare **Pirámide Hun
Pik Tok.** Hier gibt es nicht mehr viel zu

PER KUTSCHE DURCH DIE GELBE STADT

Keine Lust auf Herumspazieren
in der Hitze? Dann steigen Sie in
eine *calesa* ein! Das sind einspän-
nige bunte Pferdewagen und ein
typisches Verkehrsmittel in Izamal.
Auf eines sollten Sie jedoch achten:
Suchen Sie sich eine Kutsche mit
einem gut genährten und gesunden
Pferd aus. Sagen Sie anderen Kut-
schern ruhig, weshalb Sie nicht mit
einem klapprigen Pferd umherziehen
möchten – im besten Fall regt es
den Halter zum Umdenken an (ca.
130 Pesos/30 Min.).

sehen. Das gleichnamige Café gegenüber
ist mit seinem schicken Mex-Ambiente
dafür umso mehr einen Besuch wert (tgl.
8–18 Uhr).
Calle 30, immer zugänglich, Eintritt frei

Unaussprechlich

Nördlich des Klosters liegt die **Pirámide
Kinich Kak Moó,** die von dort gut zu
Fuß erreichbar ist. Auf einer quadratischen Basis von je 200 m Länge ragt
das größte der in Izamal erhaltenen
Maya-Bauwerke 36 m in die Höhe. Das
sollten Sie nutzen: Der Blick von oben
über all die gelben Häuser, das Kloster
und die weite grüne Dschungelebene von
Yucatán ist wunderschön! Der Aufgang
zur Plattform liegt an der Südseite und ist
sportlich. Eine monumentale Treppe aus
riesigen Steinblöcken führt nach oben.
Die Pyramide war dem Sonnengott gewidmet und bis zur Ankunft der Spanier
eine wichtige Zeremonialstätte der Maya.
Calle 40, tgl. 8–17 Uhr, Eintritt frei

Für Maya-Enthusiasten

Nordwestlich des Klosters und ebenfalls
in fußläufiger Entfernung liegt der kleine

Templo del Kabul (›Kabultempel‹). Auf dem Platz davor wurden früher vermutlich Zeremonien und Versammlungen abgehalten. Da hier noch keine Ausgrabungen stattgefunden haben, ist die alte Maya-Anlage in ›Reinform‹ zu sehen, ein Besuch lohnt sich aber nur für wahre Fans. An dem Tempel begann eine alte Maya-Straße, die Izamal mit der Maya-Stadt Aké verband.

Geg. dem Parque Central, immer zugänglich, kein Eintritt

Centro Cultural y Artesanal

Palette des Kunsthandwerks

In dem kleinen, modern eingerichteten Museum bekommen Sie in der sehenswerten Ausstellung ›Grandes Maestros del Arte Popular Mexicano‹ einen guten Überblick über das mexikanische Kunsthandwerk und können auch gleich etwas kaufen. Lassen Sie sich Zeit und schauen Sie auf die kunstvollen Details der bunten Lebensbäume, beachten Sie die unterschiedliche Bemalung der hölzernen Fanstasiefiguren *(alebrijes)* und lassen Sie sich vom morbiden Charme der Skelettladys *(catrinas)* verzaubern. Anschließend lohnt sich eine Pause im schönen Patio-Café. Unter Palmen schmeckt ein Kaffee oder Kakao zusammen mit einem typischen Snack gleich dreimal so lecker.

Calle 31, Di–So 10–20 Uhr, 25 Pesos

Schlafen

Gartentraum

Villa San Antonio de Padua: Hier wohnen Sie in einem herrschaftlichen, typisch gelb getünchten Kolonialhaus mit Arkaden, großem Patio, Garten und Pool. Die Zimmer sind in warmen Farben gestrichen und haben einen Balkon.

Calle 33 Nr. 290, T 988 954 01 51, €€

Kleines Paradies

Hacienda Santo Domingo: Eine alte Hacienda mitten in der Stadt, aus der ein Deutscher ein edles Hotel gemacht hat. Die Ausstattung der großen Zimmer und Suiten ist liebevoll-mexikanisch gehalten, in den bequemen Kingsize-Betten werden Sie wie ein Maya-König schlafen. Ein sehr gutes Restaurant mit romantischem Ambiente sorgt fürs leibliche Wohl. Apropos: Der Strom wird komplett selbst erzeugt.

Calle 18, nahe der Kreuzung mit der Calle 33, T 988 967 61 36, www.izamalhotel.com, €€

Mit Pyramidenblick

Casa Jaguar: Näher können Sie der großen Pyramide kaum sein, das Aparthotel liegt nämlich gleich nebenan. Die Wohneinheiten sind gemütlich eingerichtet, haben eine Küche mit Essbereich und ein Bad. Am schönsten ist jedoch die Sonnenterrasse, umgeben von einem Garten mit Pool.

Calle 26 b, T 99 93 35 42 49, €€

Museales Flair

Itzamaltún: Hinter der schlichten Kolonialfassade öffnet sich ein parkartiger gepflegter Garten mit Pool und Liegewiese. Darin eingebettet liegen kleine Häuser mit jeweils drei geräumigen Zimmern. Die Einrichtung wirkt museal und ist in die Jahre gekommen. Parkplätze sind vorhanden.

Calle 31 Nr. 251, zw. Calle 22 und Calle 24, T 988 954 00 23, www.itzamaltun.com, €€

Essen

Hier werden auch Vegetarier satt

Kinich El Sabor: Hier kommt yucatekische Küche auf den Tisch. Probieren Sie Dzic de Venado (Geschnetzeltes aus Hirschfleisch), dafür ist das Haus bekannt.

Calle 27 Nr. 299, zw. Calle 28 und Calle 30, T 988 107 79 33, tgl. 12–19 Uhr, €

Bodenständig
El Toro: Rosario serviert herzhafte yucatekische Kost. Die Eintöpfe sind empfehlenswert. Das Ambiente ist schlicht und sauber.
Calle 30 Nr. 306, T 988 954 11 69, tgl. 8–22 Uhr, €

Kaffee & Kuchen
Restaurante Los Arcos: Im rustikalen Patio oder im Schatten unter den Arkaden sitzt man herrlich. Dazu eine kräftige Kaffeespezialität und ein Stück Schokoladenkuchen. Oder der hausgemachte Flan, der ist ein Gedicht. Es gibt auch einige herzhafte Speisen, Vegetarier werden fündig. Die Preise sind fair.
Calle 28 Nr. 289, T 988 954 06 62, tgl. 9–22 Uhr, €

Man kocht yucatekisch
Kinich Izamal: Schicker Mexikaner mit rustikalem Ambiente unter einem großen Palmblattdach. Die Portionen sind gut, die Küche v. a. yucatekisch geprägt. Achtung bei den Getränken: Hier wird bei Touristen gern mehr verbucht.
Calle 27 Nr. 299, T 988 107 79 33, www.restaurantekinich.com, Mo–Fr 12–18, Sa, So bis 19 Uhr, €

Einkaufen

Märkte
Plaza Zamná: In einem schönen Arkadenhof stehen viele Stände mit Souvenirs, Eis, Süßigkeiten etc. Einheimische bieten sich als Stadtführer an.
Calle 30, Ecke Calle 33, tgl. 9–20 Uhr

Mercado Municipal: Hier gibt es alles, was Mexikaner im Alltag brauchen und v. a. gerne essen – in Form von Zutaten oder bereits fertig zubereitet. Mitten im Markt versteckt sich ein Bereich mit Minilokalen, die ab 14 Uhr jedoch sehr voll sind.
Av. Zamna, Ecke Calle 39, Mo–Sa 7–18 Uhr

Feiern

Die zahlreichen religiösen Feste werden mit aufwendigen Prozessionen zelebriert, u. a. San Felipe de Jesús (5. Feb.), San Idelfonso (3. April) und die Feria de San Ramón (16. Sept.).
● **Día de la Candelaria:** 2. Feb. In Izamal wird Mariä Lichtmess besonders ausgiebig gefeiert.
● **Fiesta de Nuestra Señora de Izamal:** ab 15. Aug. für 10 Tage. Fest zu Ehren der Schutzpatronin der Stadt mit Prozessionen, Stierkämpfen, Straßenständen etc.
● **Fiesta del Santo Christ Sitilpech:** ab 18. Okt. für 20 Tage. Feierlichkeiten zu Ehren des Heiligen mit abendlichen Tanzdarbietungen und Livemusik.

Infos

● **Touristenbüro:** An der Westseite des Parque 5 de Mayo, im Palacio Municipal, www.izamal.info, Mo–Sa 10–18 Uhr.
● **Busse:** Das Busterminal liegt in der Calle 32, zw. Calle 31 und Calle 33. Verbindungen u. a. nach Mérida (5–22.30 Uhr, alle 30 Min., 1,5 Std.), Valladolid (mehrmals tgl., 2 Std.) und Cancún (mehrmals tgl., 2,5 Std.). Wer nach Chichén Itzá möchte, muss in Hoctún an der Hauptstraße Mérida–Cancún umsteigen.

Chichén Itzá ♀ P3/4

21. März, 12 Uhr: Die Sonne steht senkrecht über dem Äquator, es herrscht Tagundnachtgleiche. Eine riesige Schlange scheint über die Treppenstufen der Kukulcán-Pyramide hinabzugleiten. Der Maya-Gott zeigt sich den Menschen – und Tausende schauen zu. Einige sind traditionell in Weiß gekleidet. Manche meditie-

0   150   300 m

Cenote Sagrado

Templo del Hombre Barbado

Juego de Pelota

Tzompantli

Templo de los Tigres

Templo de Venus

Templo de las Mesas

Templo de los Guerreros

Plataforma de las Águilas

Pirámide de Kukulcán

P

Haupt-eingang

Touristenzentrum

Juego de Pelota

Grupo de las Mil Columnas

Juego de Pelota/Mercado

Tumba del Gran Sacerdote

Juego de Pelota

Casa de los Metates

Baño de Vapor

Casa del Venado

Mercado

Juego de Pelota

Cenote de Xtoloc

Nebeneingang

Dolores Alba

Casa Colorada

Caracol

Hotel Mayaland

MEX 180

Baño de Vapor

Templo de los Tableros

Casa Akab Dzib

Hacienda Chichén

Iglesia Za Aglena

Edificio de las Monjas

Hotel Villas Arqueológicas Chichén

Grupo de la Fecha, ↙Chichén Itzá Viejo

Valladolid, Cancún ↓

↙Valladolid, Cancún

Chichén Itzá

ren, andere verneigen sich und berühren mit der Stirn den Boden, wieder andere stehen mit ausgebreiteten Armen vor dem Maya-Gott und wollen die Energie des Moments aufsaugen. Dieses Spektakel wiederholt sich am 21. September, wenn Tag und Nacht erneut gleich lang sind. Heutzutage sind es überwiegend Touristen, die dem Äquinoktium beiwohnen.

In Massen. Doch auch sonst geht es in Chichén Itzá, seit 1988 UNESCO-Weltkulturerbe, trubelig zu – nach Teotihuacán bei Mexiko-Stadt ist es die meistbesuchte Stätte des ganzen Landes.

Tgl. 8–17 Uhr, 486 Pesos, man kann das Ruinengelände am Geltungstag des Tickets mehrfach betreten; Ton- und Lichtschau Nov.–März 19, April–Okt. 20 Uhr, 72 Pesos

Eine Stadt und ihre Geschichte

Vom Dschungel verschluckt

Es muss unglaublich für die ersten Forscher gewesen sein, als sie ab 1840 durch den Dschungel nach Chichén Itzá (›Brunnen der Itzá‹) vorstießen – die Bauwerke lagen so unberührt da, als hätten die Maya den Ort gerade erst verlassen. Im Gegensatz zu anderen Maya-Städten war Chichén Itzá nie länger in Vergessenheit geraten. Nachdem die Cocóm den Ort Ende des 15. Jh. aufgegeben hatten, folgten sogleich die Spanier. Sie ließen sich hier nieder, bevor die Wahl auf Mérida als erste offizielle Niederlassung fiel. Trotz dieser beinahe lückenlosen Besiedlung liegt die Geschichte Chichén Itzás weitgehend im Dunkeln. Hinweise wie archäologische Funde, Hieroglyphentexte und Berichte aus der Kolonialzeit geben immer nur kleine Einblicke in die Welt der Itzá-Maya.

Viele Puzzleteile

Die früheste Datierung zu Chichén Itzá stammt von 618 n. Chr., belegt aber keineswegs das Datum der Gründung, die irgendwann im 5. Jh. erfolgt sein muss. Auch die weitere Entwicklung gibt Anlass zu Spekulationen. Wie die meisten Städte des Nordens wurde auch Chichén Itzá gegen 950 verlassen – um kurz darauf in direkter Nachbarschaft neu zu erstehen. Die Reste der ersten Siedlung, heute **Chichén Itzá Viejo** genannt, liegen etwa 1 km entfernt und sind kaum restauriert.

Die mit dem Aufstieg des neuen Chichén Itzá einhergehende Renaissance der Maya-Kultur wirft immer noch Fragen auf, zumal einige der Bauten nun toltekische Stilelemente aus Zentralmexiko aufweisen. Heute geht man jedoch nicht mehr von einer Eroberung durch die Tolteken aus Tula aus, sondern nimmt an, dass dieser Stil damals einfach en vogue war. Als man die Stadt vollendet hatte, erstreckte sie sich über eine Fläche von 16 km². Sicherlich wurde von hier aus ein weites Gebiet beherrscht. 1185 gerieten die Itzá jedoch in einen Strudel der Machtkämpfe und mussten sich dem aufstrebenden Herrscher von Mayapán (s. S. 139) beugen. Die Überlebenden flohen in den Dschungel des heutigen Guatemala und gründeten dort Petén Itzá. Hier konnten sie sich bis 1697 gegen die Spanier behaupten.

Das Gelände zum Spotpreis

Der stadtfernen Lage ist es wohl zu verdanken, dass Chichén Itzá nicht als Steinbruch missbraucht wurde. Und es war eine glückliche Fügung, dass der amerikanische Konsul in Mérida, Edward H. Thompson, Ende des 19. Jh. die Erforschung der Maya-Kultur zu seinem Hobby machte und das Land rings um die Ruinenstadt aufkaufte – für 75 US-Dollar! Dass er heimlich wertvolle Funde außer Landes bringen ließ, steht auf einem anderen Blatt.

Mit Schäufelchen und Pinsel

Die intensivsten Ausgrabungen fanden zwischen 1924 und 1945 statt, doch nach wie vor wird in Chichén Itzá geforscht und gegraben. Von Anfang

DER BESTE ZEITPUNKT **Z**

Um dem Besucherrummel etwas zu entgehen, sollten Sie in der Nähe von Chichén Itzá übernachten und die frühen Morgenstunden für einen Rundgang durch die Stätte nutzen. Generell etwas ruhiger ist es in Richtung der Südgruppe – hier spüren Sie noch die Magie des Ortes.

an waren die Wissenschaftler darum bemüht, nicht nur neue Erkenntnisse über die versunkene Kultur zu gewinnen, sondern die Relikte möglichst authentisch zu rekonstruieren und zu restaurieren, um sie später in den Dienst des Tourismus zu stellen. Die meisten Meriten gebühren wohl den US-Amerikanern Sylvanus Morley und John Eric Thompson, die sich 1924 im Auftrag der Carnegie Institution und mexikanischer Regierungsstellen der Ruinen annahmen.

Rundgang

Nur ein Teil der eigentlichen Stadt ist bisher ausgegraben – beinahe zum Glück, denn auch so ist das Gelände sehr weitläufig.

Eine Schlange mit Federn

Fast automatisch steuert man zunächst das bekannteste Bauwerk von Chichén Itzá an: die **Pirámide de Kukulcán**, auch **El Castillo** genannt. Das 25 m hohe Bauwerk fungierte im Grunde als monumentaler Jahreskalender: Die neun Terrassen und vier Treppen symbolisieren die neun Himmel und die vier Himmelsrichtungen. Jede der vier Treppen hat 91 Stufen, macht zusammen 364 (Tage). Tag 365 wurde durch die oberste Tempelplattform dargestellt, die gleich-

VERWIRREND

Die Bezeichnungen der Gebäude sind in den meisten prähispanischen Stätten nicht original, sondern stammen aus frühen spanischen Quellen oder von Archäologen. Die historischen Namen sind fast alle in Vergessenheit geraten.

zeitig Himmel und Erde verband. Die 52 reliefartigen Verkleidungsplatten der Flanken versinnbildlichen den 52-jährigen Kalenderzyklus in der Zeitrechnung der Maya (s. S. 262). Am Fuß der Treppen wachen Schlangenköpfe – Symbole der Kukulcán (›gefiederte Schlange‹), die in Chichén Itzá eine zentrale Rolle spielte. Das Phänomen der ›hinabgleitenden Schlange‹ am Tag der Sonnenwende, von den Baumeistern und Astronomen Chichén Itzás brillant berechnet und umgesetzt, wurde jedoch erst vor etwa 20 Jahren entdeckt. Es kündigte im März das Ende der Trockenzeit und damit den Beginn der Aussaat an, im September das Ende der Regenzeit und den Moment der Ernte.

Während der Restaurierung entdeckte man im Inneren der Pyramide einen älteren Tempel. An seinem Eingang befanden sich ein Chac Mo'ol (s. S. 150), ein Opferaltar sowie ein rot bemalter Jaguar-Thron, der zur Imitation des geflecketen Fells mit Jadestücken eingelegt war. Leider ist der Zugang hierzu mittlerweile gesperrt.

Der Urahn des Fußballs

Pok ta Pok – der moderne Name für das mesoamerikanische Ballspiel leitet sich von dem Geräusch ab, das der Ball macht, wenn er auf den Boden und die Wände des Spielfelds trifft. In Chichén Itzá ist der **Juego de Pelota** (›Ballspielplatz‹) 168 m lang, 36 m breit und an den Längsseiten von stattlichen Mauern eingefasst. Bisher wurden 500 Plätze dieser Art in Mesoamerika entdeckt – der hier ist der größte! In seinem Zentrum ragen je zwei steinerne, mit Schlangen verzierte Ringe ins Spielfeld – in 7,25 m Höhe! Der Ball musste hier hindurch gestoßen werden. Friese unterhalb der Ringe dokumentieren das blutige Ritual des Spiels: Umgeben von prächtig ausstaffierten Spielern hält der Führer der Siegermannschaft den Kopf des Verlie-

Besondere Akustik: Wenn man vor einer der Treppen der Pirámide de Kukulcán in die Hände klatscht, hört man ein Echo, das dem Ruf des für die Maya heiligen Vogels Quetzal ähnelt. Lässt sich darauf auch der Name des Bauwerks zurückführen? Kukulcán ist das Maya-Wort für Quetzalcoatl, eine synkretistische Gottheit.

rers in der einen Hand, in der anderen das Messer, mit dem er das grausame Ritual vollzogen hat. Aus dem Hals des Enthaupteten strömt das Blut in Gestalt von Schlangen. Bemerkenswert ist die Akustik der Anlage, lassen sich doch deutlich Gespräche über die Distanz des gesamten Spielfeldes vernehmen. Pok ta Pok eben.

Am Nordrand des Platzes steht der reich mit Reliefs geschmückte **Templo del Hombre Barbado** (›Tempel des bärtigen Mannes‹), im Osten der **Templo de los Tigres** (›Tempel der Jaguare‹), zu dem eine steile Treppe hinaufführt (Zugang gesperrt). Interessant sind hier die Schlangensäulen am Eingang und die stark verblassten Reste von Wandmalereien im Inneren. Sehr schöne Reliefs findet man auch auf den Säulen und Wänden des kleinen Vorbaus am Fuß des Tempels. Der Blick von hier auf die Hauptpyramide ist sagenhaft!

Opfer müssen sein

Von hier sind es nur einige Schritte zum **Tzompantli** (Nahuatl: ›Schädelmauer‹), einer t-förmigen Plattform mit Schädelreliefs, auf die die Köpfe ritueller Menschenopfer ausgestellt wurden. Unmittelbar davor liegt die kleine **Plataforma de las Águilas** (›Plattform der Adler‹) mit Darstellungen von Adlern und Jaguaren, die Menschenherzen in den Klauen halten. Das Bauwerk diente laut Diego de Landa (s. S. 138) als eine Art Bühne.

Geheimnisvolle Steinfigur

Eine ganz ähnliche Gestalt hat der **Templo de Venus** (›Tempel der Venus‹), ein Stück weiter an der Hauptachse zwischen der großen Pyramide und dem Cenote Sagrado. Die mit vier Aufgängen versehene Plattform zeigt gefiederte Schlangen und eine Glyphe für das Jahr der Venus. 1875 hatte hier der amerikanische Archäologe Augustus Le Plongeon eine auf dem Rücken liegende Steinfigur entdeckt, die er Chac Mo'ol nannte, obwohl die Figur nichts mit dem Regengott zu tun hat. Seitdem wurden etwa 40 solcher Statuen in ganz Mesoamerika gefunden, allesamt stammen sie aus der postklassischen Periode. Wofür genau sie dienten, ist nicht 100-prozentig geklärt, wahrscheinlich wurden in die Vertiefung oder Schale am Bauch der Figur Opfergaben abgelegt. Der namensgebende Chac Mo'ol von Augustus Le Plongeon befindet sich heute im berühmten Anthropologischen Museum in Mexiko-Stadt.

Schätze im heiligen Brunnen

Ein ehemaliger *sacbé,* ein künstlich angelegter Weg, führt in gerader Linie vom Venustempel 300 m nach Norden zum **Cenote Sagrado** (›heiliger Brunnen‹), dem Chichén Itzá seinen Namen verdankt. Der Trichter hat einen Durchmesser von 56 m und das Loch ist 50 m tief. Mikroskopisch kleine Algen färben das Wasser smaragdgrün. Als Erster erforschte der amerikanische Konsul Edward H. Thompson den Cenote. Er fand darin zahlreiche Opfergaben, darunter Jade, Gold, Keramik und etwa 50 menschliche Skelette. Als bekannt wurde, dass Thompson seine Stellung missbraucht und die Funde mit Kurierpost in die USA geschickt hatte, um sie dem Peabody Museum in New Haven zu stiften, wurde er des Landes verwiesen. Obwohl das Museum nach jahrzehntelangem Rechtsstreit doch gewann, gab es die meisten Funde an Mexiko zurück.

Ab 1960 forschten die amerikanische National Geographic Society und das mexikanische Tauchforschungs-team CEDAM intensiv in dem heiligen Gewässer. Tausende wertvoller Funde bestätigten die Vermutung, dass der Cenote eine Opferstätte für den Regengott Chaac war. Menschenopfer waren allerdings die Ausnahme, und dass v. a. bildhübsche Jungfrauen in die Tiefe gestoßen wurden, gehört in den Bereich der Legenden.

Trendy im Toltekenstyle

Kehren Sie wieder zum Hauptplatz zurück, dann sehen Sie links schon den **Templo de los Guerreros** (›Tempel der Krieger‹), eines der schönsten Beispiele maya-toltekischer Architektur. Die Kombination von Säulenhalle und Pyramide ahmt zweifellos den Tempel des Morgensterns von Tula nach und übertrifft diesen sogar an Pracht und Größe. Die unteren Wände der Pyramide, aber auch die Pfeiler ringsum sind mit Darstellungen von Kriegern und Adlern reliefiert, die Menschenherzen verschlingen. Eine breite Treppe führt hinauf zur Plattform, auf der eine Chac-Mo'ol -Figur steht (Zutritt leider nicht erlaubt).

Den Eingang zum Tempel flankieren zwei toltekische Schlangenpfeiler, an den Tempelwänden erkennt man die für die klassische Maya-Epoche typischen Rüsselnasen des Regengottes Chaac. Über eine Treppe an der Nordseite kann man in das Innere der Pyramide gelangen, wo die Archäologen 1926 ein älteres Bauwerk entdeckten, dem sie ebenfalls den Namen Chac Mo'ol gaben. Leider gelang es ihnen nicht, die bunten Malereien zu konservieren, sodass von den ehemals großartigen Bildern nur noch schwache Farbreste zu erkennen sind.

Säulen sind ›in‹

Obwohl die Bezeichnung **Grupo de Las Mil Columnas** (Gruppe der 1000 Säulen) für den lang gestreckten Komplex gleich neben dem Kriegertempel etwas übertrieben ist, dokumentiert die Anlage doch eindrucksvoll die Fähigkeit der Maya im Umgang mit dem neuen Gestaltungselement der Säule. Die haben sie sich bei den Tolteken aus dem Hochland abgeguckt. Hier wagten sich die Architekten gleich an ein Großprojekt, das in ganz Mesoamerika seinesgleichen sucht. Für welchen Zweck das Bauwerk erbaut wurde, bleibt allerdings Spekulation: Versammlungsort oder Markthalle?

Neben der Säulenhalle liegt ein kleiner **Juego de Pelota**, auch **Mercado** genannt. Ob hier wirklich Märkte abgehalten wurden, sei dahingestellt. Das benachbarte **Baño de Vapor** (›Dampfbad‹) diente vermutlich rituellen Reinigungen. Noch gut zu erkennen ist der Vorraum, das eigentliche Bad und der Heizraum.

Bei den Sternguckern

Der Rundgang führt nun über eine alte Straße in den Südteil von Chichén Itzá. Spannend ist hier ein Gebäude, das **Caracol** (›Schneckenhaus‹) genannt wird und als Observatorium diente. Im Gegensatz zum toltekischen Schick der anderen Bauwerke wurde der Rundbau im lokalen Stil Nordyucatáns errichtet. Die Steine sind sorgfältig zusammengefügt, die Räume haben Kraggewölbe, die Wände zieren Chaac-Masken. Ein bisschen toltekische Deko wie Krieger- und Schlangendarstellungen musste aber auch sein. Seinen Spitznamen verdankt das Gebäude der eigenwilligen Bauweise: Spiralförmig winden sich zwei Gänge in eine Kammer in der Kuppel. Durch schmale Fensterschlitze dringen nur zweimal im Jahr die Sonnenstrahlen für wenige Sekunden bis ins Zentrum des Baus vor. Auf diese einfache wie zuverlässige Weise bestimmten die Maya-Priester wichtige Jahresdaten.

Tiere als Himmelsträger

Weiter südlich gelangen Sie zum **Edificio de las Monjas** (›Nonnenkloster‹), ein Name, der nur von den Spaniern stammen kann … Der Bau und seine Nebengebäude sind reich verziert und wurden im klassischen Chenes-Stil der Maya errichtet. Die Steindekorationen symbolisieren den Regengott Chaac, dazwischen sind nach dem Glauben der Maya die Träger des Himmels zu sehen: eine Krabbe und ein Gürteltier, eine Schnecke und eine Schildkröte.

Zu den weiteren, teils stark zerstörten Gebäuden der Südgruppe zählen der **Templo de los Tableros** (›Tempel der Wandmalereien‹) mit seinen Reliefs, die toltekische Krieger und Jaguare darstellen, und die **Tumba del Gran Sacerdote** (›Grab des Hohen Priesters‹) – ein Tempel, unter dem Gräber gefunden wurden. Außerdem kommen sie an der **Casa Colorada** (›Buntes Haus‹) mit roten Streifen an den Wänden und an der **Casa Akab Dzib** (›Haus der unbekannten Schrift‹) vorbei, ein palastartiger Bau mit bislang nicht entzifferten Schriftzeichen über der Tür des zweiten Raumes.

Eine wichtige Zahl

An der Maya-Straße, die Richtung Süden nach Chichén Itzá Viejo führt, liegt etwa 900 m vom Südteil entfernt die **Grupo de la Fecha** (›Datumsgruppe‹). Auf einem Türbalken wurde das einzige konkrete Datum in Chichén Itzá gefunden: 879 n. Chr. Zu der Gruppe gehört auch ein Phallustempel mit entsprechenden Plastiken aus der dekadenten Spätphase der Klassik.

Schlafen

Die teuren Hotels liegen unmittelbar an den Ruinen, die preiswerteren im ca. 3 km entfernten Ort **Pisté**. Dort gibt es auch einige einfache Restaurants.

Beste Lage

Hotel Mayaland: Das Hotel in direkter Lage bei der Ruinenstätte ist modern und komfortabel ausgestattet. Viele Reisegruppen steigen hier ab. Der Swimmingpool in der gepflegten Gartenanlage kommt nach dem Besuch der Ruinen genau richtig.

Am Südosteingang der Ruinenanlage, T 998 887 24 95, www.mayaland.com, €€€

Keine Bettenburg

Hacienda Chichén: Die ehemalige Hacienda an der Ruinenstätte wurde in ein komfortables Hotel umfunktioniert. Die rustikalen Zimmer sind sauber und geräumig. Im bezaubernden Garten gibt es einen Pool und Hängematten zum Entspannen.

Am Südosteingang der Ruinen, T 999 920 84 07, www.haciendachichen.com, €€€

Dezenter Komfort

Hotel Villas Arqueológicas Chichén: Unspektakuläres Hotel mit 44 ordentlichen Zimmern. Swimmingpool, Poolbillard und Fahrräder stehen zur Nutzung bereit. Das angeschlossene Restaurant serviert ganztägig gutes Essen.

MEX 180 Km 120, Zona Hotelera, T 984 188 83 10, www.villasarqueologicas.com.mx, €€

Preiswert

Dolores Alba: Die einfache Unterkunft mit Pool und Restaurant bietet einen kostenlosen Shuttle zu den Ruinen und verleiht Fahrräder. Wem der Pool zu langweilig ist, der besucht den nahe gelegenen Cenote Ik Kil (s. rechts).

MEX 180 Km 122, ca. 2 km südl. der Ruinen, T 985 851 01 17, www.doloresalba.com, €

Einfach und ordentlich

Hacienda Pisté: Das beliebte Mittelklassehotel mit geräumigen Zimmern und schönem Garten mit Pool ist eine gute Alternative zu den Unterkünften in Ruinennähe.

Calle 2, T 985 133 69 22, €€

Mit Familienanschluss

Posada Olalde: Die Posada liegt gut 1 km von den Ruinen entfernt. Es gibt einfache, zweckmäßige Zimmer um einen begrünten Innenhof. Victor kümmert sich bestens um seine Gäste.

Calle 66, Pisté, T 985 851 00 86, €

Infos

• **Busse:** Die Busse halten am östlichen und westlichen Ende von Pisté sowie vor dem Eingang zu den Ruinen. Verbindungen nach Mérida (7.30–21.30 Uhr, stdl., 2,5 Std.) und Cancún (8.30–17.15 Uhr, stdl., 4,5 Std.). Die 1.-Klasse-Busse stoppen nicht in jedem Dorf und sind um einiges schneller. Busse der 2. Klasse halten in Balancanché und am Hotel Dolores Alba.

Die Umgebung von Chichén Itzá

Cenote Ik Kil ♀P4

Sprung ins Wasser

Umgeben von üppig grüner Natur liegt der Cenote Ik Kil. Morgens und spätnachmittags, also bevor und nachdem die Touristenmassen anrollen, hat er schon etwas Mystik im Gepäck. Man muss sich einfach alle Störfaktoren wie knallorangefarbene Schwimmwesten wegdenken, dann kann man sich vorstellen, wie zur Maya-Zeit Opfergaben in das Wasserloch geworfen wurden. Heute gibt es Umkleiden, Duschen und Restaurants. Ins Wasser springen ist auch erlaubt – Höhen zwischen 1 und 5 m sorgen für den Spaßfaktor.

Ca. 3 km östl. des Ostzugangs von Chichén Itzá, tgl. 8–17 Uhr, 80 Pesos

Schon mehrmals war der Cenote Ik Kil Austragungsort der Red Bull Cliff Diving World Series, internationalen Klippenspringwettkämpfen. Zwischen 26 und 28 m hoch ist die Plattform, von der sich die Teilnehmer kunstvoll in die Tiefe stürzen.

Grutas de Balancanché ♀ P3

Stalagmiten und Stalaktiten

Die Grutas de Balancanché erscheinen wie eine verwunschene Welt. Sie wurden erst 1959 durch Zufall entdeckt, obwohl die Maya hier ein tief unter der Erde liegendes Heiligtum hatten, das sie auch während des Kastenkrieges als Versteck nutzten.

Der Besuch ist nur im Rahmen einer Führung möglich. Ein Gang erweitert sich zu einer Höhle mit einem mächtigen Stalaktiten, der für die Maya den heiligen Ceiba-Baum symbolisierte. Sie hielten hier religiöse Rituale ab und opferten Schalen mit Essen, Muscheln, Schmuck und andere Dinge, die bedeutungsvoll für sie waren. Wer Platzangst hat – hier unten kann es unangenehm warm und feucht sein. Die Wartezeit bis zur Führung kann man im kleinen **Museum**, dem **botanischen Garten** oder im Restaurant verbringen.

5 km östl. von Chichén Itzá, 350 m von der Hauptstraße, tgl. 9–17 Uhr, 1-stündige Führungen 11, 13, 15 Uhr (engl.), 127 Pesos

Valladolid ♀ P/Q3

Eine gemütliche kleine Plaza ohne Hektik, beschattet von Bäumen und gesäumt von Arkaden. Eine mexikanische Kleinstadt, in der die Uhren langsamer ticken als in den Badeorten der nahen Küste. Bei Insidern ist Valladolid berühmt für seine Wurstwaren und handgefertigte

Lederschuhe, bei Historikern für seine Rolle in der Auseinandersetzung zwischen Spaniern und Indígenas.

Wilde Zeiten

So geruhsam wie heute ging es hier längst nicht immer zu. Bereits im Mai 1543 legte der Mérida-Gründer Francisco de Montejo den Grundstein auch für diese Stadt – und zwar an der Stelle der Maya-Siedlung Coac Ha (›großes Wasser‹). Die Maya hatten sich einer ersten Eroberung erfolgreich widersetzt, doch in den folgenden Jahrhunderten war die Stadt immer wieder Zentrum von Unruhen und Aufständen, beispielsweise bei der großen Erhebung der Indígenas im Jahr 1600 und im Kastenkrieg von 1848. Damals belagerten Maya-Truppen den Ort zwei Monate lang, bis die Spanier aufgeben mussten.

Ältestes Gotteshaus von Yucatán

Die wichtigste Sehenswürdigkeit der Stadt ist die **Parroquia de San Bernardino de Siena** ❶ mit dem angegliederten **Convento de Sisal**. Die Kirche wurde bereits 1552 erbaut und ist damit das älteste katholische Gotteshaus von Yucatán. Wie eine Festung thront sie neben dem **Parque Sisal.** Das Kloster wurde über dem **Cenote Sis Ha** errichtet, der über Jahrhunderte die Wasserversorgung der Stadt sicherte und sogar die umliegenden Felder bewässerte. Deshalb soll er auch für den Namen ›Sisal‹ Pate gestanden haben, den aus der Henequén-Agave gewonnenen Sisalhanf (s. S. 249).

Calle 49, Ecke Calle 50, Parque Sisal, Mo–Sa 8–19, So bis 14.30 Uhr, 45 Pesos

Sammeln tut gut

Die koloniale **Casa de los Venados** ❷ gehört John und Dorianne Venator, einem amerikanischen Paar aus Chicago, die Mexiko in ihr Herz geschlossen haben. In ihrem Haus verbirgt sich eine wahre Schatzkiste: über 3000 exquisite Zeugnisse mexikanischer Volkskunst und Kunsthandwerk. Lebensbäume, Wandbilder, Frida und Diego, Skurriles und Schönes, Holz und Keramik, der Tod und das Leben – von allem ist man dabei. Wer das Glück hat, an Tourguide David zu geraten, wird eine besonders unterhaltsame Führung erleben.

Calle 40 Nr. 204, Ecke Calle 41, T 985 856 22 89, www.casadelosvenados.com, tgl. 10–16 Uhr, Führungen tgl. 10 Uhr, Eintritt frei, eine Spende von 200 Pesos wird erwartet

Wenn Kleider sprechen könnten

… hätten die Exponate im **Museo de Ropa Étnica de México (MUREM)** ❸ einiges zu erzählen. Genauso wie die enthusiastische Museumschefin Tey und ihre Mitarbeiter, die ihre Gäste auf den 45-minütigen Rundgängen zu begeisterten Zuhörern machen. Zu jedem Kleidungsstück erzählen sie die Geschichte. Und sie berichten über die Bräuche, die sich in dem Design und der Funktionalität der einzelnen Teile ausdrücken. Was bedeuten die Farben auf den bestickten Blusen? Warum bilden manche Ethnien Tiere darauf ab, andere Muster? Und welchen Hintergrund hat der schwarze Rock aus Schafwolle, der an ein Bärenfell erinnert? All das erfahren Sie in diesem Museum.

Calle 41 Nr. 195, www.murem.org, tgl. 10–18 Uhr, Eintritt frei, eine Spende wird erwartet

Ein Bad gefällig?

In Valladolid und rund um die Stadt gibt es etliche Cenotes, die in der Hitze Yucatáns Abkühlung verschaffen. In einem Park mitten in der Stadt versteckt sich der **Cenote Zaci** ❹, der v. a. am Wochenende von den Einheimischen als Schwimmbad genutzt wird. Man kann aus Höhen zwischen 1 und 10 m ins Wasser springen.

Calle 36, zw. Calle 37 und Calle 39, tgl. 8–18 Uhr, 35 Pesos

Valladolid

Ansehen

❶ Parroquia de San Bernardino de Siena / Convento de Sisal

❷ Casa de los Venados

❸ Museo de Ropa Étnica de México (MUREM)

❹ Cenote Zaci

Schlafen

❶ Casa Palagui Colonial

❷ Casa Quetzal

❸ El Mesón del Marqués

❹ Casa Tía Micha

❺ La Aurora Colonial

Essen

❶ Yerbabuena del Sisal

❷ Trattoria San Giovanni

❸ Wabi Gelato

❹ Hacienda Selva Maya

Einkaufen

❶ Mercado de Artesanías

Schlafen

Ein Haus voller Antiquitäten

❶ Casa Palagui Colonial: Sehr schöne Hotelanlage in Zentrumsnähe. Der gepflegte Garten lädt zum Verweilen und Entspannen ein. In den sauberen Zimmern mit Sitzgelegenheiten im Freien ist der Name des Hotels Programm – die Einrichtung passt sich dem Kolonialgebäude an. Super Frühstück sowie kostenlos Mineralwasser und Bier im Zimmerkühlschrank. Calle 48-A Nr. 233, T 985 111 89 62, €€

Wohlfühloase

❷ Casa Quetzal: Das kleine, privat geführte Hotel besticht durch seine äußerst geschmackvolle Inneneinrichtung. Die Zimmer sind gemütlich und komfortabel eingerichtet. Im großen Garten gibt es einen Pool. Der Zócalo ist nur wenige Gehminuten entfernt.

Calle 51 Nr. 218, zw. Calle 50 und Calle 52, T 985 856 47 96, www.casa-quetzal.com, €€

An der Plaza

3 El Mesón del Marqués: Das charmante Stadthotel mit 90 schönen Zimmern liegt zentral und trotzdem ruhig. Pool, Dachterrasse und Parkplätze stehen zur Verfügung. Das angeschlossene Restaurant serviert gute Kost (s. unten).

Calle 39 Nr. 203, an der Plaza F. Cantón, T 985 856 20 73, www.mesondelmarques. com, €€

Wildromantisch

4 Casa Tía Micha: Sechs liebevoll gestaltete Zimmer stehen in diesem zentral gelegenen Kleinod zur Verfügung. Das leckere Frühstück wird im begrünten Innenhof serviert. Mit Pool.

Calle 39 Nr. 197, zw. Calle 38 und Calle 40, T 985 856 06 39, www.casatiamicha.com, €€

Koloniales Ambiente

5 La Aurora Colonial: Nettes Hotel in einem historischen Gebäude mit hübschem Innenhof und Pool. Die Zimmer sind sauber und geräumig. Verlangen Sie ein ruhigeres Zimmer im hinteren Bereich. Mit Dachterrasse.

Calle 42 Nr. 192, zw. Calle 35 und Calle 37, T 985 856 12 19, www.travelbymexico.com/ yuca/laaurora, €

Essen

Romantisch

3 Hostería del Marqués: Das Restaurant des Hotels El Mésón del Marqués serviert yucatekische Küche in gediegenem Ambiente.

Im gleichnamigen Hotel (s. oben), tgl. 7.15–22.30 Uhr, €

Vegetarisch mit Stil

1 Yerbabuena del Sisal: In stylischem Ambiente gibt es hier vorwiegend vegetarische Kost. Die Burger mit Gemüsebratling oder die Gemüselasagne sind zu empfehlen. Auch die Süßspeisen sind verführerisch. Und die hausgemachten Limonaden runden das tolle Angebot ab.

Calle 54-A Nr. 217, T 985 856 14 06, www. yerbabuenadesisal.com, Di–So 8–17 Uhr, €

Pizza, Pizza

2 Trattoria San Giovanni: Wer benötigt eine Auszeit vom mexikanischen Essen? Hier gibt es sie, mit köstlichen Pastagerichten und Pizzas. Das Ambiente ist ansprechend und die Preise sind fair.

Calle 40 Nr. 215 a, T 985 124 27 27, Di–So 13.30–23 Uhr, €

Eiskalter Tipp

3 Wabi Gelato: Die Auswahl ist nicht riesig, aber das Geschmackserlebnis der erlesenen Sorten umso größer. Schon mal Rosmarineis probiert?

Calle 41 Nr. 197 a, T 985 856 44 19, tgl. 12–20 Uhr, €

Im Schlaraffenland

4 Hacienda Selva Maya: Jeden Tag kann man sich an dem Megabuffet dieses Lokals durch landestypische Leckereien futtern – die Töpfe sind nie leer. Ein kulinarischer Traum! Die Fressnarkose behebt ein Sprung in den kühlen, smaragdgrünen Cenote Saamal auf dem Hacienda-Gelände.

MEX 180 Richtung Mérida, 7 km südwestl. von Valladolid, www.haciendaselvamaya.com, tgl. 9–17 Uhr, €€

Einkaufen

Kunsthandwerk

1 Mercado de Artesanías: Blusen aus Yucatán sind der Renner, doch Valladolid ist auch berühmt für seine Lederartikel.

Calle 39, Ecke Calle 44, unter den Arkaden des Marktgebäudes, tgl. 7–21 Uhr

Infos

- **Busse:** Das ADO-Busterminal liegt an der Calle 39, Ecke Calle 46. Gute Verbindungen der 1. und 2. Klasse bestehen nach Cancún (2–3 Std.), Chichén Itzá (45 Min.) und Mérida (2–3 Std.). 1 x tgl. fährt ein Bus nach Chiquilá, wo man Anschluss an die Fähre nach Holbox (s. S. 41) hat.
- **Colectivos:** Die Station ist gegenüber dem ADO-Terminal. Fahrten u. a. nach Pisté und Chichén Itzá. Von der Ostseite nach Tizimín, von der Calle 44 (zw. Calle 35 und Calle 37) nach Ek Balám.

Die Umgebung von Valladolid

Cenote X'Kekén und Cenote Samulá ♥ P 3/4

Es ist Badezeit
Südwestlich von Valladolid liegt der eindrucksvolle **Cenote X'Kekén.** Beim Schwimmen im 25 °C warmen Wasser kitzeln viele kleine Fische die Haut und reinigen sie von Schuppen – ein natürliches Fisch-Spa! Von der Höhlendecke hängen Tropfsteine herab und die Sonne schickt ihre Strahlen wie ein Scheinwerfer ins Wasser, das dadurch türkisblau schimmert. Der kleinere **Cenote Samulá** ist flach und nicht ganz so spektakulär.

MEX 180 Valladolid–Mérida, am Restaurant Hacienda Selva Maya (s. S. 156) links abbiegen und noch 2 km der Straße folgen, tgl. 9–18 Uhr, 80 Pesos für einen Cenote, für beide 125 Pesos

Ek Balám ♥ Q 3

Etwa 17 km nördlich von Valladolid liegen die Ruinen von Ek Balám (›Schwarzer Jaguar‹) abseits der Touristenroute verstreut im Buschwald. Die Stadt wurde wahrscheinlich im 3. Jh. von den Maya gegründet und erlebte zwischen dem 6. und 7. Jh. ihre Blütezeit.

Tgl. 8–17 Uhr, 413 Pesos

Ein Monster mit großem Maul
Die Archäologen, die hier erst seit 1997 graben, haben einige bemerkenswerte Bauwerke freigelegt, darunter die **Pirámide las Gemelas** (›Zwillingspyramide‹), die wahrscheinlich astronomischen Beobachtungen diente. Durch den Spalt, der die beiden Pyramiden trennt, fällt an den Tagen der Sommer- und Wintersonnenwende der Strahl der aufgehenden Sonne.

Beeindruckend ist die 160 m lange und fast in ihrer gesamten Höhe von 30 m erhaltene **Akropolis,** die Hauptpyramide. Unter einem schützenden Dach verbergen sich einige hervorragend erhaltene Gipsreliefs. Wichtigstes Motiv ist das sogenannte Höllentor, dargestellt durch einen Monsterrachen, wie er auch in den Ruinen rings um Xpujil (s. S. 182) zu sehen ist. Von der obersten Plattform der Akropolis hat man einen weiten Blick über den Buschwald, bei guter Sicht sogar bis nach Chichén Itzá.

Auf dem Weg von Valladolid nach Ek Balám bietet sich die Gelegenheit, im touristisch erschlossenen **Cenote Hubicu** am Dorfrand von **Temozón** ein Bad zu nehmen (mit Restaurant und Tequila-Shop).

Schlafen

Voll öko
Genesis Eco-Retreat: Im Weiler Ek Balám hat die Kanadierin Lee eine ökofreundliche Unterkunft ins Leben gerufen. Vermietet werden einfache Bungalows,

alles ist auf den Schutz der Umwelt eingerichtet, u. a. wird das Brauchwasser zur Gartenbewässerung genutzt. Zum Essen gibt's Gemüse und Obst aus eigenem Anbau. Mit Pool.

Ek Balám, T 985 101 02 77, www.gene sisecooasis.com, €

Infos

• **Colectivos:** Regelmäßig nach Valladolid (s. S. 157). Die Sammeltaxis halten an der Abzweigung zu den Ruinen, die restlichen 300 m muss man zu Fuß gehen.

Río Lagartos   ♀ Q 1

Am Krokodilfluss

Insbesondere bei Ornithologen klingelt es, wenn sie den Namen Río Lagartos hören: Der etwa 100 km nördlich von Valladolid gelegene Küstenort ist über die Grenzen hinaus für seine Flamingokolonien berühmt. Wer die weite Fahrt hierher auf sich nimmt, sollte die Brutmonate April bis Juni wählen, um die riesigen Vogelschwärme zu sehen.

Der Name des Ortes, ›Krokodilfluss‹, erinnert an die Zeiten, als in den Gewässern der Lagune noch unzählige Panzerechsen dümpelten. Skrupellose Jäger rotteten sie aus, doch zwischenzeitlich wurden hier wieder Krokodile angesiedelt. Sie können bei einer Wanderung über den **Sendero Petén Mac** beobachtet werden. Der Holzpfad führt vom Ort aus durch das Buschland an der Lagune.

Bei den Flamingos

Der Besuch der Flamingokolonien, deren Habitat 1979 zum **Parque Natural Río Lagartos** erklärt wurde, ist nur mit einem Boot möglich. Bereits unmittelbar nach Ankunft wird man mit entsprechenden Angeboten überhäuft.

Man sollte sich bei der Wahl Zeit lassen und nicht nur auf den Preis schauen. Auf den zwei- bis dreistündigen Ausflügen sind selbst während der Brutzeit nur vereinzelte Flamingos zu sehen. Erst eine sechs- bis siebenstündige Exkursion ermöglicht den Besuch des bevorzugten Lebensraums der Vögel. Wegen der recht großen Fluchtdistanz ist es allerdings nicht einfach, gute Fotos zu schießen.

Was für ein faszinierender Anblick, Tausende von Vögeln als rosa Wolke aufsteigen zu sehen! Aber achten Sie darauf, dass sie dies freiwillig tun und nicht vom Bootsführer dazu angestachelt werden. Das widerspricht jeglichen Naturschutzgesetzen.

Noch ein Vogelparadies

Auch außerhalb der Flamingosaison lohnt sich eine Wanderung zur **Punta Holohit**. Der Weg verläuft entlang der rund 14 km langen Landzunge, die die Lagune vom Meer trennt. Die sumpfige Gegend rund um die Punta Holhit ist ein wahres Vogelparadies, in dem Reiher, Kormorane und Pelikane ein Refugium gefunden haben. Um sich eine Strecke zu Fuß zu ersparen, kann man sich an der Punta Holohit von einem Boot absetzen oder abholen lassen. Achtung: Verpflegung, Trinkwasser und ein guter Sonnenschutz sind für diese Strandwanderung absolut unerlässlich.

Alles rosa hier

Faszinierend ist die **Laguna Las Coloradas** östlich von Río Lagartos. Den ersten Blick auf das rosafarbene Gewässer, das sich zwischen dem Festland und der langen schmalen Landzunge erstreckt, hat man schon von der **Puente de Coloradas.** Die nähere Erkundung zu Fuß beginnt im Dorf **Las Coloradas,** wo es ein paar einfache Restaurants gibt. Man spaziert durch eine ziemlich baumlose Gegend, die Sonne scheint unerbittlich. Links liegt das Meer und rechts die Lagune, eingefasst von weißen Salzrändern und ganz und gar rosa gefärbt – durch Mikroorganismen, Algen und Salzwasserkrebse, die den Farbstoff Betacarotin produzieren. Die Landschaft wirkt völlig surreal. Und sie ist ein echter Internet-Hit: Unter dem Hashtag #lascoloradas gibt es auf Instagram mehr als 4500 Beiträge.

Zutritt nur mit Führer, 100 Pesos

Schlafen, Essen

Ordentlich

Villa de Pescadores: Das dreistöckige moderne Hotel verfügt über zwölf einfache, aber saubere Zimmer. Es gibt einen Parkplatz.

Calle 14, Ecke Calle 9, T 986 862 00 20, www.hotelriolagartos.com.mx, €

Hier trifft man sich

Restaurante Ría Maya: Dies ist einer der beliebtesten Treffpunkte bei Touris-

ten. Manchmal steht als besonderes Extra Hummer auf der Karte. Hier kann man auch Ausflüge zu den Flamingos buchen (www.birdingyucatan.com).

Calle 19, T 986 111 92 88, Do–Di 12–21 Uhr, €

Bewegen

Bootstouren

Río Lagartos Tours: Organisation von Ausflügen jeder Art.

Calle 9, T 986 112 30 35, www.riolagartos experience.com, tgl. 7–22 Uhr

---

Infos

• **Busse:** Verbindungen von Mérida, Cancún und Valladolid über Tizimín, wo man am ADO-Terminal nach Río Lagartos umsteigen muss.

Schwimmen verboten: Die Laguna Las Coloradas ist nur zum Angucken da – und zur Salzgewinnung. Letztere kann z. B. durch Sonnencreme beeinträchtigt werden, aber das Wasser reizt auch die Haut.

Die Golfregion

Von allem etwas — Mit der Kolonialstadt Campeche und den im Dschungel verborgenen Ruinen von Calakmul gibt es hier gleich zwei Welterbestätten. Relikte der Maya treffen auf jene der Olmeken, Mexikos ältester Hochkultur.

Seite 163

Campeche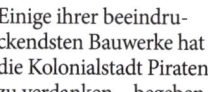

Einige ihrer beeindruckendsten Bauwerke hat die Kolonialstadt Piraten zu verdanken – begeben Sie sich auf Spurensuche.

Seite 165

Licht- und Tonshow

An der Fassade des Palacio Centro Cultural in Campeche wird die Stadtgeschichte lebendig.

Seite 168

Casa Don Gustavo

Schlafen wie die kolonialen Herrschaften? Dieses Boutiquehotel in Campeche macht's möglich.

Auf einem Friedhof mit den Toten tanzen? In Pomuch geht das.

Eintauchen

Seite 170

La María Cocina Península

In diesem Lokal in Campeche gibt es eine der besten Guacamoles ganz Mexikos!

Seite 170

Bazar Artesanal

Hier sehen Sie in Campeche die ganze Vielfalt des mexikanischen Kunsthandwerks.

Seite 172

Grutas de Calcehtok

Beim Kriechen durch die Gänge und Schlammlöcher dieser Opferhöhle ist der Geist der Maya stets dabei.

Seite 177
Champotón

In dem kleinen Badeort am Golf von Mexiko haben insbesondere Einheimische ihren Spaß. Einfach zurücklehnen und authentisches Strandleben genießen

Seite 180
Calakmul

Die Maya-Stadt ist eine der abgelegensten auf Yucatán und nur über eine Holperpiste erreichbar, doch der Weg lohnt sich. Beim Blick von den 45 m hohen Pyramiden sieht man Tukane umherfliegen und Affen durch die Bäume hangeln – Magie pur!

Seite 174
Ruta Chenés

Wie an einer Kette aufgereiht liegen hier Maya-Ruinen im Dschungel verborgen. Reliefs erzählen von ihrer Geschichte und die Pyramiden sind 1a-Aussichtspunkte.

Seite 186
Parque-Museo La Venta

Die Olmeken haben riesige Steinköpfe hinterlassen, deren Bedeutung nach wie vor Rätsel aufgibt. Etwas Licht ins Dunkel bringt dieses Freilichtmuseum in Villahermosa.

»De la Sierra Morena, cielito lindo, vienen bajando« – Von der Sierra Morena, mein Schatz, kommen sie herab. Wenn Mexikos inoffizielle Nationalhymne aus der Cantina ertönt, ist es Zeit für ein Bier!

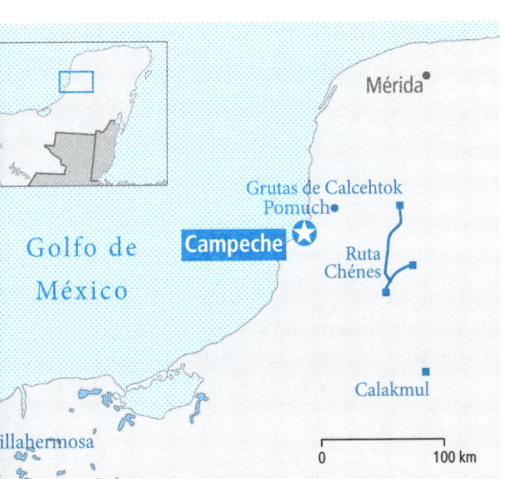

Mérida

Golfo de México

Grutas de Calcehtok
Pomuch

Campeche

Ruta Chénés

Calakmul

Villahermosa

0   100 km

»Du kommst mit, ob mit oder ohne dieses Bein.« Im Kinofilm »Deepwater Horizon« kann man mit viel Rumms und Bumms die Katastrophe auf der gleichnamigen Bohrplattform im Golf von Mexiko miterleben.

Von Fiesta bis Siesta

T Traditionell, bunt, lebendig. Die Golfregion im Südwesten von Yucatán mit den Bundesstaaten Tabasco und Campeche samt der gleichnamigen Hauptstadt darf bei einer Reise auf die Halbinsel keinesfalls ausgelassen werden. Während Cancún und die Riviera Maya gut besucht sind, ist die Westküste unter internationalen Touristen noch ein kleines Geheimnis. Das ist gut, denn die Preise sind fair, die Stimmung mexikanisch entspannt. Authentische Erlebnisse liegen hier quasi auf der Straße.

In der bezaubernden Kolonialstadt Campeche können Sie Ihren Fantasien von Piraten, Schätzen und dem Fluch der Karibik freien Lauf lassen. Mächtige Befestigungen erzählen davon, wie der Ort früher unter den Angriffen der Freibeuter gelitten haben muss.

Von dieser wilden Epoche der Kolonialzeit ist der Sprung nicht weit zurück in die Welt der Maya. Nur wenige Kilometer von Campeche entfernt liegt Edzná – umgeben von Trockenwald, der den Bundesstaat Campeche zu großen Teilen bedeckt. Auf eine weitere archäologische Entdeckungsreise können Sie sich im Südosten an der Grenze zu Quintana Roo begeben. Entlang einer schnurgeraden, einsamen

---

ORIENTIERUNG **O**

Infos: Touristenbüros gibt es in Campeche (s. S. 171) und Villahermosa (s. S. 188).

Im Internet: www.turismocampeche. com (Sehenswürdigkeiten, Touren, Blog; sp.), www.mexonline.com/sta teguide-tabasco.htm (allgem. Infos, Sehenswürdigkeiten, Unterkünfte; engl.), www.mayaruins.com (Fotos und Pläne zur Río-Bec-Zone; engl.).

Anreise und Weiterkommen: Die Region ist verkehrstechnisch gut erschlossen. Hauptroute ist die teils mautpflichtige MEX 180 von Mérida nach Villahermosa, schöner und weniger befahren die MEX 261 von Mérida nach Campeche. Auf allen Strecken verkehren regelmäßig Busse. Ein Mietwagen empfiehlt sich für die Maya-Ruinen der Río-Bec-Gruppe, da diese teils weit von der Hauptstraße MEX 186 entfernt sind.

Straße verteilen sich die Ruinen der sogenannten Río-Bec-Gruppe. Weil sich der Tourismus hier in Grenzen hält, dürfen die meisten Pyramiden noch bestiegen werden – betrachten Sie die alten Städte von oben und staunen Sie über die Kunstfertigkeit der Maya-Bildhauer, während Affen durchs Dschungeldickicht turnen.

Campeche 9 K6

FAKTENCHECK

Einwohner: ca. 220 000
Bedeutung: Hauptstadt des gleich-
namigen Bundesstaates
Stimmung auf den ersten Blick:
viel Wasser, trutzige Festungen
Stimmung auf den zweiten Blick:
wunderbar kolonialer Charme, au-
thentisches Mexiko, wenig Touristen
Besonderheiten: Das historische
Zentrum wird noch von Teilen einer
Stadtmauer umschlossen. Kultur ist
günstig bis kostenlos.

Rosa, Gelb, Grün: Die Bemühungen der Stadtväter, das historische Zentrum aufzupolieren, wurden 1999 von der UNESCO mit dem Welterbestatus belohnt. In der Tat gibt es in ganz Yucatán keine schönere Altstadt als die von Campeche. In Pastellfarben verputzte Häuser reihen sich entlang der kopfsteingepflasterten Straßen aneinander, gesäumt von eigentümlich hohen und schmalen Bürgersteigen, die man über Stufen erklimmen muss. Geschwungene Gitter vor den Fenstern, historische Straßenlaternen und liebevoll gestaltete Toreingänge erledigen den Rest der Charme-Offensive.

Der mehrere Kilometer lange Boulevard entlang der Küste wird von den Campechanos nur **Malecón** (›Uferstraße‹) genannt – ein beliebter Treff der Einheimischen zum Spazieren, Radfahren, Joggen oder Inlinern. Von hier aus sieht man auch den Hafen. Er

In Campeche schaukelt man gemächlich in den Abend hinein, hier geht es wesentlich geruhsamer zu als in den meisten anderen Städten in Yucatán. Und das, obwohl die Altstadt zum UNESCO-Welterbe gehört.

war einst ein wichtiger Zwischenstopp für die spanischen Schiffe, wenn sie mit Silber beladen ihren Heimweg von Veracruz nach Spanien antraten.

Ein wenig Geschichte

Maya, Spanier, Piraten

Im Gegensatz zu ihren Landsleuten an der Karibikküste, die den ersten Spaniern arglos und gastfreundlich entgegentraten, widersetzten sich die Maya am Golf anfangs erfolgreich dem spanischen Vormarsch. Bereits 1517 kreuzten die ersten Konquistadoren vor der Küste auf, doch erst 1540 gelang es Don Francisco de Montejo ›El Mozo‹, den Ort zu einem wichtigen Hafen an der Golfküste auszubauen. Der wirtschaftliche Erfolg rief allerdings auch die Piraten auf den Plan. Am schlimmsten wurde die Stadt 1663 heimgesucht, als sich mehrere Freibeuter zusammentaten. Mit über 20 Schiffen und 800 Mann stürmten sie Campeche, machten es dem Erdboden gleich und verschleppten zahlreiche Bewohner in die Sklaverei.

Der Überfall veranlasste die spanische Krone, Campeche als erste Stadt Nueva Españas mit einer wehrhaften Mauer und zahlreichen Bastionen zu umgeben. Und er veranlasste den englischen König Georg II., die staatlich geförderte Piraterie einzustellen. Die Bedrohung durch die Seeräuber endete jedoch erst 1717, als der Marinesergeant und Gouverneur von Tabasco, Alonso Felipe de Andrade, die Hochburg der Freibeuter auf der nahe gelegenen Isla del Carmen angriff, wo er einen entscheidenden Sieg verbuchen konnte (s. Kasten unten).

Auf und ab

Nach der Unabhängigkeit von Spanien verlor Campeche an Bedeutung und hatte Mitte des 19. Jh., wie andere Städte der Region auch, unter den Auswirkungen des Kastenkrieges zu leiden. Erst der Anschluss an das Straßennetz in den 1950er-Jahren und die Entdeckung von Erdöl vor der Küste verhalfen der Hafenstadt zu einer bescheidenen Renaissance. In den letzten Jahren profitiert Campeche ein wenig vom wachsenden Strom der Touristen auf Yucatán, ist aber bisher noch immer eher ein Geheimtipp.

Historisches Zentrum

Alles Sehenswerte liegt in der **Zona Centro,** dem historischen Stadtkern. Zur Zeit der Piratenüberfälle war dieser Bereich ringsum von einer Stadtmauer geschützt, die heute zu großen Teilen eingerissen ist. Stattdessen verläuft hier nun die Ringstraße **Avenida Circuito Baluartes** – durch sie ist der einstige Verlauf der Stadtmauer gut nachvollziehbar. Und zum Glück sind ein paar Teile der Mauer und die ehemaligen Bastionen (*baluartes*) erhalten geblieben und lie-

---

VERGESSENER HELD **H**

Marinesergeant Alonso Felipe de Andrade verteidigte die Golfküste Mexikos in der Schlacht von Astapa (1699) und vor der Isla de Tris (1704) gegen die englischen Piraten. Aus der Schlacht vor der Isla del Carmen (1717) ging seine Truppe sogar als Sieger hervor, der General verlor dabei sein Leben. Trotz dieser Heldentaten gibt es keine Plätze, Straßen oder Monumente, die an den ehemaligen Gouverneur von Tabasco erinnern. Immerhin: Seine Töchter bekamen nach seinem Tod eine Pension bis zum Tag ihrer Hochzeit gezahlt.

bevoll restauriert. Statt patrouillierenden Soldaten finden hier nun Museen und Galerien ein Zuhause (s. S. 166).

Schlenderflair

Das Herzstück des historischen Zentrums ist die schnuckelige **Plaza de la Independencia,** ein kleiner Park, umgeben von ockergelb und rostrot getünchten Kolonialhäusern. Hier schlendert man zum Quiosco, dem Pavillon in der Mitte des Platzes, holt sich einen *café para llevar,* einen ›Kaffee zum Mitnehmen‹, und trinkt ihn auf einer Parkbank unter den schattenspendenden Johannisbrotbäumen. Der Clou am Platz passiert jedoch am Abend: Jeden Freitag und Samstag um 20 Uhr verwandelt sich die Fassade des **Palacio Centro Cultural ❶** in eine Riesenleinwand für eine Licht- und Tonschau. Sie dauert etwa eine halbe Stunde und erzählt die Geschichte Yucatáns und Mexikos sowie die Mythen um den Totenkult, alles mit wunderschöner Musik unterlegt.

In dem Palast befindet sich die **Bibliotéca Campeche** und das **Museo El Palacio.** Anhand von Schiffsmodellen, Kleidungsstücken, nachgestellten Szenen etc. wird die Geschichte der Stadt erzählt. Museum: Di–So 10–19 Uhr, Eintritt frei

Über 2000 Kolonialbauten

Der Grundstein zur **Catedral de Nuestra Señora de la Purísima Concepción ❷** wurde zwar schon kurz nach der spanischen Eroberung gelegt, die Fertigstellung verzögerte sich jedoch bis weit ins 18. Jh. hinein – sicherlich auch aufgrund der aufwendigen Barockfassade. Ihre hohen Türme sind über die ganze Stadt hinweg sichtbar und sollten die Menschen immer daran erinnern, wer der ›Herr‹ von Campeche ist. Die Kirche ist ein schönes Fotoobjekt, doch finden Sie in den Straßen der Stadt sicher Ihr eigenes Lieblingsgebäude – immerhin stehen über 2000 zur Auswahl! Calle 55 Nr. 5, tgl. 6.45–21.30 Uhr

Blick in die Vergangenheit

Gegenüber der Kathedrale war das **Centro Cultural Casa Seis ❸** einst die prestigeträchtigste Adresse der Stadt. Die ehemalige Villa ist mit altem Mobiliar eingerichtet und gewährt einen Einblick in den Lebensstil der High Society während der Kolonialzeit. Am schönsten ist allerdings der Innenhof mit seinen Arkaden und Buntglasfenstern. Die wohlhabenden Leute von damals hatten es wirklich schick! Im angeschlossenen Buchladen können Sie nach handgemachten Souvenirs aus Campeche stöbern: eine Seife, Honig- und Schokoladenshampoo oder lieber eine Marmelade? Calle 57, Mo–Fr 8–21, Sa, So ab 9 Uhr, 20 Pesos

Kolonialer Prunk

In der **Mansión Carvajal ❹** östlich des Parks waren zur Zeit des Vizekönigreichs das Gefängnis, das Rathaus und der Getreidespeicher untergebracht. Mit seinen Arkaden, der mächtigen Aufgangstreppe aus Marmor und dem Glasdach ist es ein Prachtstück kolonialer Architektur. Heute haben hier staatliche Behörden ihren Sitz, doch man darf durchaus einen Blick hineinwerfen. Auf dem gegenüberliegenden Bürgersteig halten die Straßenbahnen, die Stadtrundfahrten anbieten. In der **Calle 10** reiht sich ein Geschäft ans nächste, ein wahres Shoppingparadies. Mansión Carvajal: Calle 10, Mo–Fr 8–15 Uhr, Eintritt frei

Festungen in der Umgebung

Im Norden und Süden der Stadt gibt es zwei weitere große Festungen. Sie wurden schön restauriert und beherbergen je ein Museum.

TOUR
Von Bastion zu Bastion

Spaziergang entlang der Stadtmauer

Infos

Karte: s. Cityplan
S. 169

Start/Ziel: Plaza de
la Independencia

Länge: 2,8 km

Dauer: mit Besich-
tigungen ca. 3 Std.

Bereit für eine Reise in die Zeit skrupelloser Piraten, tapferer Soldaten und grausamer Schlachten? Entlang des alten Verlaufs der Stadtmauer von Campeche sind noch sieben der ursprünglich acht Bastionen erhalten. Sie alle gilt es zu erobern. Einige erzählen faszinierende Geschichten über britische Seeräuberangriffe, andere entführen Sie bis in die Welt der Maya. Let's go!

Ausgangspunkt für den Spaziergang ist die **Plaza de la Independencia.** Von hier aus sind es nur wenige Schritte zur **Baluarte de la Soledad** ❺, einem Teil der alten Stadtmauer, in dem das **Museo de la Arquitectura Maya** (Calle 8, Di–So 8–17 Uhr, 45 Pesos) untergebracht ist. Wer später die Maya-Ruinen der Gegend besuchen möchte, erhält hier eine prima Einführung in deren Kultur. Gezeigt werden Schmuck, Alltagsgeschirr sowie mysteriöse Stelen aus Itzmité und Edzná. Toll ist die glatt polierte Jademaske aus Calakmul (s. S. 180) mit ihrem durchdringenden Blick. Nach dem Besuch der Ausstellung geht es hoch auf die Stadtmauer – man schaut hinüber bis zur Plaza und auf die Türme der Kathedrale. Unmittelbar südlich an die Bastion schließt sich die trutzige **Puerta de Mar** ❻ (›Seetor‹) an, eines der ehemals vier Stadttore. Vor der Landaufschüttung lag es unmittelbar am Meer.

Von hier aus geht es nach Norden zur **Baluarte de Santiago** ❼. Hier wuchert im **Jardín Botánico Xmuch'haltún** (Mo–Fr 8–21, Sa, So ab 9 Uhr, 15 Pesos) üppiges Grün vor den wehrhaften Feldsteinmauern – Fotomomente für Pflanzenfans. Der Garten ist zwar wirklich klein und in fünf Minuten hat man den Teich, die verschiedenen Palmenarten und die mexikanischen Sträucher gesehen, doch auf den Bänken

Irreführender Name: Seit der Landaufschüttung liegt die Puerta de Mar nicht mehr direkt am Meer.

und Schaukeln lässt sich die Stille dieser Oase wunderbar genießen.

In Richtung Süden gelangt man nun zur meerabgewandten Seite der Stadtmauer. Ihre massive Bauweise wird von hier aus erst richtig deutlich. Es dauerte über 50 Jahre, bis das über 2 km lange und 8 m breite Bollwerk vollendet war, dafür machte es Campeche uneinnehmbar – Ironie der Geschichte: Die Mauer hatte tatsächlich nie einen Praxistest zu bestehen. In der **Baluarte San Pedro** ⑧ hat die **Galería de Arte Popular** (Mo–Sa 9–18, So bis 14 Uhr) ihren Platz gefunden. Sie zeigt eine hübsche Sammlung lokaler Handwerkskunst.

Nun folgen wir der Calle 18 über 400 m und erreichen die **Baluarte San Francisco** ⑨ (tgl. 8–21 Uhr, 15 Pesos) mit der danebenliegenden **Puerta de la Tierra** ⑩ (›Landtor‹). Hier geht's wieder hinauf auf die Mauer – die große Glocke läuten ist erlaubt! Was für ein Sound. Die **Baluarte San Juan** ⑪ ist der Spot für den Sonnenuntergang mit Blick über die Altstadt. Und der Moment für eine Pause im **Café Chun-Pak** (tgl. 10–18 Uhr). Eine Frauenkooperative bereitet leckerste Postres, dazu schmeckt ein kräftiger Kaffee. Über die **Baluarte Santa Rosa** ⑫, vorbei am kleinen **Parque de San Román**, geht es zur **Baluarte de San Carlos** ⑬, einer kanonenbestückten Bastion mit dem kleinen **Museo de la Ciudad de Campeche** (Di–Fr 8–20, Sa 8–14, So 9–13 Uhr, Eintritt frei). Hier sind alte Fotos und ein Stadtmodell ausgestellt. Verrückt, wie Campeche einst ausgesehen hat. Die Verliese im Untergeschoss des Festungsturms wurden als Militärgefängnis genutzt. Noch heute schmoren hier zerlumpte Piraten an Eisenketten …

An der Puerto de la Tierra wird donnerstags bis montags um 20 Uhr eine 90-minütige Licht- und Tonschau über die Geschichte von Campeche gezeigt. Der Eintritt kostet 50 Pesos.

Tolle Museen

Etwa 4 km südwestlich des Zentrums erhebt sich auf einem Hügel am Meer die **Baluarte San Miguel** , Campeches größte Festung, die zugleich den besten Blick auf den Hafen bietet. Hier befindet sich das sehenswerte **Museo Arqueológico de Campeche** (Di–So 8.30–18 Uhr, 65 Pesos), das v. a. Maya-Funde aus Calakmul, Edzná und der Campeche vorgelagerten Begräbnisinsel Jaina zeigt.

Die **Baluarte San José del Alto** ist das nördliche Gegenstück zu San Miguel. Über eine Zugbrücke gelangt man ins **Museo de Arqueología Subacuática** (Di–So 8–17 Uhr, 40 Pesos) mit Schiffsmodellen und Waffen aus der Piratenzeit.

Schlafen

Ein kleines Juwel

1 Casa Don Gustavo: Vom mexikanischen Tourismusinstitut ausgezeichnetes Hotel in historischen Gemäuern. Die Zimmer sind elegant und stilvoll eingerichtet, der Service und das Restaurant mit regionaler Küche exzellent – es wird Ihnen hier an nichts fehlen. Mit Pool und Parkplätzen. Calle 59 Nr. 4, T 981 816 80 90, www.casadongustavo.com, €€

Zentral und kolonial

2 Hotel Plaza Colonial: Das historische Gebäude ist ordentlich renoviert,

Campeche

Ansehen

❶ Palacio Centro Cultural / Museo El Palacio
❷ Catedral de Nuestra Señora de la Purísima Concepción
❸ Centro Cultural Casa Seis
❹ Mansión Carvajal
❺ – ⓭ s. Karte S. 166
⓮ Baluarte San Miguel / Museo Arqueológico de Campeche
⓯ Baluarte San José del Alto / Museo de Arqueología Subacuática

Schlafen

❶ Casa Don Gustavo
❷ Hotel Plaza Colonial
❸ Hotel Socaire
❹ Casa Mazejuwi
❺ Hotel H 177
❻ Hotel López

Essen

❶ La Pigua
❷ Cenaduría Portales de San Francisco
❸ La María Cocina Península
❹ Parador Gastronómico de Cocteleros

❺ Luan
❻ Chocol Há

Einkaufen

❶ Bazar Artesanal
❷ Casa Artesanías Tukulná

Ausgehen

❶ Casa Vieja del Río

---

die Zimmer sind sauber und geschmackvoll eingerichtet. Lassen Sie sich eines im hinteren Teil geben, die sind ruhiger. Mit Pool.
Calle 10 Nr. 15, T 981 811 99 30, www.hotelplazacolonial.com, €€

Farbenfroh
❸ **Hotel Socaire:** Der koloniale Kasten wurde mit viel Farbe und modernen Elementen schön aufgepeppt. Die acht Zimmer sind dezent und freundlich eingerichtet. Es gibt mehrere kühle Innenhöfe und einen Pool.
Calle 57 Nr. 19, T 981 811 21 30, www.hotelsocaire.com.mx, €€

Mit Liebe zum Detail
❹ **Casa Mazejuwi:** Die Unterkunft liegt schön zentral, ist charmant gestaltet und hat liebevoll hergerichtete Zimmer sowie zuvorkommendes Personal. So wünscht man sich ein Hotel!
Calle 14 Nr. 181, T 981 127 13 85, €

Sonnenuntergang inklusive
❺ **Hotel H 177:** Hinter der kolonialen Fassade verbirgt sich moderne Eleganz. Das Hotel liegt in einer ruhigen Seitenstraße. Die Zimmer fallen etwas klein aus, sind aber ordentlich und sauber. Von der Dachterrasse bietet sich ein toller Blick über die Altstadt – dies ist ein perfekter Ort, um bei einem Drink den Sonnenuntergang zu genießen. Parkplätze sind vorhanden.
Calle 14 Nr. 177, T 981 816 44 63, www.h177hotel.com, €

Très chic
❻ **Hotel López:** Das charmante Haus liegt im Herzen der Altstadt von Campeche und hat einen schönen Patio mit einem kleinen Swimmingpool. Auch hier sind die Zimmer elegant und geschmackvoll gestaltet. Parkplätze stehen zur Verfügung.
Calle 12 Nr. 189, T 981 816 33 44, www.hotel-lopezcampeche.com, €€

Essen

Die Kreuzung der Calle 59 mit der Calle 14 bildet das **Restaurantviertel** der Stadt. Es ist für den Verkehr gesperrt und bietet zahlreiche Sitzgelegenheiten im Freien. Probieren Sie Pan de Cazón, eine Art mexikanische Lasagne mit Tortillas, Haifischhackfleisch, Bohnen und Tomatensauce.

Frischer Fisch

1 La Pigua: Das kleine Fischrestaurant gewinnt keinen Preis für Gemütlichkeit, ist auf Touristen eingestellt und hat entsprechende Preise, doch die Speisen sind hervorragend. Der Tintenfisch serviert in eigener Tinte: ein Gedicht.
Av. Miguel Alemán 179 a, T 981 160 16 84, www.lapigua.com.mx, tgl. 12–22 Uhr, €

Familiär

2 Cenaduría Portales de San Francisco: Traditionelle Lokalität mit ebensolcher Küche, man sitzt herrlich unter den Arkaden. Bei Einheimischen ist das Restaurant sehr beliebt. Es wird kein Alkohol ausgeschenkt, dafür gibt es hier die wohl leckerste Kokosnuss-Horchata (ein milchiges Erfrischungsgetränk) von ganz Campeche.
Calle 10 Nr. 86, T 981 811 14 91, tgl. 19–24 Uhr, €

Klein, aber oho

3 La María Cocina Península: Wow! Das kleine, unscheinbare Lokal bietet die wahrscheinlich außergewöhnlichste Küche Campeches. Das Risotto mit grüner Sauce und Kürbis ist auch für Nicht-Vegetarier ein Genuss, die Guacamole der Hit. Musik läuft dezent im Hintergrund, die Wände sind bunt bemalt und das Personal ist zur Stelle, wenn man es braucht.
Calle 8 Nr. 173, T 999 445 76 35, Mi–Mo 13–21 Uhr, €

Einfach, aber gut

4 Parador Gastronómico de Cocteleros: Zahlreiche einfache palmblattgedeckte Restaurants bilden ein angesagtes Food Center und konkurrieren mit frischen Fischgerichten um die Gunst der Besucher. Man sollte sich von den einfachen Ständen nicht abschrecken lassen – besseren Ceviche (roher, in Limonensaft marinierter Fisch) muss man lange suchen.
Av. Pedro Sainz de Baranda, am Nordende des Malecón, ca. 2,5 km vom Zentrum entfernt, tgl. 9–16 Uhr, €

Guten Morgen!

5 Luan: Hier gibt es eine ausgezeichnete Frühstückskarte, darunter viele Eigerichte, aber auch Pfannkuchen oder Müsli mit Früchten. Dazu werden kräftige Kaffeekreationen serviert.
Calle 14 Nr. 132 a, T 981 811 52 05, tgl. 8–15 Uhr, €

Gut für eine Pause

6 Chocol Há: Nette Leute, leckere Getränke, gute Kuchen und Snacks – der perfekte Ort, um sich von einem Stadtbummel zu erholen. Der warme Kakao ist ein Traum, auch an heißen Tagen.
Calle 59 Nr. 30, T 981 130 63 29, www.chocolha.mx.com, Mo–Sa 8–21 Uhr, €

Einkaufen

Kunsthandwerk

1 Bazar Artesanal: In 31 Geschäften wird eine Vielzahl typischen Kunsthandwerks der Region und darüber hinaus angeboten. Teilweise kann man den Künstlern über die Schulter schauen.
Av. Pedro Sainz de Baranda, Área Ah, tgl. 10–22 Uhr

2 Casa Artesanías Tukulná: Hochwertig und umfangreich, so präsentiert sich die Produktpalette dieses Ladens.

Ein Besuch der gut gekühlten Räume macht Laune.
Calle 10 Nr. 133, tgl. 9–21 Uhr

Ausgehen

Leute gucken

🔆 **Casa Vieja del Río:** Hier, auf der Galerie des ehemaligen Gouverneurspalastes an der Plaza, kann man herrlich sitzen, das Treiben auf der Straße beobachten und eine kühle Margarita genießen – ein wunderbarer Tagesabschluss.
Calle 10 Nr. 319 a, T 981 811 80 16, tgl. 15.30–23.30 Uhr

Feiern

• **Fiesta de la Candelaria:** 2. Feb. Mit Tänzen, Feuerwerk, Fahrgeschäften und Prozessionen wird Mariä Lichtmess bis zum Morgengrauen gefeiert. Dies ist das beliebteste und traditionellste Fest in Campeche.
• **Carnaval:** Feb./März. Einer der traditionsreichsten des Landes mit Umzügen, die sich über mehrere Tage ziehen. Abschließend wird eine als Pirat verkleidete Puppe aus Pappmaschee verbrannt, der Mal Humor (›schlechte Laune‹).
• **Festival de las Flores:** Feb./März, direkt nach Carneval. Große Umzugswagen zu verschiedenen Themen fahren durch die Stadt, geschmückt mit unzähligen Blumen aus Papier.

Infos

• **Oficina de Turismo:** Calle 57, zw. Calle 8 und Calle 10, Plaza de la Independencia, im Centro Cultural Casa Seis, www. campeche.travel, tgl. 9–21 Uhr; Calle 55, neben der Kathedrale; Calle Perú 178, Mo–Fr 9–17, Sa 9–14 Uhr.
• **Busse:** Der ADO-Busbahnhof der 1. Klasse liegt ca. 2 km südlich der Altstadt an der Calle Patricio Trueba. Verbindungen u. a. nach Mérida (2,5 Std. via MEX 180), Cancún (mehrfach tgl., 7 Std.), Palenque (3 x tgl., 6 Std.) sowie Villahermosa (mehrfach tgl., 6 Std.). Der Busbahnhof der 2. Klasse liegt an der Av. Gobernadores ca. 2 km östlich der Altstadt. Von hier bestehen Verbindungen u. a. nach Hopelchén, Uxmal und Xpujil. Von beiden Terminals fahren mehrmals täglich Busse nach Champotón.

Von Campeche nach Mérida

Knapp 190 km sind es auf der gut ausgebauten MEX 180 nach Mérida. Mit ca. 270 km einiges länger, aber landschaftlich schöner und v. a. wesentlich spannender ist die Strecke über die wenig befahrene MEX 261, die einen Teil der Ruta Puuc bildet (s. S. 125).

Hecelchacán 📍 L 5

Wie lebten die Maya?

Etwa 60 km nördlich von Campeche lohnt sich in Hecelchacán ein Stopp wegen des sehenswerten **Museo Arqueológico del Camino Real** (an der Plaza, Di–So 8–17 Uhr, 40 Pesos). Ausgestellt sind u. a. Funde aus der Nekropole der Isla de Jaina, die 45 km westlich von Hecelchacán im Golf von Mexiko liegt. Hier entdeckte man außergewöhnliche Terrakottafiguren, die zwischen 200 und 1000 n. Chr. gefertigt wurden. Die Darstellungen von Fürsten, Tänzern und Ballspielern sind sehr naturalistisch und geben eine Vorstellung von der hoch entwickelten Lebensweise der Maya.

EINE NACHT AUF DEM FRIEDHOF **F**

Ein Meer voller Kerzen, orange leuchtende Tagetesblumen, Menschen plaudern und essen an Gräbern. Sobald die Nacht des 31. Oktober angebrochen ist, strömen die Lebenden zu den Toten. Hier einmal dabei zu sein ist ein faszinierendes Erlebnis. Sie können sich einfach irgendwohin setzen und alles in Ruhe auf sich wirken lassen. Besonders beeindruckend wird der **Día de los Muertos**, der ›Tag der Toten‹, auf dem **Panteón de Pomuch** im gleichnamigen Ort gefeiert (♥ L 5, ca. 8 km südl. von Hecelchacán).

Rings um die Plaza werden ab dem späten Nachmittag zahlreiche Comedores aufgebaut, wo Sie traditionelles *Conchinita pibil* (geröstetes Schweinefleisch) probieren können, das Lieblingsgericht vieler Yucatécos.

Bécal ♥ L 4

Hut gefällig?

Nochmals 35 km weiter nördlich liegt die Kleinstadt Bécal, die bekannt ist für die Herstellung von Panamahüten (s. S. 272). Die *jipijapas* werden aus der Huanao-Palme gefertigt, die Produktion erfolgt in Höhlen. Weshalb, fragen Sie? Weil für die Verarbeitung der Fasern eine konstante Temperatur und Luftfeuchtigkeit wichtig ist. Die Herstellung der Hüte wurde auf dem Höhepunkt des Sisalbooms Mitte des 19. Jh. aus Panama übernommen und ist bis heute ein wichtiger Wirtschaftszweig in der Region. Im Ort gibt es etliche Geschäfte, wo Sie in

Ruhe probieren können, welcher Hut am besten zu Ihnen passt.

Oxkintoc und Grutas de Aktun Usil ♥ L 4

Felsmalereien der Maya

Rund 20 km sind es auf der MEX 180 bis zur Abzweigung nach **Oxkintoc** (tgl. 8–17 Uhr, 55 Pesos), eine menschenleere Maya-Stätte mit mehreren Tempeln und Plätzen. Der heute so klein erscheinende Ort kontrollierte einst den Handelsweg nach Yucatán und stand in engem Austausch mit anderen Maya-Zentren. Bis ins Jahr 1200 lebten hier Menschen. Der Name bedeutet ›Stadt der drei Feuersteinsonnen‹ und setzt sich zusammen aus *ox* – ›drei‹, *kin* – ›Tag‹ oder ›Sonne‹ und *tok* – ›Feuerstein‹.

Noch ein kleines Stück weiter verstecken sich die **Grutas de Aktun Usil.** Die Felswände des Höhlensystems sind mit Maya-Ritzungen und -zeichnungen bedeckt. In den Felsspalten liegen noch viele alte Tonscherben. Einen Führer durch die Höhlen können Sie in Oxkintoc engagieren.

Grutas de Calcehtok ♥ M 3/4

Beeindruckende Höhlen

Beim Dorf **Calcehtok** befindet sich das nach Loltún (s. S. 135) zweitgrößte Höhlensystem Yucatáns. Im Gegensatz zu seinem größeren Bruder ist es aber noch nicht für den Massentourismus erschlossen, also ein Ziel für Abenteurer. Mit Stirnlampen kriecht man durch enge Tunnel, klettert an Seilen in den Abgrund und rutscht durch schlammige Passagen. Scherben und Tonfigürchen beweisen, dass die Höhlen einst von den Maya als Kultstätte genutzt wurden. Auch während des Kastenkrieges Mitte des 19. Jh. dienten sie als Versteck. Ihren Namen verdankt die ›Höhle des steinernen Rehs‹ einer Steinskulptur, die hier 1875 entdeckt wurde. Aus Sicherheitsgründen sollte man nicht auf eigene Faust losziehen. Vor Ort werden Touren zwischen ein und sieben Stunden Länge angeboten.

Ca. 3 km westl. des Dorfes Calcehtok, tgl. 9–18 Uhr, 2-stündige Führung ca. 150 Pesos

Edzná 📍 L 6

Schon wieder eine Maya-Ruine? Aber ja! Die hier lohnt sich wirklich, denn Sie haben den mystischen Ort fast für sich alleine. Edzná liegt von Campeche aus ca. 50 km landeinwärts und ist flott erreicht.

Tgl. 8–17 Uhr, 65 Pesos; Licht- und Tonschau Do–So 19 Uhr, 121 Pesos

Sie spielte eine Vermittlerrolle

Die Stadt existierte 700 Jahre lang und war daher – sowie aufgrund ihrer Lage – ein künstlerischer Vermittler zwischen den verschiedenen Baustilen der Maya-Architektur. Hier ist die ganze Palette vertreten: von der Frühklassik (200–500 n. Chr.) des Südens, in der Städte wie Palenque und das guatemaltekische Tikal ihre Blütezeit erlebten, bis zur Spätklassik (500–900 n. Chr.), als sich die Kultur der Maya nach Nordyucatán verlagerte.

Die Bewässerungstechnik in der wasserlosen Gegend war ausgeklügelt. Da es keine Cenotes gab, legten die Bewohner ein System aus Reservoirs

In Edzná dürfen die Pyramiden noch bestiegen werden, was mittlerweile Seltenheitswert hat in den Ausgrabungsstätten von Yucatán. Genießen Sie die Aussicht von oben, die hat es in sich!

TOUR
Quer durch die Maya-Architektur

Mit dem Mietwagen entlang der Ruta Chenés

Die im Dschungel verborgenen Maya-Ruinen entlang der Ruta Chenés vermitteln noch etwas vom Entdeckergeist der vergangenen Jahrhunderte. Spannend ist, dass hier im Wald ein ganz eigenständiger Architekturstil entwickelt wurde.

Hier herrscht der Regengott

Die Chenés-Zone spielte eine architektonische Vermittlerrolle zwischen der weiter südlich liegenden Río-Bec- und der Puuc-Region im Norden. Ein besonderes Merkmal dieser Gegend sind die *chultunes* (s. S. 97). Wir befinden uns nun südlich der Sierra de Ticul in hügeliger Landschaft, wo der Untergrund nicht mehr von einer mächtigen Kalkplatte gebildet wird, die Voraussetzung für die Entstehung der Cenotes. Die Region war zu Zeiten der Maya dicht besiedelt. Hauptmerkmale ihrer Architektur sind dreigeteilte Fassaden, üppig dekoriert mit Monstermasken. Diese repräsentieren den Regengott Chaac und bilden oft die Eingänge zu den Tempeln und Palästen. Viele Ruinen im Chenés-Gebiet sind noch nicht ausgegraben und somit kaum zugänglich. Die meisten liegen etwas abseits der Verbindungsstraße Hopelchén–Xpujil.

Hopelchén ist mit dem Bus von Campeche, Mérida und Xpujil aus erreichbar. Wer die Ruinen von Hochób oder Tabasqueño besuchen möchte, ist allerdings auf einen Mietwagen angewiesen.

Treppen und Monstermasken

Nach etwa 33 km ab **Hopelchén** führt rechts eine 2 km lange, holprige Piste zur **Zona Arqueológica Tabasqueño** (tgl. 8–17 Uhr, Eintritt frei). Die bereits restaurierten Ruinen liegen auf einem bewaldeten Bergplateau. Wie viele andere Stätten der Maya-Kultur wurde auch diese von Teobert Maler (s. S. 252) entdeckt. Ihre Blütezeit erlebte die Stadt zwischen dem 7. und 10. Jh. Bedeutendstes Bauwerk ist die **Estructura I** mit einem breiten Treppenaufgang und einer für den Chenés-Stil typischen Monstermaske als Zugang.

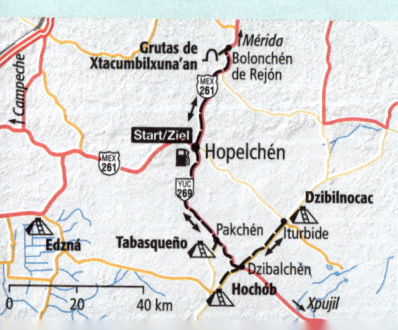

Infos

📍 M 5–7

Start/Ziel: Hopelchén, ca. 90 km östl. von Campeche an der MEX 261

Länge: ca. 150 km

Dauer: Ausgehend von Hopelchén sollte man für die Besichtigungen etwa 1 Tag einplanen.

Touristenbüro: Calle 20, Casa de la Cultura, Hopelchén, T 996 822 00 89, Mo–Sa 8–15 Uhr

Unterkunft: Nur in Hopelchén gibt es einfache Hotels, z. B. Hotel Arcos, Calle 23, an der Plaza, T 996 100 87 82, €.

Essen: Üppig bestückte Pizza bekommt man im La Gondola in Hopelchén, Calle 23 Nr. 208, Ecke Calle 26 a, T 996 972 01 12, tgl. 8–13, 17–23 Uhr, €.

Maislager

Weitere 15 km sind es bis zur Kreuzung in **Dzibalchén,** wo man nach rechts auf eine ca. 13 km lange Stichstraße zur **Zona Arqueológica Hochob** (9–17 Uhr, 40 Pesos) abbiegt. Diese Ruinen sind das beste Beispiel für den Chenés-Stil. Ihr Name, ›Der Ort, an dem man Mais lagert‹, stammt wohl von Bauern aus neuerer Zeit, die hier ihre Ernten aufbewahrten. Auch diese Stätte wurde 1887 von Teobert Maler entdeckt. Zentrum der Stadt, die zwischen dem 6. und 8. Jh. bedeutend war, ist ein großer, erhöht liegender Platz, um den sich mehrere, heute stark zerfallene Bauten gruppieren. Sehenswert ist v. a. der **Palacio** (Estructura II), ein lang gestreckter Bau an der Nordseite, dessen Fassade reich mit Masken des Regengottes Chaac geschmückt ist. Am Hang des Hügels haben die Maya *chultunes* angelegt. In der Südostecke der Anlage befinden sich die Überreste eines zweiräumigen Tempels mit Türmen und Scheintüren, wie sie auch für die Architektur der südlich anschließenden Río-Bec-Region typisch sind.

Im Stil von Río Bec

Wieder zurück in Dzibalchén, sind es 20 km bis zur **Zona Arqueológica Dzibilnocac** (tgl. 8–17 Uhr, Eintritt frei) nahe der Ortschaft **Iturbide.** Vor allem während des Kastenkrieges wurden die Ruinen als Steinbruch genutzt und stark beschädigt. Es gibt noch ein paar alte Fotos von Teobert Maler aus den 1940er-Jahren. Herausragendes Bauwerk ist das ca. 70 m lange Zeremonialzentrum, ein Bau mit ehemals drei steil aufragenden Türmen im Stil von Río Bec. Den östlichen, noch gut erhaltenen Turm krönt ein Scheintempel.

Weg in die Unterwelt

Zurück in Holpelchén bietet sich noch ein Abstecher zu den **Grutas de Xtacumbilxuna'án** (Di–So 10–17 Uhr, 50 Pesos) an. Sie liegen 30 km nördlich kurz hinter der Ortschaft **Bolonchén de Rejón.** Lange dienten sie den Maya als Brunnen und Kultstätte. Die Höhlen wurden erstmals 1841 von den amerikanischen Archäologen Stephens und Catherwood beschrieben und in einem großartigen Bild festgehalten, das eine breite, bis zum Wasser hinabführende hölzerne Leiter zeigt. Heute ist der Cenote trocken, aber die beleuchteten Höhlen mit ihren Stalagmiten und Stalaktiten beeindrucken nach wie vor (vgl. Abbildung S. 253).

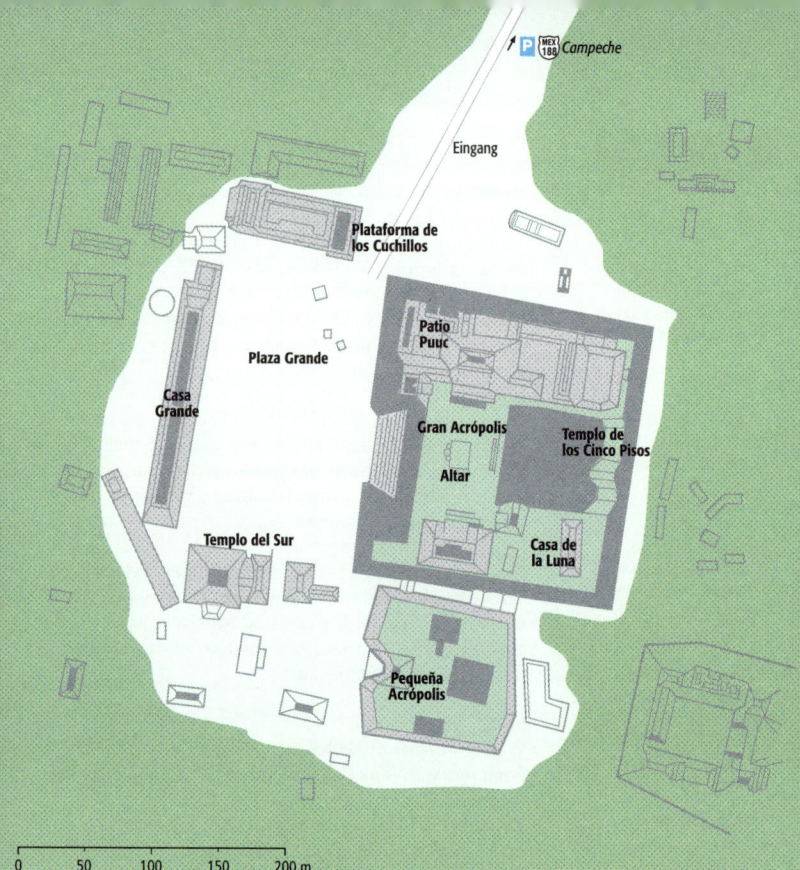

Edzná

(chultunes) an, die die Wasserversorgung der Bevölkerung sicherstellten. Mittels eines verzweigten Kanalnetzes wurde die Be- und Entwässerung der landwirtschaftlichen Nutzflächen ermöglicht. Mit dieser Technik stand Edzná Pate für Maya-Städte mit ähnlichen Problemen, v. a. für jene entlang der Ruta Chenés (s. S. 174) und der Ruta Puuc (s. S. 125).

Ringsum bebaut

Die wichtigsten Bauwerke liegen um die weiträumige, heute grasbewachsene **Plaza Grande.** Ihre Westseite wird in der

gesamten Länge von der **Casa Grande** (›Großes Haus‹) eingenommen, einer schmalen Plattform, zu der eine breite Treppenflucht emporführt. Den nördlichen Abschluss bildet die ähnliche, jedoch wesentlich kleinere **Plataforma de los Cuchillos** (›Plattform der Messer‹), den Süden begrenzt der pyramidenartige **Templo del Sur** (›Tempel des Südens‹).

Das Highlight

All diese Gebäude sind aber nur dekoratives Beiwerk und architektonischer Rahmen für die einzigartige **Gran Acrópolis**

(›große Akropolis‹) im Osten. In seltener Harmonie haben die Maya hier Plattformen, Tempel, Höfe und Treppen zu einem Meisterwerk der Baukunst zusammengefügt. Überragt wird das Zeremonialzentrum vom **Templo de los Cinco Pisos** (›Tempel der fünf Stockwerke‹), einer 32 m hohen Stufenpyramide, deren einzelne Etagen von Galerien umgeben sind. Leider darf man beide nicht mehr betreten, aber auch der Anblick von unten ist sehr beeindruckend. Bekrönt wurde der Tempel von einer *cresteria*, einem schmalen, durchbrochenen Aufsatz, der früher einmal mit Stuck überzogen war und Masken trug, denen die Stadt ihren heutigen Namen verdankt: ›Haus der Masken‹.

Astronomische Genies

Jedes Jahr vom 1. bis 3. Mai und vom 7. bis 9. August kann man in Edzná ein Phänomen beobachten, das ähnlich wie in Chichén Itzá (s. S. 145) die Meisterschaft der prähispanischen Astronomie beweist. Um 17 Uhr tastet sich der Strahl der untergehenden Sonne durch eine schmale Tür des Heiligtums und beleuchtet für einen Moment eine heilige Stele in dessen Zentrum.

Champotón   ♀ J/K7

Auf dem Weg von Campeche Richtung Süden wird Ihnen auffallen, dass die touristische Infrastruktur hier noch in den Kinderschuhen steckt. Dafür erhält man in den Fischerdörfern einen unverfälschten Einblick in das tägliche Leben, beispielsweise in Champotón.

Unter Locals

Die Mexikaner lieben diesen Ort ca. 60 km südlich von Campeche. Am Wochenende wird es an der **Playa Boca del Río** voll, und in den vielen Restaurants finden sich ganze Familienclans zum gemeinsamen Essen mit lauter Musik ein. Lebenslust pur!

Der Fischerhafen an der Mündung des Río Champotón war schon zu Maya-Zeiten ein wichtiger Umschlagplatz für Produkte des Hochlandes wie Vogelfedern, Kakaobohnen und Honig. Heute dümpeln Fischerboote im Wasser und Pelikane warten geduldig, ob eine Fischmahlzeit abfällt. Am **Malecón** kann man schön entlangschlendern und sich vor dem riesigen bunten Namenszug des Ortes für ein Foto in Pose bringen.

Unter Feinden

Als Francisco Hernández de Córdoba 1517 mit seinem Schiff vor der Maya-Siedlung aufkreuzte, wurde er trotz der Überlegenheit seiner Feuerwaffen von Häuptling Moch-Couoh und dessen Kriegern in die Flucht geschlagen. Auch der Empfang der zweiten spanischen Expedition 1518 unter Juan de Grijalva war alles andere als freundlich und veranlasste den Seefahrer, den Ort Puerto de Mala Pelea (›Hafen des üblen Handgemenges‹) zu nennen. Erst der umtriebige Francisco de Montejo d. J., Gründer von Mérida und Campeche, verbündete sich auf seinem Eroberungszug 1541 mit den Maya von Champotón gegen die Stämme im Norden und konnte so in dem Küstenort Fuß fassen.

Schlafen

100 m vom Meer entfernt

Hotel Posada La Regia: Im Südteil von Champotón liegt diese kleine, liebevoll gestaltete Herberge. Es gibt einen kleinen Pool, das nahe Meer und viele Strandrestaurants um die Ecke. Kleines Manko: Die MEX 180 führt direkt am Haus vorbei, doch dieses Schicksal teilen auch alle anderen Strandhotels im Ort.

MEX 180, am südl. Ortseingang, Barrio Las Brisas, T 98 28 28 15 52, €

Feiern

• **Fiesta de la Candelaria:** 2. Feb. (s. S. 171).

Laguna de Términos   📍 G–J8/9

Die MEX 180 folgt von Champotón der Küste durch kaum besiedeltes Gebiet bis zur riesigen Laguna de Términos. Sie ragt weit ins Land hinein und ist durch die 35 km lange und 2,5 km schmale **Isla del Carmen** vom Meer getrennt. Zwei Brücken, die **Puente de la Unidad** im Osten und die **Puente de Zacatal** im Westen, verbinden sie mit dem Festland.

Bedrohtes Schutzgebiet
Die Gesamtfläche der Lagune beträgt über 2500 km², tief ist sie dagegen nicht: Lediglich 3 bis 4 m haben die Fische zum Abtauchen. Zwischen dem Golf von Mexiko und der Lagune tauscht sich das Wasser permanent aus. 1974 wurde das Naturparadies unter Schutz gestellt, trotzdem ist das Ökosystem be-
droht – unmittelbar vor der Küste liegt das größte mexikanische Ölfeld. Die vielen Bohrinseln verursachen immer wieder Verschmutzungen und Umweltkatastrophen wie jene der Deepwater Horizon am 20. April 2010. Um 22 Uhr gab es eine gewaltige Explosion auf der Bohrplattform, die daraufhin sank. Unmengen Erdgas waren in das Bohrloch geströmt. Der zunehmende Druck schleuderte schließlich eine Fontäne aus Bohrschlamm, Gas und Öl in die Höhe, das Gas entzündete sich. Elf Arbeiter starben, und Öl trat aus mehreren Stellen des abgebrochenen Steigrohrs aus – eine Ölpest bis ans Mississippidelta an der US-Küste war die Folge. Angekündigt hatte sich das Unglück durch immer wieder eintretendes Gas im Steigrohr. BP, in dessen Auftrag man nach neuen Ölquellen suchte, hatte diese Tatsache als ›vernachlässigbar‹ hingenommen.

Beinahe friedlich
Am Rand des nordöstlichen Marschlands der Lagune, noch auf dem Festland, liegt **Sabancuy** (📍 H/J8). In dem Fischernest weht stets ein leichter tropischer Wind, das Leben spielt sich fern jeglicher Hektik ab. Mit dem Boot kann man sich auf schmalen Kanälen durch die Randzonen der Lagune fahren lassen. Es gibt einige kleine Fischrestaurants an der **Playa Sabancuy,** das Meer ist wunderbar blau und alles wäre wunderschön – wäre da nicht der Gedanke an das Öl …

WACHGERÜTTELT   **W**

Im April 2015 begann Regisseur Peter Berg mit den Dreharbeiten zum Kinofilm »Deepwater Horizon«, der die Hintergründe der Katastrophe in die Welt trug. Erneut wachgerüttelt, kam es zu massiven Protesten der Fischer gegen die zunehmende Verschmutzung des Golfs durch die Ölförderung. Doch bisher sind Öl und Geld nach wie vor wichtiger als Umwelt und Leben.

Zona Arqueológica Río Bec

Durch dünn besiedelten Buschwald zieht sich die MEX 186 fast schnurgerade von **Escárcega** nach Chetumal, nur ab und zu passiert man winzige Siedlungen.

Auf dem Land trifft man sie noch, die mexikanischen ›Cowboys‹. Ganz selten allerdings in ihrem traditionellen Outfit. Üblich sind Arbeitsklamotten und ein großer Strohhut auf dem Kopf.

Umso erstaunlicher ist es daher, dass im 7. Jh. genau in dieser trockenen Gegend zahlreiche Maya-Städte entstanden. Die meisten liegen im dichten Wald und sind bis heute nicht vollständig ausgegraben. Doch gerade das macht den Spaßfaktor aus. Hier können Sie noch weitgehend unberührte Ruinen entdecken – und vielleicht auch den ein oder anderen Affen oder Leguan.

Die ersten Maya-Stätten in dieser Region wurden Anfang des 20. Jh. entdeckt und nach dem angrenzenden kleinen Fluss benannt: Río Bec (›Fluss der Eichen‹). Ihre ursprünglichen Namen sind nicht bekannt. Als gemeinsames Stilelement haben alle Ruinen üppig dekorierte Fassaden, die ihnen einen fast barocken Charakter verleihen und später auf die Puuc-Region (s. S. 125) abgefärbt haben.

Balamkú ♀ L 9

Hohe Kunst

Die kleine Maya-Stätte ist besonders für eines bekannt: ihren knapp 17 m langen und 1,75 m hohen Wandfries, der erst 1990 entdeckt wurde. Da er von einem späteren Tempel überbaut war, blieb er sehr gut erhalten. Selbst die einstige rote Bemalung kann man noch erkennen. Der Fries zeigt, immer einander abwechselnd, drei Jaguare sowie vier Himmelfahrtsszenen. Jede besteht aus einem Tier, dessen Kopf zur Seite gedreht ist und das auf einer Erdmonstermaske sitzt. Sein Maul symbolisiert den Zugang zum königlichen Thron. Die Inthronisierung wird dadurch veranschaulicht, dass der König aus dem Rachen des Erdmonsters kommt, während die Sonne aus dem Mund der Erde aufgeht, der darunter sichtbar ist. Die Darstellung macht also deutlich, dass der Zyklus der Herrscherdynastien mit dem der Sonne in Verbindung steht. Stirbt ein König, geht die Sonne im Maul des Erdmonsters unter.

Das Gebäude mit dem Fries, **Estructura I** genannt, können Sie über eine Tür auf der Westseite betreten. Es gehört zur Zentralen Gruppe, die drei Plätze umfasst. Darüber hinaus gibt es drei weitere architektonische Gruppen: die Südgruppe mit vier Plätzen, die Südwestgruppe, die astronomischen Beobachtungen diente, und die kaum ausgegrabene Nordgruppe, zu der immerhin sechs Plätze und mehrere über 15 m hohe Gebäude gehören. Es gibt noch viel zu tun für die Forscher in Balamkú.

6,5 km nordwestl. von Conhuas, tgl. 8–17 Uhr, 45 Pesos

Calakmul M 10

Schlaglöcher, Spurrinnen, Staub und Steine. Links und rechts der Tieflanddschungel. Es ist eine lange Holperfahrt bis zu den Tempeln von Calakmul, die schon fast an der Grenze zu Guatemala liegen – ein Abenteuer, das dazugehört, will man die schönsten, größten und bedeutendsten Maya-Ruinen von Yucatán

besuchen. Seit 2002 gehören sie zum Welterbe der UNESCO.

Die 60 km lange Piste beginnt im Dorf **Conhuas** (**** M 9) an der MEX 186 und führt größtenteils durch die **Reserva de la Biósfera Calakmul**. Um ausreichend Zeit für die Erkundung der Ruinen zu haben, sollte man in Conhuas übernachten und am nächsten Tag zeitig starten.

Ruinen tgl. 8–17, Museum bis 16 Uhr, 193 Pesos (man bezahlt entlang der Strecke insgesamt drei Mal: 50 Pesos an der Schranke in Conhuas, 68 Pesos an der Schranke zum Biosphärenreservat, 75 Pesos am Eingang zu den Ruinen)

Metropole im Urwald

Calakmul ist eine der größten bisher entdeckten Maya-Städte überhaupt. Mehr als 6750 Tempel, Paläste, Plätze und verwinkelte Wohngebäude verteilen sich über eine Fläche von 20 km². Doch keine Sorge: Die bisher ausgegrabenen Highlights liegen alle dicht beieinander auf etwa 2 km². Viel laufen und schwitzen ist in dieser Dschungelmetropole trotzdem angesagt. Da die Ausschilderungen dürftig sind, sollten Extrarunden einkalkuliert werden. Eine gute Karte oder ein Handyfoto vom Plan am Eingang sind auf jeden Fall eine gute Orientierungshilfe.

Es gibt drei Rundgänge unterschiedlicher Länge. Wer kein Hobby-Archäologe ist, sollte die ›goldene Mitte‹ wählen. Mit Tempelbesteigungen und Pausen ist man etwa drei Stunden unterwegs. Vom Ticketschalter bis zu den ersten Ruinen sind es etwa 20 Minuten zu Fuß.

AN DER UHR GEDREHT **U**

Zwischen den Bundesstaaten Quintana Roo und Campeche gibt es eine Zeitdifferenz. Wenn Sie von den Ruinenstätten der Río-Bec-Region weiter nach Chetumal an der Karibikküste reisen, gewinnen Sie eine Stunde Badevergnügen.

Dem Kaugummi sei Dank

Am Morgen des 29. Dezember 1931 macht der Biologe Cyrus L. Lundell einen Erkundungsflug über den Dschungel in Südyucatán. Im Auftrag der Mexican Exploitation Chicle Company soll er Ausschau halten nach größeren

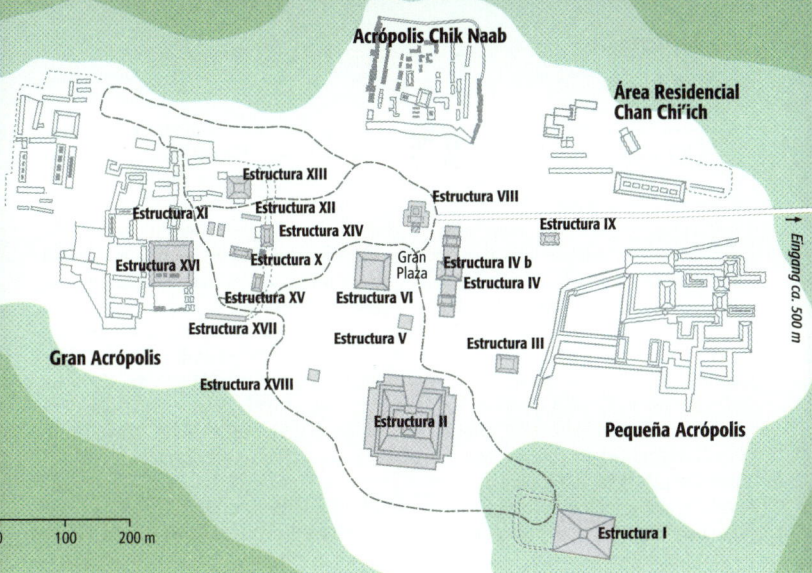

Calakmul

Vorkommen von Breiapfelbäumen, deren Milchsaft für die Gewinnung von Natur- und Kaugummi *(chicle)* genutzt wird. Was er von oben im dichten Grün entdeckt, kann er kaum glauben: Aus dem Wald ragen steinerne Spitzen empor, Plattformen und Tempel einer vergessenen Maya-Stadt. Er meldet seine Beobachtung dem amerikanischen Archäologen Sylvanus Morley von der Carnegie Institution, der sich sofort auf den Weg macht. Seit dieser Entdeckung haben Forscher in Calakmul schon so manche Schätze ausgegraben, die in Museen in Mexiko-City und Campeche ausgestellt sind.

Kampf um die Vorherrschaft

Bereits um 300 v. Chr. siedelten Maya im Gebiet des heutigen Calakmul, aber erst im 6. Jh. wurde die Stadt zum Zentrum eines riesigen Reiches. Es wird geschätzt, dass hier etwa 50 000 Menschen lebten und Calakmul zeitweise über Orte regierte, die bis zu 150 km entfernt lagen. Die Gesamtbevölkerung des sogenannten Schlangenreiches wird zur Zeit der Spätklassik auf 1,75 Mio. Menschen geschätzt.

Größter Rivale um die Macht in der Region waren die Herrscher von Tikal (heute Guatemala). 695 n. Chr. gelang es ihnen endlich, den Erzfeind zu schlagen, wovon sich Calakmul nie wieder vollends erholen konnte. Die letzten Stelendatierungen stammen aus dem frühen 10. Jh. – danach geriet auch Calakmul in den Sog des Untergangs der Maya-Reiche und wurde vergessen. Durch die vielen hier gefundenen Stelen mit Namen, Daten und Beschreibungen von Ereignissen wie Kriegen, Krönungen oder Gefangennahmen ist jedoch ein beachtlicher Teil der Geschichte der Stadt inzwischen bekannt.

So sahen die Märkte früher aus

Zuerst erreicht man die **Gran Plaza.** Um den Platz herum liegen fünf bebaute Plattformen. In einigen wurden Wandgemälde entdeckt, die detailgenaue Marktszenen zeigen. **Estructura IV** an der Ostseite bildet zusammen mit **Estructura **VI** auf der gegenüberliegenden Seite die sogenannte E-Gruppe, die zur Bestimmung der Sonnenwende und der Tagundnachtgleiche diente. Zum Frühlingsanfang am 21. März geht die Sonne exakt hinter **Estructura IV b** auf.

An der Südseite liegt, umgeben von zehn Stelen, **Estructura V**. An der Nordseite steht eine 24 m hohe Tempelpyramide, wo in einem der oberen Räume ein Patolli-Spielbrett in den Boden geritzt wurde – die Grundlage für eines der ältesten Gesellschaftsspiele Mesoamerikas (s. S. 189).

Bis nach Guatemala schauen

Südlich der Gran Plaza wartet der Höhepunkt von Calakmul: **Estructura II**. Diese gigantische Pyramide sollten Sie unbedingt besteigen, mit 45 m ist sie eine der höchsten der Maya. Der Blick von oben hat etwas Magisches. Das Bauwerk selbst ist ziemlich verschachtelt, weil auch hier über einem alten Tempel ein neuer errichtet wurde. Auf dessen Spitze setzte man später noch einen weiteren Palast, der neun Räume umfasst. In der Pyramide wurden u. a. vier Gräber entdeckt.

Ein Abstecher vom mittleren Rundweg führt zur **Estructura I**. Da diese Pyramide auf einem kleineren Hügel erbaut wurde, erscheint sie höher als Estructura II, das ist aber nicht der Fall. Von oben blickt man über dichten Wald bis hinüber nach Guatemala, das nur 35 km südlich beginnt.

Diese beiden Pyramiden, Estructura I und II, gaben Calakmul seinen Namen: ›Ort der zwei Hügel‹. An der Basis von Estructura I wurden 731 n. Chr. von Herrscher Yuknoom Took' K'awiil eine Reihe von Stelen errichtet.

Wo die Bevölkerung lebte

Der Rest des Weges führt vorbei an der **Gran Acrópolis** mit verschachtelten Räumen und Höfen und einem Ballspielplatz, hinter dem sich ein weitläufiges Areal mit Residenzen und Wohnhäusern anschließt – ein spannendes Gebiet zum Herumstromern. Von hier sind es etwa 30 Minuten zurück zum Eingang.

Xpujil ♀ N9

Eine gute Übernachtungsbasis

Zwischen all den großartigen Maya-Ruinen rechts und links der MEX 186 liegt Xpujil, nicht mehr als ein kleines, aber modernes Dorf. Für viele Traveller ist es die Ausgangsbasis für die Erkundung der Umgebung. So gibt es hier einige kleine Unterkünfte und mehrere einfache Restaurants – alles nicht weltbewegend, dafür authentisch und günstig, denn vom Massentourismus ist man hier weit entfernt. Noch. Denn der Tren Maya könnte alles verändern (s. S. 285).

Hier geht's in die Unterwelt

Am Westrand des Ortes ragen die Gebäude der gleichnamigen Ruinenstätte aus dem Dschungelgrün hervor. Der **Templo de los tres Torres** (›Tempel der drei Türme‹) der Gruppe I ist das größte Bauwerk. Sein Fassadendekor besteht aus Masken, die rechts und links der Türen übereinander angeordnet sind. Drei gestufte Türme, die nicht besteigbar waren, überragen die Hauptfassade. Auf der Turmspitze befanden sich Scheingebäude mit Schlangenmaulportalen, dem Symbol des Eingangs zur Unterwelt.

Das wichtigste Gebäude von Gruppe II ist der **Templo de la Máscara del Pájaro** (›Vogelmaskentempel‹), ein großer Palast, benannt nach dem Dekor an seinem Dachkamm. Er wartet aber noch auf seine Ausgrabung.

1,5 km westl. des Dorfes Xpujil, tgl. 8–17 Uhr, 55 Pesos

Becán 📍N9

So einsam hier

Becán war etwa ab 550 v. Chr. besiedelt und entwickelte sich in den folgenden Jahrhunderten zu einem bedeutenden Zeremonialzentrum. 1000 Jahre später stieg die Bevölkerung sprunghaft an und viele neue Gebäude entstanden, hauptsächlich im Río-Bec-Stil. Um 830 n. Chr. wurden plötzlich sämtliche Baumaßnahmen eingestellt und um 1200 war Becán verlassen.

Der Name der Stätte bedeutet auf Mayathan, der Sprache der Maya auf Yucatán, die ›durch Wasser geformte Schlucht‹. Er bezieht sich auf den Graben, der die Anlage umgibt und einzigartig für eine Maya-Stätte ist.

Die Besichtigung beginnt an der **Plaza A**, dem südlichen Platz, eine Art Vorhof. Er ist umgeben von beeindruckenden palastartigen Gebäuden mit verschachtelten Innenräumen und hohen seitlichen Türmen. Durch einen langen, engen Gang geht es zum Herzstück von Becán, einem Platz mit den **Estructuras IX und VIII**. Beide Tempel-

pyramiden kann man besteigen, wobei der Blick von Estructura IX über den Dschungel und hinab auf Estructura VIII wesentlich beeindruckender ist (s. S. 184).

8 km westl. des Dorfes Xpujil, tgl. 8–17 Uhr, 60 Pesos

Chicanná 📍N9

Den Bewohnern von Chicanná ging es offensichtlich gut. Die Gebäude im Chenés- und Río-Bec-Stil sind so reich dekoriert, dass man die Wände teilweise gar nicht mehr sieht – überall nur Masken und Schlangenzungen. Die Stadt profitierte von ihrer Lage am zentralen Handelsweg zwischen der Golfküste und der Karibik.

Ca. 10 km westl. des Dorfes Xpujil, tgl. 8–17 Uhr, 55 Pesos

Der Schein trügt

Die Gebäudekomplexe haben massive Türme, Scheintreppen und Scheintempel. Der Eingang von **Estructura II** der Gruppe A wird von einem Schlangenmaul gebildet, desgleichen der Eingang von **Estructura XX** der Gruppe D. Viele Gebäudeecken zieren die hakennasigen Masken des Regengottes Chaac – und zwar nicht nur im Doppelpack übereinander, sondern gleich mehrfach. Der

VORSICHT BEIM KRAXELN

Dass beim Besteigen der Pyramiden Vorsicht geboten ist, zeigt der ›Fall‹ des mexikanischen Archäologen Román Piña Chán. Als er 1984 die Estructura IX in Becán untersuchte, stürzte er ab. Der Forscher überlebte zwar, war aber für den Rest seines Lebens gelähmt.

Lieblingsort

Die Welt zu Füßen

Es gibt kaum etwas Genialeres, als auf einer der hohen Maya-Pyramiden zu sitzen. Auch in **Becán** ist das möglich, am besten auf der Spitze von **Estructura IX.** Über mir der Himmel, unter mir der Dschungel, ringsum alte Steine, die eine faszinierende Kultur erlebt haben. Mir bleiben die Überreste und deren Vergänglichkeit vorbehalten. Neben einem melancholischen Gefühl werden mir die Schönheit der Welt und die Großartigkeit einer Reise in fremde Welten hier oben so richtig bewusst. Und dass zu meinen Füßen einst so viele Menschen lebten, kann ich mir plötzlich bestens vorstellen. Denn Becán ist einsam, die Maya-Mystik wird intensiv spürbar.

Regengott war aufgrund der häufigen Trockenperioden in diesem Gebiet von zentraler Bedeutung und ihm zu Ehren wurden viele Opfer dargebracht.

Hormiguero ♀ N 9

Fratzen und Monster
Die Ruinen liegen 22 km südwestlich von Xpujil. Man biegt in Xpujil an der Kreuzung Richtung Süden ab und nach 12 km rechts in eine extrem schlechte Asphaltstraße ein, eigentlich mehr eine Piste. Dennoch lohnt der Abstecher. Die gut erhaltene Südfassade von **Estructura II** ist – ähnlich der in Chicanná – als Monsterrachen ausgebildet und gilt als schönstes Beispiel des Río-Bec-Stils. Die Frühphase der Besiedlung von Hormiguero wird mit 50 bis 250 n. Chr. angesetzt.
Tgl. 9–17 Uhr, Eintritt frei

Schlafen

Mit Hausmannskost
Cabañas Calakmul: Die kleine Anlage mit nur sechs einfachen, zweckmäßig eingerichteten Bungalows verspricht einen authentischen Aufenthalt mit Familienanschluss. Emilio ist sehr hilfsbereit. Im Restaurant kocht seine Ehefrau abends ein Tellergericht für die Hausgäste.
Edijo Nuevo, Conhuas, T 983 752 73 15, www.cabanas-calakmul.com, €

Mit Radverleih
Hotel Maya Balam: Prima Unterkunft in ruhiger Lage mit sauberen Zimmern. Im angeschlossenen Restaurant wird man günstig und lecker versorgt. Gutes Preis-Leistungs-Verhältnis. Mit den hauseigenen Fahrrädern kann man die Maya-Stätten der Umgebung erkunden.
Calle Xpujil 10, Xpujil, T 983 835 75 27, www.mayabalam.blogspot.mx, €

Infos

Die Region öffnet sich erst allmählich dem Tourismus. Unterkünfte gibt es bislang nur in den Orten Conhuas und Xpujil (s. S. 182). Decken Sie sich vor dem Besuch der einzelnen Ruinenstätten mit ausreichend Wasser und Snacks ein, denn noch gibt es vor Ort nichts zu kaufen.
• **Anfahrt:** Bis auf Calakmul und Hormiguero liegen alle Maya-Stätten wie an einer Perlenkette aufgereiht entlang der MEX 186. Sie sind gut ausgeschildert und problemlos mit einem Mietwagen erreichbar. Busse der Unternehmen SUR und ADO verkehren mehrmals täglich zwischen Escárcega und Chetumal. Sie lassen ihre Passagiere auch an den Zufahrtswegen zu den Ruinen aussteigen, den Rest muss man laufen (oder auf ein Taxi hoffen).

Villahermosa
♀ Karte 1/2, D 10

Der Ölboom hat Villahermosa groß gemacht. Bis zum Zweiten Weltkrieg dämmerte der Ort am Ufer des Río Grijalva vor sich hin, dann stieg die Einwohnerzahl rapide auf über 300 000 an. Mit all den modernen Gebäuden ist der Charme weitgehend auf der Strecke geblieben. Schöne Ecken, wie sie der Name Villahermosa (›schöne Stadt‹) verspricht, muss man suchen. Ein wenig kolonialer Touch hat sich nur im historischen Minizentrum erhalten, der Zona Remodelada. Aber eigentlich ist das auch gar nicht wichtig, denn in der Regel steuert man die Hauptstadt des Bundesstaates Tabasco an, um die Kolossalköpfe der Olmeken zu sehen, die im Parque-Museo La Venta ausgestellt sind.

Historisches Stadtviertel

Die kleine **Zona Remodelada** erstreckt sich direkt am Ufer des Río Grijalva. Sie ist vorzüglich restauriert und als autofreie Flanierzone gestaltet.

Mit Retroflair

Ein ganz besonderes Haus ist die **Casa de los Azulejos ❶**. Ihre Fassaden sind über und über mit blauen Fliesen verkleidet, und auch innen kommt man sich vor wie in einer Fliesenausstellung – Retro natürlich. Hier ist das kleine **Museo de Historia** untergebracht, das von der Geschichte der Stadt und des Staates Tabasco erzählt.
Av. Juárez, Ecke 27 de Febrero, Di–Fr 9–17, Sa, So bis 18 Uhr, 35 Pesos

Die alten Völker

Ganz im Zeichen von Kunst und Kultur der Maya und Olmeken steht das hochmoderne **Museo Regional de Antropología ❷** am Flussufer. In vier Sälen präsentiert es die Geschichte der beiden großen präkolumbischen Völker. Ein Rundgang dauert etwa zwei Stunden, zumindest für echte Archäologiefans.
Perif. Carlos Pellicer Cámara 511, Di–Fr 9–17, Sa, So bis 18.30 Uhr, 22 Pesos

Parque-Museo La Venta

Wer waren die Olmeken?

Mit den großartigen kulturellen Errungenschaften der noch immer rätselumwobenen Olmeken beschäftigt sich der **Parque-Museo La Venta ❸**. Das Freilichtmuseum ist nicht sonderlich groß und beherbergt auch nicht Unmengen an Funden, aber dafür ein paar Stücke, die es in sich haben: tonnenschwere Steinköpfe, die zwischen 1,65 und 2,85 m hoch sind. Sie stammen aus La Venta (♥ B 10), 130 km westlich von Villahermosa, wo die Olmeken seit etwa 1500 v. Chr. siedelten. Aus riesigen Basaltlavablöcken kreierten sie Köpfe mit wulstigen Lippen, gewölbter Stirn, breiten Nasen und helmartiger Kopfbedeckung. Heute würde man sagen: Was für eine künstlerische Leistung! Doch für die Olmeken war es sicherlich kein reiner Kunstzweck, den diese Skulpturen erfüllten. Was allerdings genau dahintersteckt, diskutieren Archäologen bis heute. Möglicherweise stellen die Köpfe Herrscher oder Krieger dar. Bisher wurden zehn solcher Köpfe an den drei Siedlungsorten der Olmeken gefunden: San Lorenzo, Tres Zapotes und La Venta. Die Exponate in La Venta sind nur Repliken. Ein Originalkopf steht im Museum von San Lorenzo knapp 250 km westlich von Villahermosa.

Das Freilichtmuseum beherbergt aber noch zahlreiche andere Relikte aus der La-Venta-Kultur, insbesondere Tierdarstellungen, einen Altar und die Stele eines bärtigen Mannes. Dass all das gefunden wurde, ist wieder einmal dem Zufall zu verdanken: Ein Junge entdeckte beim Spielen den ersten Monumentalkopf. Merkwürdigerweise fand man alle Skulpturen in der Erde vergraben und mutwillig beschädigt.
Blvd. Adolfo Ruíz Cortines s/n, ca. 3 km westl. des Zentrums, tgl. 8–16 Uhr, 55 Pesos

Comalcalco

Stadt aus Ziegeln

Dieses Zeremonialzentrum der Maya wurde auf natürlichen Erhebungen in der Sumpflandschaft an einem Nebenarm des Río Grijalva errichtet und hatte seine Blütezeit etwa zwischen 600 und 800 n. Chr. **Comalcalco** (♥ Karte 2, C/D 10) unterscheidet sich von anderen Ruinenstätten v. a. durch die Wahl des

Villahermosa

Ansehen

1 Casa de los Azulejos / Museo de Historia

2 Museo Regional de Antropología

3 Parque-Museo La Venta

Schlafen

1 Marriott

2 Quinta Real

3 Hyatt Regency

4 La Venta Inn

Essen

1 Mariscos La Lupita

2 Cocina Gourmet

3 Café La Antigua

Baumaterials. Da es in der Gegend keine Kalksteinblöcke gab, verwendete man gebrannte Ziegel. Die 5 cm dicken und 25 x 19 cm messenden Steine wurden aus Lehm geformt und in Holzkohleöfen gebrannt, um dann mit einem Mörtel aus Muschelkalk weiterverarbeitet zu werden.

Die Überreste konzentrieren sich auf drei Bezirke, von denen die **Nordgruppe** mit ihrer großen Stufenpyramide die wichtigste ist. Einen schönen Ausblick über die Umgebung hat man vom Hügel mit den Resten der Palastanlage.

Ca. 5 km nordwestl. von Villahermosa, tgl. 8–17 Uhr, 55 Pesos, Anfahrt mit Bussen vom 2.-Klasse-Terminal in der Av. Javier Mina (ca. alle 15 Min.)

Schlafen

Aufgrund der Erdölindustrie gibt es etliche Vier- und Fünf-Sterne-Hotels, zugeschnitten auf Geschäftsleute. An den Wochenenden fallen die Preise. Die besseren Hotels liegen außerhalb des historischen Zentrums.

Luxuriös

1 **Marriott:** Das sehr gepflegte Hotel bietet alle Annehmlichkeiten, beispielsweise einen Swimmingpool, ein Fitness-center, kostenloses Parken und ein gutes Restaurant. Der Service ist in allen Bereichen professionell.

Av. Paseo Tabasco 140, T 933 310 02 01, www.marriott.com, €€

Repräsentativ

2 Quinta Real: Prunkvoll und protzig kommt der Kasten daher. Zimmer, Service und Ausstattung lassen nichts zu wünschen übrig.

Av. Usumacinta 1402, T 993 310 13 00, www.quintareal.com, €€

Internationaler Standard

3 Hyatt Regency: Modernes Geschäftshotel nach US-amerikanischem Standard. Nahe dem Parque-Museo La Venta. Gutes Restaurant.

Av. Juárez 106, Col. Lindavista, T 993 310 12 34, www.villahermosa.regency.hyatt.com, €€

Modern und gepflegt

4 La Venta Inn: Das moderne Geschäftshotel ist ziemlich unpersönlich und liegt auch etwas außerhalb des Zentrums. Der Parque-Museo La Venta und einige gute Restaurants sind dafür in der Nähe.

Av. Adolfo Ruiz Cortines 1110, Col. Oropeza, T 800 838 54 38, www.laventainnhotel.com, €€

Essen

Seit 1982

1 Mariscos La Lupita: Das Restaurant ist der Klassiker in Villahermosa. Hier gibt es Meeresfrüchte in allen Varianten zu erschwinglichen Preisen und die Portionen sind großzügig. Wie wäre es mit der Spezialität *pigua al mojo de ajo* (in Knoblauch marinierte Krabben)?

Calle Buenavista 202, T 993 354 32 54, www.mariscoslalupita.com, tgl. 11–18 Uhr, €

Von allem nur das Beste

2 Cocina Gourmet: Das familiär geführte Lokal vereint modernes Ambiente und mexikanische Küche. Auf den Teller kommen nur die besten Zutaten. Ob *chiles en nogadas* (gefüllte Poblano-Paprika mit Walnusssauce und Granatapfelkernen) oder *cochinita pibil* (traditionelles Schweinefleischgericht) – es schmeckt köstlich und das Essen ist wirklich jeden Peso wert.

Av. Mario Brown Peralta 216, T 993 351 84 71, Mo–Do 7.30–13.30 Uhr, €–€€

Genussvoll entspannen

3 Café La Antigua: Dies ist ein schöner Ort zum Entspannen vom Trubel der Stadt. Arbeiten regionaler Künstler zieren die alten Gemäuer. Die Kaffeekreationen werden mit Liebe und Sorgfalt zubereitet. Die kleine Karte hält neben hausgemachten Kuchen auch herzhafte Speisen bereit.

Calle Miguel Lerdo de Tejada 608, T 993 194 39 27, Mo–Sa 9–17.15 Uhr, €

Infos

- **Oficina de Turismo:** Av. de los Ríos, im Komplex Tabasco 2000, T 993 316 36 33, Mo–Fr 8–17 Uhr.
- **Flüge:** Der Flughafen liegt etwa 13 km östlich der Stadt. Ins Zentrum von Villahermosa fahren nur Taxis (ca. 250 Pesos), nach Palenque gibt es einen direkten Bus von ADO (8–21 Uhr, etwa stdl., www.ado.com.mx).
- **Busse:** Die Busbahnhöfe 1. und 2. Klasse liegen nebeneinander in der Av. Javier Mina nahe der MEX 180 und ca. 2 km vom Stadtzentrum entfernt. Fahrten mit 1.-Klasse-Bussen gibt es mehrmals täglich u. a. nach Mexiko-Stadt (10–13 Std.), Campeche (6 Std.), Cancún (12 Std.), Mérida (9 Std.), Palenque (2,5 Std.), San Cristóbal (7 Std.) und Tuxtla Gutiérrez (je nach Route 4–9 Std.).

Zugabe
Jede Wette

Patolli – Glücksspiel auf Maya

Es erinnert ein bisschen an »Mensch ärgere Dich nicht«: Auf einer Spielmatte, die mit einem X – bestehend aus 64 Spielfeldern – markiert ist, rücken zwei bis vier Spieler ihre Spielsteine entlang der ›Arme‹ vor, um sie möglichst ohne Kollision mit gegnerischen Steinen ins Ziel zu bringen. Gewürfelt wird mit getrockneten Bohnen *(patoles)*, in die die jeweiligen Punktzahlen eingeritzt sind.

Patolli ist eines der ältesten Gesellschaftsspiele Mittelamerikas und war bei den Tolteken, Azteken und Maya sehr beliebt. Über den Spielverlauf, aus dem die Teilnehmer ihre Zukunft deuteten, wachte Macuilxochitl, der aztekische Gott des Vergnügens. Die vier Arme auf dem Spielfeld symbolisieren die vier Himmelsrichtungen. Es wurden hohe Wetteinsätze getätigt, bei denen so mancher Haus und Hof oder sogar seine Freiheit verspielte.

Die Spanier haben das ›heidnische‹ Spiel ab 1521 verboten und alle Spielmatten *(petate)*, die ihnen unter die Finger kamen, vernichtet. Wurde jemand beim heimlichen Spiel erwischt, hatte er mit saftigen Strafen zu rechnen. Vom Patolli erhalten blieben nur in Stein eingeritzte Spielbretter auf Tempelböden oder Treppenstufen (s. S. 182). ■

Chiapas

Indigenes und koloniales Erbe — Die Maya und ihre prachtvollen Ruinenstädte sind allgegenwärtig, eingebettet in eine Landschaft aus Dschungel und Wasserfällen. Ebenso die architektonischen Hinterlassenschaften der Spanier.

Seite 194
Zona Arqueo-lógica de Palenque ⭐

Die ehemalige Maya-Metropole ist umgeben von dichtem Wald und gehört zu den eindrucks-vollsten Ruinenstätten ganz Mexikos. Der Blick vom Templo de la Cruz: berauschend und ent-schleunigend zugleich.

Seite 199
Unterwegs mit Einheimischen

Einige Gemeinden der indigenen Lacandones, darunter Campamento Río Lacanjá und Nahá, haben sich dem Touris-mus geöffnet und bieten spannende Ausflüge an.

Moskitofrei ohne Chemie – Citronellaöl wirkt Wunder!

Seite 201
Yaxchilán

Wenn der Nebel über dem Río Usumacinta hängt und die Brüll-affen rufen, bekommt man beim Anblick dieser abgelegenen Maya-Stätte sogar bei 30 °C eine Gänsehaut! Die Grenze zu Guate-mala liegt um die Ecke.

Seite 203
Agua Azul

Einen Badetag an den türkisfarbenen Felsenpools mitten im Dschungel sollte man sich keinesfalls entgehen lassen. Vielleicht sind ge-rade ein paar Kajakfahrer dabei, die Kaskaden zu bezwingen – dann wird's sogar noch spannend.

Eintauchen

Seite 205

San Cristóbal de las Casas

Das koloniale Herz des Berglands verzaubert mit kopfsteingepflasterten Straßen, bunten Märkten, Hügeln mit Aussicht und indianischem Flair.

Seite 214

San Juan Chamula

Was geopferte Hühner und Rülpsen verbindet? In der Kirche dieses indigenen Ortes können Sie dem Rätsel auf die Schliche kommen.

Seite 217

Comitán de Domínguez

Die Uhren ticken langsam hier, doch an den Wochenenden ziehen Mariachi-Musikanten über die Plaza und bringen gegen einen Obolus ihre Ständchen dar. Und dann gibt's ja auch noch die herrliche Umgebung von Comitán!

Seite 224

Cañón del Sumidero

Hohe Felswände säumen hier den Río Grijalva. Man kann mit einem Boot durch die Schlucht fahren oder von einer Panoramastraße aus den Blick in die Tiefe wagen.

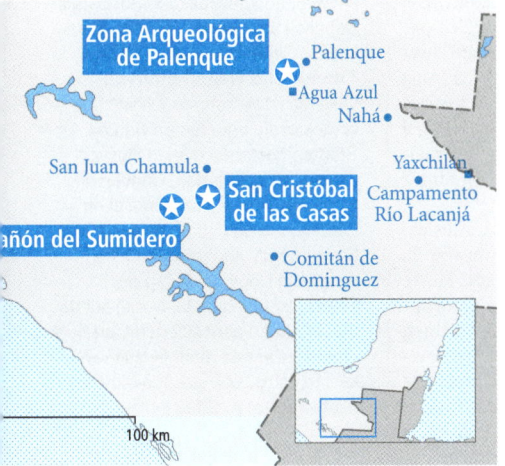

Zona Arqueológica de Palenque

Palenque

Agua Azul

Nahá

San Juan Chamula

Yaxchilán

San Cristóbal de las Casas

Campamento Río Lacanjá

Cañón del Sumidero

Comitán de Dominguez

100 km

»Wir müssen die Welt nicht erobern. Es reicht, sie neu zu schaffen. Heute. Durch uns!« (Subcomandante Marcos, ›Sprecher‹ der Zapatistischen Armee der Nationalen Befreiung)

In Rosa Zapatos Roman »Der Duft des Regenwalds« geht es nach Palenque, wo ein Toter und ein rätselhafter Einheimischer für ordentlich Aufregung sorgen.

erleben

Sierra, Selva und Indígenas

C

Chiapas ist anders als Yucatán: rauer, ursprünglicher und viel indigener geprägt. In den ländlichen Regionen leben noch immer Tzotziles, Tzeltales und Lacandones, alle Nachfahren der alten Maya. Natürlich haben sich deren Bedürfnisse und Lebensformen im Laufe der Zeit verändert, doch ein Besuch in einem ihrer Dörfer wie San Juan Chamula oder Nahá kommt einer Reise in die Vergangenheit gleich. In die entführt auch San Cristóbal de las Casas, eine der schönsten Kolonialstädte ganz Mexikos mit ganz viel Kultur und einer tollen Kneipenszene.

Die Landschaft von Mexikos ärmstem Staat kann sich ebenfalls sehen lassen. Es gibt unendlich viele Wasserfälle, Flüsse mit hübschen Badepools, eine Seenplatte, bis zu 3000 m hohe Berge und dichten Dschungel – alles ist üppig grün. Und mitten im ›Dickicht‹ verbergen sich mystische Maya-Ruinen wie Palenque oder Toniná.

Viele Landschafts- und Ortsnamen stammen aus der Nahuatl-Sprache der Azteken, die um 1400 die Region eroberten. Nur gut 100 Jahre später fielen die Europäer ein. Ein Großteil der Indígenas starb in den Auseinandersetzungen mit den Eroberern, die später sogar afrikanische Sklaven nach Chiapas verschleppten,

ORIENTIERUNG

Infos: Touristenbüros gibt es in Palenque, San Cristóbal de las Casas, Comitán de Domínguez und Tuxtla Gutiérrez.
Im Internet: www.turismochiapas. gob.mx (Sehenswürdigkeiten, Ausflüge, Unterkünfte etc.; engl.), www.mundochiapas.com (Geografie, Sehenswürdigkeiten, Verkehr, Unterkünfte, Gastronomie etc.; sp.).
Anreise und Weiterkommen: Chiapas ist verkehrstechnisch gut erschlossen. Von den größeren Städten bestehen direkte Busverbindungen mit Mérida, Cancún und Playa del Carmen. Die ländlichen Gebiete werden von Sammeltaxis bedient. Schwieriger zu bereisen ist nur die Region entlang der Grenze zu Guatemala, wobei auf der durchgehend asphaltierten Carretera Fronteriza immer mehr Busse verkehren. Infos für Reisende mit dem Mietwagen s. S. 239.

um sie dort für sich arbeiten zu lassen. Das Völkergemisch bestand neben Indígenas und Europäern bald aus Mestizen, Kreolen, Mulatten und Zambos (s. Kasten S. 193). So ist es bis heute: Chiapas hat von allem etwas.

Palenque

Palenque ♀ Karte 2, G 12

Das Städtchen

Er ist nur ein Anhängsel der gleichnamigen Ruinenstätte: der Ort **Palenque** – der eigentlich Santo Domingo heißt, was mit dem Anwachsen der Touristenströme aber irgendwie untergegangen ist. Die Bus- und Versorgungsstation für die Besucher der nahen Zona Arqueológica de Palenque hat das Beste daraus gemacht und sich ihr Tortenstück reserviert. In dem Städtchen gibt es Unterkünfte aller Kategorien, ein paar nette Restaurants, ziemlich viele Reiseagenturen (mit Touren bis Guatemala im Angebot) und alle anderen Einrichtungen, die fürs Überleben nötig sind. Hauptachse ist die **Avenida Benito Juárez,** die geradewegs bis zum etwas erhöht liegenden **Parque Central** hinaufführt.

KLEINE VÖLKERKUNDE

Ladinos – Europäer, die dauerhaft in der Neuen Welt lebten
Kreolen – Kinder europäischer Eltern, die in der Neuen Welt geboren wurden
Mestizen – Personen mit europäischen und indigenen Wurzeln
Mulatten – Personen mit afrikanischen und europäischen Wurzeln
Zambos – Personen mit afrikanischen und indigenen Wurzeln

Seine Nennung in Reiseführern verdankt das Städtchen Palenque allein der gleichnamigen, nahe gelegenen Ruinenstätte, einer der bekanntesten Mexikos. Die Infrastruktur für Touristen gestaltet sich entsprechend.

El Panchán ♀ Karte 2, F 12

An der Straße zu den Ruinen

Die Backpackerszene hat ihr Domizil im Waldstück **El Panchán** in der Nähe der Ruinen gefunden. Mitten im Grünen liegt hier ein Hotel am anderen. Die Einfahrt zu dem Gelände direkt vor dem Mauttor links bei Km 4,5 ist leicht zu übersehen.

Zona Arqueológica de Palenque ⭐ ♀ Karte 2, F 12

›Großes Wasser‹ bedeutet Lakamha übersetzt – so wurde die prähispanische Stadt Palenque einst von den Maya genannt. Vermutlich bezogen sie sich damit auf den Río Usumacinta, einen großen Strom, der heute die Grenze zu Guatemala bildet. Ihren besonderen Reiz bezieht die Ruinenstätte aus der Verschmelzung von imposanter Architektur und tropischer Waldlandschaft.

Ruinen: ca. 8 km südwestl. des Ortes Palenque, tgl. 8–17 Uhr, 80 Pesos inkl. 30 Pesos

GUT ZU WISSEN **G**

Das Klima ist heiß und feucht in Palenque, v. a. im März und April. Am kühlsten sind die Monate Oktober bis Februar. Da es in dieser Gegend viele Moskitos gibt, sollte ein Mückenschutz im Gepäck sein. Besichtigen Sie die Stätte am besten gleich frühmorgens, dann ist es noch nicht so heiß und der Besucherandrang geringer. Einen guten Überblick über das Gelände bietet das **Museo del Sitio** ca. 1,5 km vor dem Eingang. Ein Modell des Komplexes zeigt, wie es hier einst ausgesehen hat.

für den Zugang zum Nationalpark; **Museum:** bei Km 6,5 in der archäologischen Zone, tgl. 9–17 Uhr, Eintritt frei

Ein bisschen Geschichte

Vor Ort entdeckte Glyphen ermöglichten es, den Stammbaum der Könige von Palenque über einen Zeitraum von fast 400 Jahren zu rekonstruieren: von 431 bis 799 n. Chr. Damals war Palenque zusammen mit Yaxchilán (s. S. 201), Caracol (Belize), Tikal (Guatemala) und anderen Städten eine der großen Metropolen im zentralen Maya-Land. Viele Elemente der Kultur wurden in dieser Phase zur Perfektion entwickelt, so das Kraggewölbe, eine neue Hieroglyphenschrift, die Stelenkunst und der Kalender. Natürlich gab es auch Kriege, insbesondere Tikal war ein gefürchteter Rivale.

Nach Jahrzehnten militärischer Niederlagen konnte Palenque mit der Machtübernahme des Herrschers K'inich Janaab Pakal Anfang des 7. Jh. wieder an seine glorreiche Vergangenheit anknüpfen. Fünf Tempelanlagen ließ der König bauen. Pakal starb hochbetagt im Alter von 81 Jahren am 28. August 683 und wurde unter dem Tempel der Inschriften beigesetzt. Im 9. Jh. war Palenque verlassen. Die großartigen Tempel verfielen und wurden vom Urwald verschlungen.

1841 hielten sich die amerikanischen Archäologen John Lloyd Stephens und Frederick Catherwood in Palenque auf. Ihre Berichte und Zeichnungen gingen um die Welt. Es dauerte aber noch fast ein Jahrhundert, ehe der Däne Frans Blom mit den ersten Ausgrabungen begann. Bis heute sind die Arbeiten im Gange und werden wohl auch noch die nächsten Generationen beschäftigen.

Der größte und bekannteste Bau

Nach dem Betreten der Anlage steht man gleich vor dem beeindruckenden **Templo de las Inscripciones** (›Tem-

Palenque, die Ruinenstätte

pel der Inschriften‹). Seinen Namen verdankt das achtstufige Bauwerk den über 600 Hieroglyphen, die an der Innenwand auf der oberen Plattform eingemeißelt wurden – die Familienchronik der Herrscher von Palenque. Dort entdeckte der Archäologe Alberto Ruz Lhuillier 1949 den Eingang zu einer tief im Inneren verborgenen Grabkammer, der letzten Ruhestätte des Herrschers Pakal. Der Grabschatz und eine Rekonstruktion der Krypta sind im Anthropologischen Nationalmuseum von Mexiko-Stadt zu sehen, eine Replik befindet sich im Museo de Sitio (s. Kasten S. 194). Die aus Kalkstein gefertigte Grabplatte zeigt den Weg des Verstorbenen ins Jenseits; als Maisgott entsteigt er dem Rachen der Unterwelt. Der Fund von Palenque bedeutete den Abschied von der These, dass die Pyramiden Mexikos allein kultischen Zwecken dienten und nicht als Grablege.

Noch ein Sensationsfund

1994 wurde unter **Templo XIII** ein Sarkophag mit einem zinnoberrot gefärbten Frauenskelett gefunden, umgeben von

Jade und zwei weiteren Skeletten. Die Dame war bei ihrem Tod etwa 40 Jahre alt, 1,70 m groß und muss eine hochrangige Adlige gewesen sein, darauf lassen die eingefärbten Knochenteile schließen. Vielleicht war die Reina Roja (›rote Königin‹) sogar die Mutter von Pakal?

Ungewöhnliches Observatorium

Als Nächstes folgt links der **Palacio**, ein ungewöhnlicher Bau der Maya-Architektur auf einer riesigen Plattform, die früher von allen Seiten durch Treppen begehbar war. Verschachtelte Höfe und galerieartige Gebäude verteilen sich um vier Innenhöfe, das Ganze wird beherrscht von einem Turm. Man nimmt an, dass der Palast als Observatorium genutzt wurde. Im **Patio Este**, einem eingesenkten Hof an der Nordostecke, bewachen lebensgroße menschliche Figuren die Treppenzugänge. Dass der Komplex zumindest teilweise profanen Zwecken diente, beweist die Existenz einer Toilettenanlage mit Wasserspülung, die Ausgrabungen ans Licht förderten.

Idyllische Tempelpause

Über den kleinen Río Otulum hinweg, der von den Maya zum Teil unterirdisch durch die Stadt geleitet wurde, gelangt man zu drei nur teilweise ausgegrabenen Pyramiden. Der **Templo del Sol** (›Sonnentempel‹) fällt durch seine gut erhaltene *crestería* auf. Diese Dachkämme dienten als Dekorationsflächen und zur optischen Erhöhung der Bauten. Im Kultraum befindet sich ein Relief, das wohl den Herrscher Pakal mit seinem Sohn und Nachfolger Chan-Bahlam bei einem Ritual zeigt.

Schräg gegenüber ist der **Templo de la Cruz** (›Tempel des Kreuzes‹) das höchste Bauwerk der Stadt – der Blick über die grauen Tempel vor der grünen Dschungelkulisse ist fantastisch, doch eigentlich muss man sich die Bauten in ihrer ursprünglich hellroten Farbe vorstellen. Seinen Namen verdankt der

Tempel einer Relieftafel an der inneren Rückwand (heute im anthropologischen Museum in Mexiko-Stadt), mit Pakal und Chan-Bahlam am kosmischen Ceiba-Baum als zentralem Motiv.

Fast von der Vegetation überwuchert ist der **Templo de la Cruz Foliada** (›Tempel des Blattkreuzes‹) unmittelbar vor dem steil ansteigenden Berghang. Erdbeben und der Zahn der Zeit haben das Dach und Teile des Gewölbes einstürzen lassen, ermöglichen dadurch aber einen guten Einblick in die Konstruktion.

Archäologen-Behausung

Vorbei am grasüberwachsenen **Juego de Pelota** (›Ballspielplatz‹) erreicht man im Nordwesten den noch nicht freigelegten **Tempel X** sowie den restaurierten **Templo del Conde** (›Tempel des Grafen‹). Er wurde zwischen 640 und 650 n. Chr. erbaut und ist das älteste Gebäude der Stadt. Sein Name erinnert an die schillernde Persönlichkeit des französischen Kartografen, Malers und Forschungsreisenden Frédéric de Waldeck, der während seiner Ausgrabungszeit von 1831 bis 1833 hier oben sein Domizil aufgeschlagen hatte (s. S. 252).

Wo die Königin badete

Zwischen dem Ballspielplatz und der Grupo del Norte führt ein Pfad zu einem schönen Wasserfall, dem **Baño de la Reina** (›Königinnenbad‹). Wer auf dem Pfad bleibt, kommt zur **Grupo de los Murciélagos** (›Gruppe der Fledermäuse‹), die aus Häusern des späten Palenque (770–850 n. Chr.) besteht, und zu einem Nebeneingang bzw. Ausgang.

Schlafen

Farbenfroh

1 **Maya Tulipanes:** Architektonisch ist das Hotel mit seiner kubischen Betonbauweise etwas eigenwillig, dafür gibt es

↑ Flugplatz, Catazaja,
Villahermosa, Campeche

Periférico Norte 8a Norte

Av. 5 de Febrero · 7a. Norte · Calle Attende · 6a. Norte · Calle Aldama · 5a. Norte · Calle Abasolo · Calle Independencia Central Norte · Calle Jiménez · Calle Guerrero · Av. 5 de Febrero · Calle Nuevo México · Periférico Oriente

Av. 12 de Octubre · Av. 12 de Octubre

Av. Manuel Velascos · Av. Manuel Velascos

4a. Norte · Av. Dr. Belisario Dominguez · 1a. Ote · 1a. Ote · Calle Mina

Av. Reforma · 3a. Norte · Av. Reforma

Av. Nicolás Bravo · 2a. Norte · Av. Nicolás Bravo

Av. Miguel Hidalgo · 1a. Norte · Av. Miguel Hidalgo

Central Poniente

Av. 5 de Mayo · 1a. Sur · Parque Central · Santo Domingo de Guzmán · Av. 5 de Mayo

Av. 20 de Noviembre · 2a. Sur · Av. 20 de Noviembre

Benito Juárez

Av. Corregidora · Av. Corregidora

Av. 18 de Marzo · 3a. Sur · Av. 18 de Marzo

Pánteón Municipal · Av. Xochimilco · Calle Abasolo · 4a. Sur · Av. Xochimilco

6a. Sur · Calle Independencia Central Sur · 2. Ote

7a. Sur

9a. Sur

Calle Allende · Calle Aldama · Calle Jiménez · Calle Guerrero · Calle Mina · Calle Chiapas

Periférico Sur 10 a Sur

↙ Ocosingo, San Cristóbal,
Bonampak, Yaxchilán

Zona Arqueológica de Palenque (2,7 km), El Panchán

7. Pte · 6. Pte · 5. Pte · 4. Pte · 3a. Pte · 2a. Pte · 1a. Pte

Lázaro Cárdenas · La Vega Domínguez · Hidalgo Huerta · 1a Ote Sur

MEX 199

0 · 150 · 300 m

Palenque

Schlafen

1 Maya Tulipanes
2 Hotel Chablis
3 Xibalba
4 Quinta Chanabal
5 Casa Lakyum
6 Hotel La Aldea de Halach Huinic
7 Hotel Villa Mercedes Palenque
8 Winíka Alterra

Essen

1 Las Tinajas
2 Café de Yara
3 Don Mucho's
4 Bajlum

---

große, helle Zimmer und einen Pool mit Schattenplätzen. Freundliches Personal, Parkplätze.

1ra Av. Norte Pte. 6, T 916 345 02 01, www.mayatulipanes.com, €

Funktional

2 **Hotel Chablis:** Das komfortable Stadthotel liegt beim Busbahnhof. Im Patio gibt es einen Pool und Sitzgelegenheiten. Das hoteleigene Restaurant serviert gute und günstige Kost. Ein Supermarkt liegt um die Ecke.

2da Av. Norte Pte. (Merle Green 7), T 916 345 03 65, www.hotelchablis.com, €

Im Stil der Maya

3 **Xibalba:** Damit man sich gleich heimisch fühlt, wurde hier mit Elementen der Maya-Architektur gespielt. Die Busse zu den Ruinen fahren ganz in der Nähe der Unterkunft ab.

1ra Av. Norte Pte. 9, nahe dem Kreisverkehr mit dem Monumento Pakal, Col. La Cañada, T 916 345 08 70, www.hotelxibalba.com, €

Nobel, nobel

4 **Quinta Chanabal:** Das gepflegte familiengeführte Haus hat nur acht Zimmer und daher eine sehr private Atmosphäre. Im tropischen Garten gibt es einen Pool,

sogar mit Wasserfall. Im hauseigenen Restaurant kommen yucatekische Klassiker auf den Tisch.

Carr. Palenque–Ruinas Km 2,2, T 916 345 53 20, www.quintachanabnal.com, €€€

Mit Ausblick

5 Casa Lakyum: Die Anlage liegt mitten im Grünen und bietet einen grandiosen Blick über den Regenwald. Von den schicken Zimmern hört man das nächtliche Affengebrüll. Swimmingpool, Leihfahrräder, Parkplätze.

Carr. Palenque–Ruinas Km 3,56, T 916 345 27 80, www.casalakyum.com.mx, €€

Wohlfühloase

6 Hotel La Aldea de Halach Huinic: Die Hotelanlage lässt keine Wünsche offen und trumpft mit einem atemberaubenden Blick über den Dschungel auf. Pool und Temazcál, die Dampfsauna der Maya, sind nach einem Ruinentag perfekt zum Entspannen, ebenso die Hängematten auf der Terrasse vor den Zimmern. Mit gemütlichem Restaurant.

Carr. Palenque–Ruinas Km 2,8, T 916 345 16 93, www.hotellaaldea.net, €

Mit Temazcál

7 Hotel Villa Mercedes Palenque: Die große Hotelanlage liegt kurz vor den Toren der Ruinenstätte und ist mit allen Annehmlichkeiten ausgestattet. Die Zimmer sind hell und geräumig, das Bett bequem. Die große Poollandschaft verspricht Abkühlung nach einem anstrengenden Tag in den Ruinen. Zur Entspannung wird allabendlich das Temazcal (Dampfbad) angeheizt.

Carr. Palenque–Ruinas Km 2,9, El Panchán, T 916 345 52 31, www.hotelesvillamercedes. com, €€

Dschungelfeeling mit Pool

8 Winíka Alterra: Die Hotelanlage liegt wunderschön eingebettet in die hügelige Dschungellandschaft etwas abseits der Hauptstraße zu den Ruinen. Das Team ist sehr freundlich und hilfsbereit. Die Bungalows sind geräumig und gut ausgestattet. Im angeschlossenen Restaurant gibt es köstliche Gerichte und im glasklaren Naturpool lässt es sich herrlich erfrischen.

Carr. Palenque–Ruinas Km 4,5, El Panchán, T 916 100 49 90, www.winika.mx, €€€

Essen

Beliebt bei Mexikanern

1 Las Tinajas: Die Speisen, die hier auf den Tisch kommen, sind Klassiker der mexikanischen Küche, die Portionen ordentlich, der Service freundlich. Je nach Tagesform des Personals können die Wartezeiten etwas lang ausfallen.

Calle Abasolo s/n, T 916 345 49 70, tgl. 7–23 Uhr, €

Heiß & kräftig

2 Café de Yara: In europäischem Ambiente gibt es richtig guten Kaffee, Kuchen und herzhafte Snacks.

Av. Hidalgo 66, Ecke Calle Abasolo, T 916 345 02 69, tgl. 8–22 Uhr, €

Chilliges Flair

3 Don Mucho's: Das Gartenrestaurant gehört zum beliebten Backpackerhostel El Panchán und ist der abendliche Treffpunkt der Globetrotterszene. Die Steinofenpizza ist knusprig dünn und gut belegt. Akustischer Leckerbissen ist das dumpfe Rufen der Brüllaffen zu zeitgemäßer Livemusik.

Carr. Palenque–Ruinas Km 4,5, T 916 112 83 38, tgl. 7–1 Uhr, €

Im Dschungel dinieren

4 Bajlum: Wildschwein in Schokoladensauce, Yuca mit Knoblauchdip, gedämpftes Wildgemüse – das regelmäßig wechselnde Menü basiert auf traditioneller Maya-Küche und wird vom engagierten Eigentümer persönlich erläutert. Sehr schöne Atmosphäre.

Carr. Palenque–Ruinas Km 2,8, T 916 107 85 18, www.bajlum.com.mx, tgl. 14–22 Uhr, Sechs-Gänge-Menü €€–€€€

Infos

- **Oficina de Turismo:** Av. Juaréz, Ecke Calle Abasolo, Mo–Sa 9–21, So bis 13 Uhr.
- **Im Internet:** www.elpanchan.com (Unterkünfte, Kneipen etc.).
- **Busse:** Die Busbahnhöfe der 1. und 2. Klasse liegen nahe beieinander an der zentralen Av. Juárez. Verbindungen u. a. nach San Cristóbal de las Casas (4 Std.), Tuxtla Gutiérrez (5 Std.), Villahermosa (2,5 Std.), Cancún (14 Std.), Playa del Carmen (13 Std.) und Mérida (8 Std.). Die Gesellschaft Línea Comitán Lagos Montebello fährt entlang der Carretera Fronteriza über Frontera Corozal und Benemérito de las Américas nach Comitán de Domínguez (8 Std.), mit ihnen gelangt man auch in die Nähe von Bonampak.
- **Nahverkehr:** Zwischen der Stadt und den Ruinen verkehren von 6 bis 19 Uhr in kurzer Taktfrequenz Minibusse. Die Haltestelle im Ort Palenque befindet sich am Kreisverkehr beim Monumento Pakal.

Bonampak und Yaxchilán

Lange waren diese beiden abgelegenen Ruinenstätten an der Grenze zu Guatemala nur abenteuerlustigen Reisenden zugänglich. Die Zeiten haben sich geändert: Von Palenque aus sind sie nun auf einer guten Straße erreichbar. Ihren Dschungelzauber haben Bonampak und Yaxchilán dennoch bewahrt.

In der klassischen Epoche der Maya-Kultur (5.–9. Jh.) waren die Ufer des Río Usumacinta dicht besiedelt. Der Grenzfluss diente als wichtigster Handelsweg zum Warenaustausch zwischen den Maya-Völkern des Hochlandes und denen der Waldregion. Im 9. Jh. erloschen auch diese Orte und gerieten in Vergessenheit. Bis in unsere Tage aber leben inmitten dieser wilden Natur die

BESUCH BEI DEN LACANDONES **L**

Allmählich entdecken die bisher zurückgezogen lebenden Lacandones (s. S. 268) den Tourismus als Einnahmequelle und öffnen ihre Dörfer für fremde Besucher, beispielsweise **Campamento Río Lacanjá** (♥ Karte 2, J 14). Die Siedlung liegt 140 km südöstlich von Palenque nahe der Kreuzung **San Javier** an der Straße nach Bonampak und bietet auch Übernachtungsmöglichkeiten. Von hier aus lassen sich in Begleitung von Einheimischen die Ruinen von Bonampak (s. S. 201) und Lacanjá (www.ecochiapas.com/lacanja, tgl. 8–17 Uhr, 45 Pesos) gut erreichen. Ein weiteres für Touristen zugängliches Dorf ist **Nahá** (♥ Karte 2, G/H 13, www.nahaecoturismo.com). Um hierher zu gelangen, biegt man von der Carretera Fronteriza in **La Reforma** ab. Auch hier gibt es Unterkünfte – und es gibt sogar ein Buch über den Ort. Der österreichische Journalist Martin Engelmann ist einem Einheimischen in seine Heimat gefolgt und hat dies in Bildern festgehalten: »Die Weisheit der Maya. Meine Reise in eine vergessene Welt« (2018).

Lieblingsort

Frühmorgens auf dem Fluss

Kurz nach Sonnenaufgang ist der **Río Usumacinta** (♀ Karte 2, H/J 13), der
Grenzfluss zwischen Mexiko und Guatemala, besonders geheimnisvoll. Ne-
belschwaden wabern übers Wasser, verschleiern den dichten Urwald, der auf
beiden Uferseiten wie eine grüne Wand aufragt. Mit schäumendem Kielwasser
zieht das Boot unbeirrt seine Bahn über den dunklen Fluss. Ab und zu sieht
man eine kleine Hütte, davor ein Kanu vertäut, dann gewinnt wieder die Natur
die Oberhand. Der Bootsmann ist nicht gesprächig, doch seine stoische Ruhe
passt zur Kulisse. Dann ist das Ziel erreicht: die Ruinen von **Yaxchilán**
(s. S. 201).

Nachfahren der alten Maya, die Lacandones (s. S. 268).

Bonampak   📍 Karte 2, J 14

Als der US-Amerikaner Charles Frey 1946 das erste Mal seinen Fuß auf die überwucherten Steine von Bonampak setzte, ahnte er nicht, dass er an diesem verlassenen Ort eine Weltsensation entdecken würde. Nachdem ihm Lacandones einen Tipp gegeben hatten, kämpfte er sich mehrere Tage durch den Dschungel und stieß auf einen Tempel, dessen Innenräume über und über mit bunten Gemälden verziert waren – ein Tor in die Welt der Maya auf einer beeindruckenden Fläche von 144 m².

Tgl. 8–16.30 Uhr, 85 Pesos

Keineswegs friedlich
Frey gab der Stadt den Maya-Namen Bonampak (›bemalte Mauern‹). Bald darauf sorgte der amerikanische Fotograf Giles Healey mit seinen Fotos dafür, dass auch der Rest der Welt die Malereien zu sehen bekam. Die dargestellten Kriegsszenen beendeten endgültig den Mythos von den friedliebenden Maya.

Ihren guten Erhaltungszustand verdanken die Malereien einem dünnen Kalksinterüberzug, der sich im Laufe von 1200 Jahren als Schutzfilm über die Farbe gelegt und sie so in ihrer ursprünglichen Frische konserviert hat. In den 1980er-Jahren wurden die Malereien sorgfältig restauriert und erstrahlen heute fast in altem Glanz.

Der Tempel der Wandmalereien
Die wenigen Gebäude der Anlage sind um einen rechteckigen Platz gruppiert. Hauptattraktion ist der **Templo de las Pinturas** (›Tempel der Malereien‹) mit den Fresken, die zwischen 790

und 792 n. Chr. entstanden sind. Der Aufgang wird durch zwei Stelen flankiert, die den Herrscher Chaan Muan II. darstellen. Der Gemäldezyklus in den drei Kammern dokumentiert in Lebensgröße und voller Dramatik wohl Ereignisse aus der Regierungszeit von Chaan Muan.

Raum 1 zeigt Vorbereitungen für eine Zeremonie mit dem Herrscher, Häuptlinge mit Quetzalfederschmuck und Musikanten, Raum 2 Kampfszenen sowie die Gefangennahme und Opferung der Feinde, Raum 3 ein Tanzritual und das Blutopfer adliger Frauen. Um Details zu erkennen, sollte man eine Taschenlampe im Gepäck haben. Wer den Weg auf die Spitze des Pyramidenhügels nicht scheut, wird mit einem schönen Blick belohnt.

Yaxchilán   📍 Karte 2, J 13

Einsam und mysteriös, im Dschungel verborgen und nur per Boot erreichbar: Heute ist es kaum zu glauben, dass dieser Ort in der Blütezeit der Maya-Kultur ein wichtiges Herrschaftszentrum war. Doch zwischen all den Bäumen und Lianen liegen tatsächlich jede Menge Tempel, Plätze, Stelen, Altäre und Wohngebäude.

Tgl. 8–16.30 Uhr, Eintritt frei

Ort der grünen Steine
Entdeckt wurden die Ruinen 1881 von dem deutschen Ingenieur Edwin Rockstroh. 16 Jahre später kam der rastlose Maya-Forscher und Fotograf Teobert Maler hierher und gab den Ruinen ihren heutigen Namen: ›Ort der grünen Steine‹. Der Deutsche Heinrich Berlin erkannte schließlich ans Licht, dass die Steleninschriften in Yaxchilán Bezug auf historische Ereignisse nehmen. Danach erreichte Yaxchilán den

Gipfel seiner politischen Macht unter den Herrschern Sechs-Tun Yaxun Balam (630–681 n. Chr.) und dessen Sohn Itzám Balám. In dieser Zeit hatte man auch die Oberhoheit über Bonampak. Der Nachfolger von Itzám Balám verwandelte die Stadt ab 752 durch ein gewaltiges Neubauprogramm in eine der glanzvollsten Metropolen der Maya. Die letzten Inschriften stammen aus den Anfängen des 9. Jh., als auch Yaxchilán unterging und vergessen wurde.

Genau hinsehen!

Der Weg von der Anlegestelle durch den Wald endet auf der **Gran Plaza,** einem großen Platz gesäumt von fast 100 überwiegend auf Terrassen angeordneten Bauwerken – Taschenlampe parat haben, drinnen warten Fledermäuse. Zu den herausragenden Hinterlassenschaften gehören die steinernen Türbalken mit ihren Reliefs (v. a. die Estructuras 20 und 22) und die Stelen (auf dem Hauptplatz und vor Estructura 22). Nicht auslassen sollte man den Aufstieg zum etwas abseits gelegenen höchsten Tempel der Stadt, der **Gran Acrópolis** oberhalb von Estructura 33 – nicht nur die gemeißelte Hieroglyphentreppe ist speziell, oben über dem Dschungeldach wartet ein Wow-Effekt.

Schlafen

Die beste Wahl

Centro Ecoturístico Ya'ajche: Die Auswahl an einfachen Unterkünften ist überraschend groß in der Siedlung Champa, 13 km von Bonampak entfernt. Gut und günstig ist das Ökozentrum, der Mittagsschlaf in der Hängematte am rauschenden Fluss einfach nur herrlich. Das Restaurant ist einfach.

Champa (♥ Karte 2, J 13), wenige Schritte vom kleinen Supermarkt entfernt, T 551 204 58 77, €

Am Ufer des Río Usumacinta

Hotel Escudo Jaguar: Wer den Zauber von Yaxchilán spüren möchte, sollte in Frontera Corozal übernachten. Die Zimmer in den Cabañas und das Restaurant sind zwar einfach, doch die Lage macht die Magie aus.

Frontera Corozal (♥ Karte 2, G 12), am Fluss, T 967 101 93 87, www.sendasur.com.mx, €

Infos

- **Busse:** Anfahrt nach Bonampak von Palenque oder Comitán de Domínguez mit der Gesellschaft Línea Comitán Lagos Montebello. Die Busse lassen ihre Passagiere an der Abzweigung in San Javier (Crucero de Bonampak) aussteigen. Von dort gibt es einen Shuttlebus zu den ca. 10 km entfernten Ruinen. Wer nach Yaxchilán möchte, steigt in Frontera Corozal aus.
- **Boote:** In Frontera Corozal muss man sich ein Boot für die Fahrt nach Yaxchilán mieten (bis zu 3 Pers. ca. 800 Pesos hin und zurück inkl. 2 Std. Wartezeit an den Ruinen, 45 Min. einfach).

Von Palenque ins Bergland

Die gut 200 km lange Strecke auf der MEX 199 von Palenque nach San Cristóbal de las Casas ist landschaftlich wunderschön, besonders im ersten Abschnitt bis zu den Wasserfällen von Agua Azul. In unzähligen Kurven windet sich die Straße durch den Bergwald. Ein Wermutstropfen für Selbstfahrer sind nur die vielen Bodenschwellen (topes), die man oft erst im letzten Augenblick entdeckt.

Misol-Há ♀ Karte 2, F/G 11/12

Arnies Wasserfall

20 km südlich von Palenque führt eine 2 km lange Stichstraße zum ersten Highlight an der Strecke, der Cascada Misol-Há. Der Wasserfall stürzt aus 30 m Höhe in einen Felsenpool und hat es schon zu einiger Berühmtheit gebracht: Hier wurde die Sprungszene für den Film »Predator« (1987) mit Arnold Schwarzenegger gedreht. Man kann hier baden, etwas essen und sogar übernachten (s. S. 204).

Tgl. 7–20 Uhr, Eintritt inkl. ›Durchfahrtsgebühr‹ ca. 50 Pesos

Agua Clara ♀ Karte 2, F 12

Türkis und kalt

Das Wasser des Río Tulijá, den man etwa 30 km nach der Abzweigung von Misol-Há erreicht, staut sich in einem 300 m langen und 100 m breiten Becken. Ein schöneres natürliches Schwimmbad kann man sich kaum vorstellen! Umgeben von Urwald und überspannt von einer Hängebrücke scheint Agua Clara geradewegs einem tropischen Kitschfilm entsprungen zu sein – wäre da nicht der viele Müll, den die Besucher hinterlassen.

Immer zugänglich, Eintritt frei

Agua Azul ♀ Karte 2, F 12

Toller Badeplatz

Noch spektakulärer, allerdings auch wesentlich überlaufener sind die Cascadas de Agua Azul, eine Wasserwelt mit unzähligen kleineren und größeren Kaskaden in dicht bewaldetem Bergland. Der Fluss teilt sich mehrmals, sodass

NICHT BEI NACHT!

Die Gebirgsstrecke zwischen Agua Azul und der Einmündung der MEX 199 in die MEX 190 ist mit etwas Vorsicht zu genießen. Scheinbaustellen oder quer gespannte Seile über der Straße zwingen manchmal zum Anhalten, dann versuchen die Anwohner, oft Kinder, Wegegeld von Durchreisenden zu kassieren. In den meisten Fällen geht das glimpflich ab, aber man sollte keinen Ärger provozieren – und die Strecke bei Dunkelheit eher meiden.

auch Inseln entstehen, eine davon nur wenige Schritte vom Parkplatz entfernt. Hier steht eine Picknickbank unter Bäumen und man kann wunderbar ins türkisblaue Wasser springen. Aber es gibt natürlich noch Hunderte anderer natürlicher Becken, in denen man baden kann (Warntafeln beachten). Ein schmaler Pfad führt über Brücken und Stege bergauf in eine einsame Dschungellandschaft (ca. 1 Std.). Am großen Parkplatz gibt es neben Souvenirs auch Tacos, Quesadillas und frisch gepressten Orangensaft.

Ca. 60 km südl. von Palenque, von der MEX 199 über eine 5 km lange Zufahrtsstraße erreichbar, 60 Pesos inkl. ›Maut‹

Ocosingo ♀ Karte 2, F 13

Authentische Landstadt

Lassen Sie sich nicht vom Namen abschrecken: ›Ort des schwarzen Mannes‹ heißt Ocosingo übersetzt. Die geschäftige Kleinstadt mit einer netten Plaza und einem bunten Wochenmarkt fungiert als Versorgungszentrum für die vielen Dörfer in der Umgebung. Es gibt mehrere kleine Unterkünfte, die eine gute Basis für einen Abstecher zu den Ruinen von Toniná (s. unten) bilden.

1994 geriet Ocosingo als eines der Zentren der zapatistischen Untergrundbewegung in die Schlagzeilen. Auch heute sind die Zapatistas (s. S. 282) in Chiapas noch aktiv und überzeugen mit ihren friedlichen Autonomiebestrebungen immer mehr Gemeinden in ganz Mexiko.

Toniná   📍 Karte 2, G 13

Festungsartig lehnt sich Toninás Akropolis mit ihren sieben Plattformen an einen Hügel. Der Blick von der oberen Terrasse über die weite grüne Landschaft von Chiapas ist unschlagbar.

Die Ruinenstadt war ein bedeutendes Kultzentrum der Maya während der Spätklassik (ca. 500–800 n. Chr.). Entdeckt wurde sie 1807 vom spanischen Hauptmann Guillaume Dupaix, die ersten Untersuchungen machten später die amerikanischen Archäologen John Lloyd Stephens und Frederick Catherwood. Berühmt geworden ist Toniná (›steinernes Haus‹) durch Statuetten, die in der Mayakunst sehr selten sind. Die schönsten kann man im **Museo del Sitio** betrachten.

13 km östl. von Ocosingo; **Ruinen:** tgl. 8–17 Uhr; **Museum:** Di–So 9–16 Uhr; 65 Pesos, Anfahrt mit Colectivo oder Taxi von Ocosingo

Ein Berg aus Steinen

Vom Eingang führt ein Pfad hinauf zur **Gran Plaza.** Sie ist umgeben von einem **Juego de Pelota** (›Ballspielplatz‹), dem **Templo de la Guerra Cósmica** (›Tempel des kosmischen Krieges‹) an der Südseite und der riesigen **Acrópolis** an der Nordseite. Zwischen der ersten und zweiten Plattform der Akropolis befindet sich der Zugang zur Unterwelt, ein künst-

lich geschaffenes Labyrinth mit Gängen und dunklen Kammern. Die Maya der Spätklassik mochten es, die mythischen Geschichten nachzubauen, um die Götterwelt ganz reell in ihr diesseitiges Leben zu integrieren.

Auf der nächsten Terrasse steht der **Palacio de las Grecas y de la Guerra** (›Tempel des Zackenmusters und des Krieges‹). Er zeigt ein Zickzackmotiv, das möglicherweise den Gott Quetzalcóatl repräsentiert.

Zeugnisse des Krieges

Wiederum eine Plattform weiter ist das **Mural de las Cuatro Eras** (›Wandgemälde der vier Weltzeitalter‹) ein Hingucker. Die Stuckpaneele aus dem 8. Jh. zeigt Opferungsszenen gefangener Krieger. Toniná war in jener Epoche ständig in Auseinandersetzungen mit seinem mächtigen Nachbarn Palenque und dem entfernteren Calakmul verwickelt. 711 n. Chr. gelang es dem Herrscher von Toniná allerdings, Palenques König gefangen zu nehmen und den Göttern zu opfern.

Auf der höchsten Plattform stand einst der Königspalast, umgeben von mehreren Tempeln. Am besten erhalten ist der **Templo del Monstruo de la Tierra** (›Tempel des Erdmonsters‹) samt einem noch gut erhaltenen Dachkamm. Der letzte Tempel, der hier gebaut wurde, ist der **Templo del Espejo Humeante** (›Tempel des rauchenden Spiegels‹) ganz oben. Die Investition lohnte sich allerdings nicht, denn wie die anderen Maya-Städte der Region ging Toniná im 9. Jh. langsam unter.

Schlafen

Ökologisch

Las Cabañas Misol-Há: Zwischen tropischen Bäumen stehen geräumige Bungalows mit Ziegeldächern und Moskitogaze als Fenster. Alles ist sauber, das Rauschen des Wasserfalls wiegt einen in den Schlaf.

Misol-Há, T 916 121 37 64, www.misol-ha.com, €

Mitten im Geschehen

Hotel Central: Die wohl beste Unterkunft in Ocosingo. Sauber, klein und mittendrin.

Av. Central, Ocosingo, T 919 673 00 24, €

Infos

- **Busse:** Es gibt zahlreiche Verbindungen zwischen Palenque und San Cristóbal de las Casas. Die Fahrer lassen ihre Passagiere in den Orten entlang der Strecke auf Wunsch aussteigen. Bei der Weiterfahrt kann es allerdings problematisch werden, da viele Busse eben nur auf der Durchfahrt *(en paso)* und bereits voll belegt sind.

San Cristóbal de las Casas

📍 **Karte 2, E 13/14**

Jeden Tag kommt Juanita aus ihrem 10 km entfernten Dorf nach San Cristóbal de las Casas, um selbst gemachte kleine Püppchen anzubieten. In der Regel verkauft sie ganz gut, denn die Bergstadt auf 2200 m ist ein beliebtes Touristenziel. San Cristóbal gilt als einer der schönsten Kolonialorte ganz Mexikos und lädt zum Bummeln durch kopfsteingepflasterte Straßen ein.

Dank ihnen ist San Cristóbal de las Casas noch bunter als ohnehin: Angehörige der indigenen Stämme der Tzotziles und Tzeltales kommen in die Stadt, um handgearbeitete, traditionelle Kleidung zu verkaufen.

Etwas Stadtgeschichte

Die Eroberer kommen

Es kostete die Spanier viel Mühe, als sie Anfang des 16. Jh. ins Hochland vordrangen – in der undurchdringlichen Bergwelt hatten die Maya einfach die besseren Karten. Doch schließlich erreichten sie die Siedlung Huezecatlán, das heutige San Cristóbal. 1528 gründete der Eroberer Diego de Mazariegos hier Villa Real. Später gab man dem Ort den noch heute gültigen Namen, der an gleich zwei Personen erinnert: den Ortsheiligen San Cristóbal und den großen Beschützer der Indígenas und Bischof der Stadt, Barto-lomé de las Casas. Er setzte sich während der Kolonialisierung für die Rechte der indigenen Bevölkerung ein.

Ausbeutung der Indígenas

Von Beginn an wurden die Indígenas von den Spaniern ausgebeutet. Wie damals üblich waren sie durch das von den Konquistadoren eingeführte Encomienda-System zu Zwangsabgaben an die neuen Großgrundbesitzer verpflichtet, die sie als Sach- oder Dienstleistungen zu erbringen hatten. Der Mangel an landwirtschaftlicher Nutzfläche führte immer wieder zu Hungersnöten und aufgrund der isolierten Lage war eine Versorgung von außen kaum möglich. Die Bevölkerung

San Cristóbal de las Casas

Ansehen

❶ Catedral de San Cristóbal

❷ Palacio Municipal / Museo de San Cristóbal (MUSAC)

❸ Casa de Mazariegos

❹ Iglesia del Convento Santo Domingo / Museo de los Altos de Chiapas / Centro de Textiles del Mundo Maya

❺ Casa Na-Bolom

❻ Museo del Ambar de Chiapas

❼ Iglesia de San Cristóbal

❽ Cerro de Guadalupe

Schlafen

1 Casa Santa Lucía

2 Villas Casa Morada

3 Diego de Mazariegos

4 Parador Magarita

5 Posada Belen

6 Hotel Posada Dominnycos

Essen

1 Te Quiero Verde

2 Cocoliche

3 Bangcook

4 Ohlala! Pastelería

5 Maya Pakal

6 TierrAdentro

7 La Casa del Pan Papalotl

8 Museo del Café

Einkaufen

1 Mercado de Artesanías

2 Mercado Municipal

Bewegen

❶ Halt Stadtrundfahrten: C. Guadalupe Victoria

❷ Haltestelle Stadtrundfahrten: Mercado de Dulces y Artesanías Ámbar

❸ Steps in San Cristóbal

❹ El Tzitz Cooking School

❺ Instituto de Lenguas Jovel

Ausgehen

🌞❶ Centro Cultural El Puente

🌞❷ BeBop Club

🌞❶ – 🌞❼ s. Karte S. 212

---

wuchs nur langsam. Im Jahr 1892 musste San Cristóbal den Status als Hauptstadt von Chiapas schließlich an das aufstrebende Tuxtla Gutiérrez abtreten.

Über die Jahrhunderte kam es auch immer wieder zu Aufständen, v. a. seitens der kämpferischen Bewohner von San Juan Chamula, einem Dorf, das ca. 10 km nordwestlich von San Cristóbal liegt. Sie wehrten sich gegen Unterdrückung und Ausbeutung. Rebellion hat also Geschichte in dieser Region, die sich im 20. Jh. zum Zentrum der Zapatistischen Befreiungsarmee (EZLN, s. S. 282) entwickelte. Am Neujahrstag 1994 wurde die Stadt sogar vorübergehend von aufständischen Tzotziles und Tzeltales der EZLN besetzt. In der Kathedrale fanden die Verhandlungen zwischen der Regierung und den indigenen Aufständischen statt. Noch heute sieht man besonders im Umland sowie in Richtung Guatemala immer wieder Banner mit Aufrufen und Forderungen der Zapatistas an die Regierung.

Das Zentrum

Mittelpunkt der Altstadt ist der Zócalo, offiziell **Plaza 31 de Marzo** genannt. Auf dem Platz wurde noch Anfang des 20. Jh. der Markt abgehalten. Heute bildet er mit seinen Bäumen und Bänken den Ruhepol der trubeligen Stadt. Vielleicht treffen Sie hier Juanita, denn wie viele andere ist auch sie mit ihrem Kunsthandwerk bis nachts auf dem Zócalo unterwegs. Schöne Flaniermeilen sind die verkehrsberuhigten **Avenida 20 de Noviembre,** die **Calle Real de Guadalupe** und die **Avenida Miguel Hidalgo.**

NACH HERKUNFT GETRENNT

G

Nur wenige Spanier blieben, nachdem San Cristóbal seinen Hauptstadtstatus verloren hatte. Sie lebten damals in dem Viertel um den heutigen Zócalo, El Recinto genannt. Die Indígenas verteilten sich auf die umliegenden Stadtteile, deren Namen noch heute auf ihre Stammesherkunft schließen lassen: Barrio de Mexicano, Barrio de Tlaxcala, Barrio de Cuxtitali.

Perfekt inszeniert

Es ist bestimmt kein Zufall, dass sich die Fassade der ockergelb getünchten **Catedral de San Cristóbal ❶** der Abendsonne zuwendet, um in den letzten Strahlen ihre ganze Schönheit zu entfalten. Je tiefer die Sonne sinkt, desto länger wird der Schatten des Kreuzes auf dem Hauptplatz, bis er mit der Fassade der Kirche verschmilzt – eine perfekte Inszenierung aus kolonialer Zeit. Über 100 Jahre baute man an der Kathedrale – für die damalige Zeit nichts Ungewöhnliches. Sie wurde 1692 eingeweiht und bestand ursprünglich vollständig aus Adobe, also Stampflehm. Für ihr heutiges Aussehen orientierten sich die Baumeister an der Kathedrale von Antigua Guatemala. Wie in mexikanischen Kirchen üblich, prangt auch hier das Innere in üppigem Barock mit vergoldeten Altären.
Plaza 31 de Marzo, tgl. 9–13.30, 16.30–20 Uhr, Eintritt frei

Geschichte hübsch verpackt

Die westliche Front der Plaza 31 de Marzo beherrscht der sandfarbene **Palacio Municipal ❷**, in dem sich auch die Touristeninformation befindet. Mit seiner Arkadenfront gehört das Rathaus zu den schönsten Beispielen lateinamerikanischer Neoklassik. Auch dieses Gebäude hielten die Zapatistas 1994 besetzt. Heute kann man sich hier im **Museo de San Cristóbal (MUSAC)** über die Stadtgeschichte informieren.
Plaza 31 de Marzo, Di–So 10–17 Uhr, Eintritt frei

Haus des Stadtgründers

An der Ecke zur Avenida Insurgentes steht die **Casa de Mazariegos ❸**, das Haus des spanischen Stadtgründers Diego de Mazariegos, der die Stadt 1528 als Villa Real gründete. Heute befindet sich hier das Fünf-Sterne-Hotel Santa Clara mit dem kastilischen Löwen am Eingangsportal.

Das Kloster muss sein

San Cristóbals bedeutendster Sakralbau, die **Iglesia del Convento Santo Domingo ❹**, liegt fünf Blocks (cuadras) nördlich der Plaza. Nach einjähriger, beschwerlicher Reise waren ein paar Dominikanermönche auf Anordnung von Bartolomé de las Casas am 12. März 1545 aus Salamanca kommend in San Cristóbal eingetroffen. Aufgrund ihrer freundlichen Haltung den Indígenas gegenüber wurden sie von den Spaniern aber rasch wieder vertrieben und zogen sich ins knapp 70 km westlich gelegene Chiapa de Corzo zurück. Ein Jahr später bekamen sie von der Stadtverwaltung San Cristóbals einen Platz für ihr geplantes Kloster zugewiesen, verbunden mit der Erlaubnis, über 16 000 indianische Arbeitskräfte zum Bau ›auszuleihen‹. Durch den Widerstand der weißen Großgrundbesitzer, die gegen die »Zweckentfremdung ihrer Indios« opponierten, ging die Arbeit jedoch nur langsam voran. Kirche und Kloster wurden erst 1551 fertiggestellt. Im Laufe der weiteren Jahrhunderte hat der Komplex zahlreiche Änderungen und Erweiterungen erfahren und zeigt sich heute im barocken Stil des ausgehenden 17. Jh.

Zwei Museen sind hier heute untergebracht. Den Schwerpunkt des **Museo de los Altos de Chiapas** bildet die Christianisierung der Maya. Im oberen Stockwerk zeigt das **Centro de Textiles del Mundo Maya** indigene Textilien. Es wurde von der aus 800 Gemeinden bestehenden Webergemeinschaft Sna Jolobil mit Unterstützung der Nationalbank Banamex ins Leben gerufen, um das lokale Kunsthandwerk zu fördern. Trachten aus Chiapas und dem benachbarten Guatemala werden gezeigt und im dazugehörigen Laden auch verkauft. Av. General Utrillo, Ecke Av. 20 de Noviembre; **Kirche:** Mo–Sa 9–14, 16–20 Uhr; **Museo de los Altos de Chiapas:** Di–So 9–18 Uhr, 55 Pesos; Centro de Textiles del Mundo Maya: www.fomentoculturalbanamex.org/ctmm, www.facebook.com/SnaJolobil, Di–So 9–18 Uhr, 46 Pesos; **Laden:** Di–So 9–14, 16–18 Uhr

Den Lacandones gewidmet

Hinter dem Namen **Casa Na-Bolom** ❺ (›Haus des Jaguars‹) verbirgt sich nicht nur ein wunderschönes Kolonialhaus mit Patio und Garten, sondern auch ein Forschungs- und Dokumentationszentrum zur Maya-Kultur. Eine Fotoausstellung widmet sich den Lacandones und dem Leben des Ehepaars Frans Blom und Gertrude Duby-Blom (s. S. 268), die in diesem Gebäude lebten.

Der dänische Archäologe gehört zu den Entdeckern zahlreicher Maya-Ruinen und hat früh Forschungen in La Venta, Uxmal und Palenque betrieben, bevor finanzkräftige amerikanische Universitäten den Ruhm für sich beanspruchten. Seine Ehefrau, die Schweizerin Gertrude, war leidenschaftliche Fotografin und dokumentierte mit ihren Aufnahmen die untergehende Kultur der Indígenas und die Verwüstungen der Selva Lacandona (›Lacandonen-Regenwald‹).

Es gibt hier auch eine Bibliothek, ein Restaurant und Unterkünfte. Wer helfen will, ist ebenfalls willkommen. Noch immer setzt sich das Jaguarhaus für den Schutz des Waldes ein – immerhin: Ein kleiner Teil steht heute unter Naturschutz. Av. Vicente Guerrero 33, T 967 678 14 18, www.nabolom.org, tgl. 9–19 Uhr, Führungen Di–So 16.30 Uhr, 45 Pesos

Bernstein vom Feinsten

Neben der **Iglesia de la Merced** am gleichnamigen Platz beweist das kleine **Museo del Ambar de Chiapas** ❻, dass Bernstein auch in Mexiko gefunden wird. Gezeigt werden exquisite, etwa 30 Mio. Jahre alte Stücke mit Einschlüssen von Insekten. In dem kleinen angeschlossenen Geschäft kann man hübsche Unikate erwerben. Calle Diego de Mazariegos 48, Barrio de la Merced, www.museodelambardechiapas.org.mx, Di–So 10–14,16–19 Uhr, 20 Pesos

Picknick mit Aussicht

Was gibt es Schöneres als ein Picknick an einem stillen Ort und mit wunderbarem Ausblick? Der Kirchplatz der **Iglesia de San Cristóbal** ❼ im Barrio de la Merced (Av. Ignacio Allende) bietet beides. Desgleichen der **Cerro de Guadalupe** ❽ östlich vom Zócalo am Ende der gleichnamigen Straße.

Schlafen

Klein, aber oho

❶ **Casa Santa Lucía:** Hier wird Service groß geschrieben. Das geschmackvoll gestaltete Hotel hat nur acht Zimmer. Im kühlen Patio lässt es sich schön entspannen. Hervorragendes Frühstück, Parkplätze. Av. Josefa O. de Domínguez 13, T 967 631 55 45, www.casasantalucia.mx, €€

Elegant & charmant

❷ **Villas Casa Morada:** Kleines, stilvoll gestaltetes Stadthotel mit Kaminzimmer

Das Auge kauft mit: Auf den Märkten werden die Waren nicht einfach schnöde in Kisten präsentiert, sondern zu Minipyramiden aufgestapelt – wer kann da schon widerstehen?

und geräumigen Zimmern – die haben eine Heizung, was in San Cristóbal durchaus Sinn macht.
Av. Diego Dugelay 45, T 967 678 44 40, www.casamorada.com.mx, €€

Koloniales Ambiente
3 Diego de Mazariegos: Das große Hotel mit geräumigen Zimmern verteilt sich auf zwei koloniale Gebäudekomplexe. Im angeschlossenen Restaurant wird gehobene Küche serviert.
Calle María Adelina Flores 2, T 967 678 08 33, www.diegodemazariegos.com, €

Mitten im Zentrum
4 Parador Magarita: Gemütliches, auf Ruhe bedachtes Hotel nur zwei Blöcke vom Zócalo entfernt. Im begrünten Innen-

hof sitzt man herrlich. Heizlüfter werden auf Wunsch bereitgestellt.
Calle Dr. José Felipe Flores 39, T 967 116 01 64, www.hotelparadormargarita.mx, €

Für Ruhesuchende
5 Posada Belen: Schöne, ruhig gelegene Unterkunft beim Marktviertel. Von den Balkonen hat man einen klasse Blick auf die Iglesia de Mexicanos. Das Haus und die Zimmer sind schmal geschnitten, aber alles ist ansprechend gestaltet und sehr sauber.
Calle Chile 2, Barrio de Mexicanos, T 967 678 74 86, €

Buntes Markttreiben vor der Tür
6 Hotel Posada Dominnycos: Schöne Unterkunft direkt am Kunsthandwer-

kermarkt. Die Zimmer sind verhältnismäßig klein und einfach eingerichtet, aber
gut gepflegt.

Calle Real de Mexicanos 1 d, Barrio de Mexicanos, T 967 674 05 34, €

Essen

Gut für Vegetarier

1 **Te Quiero Verde:** Leidenschaftlich
geführtes Lokal mit einer großen Auswahl an vegetarischen Speisen. Es gibt
Veggie-Burger, Suppen und Tacos.

Calle Niños Héroes 5 b, T 967 124 69 55, tgl.
9–21 Uhr, €

Frisch, frischer …

2 **Cocoliche:** Pasta, Currys und Reisge-
richte, alles frisch zubereitet. Die Cocktails
sind auch nicht zu verachten.

Av. Cristóbal Colón, Real de Guadalupe 3 a,
T 967 631 46 21, tgl. 12.30–23.30 Uhr, €

Mit Zitronengras

3 **Bangcook:** Eines von sieben Spei-
selokalen im neuen Food Court in der
Fußgängerzone. Wer von Tacos & Co.
genug hat, flüchtet sich in asiatische Ge-
schmackswelten. Das Essen ist super und
die Bedienung sehr aufmerksam.

Calle Cuhautémoc 6, T 967 631 58 28, tgl.
13–23 Uhr, €

Im Kalorienreich

4 **Ohlala! Pastelería:** Die Vitrinen der
beliebten Konditorei nach französischem
Vorbild sind gefüllt mit leckersten Teilchen
und duftendem Baguette. Nicht zu vergessen das hausgemachte Eis. Bei Kaffee
und Kuchen hält man es hier gut aus!

Calle Andador del Carmen 6 sowie Andador
de Guadalupe 2, T 967 674 78 75, tgl.
8.30–23.30 Uhr, €

Familiär geführt

5 **Maya Pakal:** Das putzige Lokal hat
nur acht Tische und serviert ab 7 Uhr Frühstück. Mittags gibt es ein Tagesmenü und
am Abend eine übersichtliche Speisekarte
mit lokalen und internationalen Gerichten.
Die Preise sind günstig, Ambiente und
Service freundlich.

Calle Francisco I Madero 12, T 967 631 72
91, tgl. 7–23 Uhr, €

Revolutionär

6 **TierrAdentro:** Ökologisch ausgerich-
tetes Café der Zapatistas mit biologisch
angebauten Kaffeesorten der Cooperativa
Autónoma Zapatista und leckeren Snacks.
Sehr zu empfehlen auch für ein ausgiebi-
ges Frühstück.

Calle Real de Guadalupe 24, T 967 674 67
66, tgl. 7–22 Uhr, €

Alles bio

7 **La Casa del Pan Papalotl:** Ex-
zellente Adresse für Vegetarier. Es gibt
gute, frische Bioprodukte – nicht nur Brot.
Die Frühstücksmenüs inkl. Biokaffee und
Maistortillas sind top!

Real de Guadalupe 55, T 967 678 72 15,
www.casadelpan.com, Di–Sa 8–22 Uhr, €

Kaffee mit Know-how

8 **Museo del Café:** Im überdachten
Patio schmeckt der Chiapas-Kaffee bestens. Ein kleines Museum klärt über den
Anbau auf – der Westen des Berglandes
ist Mexikos Hauptanbaugebiet für hoch-
wertigen Kaffee.

Calle Maria Adelina Flores 10, T 967 678 78
76, Mo–Sa 7–20, So 8–16 Uhr, €

Einkaufen

Märkte

1 **Mercado de Artesanías:** Rund um
die Klosterkirche Santo Domingo verkaufen
die Indígenas der umliegenden Bergdörfer
ihr selbst gemachtes Kunsthandwerk. Besonders auffällig sind die Schaffellröcke
aus Chamula sowie die bunten Blusen aus
Tenejapa und Zinacantán. Hier gibt es so

TOUR
Um die Häuser ziehen

Kneipentour durch San Cristóbal

Infos

Karte: Cityplan
s. S. 207

Start: Plaza 31 de
Marzo
Dauer: … bis in den
frühen Morgen …

La Viña de Bacco:
Calle Real de
Guadalupe 7, tgl.
13–24 Uhr

Panóptico: Calle
Real de Guadalupe
63 a, tgl. 15–2 Uhr

La Surreal: Calle
Guadalupe Victoria 7,
tgl. 19–24 Uhr

Bar Revolución:
Andador Eclesiásti-
co, Ecke Calle 10 de
Marzo, tgl. 12–2 Uhr

La Catrina: Calle
Francisco I. Madero
35, Do–Sa 18–3 Uhr

Das Nachtleben in San Cristóbal ist legendär, die Auswahl groß. Ich treffe mich mit meiner mexikanischen Freundin Gabriela im **La Viña de Bacco** an der lebendigen Fußgängerzone. Die Tische draußen sind alle schon besetzt. Wir nehmen im Inneren der gemütlichen Wein-Bar Platz. Der italienische Inhaber ist schnell zur Stelle. Charmant empfiehlt er uns den roten Hauswein und das Red Bacco, ein Craft Beer *(cerveza artesanal)*. Dazu gibt's ein Tellerchen mit Tapas, Oliven und Popcorn. Draußen beginnt es zu regnen. Die Musik wird etwas lauter gedreht, schnell füllt sich die Kneipe – mit Einheimischen und Reisenden aus aller Welt.

Nächste Station ist das **Panóptico**, das für seine guten Cocktails bekannt ist. Davor stärken wir uns erst mal mit einem vegetarischen Burger und Pasta. Das flüssige Dessert besteht aus einer Frozen Margarita und einem Mezcal Mojito, der statt mit Rum mit Agavenschnaps angerührt wird. Ein echter Genuss!

Der Mezcal hat mich neugierig gemacht. Gabriella kennt eine neue Mezcalería nicht weit von hier. Wenig später sitzen wir im **La Surreal** und Ernesto weiht uns in das Geheimnis des Agavenschnapses ein. Die geschmackliche Vielfalt der verschiedenen Sorten ist erstaunlich.

Zeit das Tanzbein zu schwingen. In der **Bar Revolución** spielt eine Band herrlichen Cumbia. Wir landen direkt auf der vollen Tanzfläche. Die Stimmung in dem Kultschuppen ist grandios. Viva la Revolución!

Zum Abschluss geht es noch ins **La Catrina**, auch das eine bekannte Musikkneipe. Heute gibt es rockige Beats auf die Ohren. Wir genehmigen uns noch einen Schlummertrunk – und ab nach Hause!

viele tolle Dinge zu kaufen, dass man sich im Zaum halten muss!
Tgl. 9–20 Uhr (So oft weniger Händler, ebenso bei Regen)

2 Mercado Municipal: Auf diesem zentralen Markt bekommt man einfach alles – von Obst und Gemüse über Blumen, Kleidung und Tonwaren bis hin zu Kleinvieh (falls Sie ein Huhn mit nach Chamula nehmen möchten, s. S. 214).
Calle Bermudas, Barrio del Cerrillo, tgl. 7–17 Uhr

Bewegen

Stadttouren
San Cristóbal auf Rundfahrten mit historischen Bussen kennenlernen. Start ist in der **Calle Guadalupe Victoria 1** an der Plaza 31 de Marzo oder vor dem **Mercado de Dulces y Artesanías Ámbar 2** in der Avenida Insurgentes.
Ca. 1 Std., 60 Pesos

3 Steps in San Cristóbal: Dieses Gemeinschaftsprojekt unterstützt lokale Dörfer und Ethnien. Angeboten werden eine Free Walking Tour, Kurse für indigene Sprachen oder die Zubereitung von Tamales. Am besten vorbeischauen!
Calle Ejército Nacional 19, www.facebook.com/stepsinsancristobal, tgl. 10.30–21.30 Uhr

❷ Freetour: Der kostenlose Stadtrundgang startet täglich um 10 Uhr am Palacio Municipal. Ein Trinkgeld ist bei den Führern natürlich gern gesehen.
www.freetoursancristobal.com

Koch mal mexikanisch!
4 El Tzitz Cooking School: Was sind Tamales? Oder besser – wie werden sie zubereitet? In kleinen Gruppen wird man hier in die Geheimnisse der mexikanischen Küche eingeweiht. Der vorangehende Bummel über den Wochenmarkt und ein gemeinsames Essen der Ergebnisse gehören dazu.
Av. Pichucalco 4 a, T 967 678 40 69, www.tzitz.com, Mo, Mi, Fr, 6 Std., 39 US-$

Habla español?
5 Instituto de Lenguas Jovel: Das Institut bietet kompetenten Sprachunterricht in angenehmer Atmosphäre. Es wird auch ein außerschulisches Programm mit Workshops und Exkursionen angeboten. Übernachtungen bei heimischen Familien werden vermittelt.
Calle Francisco I. Madero 45, T 967 678 40 69, www.institutojovel.com

Ausgehen

In San Cristóbal ist abends viel los. Einer Kneipentour (s. S. 212) steht also nichts im Weg.

Kunst, Kultur, Kaffee
⚹ Centro Cultural El Puente: In diesem Kulturzentrum werden Wechselausstellungen gezeigt, außerdem finden Lesungen, Theater- und Filmaufführungen statt. Im angeschlossenen Café kann man eine angenehme Kaffeepause einlegen.
Calle Real de Guadalupe 55, geöffnet in den Abendstunden

Für Jazz- und Bluesfans
⚹ BeBop Club: Die richtige Adresse für einen entspannten Abend mit Ohrenschmaus, dazu gibt's Häppchen und süffige Cocktails.
Calle 10 de Marzo 6, Di–So ab 19 Uhr

Feiern

Das ganze Jahr über finden Feste zu Ehren der lokalen Heiligen in den einzelnen Stadtteilen statt.

TOUR
Indigenes Erbe

Zu Besuch bei den Tzotziles und Tzeltales

Das Leben der Indígenas lernt nur kennen, wer sie in ihren Dörfern besucht. Fremde sind willkommen, sollten jedoch die Regeln beachten – und sich zurückhalten, v. a. was das Fotografieren von Personen und das Betreten von Privatgrundstücken angeht.

Eine andere Welt

Hunderte Kerzen verbreiten einen warmen Schein, Reisig und Piniennadeln bedecken den Boden und verströmen einen angenehmen Waldgeruch, Gemurmel in einer unbekannten Sprache dringt aus verschiedenen Ecken, Bänke zum Sitzen und Niederknien gibt es nicht: Die Kirche von **San Juan Chamula** 10 km nordwestlich von San Cristóbal ist ein ganz eigener Ort. Mit einer Magie, die selten geworden ist. Am besten setzt man sich in eine Ecke und lässt das Geschehen auf sich wirken.

Die Chamulanos, einer der größten Stämme der Tzotziles, widersetzten sich lange jeglicher Christianisierung. Bis heute haben sie sich dem neuen Glauben nicht komplett unterworfen, sondern ihre ursprüngliche Götterwelt mit dem Monotheismus des Christentums verschmolzen: Sie beten christliche Heilige in Glaskästen an, während sie alte Rituale ausführen. Beispielsweise um Krankheiten zu heilen oder sich von einer Sünde zu reinigen. Und so haben die Tzotziles, die in kleinen Familiengrüppchen auf dem Boden der Kirche hocken, Hühner, Kerzen, Schnaps und Cola dabei. Schnaps und Cola? »Sie helfen beim Rülpsen. Das vertreibt die Krankheiten und den bösen Geist. Der kann dann in das Huhn fahren, dem anschließend der Hals umgedreht wird«, erklärt unser Führer Raúl. Das Rülpsen und das Beschmieren der Kranken mit Hühnerblut übernimmt ein Schamane, berauscht vom Pox, dem regionalen Maisschnaps. Man fühlt sich

Erwarten Sie in den Dörfern kein romantisches Leben abseits der Zivilisation – man hat sich hier auf den Tourismus eingestellt. San Juan Chamula gehört zu den beliebtesten Ausflugszielen um San Cristóbal de las Casas. Dennoch verhalten sich die Einheimischen gegenüber Fremden sehr reserviert.

Karte 2, E/F 13/14

Start: San Cristóbal de las Casas

Länge: 163 km

Dauer: per Bus mind. 2 Tage, mit dem Mietwagen 1 Tag

Busse: Regelmäßig fahren Colectivos die Orte an.

Mietwagen: s. S. 217

Touren: Wer möglichst viel erfahren will, sollte sich einer der Touren anschließen, die von zahlreichen Agenturen in San Cristóbal angeboten werden, u. a. von Alex y Raúl, T 967 678 37 41, www.alexyraultours. wordpress.com.

Iglesia de Chamula: 20 Pesos, fotografieren verboten

den Göttern der Maya hier näher als den Heiligen der römisch-katholischen Kirche.

Raúl hat selbst Verwandte in Chamula. »Nur wer hier geboren wird, darf auch hier leben. Ausnahmen sind Ehefrauen, die von außen kommen. Tagesgäste und Fremde müssen den Ort abends verlassen. Hotels gibt es nicht. Und wer sich nicht an die Regeln hält, wird von der Gemeinschaft ausgeschlossen«, weiß Raúl zu erzählen. Seit den Aufständen der Zapatistas von 1994 wird San Juan Chamula autonom verwaltet. Krankenhäuser und moderne Technik lehnen die Einwohner ab. Ein Mann darf mehrere Frauen haben, die meist schwarze Schafwollröcke tragen. Trägt ein Mann eine weiße Schafwollweste, hat er mehr zu sagen. »Schafe sind den Chamulanen heilig, denn der Schutzpatron von Chamula ist Johannes der Täufer und der trägt ein Schaf bei sich. Die Tiere werden nicht geschlachtet, es wird nur die Wolle verarbeitet.« Die wird auf dem wöchentlichen Sonntagsmarkt sowie in San Cristóbal in Form von Gürteln und Taschen an Touristen verkauft.

Bei Pflanzenfreunden

Das nächste Dorf der Tzotziles, **Zinacantán,** liegt 8 km südlich von San Juan Chamula. Mit seinen Wellblechhütten und der Kirche am Ende der Straße wirkt es weniger einladend als Chamula und ist v. a. während der Semana Santa (Ostern) sowie zu den Festen San Lorenzo im August und San Sebastián im Januar interessant. »Die Männer tragen dann rot-weiß gestreifte Ponchos und flache, runde Hüte aus Palmfasern, von denen farbige Bänder herabbaumeln. Die Form der Bänder zeigt, ob jemand verheiratet ist oder nicht. Die Frauen ziehen ihre lilafarbenen und mit großen Blumen bestickten Blusen *(huipiles)* an«, resümiert Raúl, der sich auch in diesem Ort auskennt. Zu jeder Zeit ist offensichtlich: In Zinacantán werden Blumen angebaut und bunte Webarbeiten hergestellt, auf denen meist Blumen abgebildet sind.

Die Gemeinde der Weber

30 km nordöstlich von San Cristóbal liegt das Dorf **Tenejapa,** das von Tzeltales bewohnt wird. Nur selten finden Touristen den Weg hierher. Zum Glück sind wir an einem Donnerstag in dem Ort, denn dann ist

Markt und die Frauen tragen ihre knallig rot bestickten Blusen. Man sieht sofort, dass die Weberei und Stickerei hier auf höchstem Niveau betrieben werden. Auch sonntags ist Markt, aber nur ein kleiner. Raúl empfiehlt v. a. den Karneval von Tenejapa – er sei der schönste in ganz Chiapas.

Tonwaren auf Schritt und Tritt

Auch in **Amatenango del Valle,** 35 km südöstlich von San Cristóbal, sind Fremde gern gesehen. Sofort nach der Ankunft sind wir von einer Kinderschar umringt. Sie wollen uns zum Kauf der Tonwaren überreden, die das Dorf bekannt gemacht haben. Die Töpferei wird von den Frauen betrieben. Sie nutzen die Tonvorkommen der Umgebung. Die Auswahl reicht von gewaltigen Aufbewahrungsgefäßen über Teller und Becher bis zu Figuren, die noch nach alten Verfahren gebrannt werden. Eine kleine Vase wandert ins Handgepäck. Voller Eindrücke aus dieser für uns fremden Welt kehren wir nach San Cristóbal zurück.

Typisches ›Accessoire‹ der Damenwelt bei den Tzeltales: ein gefaltetes Tuch als Kopfbedeckung

- **El Dulce Nombre de Jesús:** Jan. Im Barrio Cuxtitali ziehen farbenfrohe Festwagen und verkleidete Menschen durch die Straßen.
- **Día de la Candelaria:** 2. Feb. In San Cristóbal wird Mariä Lichtmess sehr ausgiebig gefeiert.
- **Ostern:** März/April. Auch die Semana Santa ist hier etwas Besonderes, u. a. werden am Gründonnerstag Passionsspiele aufgeführt.
- **Fiesta de San Cristóbal:** 17.–25. Juli. Großes Stadtfest.

Infos

- **Touristenbüro:** Plaza 31 de Marzo, im Rathaus, T 967 678 06 65, tgl. 8–20 Uhr, sehr hilfsbereit, schwarzes Brett mit guten Informationen. Außerdem steht auf dem Zócalo, Calle Diego de Mazariegos, Ecke Av. Miguel Hidalgo, ein Infokiosk.
- **Flüge:** Der nächste Flugplatz liegt in Tuxtla Gutiérrez (s. S. 224).
- **Busse:** San Cristóbal verfügt über mehrere Busbahnhöfe an der MEX 190. Am wichtigsten ist das OCC-Terminal in der Av. Insurgentes 68. Von hier fahren 1.-Klasse-Busse u. a. nach Campeche (11 Std.), Cancún/Playa del Carmen (16–18 Std.), Comitán de Domínguez (2 Std.), Mérida (13 Std.), Palenque (5 Std.) und Villahermosa (7 Std.). Es ist ratsam, die Bustickets zeitig zu erwerben. Ein Umtausch bzw. Erstattung ist gegen eine kleine Gebühr bis kurz vor Abfahrt möglich. Tickets können am Busterminal oder im Büro in der Calle Real de Guadalupe 24 erworben werden.
- **Colectivos:** Sie starten neben dem OCC-Terminal und steuern regionale Ziele an, u. a. Tuxtla Gutiérrez, Ocosingo und Comitán de Domínguez. Mit Wartezeiten muss gerechnet werden.
- **Mietwagen:** Optima Car Rental, Plaza de la Merced, Calle Diego de Mazariegos 39, tgl. 9–19 Uhr.

Comitán de Domínguez

♦ **Karte 2, F 15**

In das 115 000 Einwohner zählende Kolonialstädtchen kommen nur wenig Touristen. Zu Unrecht. Denn die Stadt und ihre Umgebungsziele sind wunderschön. Comitán de Domínguez liegt 93 km südlich von San Cristóbal an der Panamericana unweit der Grenze zu Guatemala auf 1656 m Höhe. Beim Bummel durch die schattigen Gassen, einem Besuch der bunten Märkte und der Museen erfährt man, wer Rosario Castellanos war, was Butifarra ist und wie Comiteco schmeckt.

Ein Blick zurück

Sie waren die Ersten: Mönche

Die Geschichte der indigenen Siedlung Comitlán ist eng mit dem Orden der Dominikaner verbunden, die hier um 1548 eine Missionsstation gründeten. Sie erhielt 1596 den Status eines Klosters. Schnell wurde der Templo de Santo Domingo Gúzman hochgezogen – die Indígenas staunten nicht schlecht über das große Haus für den nun einzigen neuen Gott. Allerdings wird noch heute jedes Jahr am 4. August ein Fest im Gedenken an die Erbauung der Kirche abgehalten.

Schmuggler und Zapatistas

Mitte des 19. Jh. verkam die Stadt zu einem Umschlagplatz für Schmuggelware aus dem Bereich der heutigen Länder Belize und Guatemala. Als erste Stadt in Chiapas gelang es Comitán, sich von der spanischen Herrschaft loszusagen und sich der neuen Republik Mexiko anzuschließen. Es folgten Mord und Totschlag unter der diktatorischen Herrschaft von Victoriano Huerta. Noch 1994 war die Stadt Brennpunkt beim Aufstand der Zapatistas. Nach blutigen Auseinandersetzungen mit der mexikanischen Armee wurde auf Druck aus aller Welt ein Waffenstillstand mit den Zapatistas vereinbart.

Das Zentrum

Seiner bewegten Vergangenheit zum Trotz ist Comitán heute eine freundliche und ruhige Stadt. Den Mittelpunkt bildet der schöne **Parque Central Benito Juárez.** Am Wochenende herrscht hier abends eine ausgelassene Stimmung mit Musik und Folklore – Comitán ist ein beliebtes Ausflugsziel der Mexikaner.

Kirche und Kulinarik
Die nördliche Seite des Platzes wird von der mächtigen **Iglesia Santo Domingo** flankiert, wie der ursprüngliche Templo de Santo Domingo Gúzman nun heißt. Hier findet jeden Sonntag nach der Messe ein Essensmarkt statt und man kann heimische Spezialitäten probieren. Beispielsweise Butifarra, eine Schweinewurst, abgeschmeckt mit Gewürzen wie Lavendel, Muskat oder Anis, die gebraten oder gebrüht gegessen wird. Auch Chinculguajes sind lecker – dicke Maistortillas, belegt mit Bohnenpüree, Koriander, Chili und krümeligem weißem Käse.

Die Welt der Kultur
Rechts neben der Kirche, in einem Gebäudeteil des alten Klosters, widmet sich das **Centro Cultural Rosario Castellanos** dem Leben der gleichnamigen Schriftstellerin, für die es in der Stadt auch ein eigenes Museum gibt (s.

unten). Als kulturelles Zentrum der Region gibt es in dem Komplex eine Bücherei und eine Bibliothek mit Cafeteria. Es finden Konzerte, Workshops und Lesungen statt.
Av. Rosario Castellanos, Ecke Primera Calle Sur Oriente, Mo–Fr 8–20.30, Sa, So 10–18 Uhr, Eintritt frei

Museen

Einsatz für Frauenrechte
Museo Rosario Castellanos: Hier wird umfassend über das Leben und Wirken von Rosario Castellanos (1925–74) informiert. Sie ist Mexikos wichtigste literarische Stimme im Kampf gegen die Unterdrückung von Frauen und ethnischen Minderheiten. Ihre Werke hatten stets den Fokus auf kulturelle und geschlechtliche Unterdrückung und sind bis heute aktuell.
Tercera Calle Sur Oriente 12, Di–So 11–19 Uhr, Eintritt frei

Ein mutiger Mann
Casa-Museo Dr. Belisario Domínguez: Dr. Domínguez leistete 1913 aktiven Widerstand gegen das Regime des Diktators Victoriano Huerta und wurde letztendlich selbst zum Opfer. In Erinnerung an den Nationalhelden erhielt Comitán seinen Beinamen. Das gut erhaltene Wohnhaus des Doktors mit schönem Patio zeigt das Leben in einer anderen Zeit.
Av. Central Sur 29, Di–Sa 10–18, So 9–12.45 Uhr, 20 Pesos

Schnell mal reinschauen
Museo Arqueológico: Das kleine Museum zeigt Stelen, Statuen, Grabbeigaben und Reliefs aus der näheren Umgebung. Schon mal eine Halskette aus Zähnen gesehen? Interessant sind auch die deformierten Schädel.
Primera Calle Sur Oriente, Di–So 9–18 Uhr, Eintritt frei

Schlafen

Schmuckkästchen
Casa Delina: Eine gelungene Kombination aus modernem Kunstmuseum und Boutiquehotel in einem kolonialen Gebäudekomplex. Der Service ist hervorragend und der gepflegte Innenhof mit Sitzgelegenheiten eine Augenweide.
Primera Calle Sur Poniente 6, T 963 101 47 93, www.hotelcasadelina.com, €€

Top Preis-Leistung
Mesón de los Ángeles: Die Zimmer der schön gestalteten Hotelanlage gruppieren sich auf zwei Ebenen um den Innenhof. Dadurch ist das Haus etwas hellhörig und die Zimmer haben nur Fenster zum Hof. Trotzdem ist es eine Empfehlung wert. Das Personal ist sehr hilfsbereit und freundlich.
Calle Central Poniente 41, T 963 632 29 01, €

Mit Café
Corázon del Café: Zentral und komfortabel präsentiert sich dieses Boutiquehotel.
Calle Central Poniente 30, T 963 632 56 77, €

Essen

Auf hohem Niveau
Ta Bonitío: Innovative mexikanische Küche in gemütlichem Ambiente. Die jungen Köche Sergio und Javier arbeiten mit regionalen Zutaten. Die Weinkarte ist umfangreich, der Service exzellent.
Av. Central Norte 5, nahe dem Parque Central Benito Juárez, T 963 632 80 87, tgl. 8–23 Uhr, €

Traditionell & günstig
El Foquito: Das Lokal mit seinen drei Tischen und der Miniküche gleicht eher einem Imbiss, die Auswahl ist überschaubar.

Probieren Sie die Chalupas de Comitán (frittierte Maistortillas, belegt mit Fleisch, Bohnenpaste und eingelegtem Gemüse, dazu gibt's Salsa verde und Sauerrahm).
Calle Central Poniente 18, tgl. 18–22 Uhr, €

Locker & leger
500 Noches: Das populäre Restaurant mit Bar und abendlicher Livemusik brutzelt knusprige Churros, dazu schmeckt ein kräftiger Kaffee. Alternativ gibt es Pasta mit einem Glas Rotwein. Man kann auch vor dem Lokal mit Blick auf den Hauptplatz sitzen.
Parque Central Benito Juárez, Ecke Calle Central Oriente 6, T 963 101 38 11, tgl. 11–23 Uhr, €

Seit 1970
Alis: Kleines, liebevoll gestaltetes Restaurant in einem historischen Gebäude. Tipp: Plato Chiapaneco, ein Mixteller mit Spezialitäten der Region.
Calle Central Poniente Lic. Benito Juárez 21, T 963 632 12 62, tgl. 8–18 Uhr, €

Ausgehen

Es brennt auf der Zunge
Comitequería San Sebastián: Francisco kreiert fantastische Cocktails. Die Hauptzutat ist immer der heimische Zuckerbranntwein Comiteco, der aus dem Honig der Agavenblüte hergestellt wird. Auch pur ist der Brand ein Genuss.
Calle Central Oriente 66, Di–So 10–22 Uhr

Infos

- **Oficina de Turismo:** Calle Central Oriente 6, an der Nordseite des Parque Central Benito Juárez, T 963 632 40 47, Mo–Fr 9–19, Sa bis 14 Uhr.
- **Im Internet:** www.comitan.com.
- **Stadtrundfahrten:** Vom Parque Central startet mehrfach täglich ein Touristenbähn-

TOUR
Von See zu See

Mit dem Quad durch den Parque Nacional Lagunas de Montebello

Infos

📍 Karte 2, G 15

Start: Laguna Cinco Lagos

Länge: 15 km

Dauer: 5 Std.

Tour: Organisation über die Unterkunft (s. unten), pro Pers. 600 Pesos

Unterkunft: Cabañas Cinco Lagos, La Trinitaria, T 963 154 71 61, Bungalow mit Balkon und Seeblick für 4 Pers. 800 Pesos, Frühstück und Abendessen auf Vorbestellung

Die Nacht in unserer gemütlichen Hütte mit Blick auf die **Laguna Cinco Lagos** war herrlich. Ausgeschlafen setzen wir uns an den Frühstückstisch. Es gibt Rührei, Tortillas und kräftigen Kaffee. Freddy, der Betreiber der Cabañas Cinco Lagos, erzählte uns etwas über den **Parque Nacional Lagunas de Montebello** – 59 Karstseen gehören zu dem Schutzgebiet. Schließlich fragte er uns, ob wir Lust auf eine Quadtour durch das Seengebiet haben. Aber gerne doch!

Keine 15 Min. später sitzen wir auf dem rollenden Ungetüm. Mitarbeiter Dante begleitet uns. Schnell wird unser Fahrstil waghalsiger, die erste Anspannung verfliegt. Wir rauschen durch eine hügelige, bewaldete Landschaft. Unser erstes Ziel: die **Laguna Tziscao.** Das gleichnamige Dorf ist das Zentrum der Region. An der Zufahrt zum See versperrt ein Schlagbaum den Weg. Wir kramen unser Eintrittsticket für den Nationalpark (35 Pesos) hervor. Es wird an den Zugängen zu den verschiedenen Gewässern immer wieder kontrolliert und abgeknipst. Hier allerdings müssen wir 25 Pesos extra berappen, denn Tziscao hat ein eigenes Ökotourismusprojekt ins Leben gerufen und das will schließlich finanziert werden. Gut so, denken wir, als der schmutzige Parkplatz in Sicht kommt. Das Seeufer sieht nicht besser aus. Ein paar Mülltonnen würden hier sicher helfen. Schnell knattern wir die Seenstraße weiter auf die mexikanisch-guatemaltekische Grenze zu, die kurz hinter Tziscao verläuft.

Unser nächstes Etappenziel ist die **Laguna Pojoj.** Wir passieren den von Essensständen gesäumten Zugang zum Seeufer. Die Frauen buhlen

Sanfter und ruhiger als per Quad geht es mit der mexikanischen Variante eines Ruderboots über einen der Seen.

lauthals um die Gunst hungriger Touristen. Wir entscheiden uns zunächst für eine Floßtour. Gut eine Stunde lang werden wir von Steuermann Jacobo auf einem zusammengeschusterten Holzfloß für 500 Pesos über den kristallklaren See geschippert. Unser Ziel ist eine Insel, auf der Tausende Orchideen wachsen. Jacobo zeigt uns noch stolz den Felsen, von dem Antonio Banderas gesprungen sein soll, als er Werbung für das berühmte Corona-Bier machte. Kurzerhand ziehe ich die Badesachen an. Den Sprung in das herrlich klare Wasser kann ich mir nicht verkneifen. Zurück am Ufer stärken wir uns an einem der Comedores. Es gibt regionalen Käse, gebacken im Bananenblatt, mit Chorizo, Kürbisblüten und Bohnen, dazu frisch gebackene Maistortillas – und natürlich ein kühles Corona.

Der nächste Stopp führt uns zum **Lago Montebello.** Hier ist der Wasserspiegel infolge der anhaltenden Trockenheit und der Wasserentnahme durch die Landwirte um 5 m gesunken. Manche Touristen waten trotzdem im matschigen Uferbereich herum. Die bessere Wahl ist da sicherlich ein Ausflug hoch zu Ross, der hier allerorten angeboten wird. Auf einer 2-stündigen Tour wird man für 150 Pesos zu einem Cenote geführt.

Auf dem Weg zurück zur Laguna Cinco Lagos nehmen wir eine Piste durch den Wald und besuchen noch einige kleinere, abgelegenere Lagunen. Hier macht das Fahren ungleich mehr Laune. Als wir an unserem ›Heimatsee‹ ankommen, verlassen gerade mehrere Reisebusse den Parkplatz – kaum vorstellbar, was hier am Wochenende los sein muss. Wir machen eine kleine Wanderung zu verschiedenen Aussichtspunkten, alle mit prächtigem Blick auf die Seenlandschaft. Erstaunlich, wie vielfältig die Farben sein können: Blau, türkis, grün, ja sogar rötlich schimmert das Wasser. Mit vielen schönen Eindrücken fahren wir zurück zu unserer Unterkunft und hüpfen an einer einsamen Badestelle noch mal in die Lagune.

chen zu einer Stadtrundfahrt – zumindest sofern sich genug Fahrgäste einfinden.

● **Busse:** Das OCC-Terminal liegt an der Av. Domínguez (Hauptdurchgangsstraße), Ecke Calle 3 Sur Poniente ca. 1,5 km südwestlich des Zentrums. Es bestehen Verbindungen nach San Cristóbal de las Casas und Tuxtla Gutiérrez (1. Klasse etwa stdl., 2. Klasse häufiger), nach Ciudad Cuauhtémoc (guatemaltekische Grenze) sowie nach Mérida. Zu den Lagos de Montebello und entlang der Carretera Fronteriza bis Palenque fährt ein Bus vom Terminal an der Segunda Avenida Poniente Sur 23 (Av. Aranda) südwestlich der Plaza.

Die Umgebung von Comitán

Tenam Puente ♀ Karte 2, F 15

Pyramide mit Aussicht

60 Strukturen wurden in dieser weitläufigen Maya-Stätte bislang entdeckt. Highlight ist eine fünfstufige Tempelpyramide, die einen großartigen Blick über die Ebene von Comitán bietet. Drei restaurierte Ballspielplätze beweisen, dass das Pok ta Pok (s. S. 256) hier ziemlich viele Anhänger hatte. Es kommen kaum Touristen hierher, so kann man in aller Seelenruhe in alten Zeiten versinken.

MEX 190, 13 km südöstl. von Comitán, tgl. 8–17 Uhr, 45 Pesos

Chincultik ♀ Karte 2, G 15

Herrlich einsam

Über 200 vom Dschungel überwucherte Hügel mit Resten baulicher Strukturen warten in der Maya-Stätte auf ihre Freilegung. Das Areal erstreckt sich über ein schattiges Tal, das von einer 60 m hohen Pyramide begrenzt wird. Mit gutem Grund wird sie **El Mirador** (›Aussichtspunkt‹) genannt, denn von oben hat man einen schönen Blick in die Ebene und auf einige Seen des Parque Nacional Lagunas de Montebello (s. S. 220).

Unweit der Pyramide liegt der grün schimmernde **Cenote Agua Azul.** Hier wurde von Unterwasserarchäologen eine Steinscheibe mit einem Durchmesser von 50 cm geborgen. Abgebildet sind darauf ein Ballspieler sowie die Jahreszahl 590. Der spektakuläre Fund ist heute im Anthropologischen Museum in Mexiko-Stadt zu besichtigen. Vermutlich fanden hier ebenfalls rituelle Opfer statt.

MEX 307, ca. 45 km südöstl. von Comitán, tgl. 8–17 Uhr, Eintritt frei

Cenote Chucumaltik ♀ Karte 2, F 15

Ein grandioses Badeerlebnis

… verspricht der fast kreisrunde Cenote Chucumaltik! Mit einem Durchmesser von 200 m und einer Tiefe von 70 m zählt er definitiv zu den größeren Exemplaren. Das herrlich blaue, glasklare Wasser lädt zum Schnorcheln ein, man kann hier aber auch prima tauchen. Sur Divers bietet regelmäßig Trips an (www.surdivers.com).

Der Zugang zum Cenote ist immer möglich – Eintritt muss man nur bezahlen, wenn der Wächter anwesend ist. Der Parkplatz liegt ca. 100 m vom Cenote entfernt und ist unbewacht, also keine Wertsachen im Auto lassen! Ins Gepäck gehören neben Badesachen auch Schnorchelausrüstung und Selbstverpflegung, da es vor Ort keine touristische Infrastruktur gibt.

MEX 226, 32 km südl. von Comitán, tgl. 24 Std., 30 Pesos

Cascada El Chiflón

📍 **Karte 2, F 15**

Man will nicht mehr weg

Die fünf Wasserfälle der Cascada El Chif-lón bei **San Vicente La Mesilla** lassen sich auf einem 1300 m langen Spaziergang durch ein herrlich grünes Tal erkunden. Ständiger Begleiter ist ein kristallklarer Bach, der je nach Sonnenstand in den intensivsten Blau- und Grüntönen schillert. Von den fünf Fällen dürfte der 120 m hohe **Velo de Novia** (›Brautschleier‹) am beeindruckendsten sein. Wer mag, kann den Rückweg mit der Zipline abkürzen. Es gibt ein gutes Restaurant, wo auch schöne Bungalows vermietet werden (T 963 142 40 55, €).

MEX 226, ca. 36 km südwestl. von Comitán, tgl. 7.30–17 Uhr, 50 Pesos, Zipline 150 Pesos

Tuxtla Gutiérrez

📍 **Karte 2, D 13/14**

Die Hauptstadt von Chiapas liegt in einem subtropischen Tal mit feucht-schwülem Klima. Als Kultur-, Wirtschafts- und Verwaltungszentrum der Region übt Tuxtla Gutiérrez eine große Anziehungskraft aus und ist entsprechend gewachsen – rund 500 000 Einwohner zählt die Stadt aktuell. Für viele Touristen ist Tuxtla lediglich eine Durchgangsstation auf dem Weg von Oaxaca nach San Cristóbal und zur Panoramastraße entlang des Cañón del Sumidero (s. S. 224).

Lebhafte Großstadt

Mittelpunkt des modernen Zentrums ist die **Plaza Cívica.** An ihrer Südseite erhebt sich die schneeweiße **Catedral**

San Marcos. Sie soll auf eine Kirche aus dem 17. Jh. zurückgehen, doch davon ist nichts mehr zu erkennen. Der Besuch des Platzes lohnt sich besonders am Abend, wenn sich die ganze Palette mexikanischen Lebens wie auf einer großen Bühne entfaltet.

Kultur, Natur, Musik

Gut 1 km nordöstlich der Plaza Cívica liegt der **Parque Madero** mit dem **Museo Regional de Chiapas** und dem hübschen, auf einheimische Pflanzenarten spezialisierten **Jardín Botánico Faustino Miranda** (beide Di–So 9–16.30 Uhr).

Im **Parque de la Marimba,** neun Blocks westlich der Plaza Cívica, haben am Wochenende die beliebten Marimba-Gruppen ihren großen Auftritt – dann hält es die Mexikaner nicht mehr auf den Stühlen, das Tanzbein muss geschwungen werden.

Schlafen

Klassisch komfortabel

Hilton Garden Inn: Das moderne Hotel bietet alle Annehmlichkeiten, WiFi gehört ebenso dazu wie Parkplätze, ein Pool und ein gutes Restaurant. Das Hotel liegt etwa 2,5 km vom Zentrum entfernt.

Blvd. Belisario Domínguez 1641, T 961 617 18 00, www.hilton.com, €

Gepflegtes Ambiente

Palmareca Suites: Schöne Anlage mit geräumigen Zimmern, großem Garten und Pool. Sehr gutes Preis-Leistungs-Verhältnis.

Blvd. Belisario Domínguez 4120, nahe dem Flughafen, T 961 617 00 00, www.hotelpal mareca.com, €

Preiswert und mitten in der Stadt

Hotel del Carmen: Hübsches und gepflegtes Hotel in zentraler Lage, die Plaza Cívica liegt nur einige Blocks entfernt. Die

Zimmer sind recht klein und hellhörig, dafür ist der Preis für Tuxtla günstig.

Av. Sur Poniente 826, T 961 612 30 84, www.hoteldelcarmen.net, €

Zentraler geht's nicht

Hotel Plaza Amalia: Das Hotel liegt mitten im Zentrum und die kleinen Zimmer wurden kürzlich renoviert. Man fühlt sich wohl, denn das Personal ist freundlich und hilfsbereit.

Av. Primera Norte Oriente 453, T 961 688 25 65, €

Essen

Mehr davon

Terraza Central: In modernem Ambiente kommen kleine Gerichte wie Ceviche, Salate und Burger auf den Tisch. Dazu passen die hervorragenden Cocktails und der tolle Blick über die Dächer der Stadt. Ab 8 Uhr gibt es gutes Frühstück. Das dazugehörige Hostel Tres Central ist nett und günstig.

Av. Central Norte 393, T 961 611 36 74, www.terrazacentral.com, Di–Sa 8–13, 17–1, So 8–13, Mo 17–24 Uhr, €€

Mit Musik

Las Pichanchas: In dem beliebten Lokal gibt es regionale Klassiker sowie allabendlich folkloristische Tänze. Der Service ist eher unpersönlich.

Av. Central Oriente 837, etwas außerhalb des Zentrums, T 961 174 94 85, www.lapichan chas.com.mx, tgl. 12–24 Uhr, €

Zum Feierabend

La Mocte: Das Lokal ist eine Mischung aus Restaurant, Bar und Club. Es gibt einen Spielbereich für die Kids, so kann man die mexikanischen Gerichte entspannt genießen. Abends dreht die Musik auf.

Circunvalación Tapachula 263, T 961 471 14 48, Di–Sa 13–1.30, So, Mo nur bis 20 Uhr, €–€€

Einkaufen

Mit Museum

Casa de las Artesanías de Chiapas: Große Auswahl landestypischer Souvenirs mit Fokus auf den Bundesstaat Chiapas. Angeschlossen ist ein kleines ethnografisches Museum.

Blvd. Belisario Domínguez 2035, ca. 2 km westl. der Plaza, T 961 602 65 65, Mo–Fr 8–20, Sa 10–20, So 10–14 Uhr

Infos

● **Oficina de Turismo:** in der Unterführung an der Nordecke der Plaza Cívica, Calle Central Norte, Ecke Segunda Norte Oriente, T 961 612 55 11, Mo–Sa 9–21, So bis 14 Uhr; im Museo de la Marimba, Parque de la Marimba, Di–So 10–19 Uhr.
● **Flüge:** Der nationale Flughafen liegt etwa 8 km südwestlich des Zentrums. Direktverbindungen gibt es nach Mexiko-Stadt und in viele andere Großstädte Mexikos.
● **Busse:** Vom OCC-Terminal (Blvd. Antonio Pariente 551) gibt es 1.-Klasse-Busse u. a. nach Palenque (6 Std.), San Cristóbal (1,5 Std.) und Villahermosa (5 Std.).

Cañón del Sumidero

📍 Karte 2, D 14

Chiapa de Corzo

Ort mit Charme

Das Kolonialstädtchen Chiapa de Corzo am Río Grijalva gehört zu den ältesten Niederlassungen in Chiapas, ist aber v. a. als Startpunkt für die Erkundung des

Cañón del Sumidero bekannt. Auf dem Weg zur Abfahrtsstelle der Boote bummelt man durch einen Markt mit Saftständen, Comedores und Kunsthandwerk aus Chiapas und Guatemala. Wenn auf dem Rückweg dann schon langsam die Sonne untergeht, wird die für den kleinen Ort recht große **Plaza Central** in eine romantische Stimmung getaucht. Besonders gut bekommt das Spätnachmittagslicht dem geziegelten Kolonialbrunnen im Mudéjarstil, dem Wahrzeichen der Stadt. Von einer kleinen Festung unmittelbar südöstlich der Plaza hat man einen schönen Blick über die Stadt und den Fluss bis hinüber zur Schlucht.

Die Schlucht

Die eindrucksvolle Naturschönheit entstand vor 16 bis 40 Mio. Jahren. Bis zu 1000 m ragen die Steilwände auf, die den Río Grijalva auf beiden Uferseiten säumen. Der Fluss wurde erst durch den Bau des Staudamms Chicoasén gebändigt und mit dem Boot befahrbar, auf einer Länge von etwa 35 km. In dem zum **Parque Nacional Cañón del Sumidero** erklärten Gebiet wachsen seltene Pflanzen wie Ceiba-Bäume, Zypressen, Orchideen und sogar eine endemische Agavenart. Flusskrokodile, Hirsche, Wildscheine und viele Vogelarten, darunter Kormorane, Reiher und Pelikane, haben hier ihr Revier.

Nationalpark: tgl. 8–17 Uhr, 31 Pesos

Bootsfahrt durch den Cañón

Am imposantesten ist die Erkundung der Schlucht per Boot. Auf der Tour werden geologische Besonderheiten, Wasserfälle, Tiere und Pflanzen beobachtet, doch das Hauptvergnügen liegt in der Fahrt selbst. Man braust übers Wasser, der Wind pfeift durch die Haare, rechts und links ragen die

Am Anfang noch weit, dann immer enger und die Felswände immer höher: Den spektakulärsten Eindruck vom Cañón del Sumidero gewinnt man auf einer der Bootstouren.

Felswände in den Himmel. Meiden Sie jedoch die Wochenenden, dann können mehr als 100 Lanchas auf dem Wasser unterwegs sein und der Geräuschpegel ist dementsprechend hoch.

Der zentrale Bootsableger *(embarcadero)* befindet sich in Chiapa de Corzo. Zwei weitere liegen etwa 5 km nördlich des Ortes an der Straße in Richtung Tuxtla Gutiérrez, und zwar unterhalb der Puente Belisario Domínguez. Die Preise hängen an den Kassenhäuschen aus und sind nicht verhandelbar, da die Bootsführer in einer Kooperative zusammengeschlossen sind. Gestartet wird immer erst dann, wenn das Boot voll belegt ist.

2–3 Std., 200 Pesos/Pers.

Entlang der Panoramastraße

Wem der Trip auf dem Wasser zu actionreich erscheint, kann die Szenerie von oben betrachten – das ist nicht weniger beeindruckend. Eine 17 km lange Straße schlängelt sich am Schluchtrand entlang. Es gibt fünf Aussichtspunkte, zu denen teils leichte Spaziergänge führen. Am **Mirador Los Chiapa** bekommt man Snacks und kann ein kleines **Museum** besuchen. Man erreicht die Panoramastraße von Tuxtla Gutiérrez aus über die Quinta Avenida Norte und die Calzada al Sumidero.

Schlafen

Mit Badespaß

La Ceiba Hotel & Spa: Ein hübsches Vier-Sterne-Hotel mit komfortablen Zimmern, einem Swimmingpool im herrlichen Garten, einem Restaurant und sogar einem Spabereich.

Calle Domingo Ruiz 300, T 961 616 07 73, www.laceibahotel.com, €€

Essen

Täglich Buffet

Jardínes de Chiapa: Lokal mit hübsch begrüntem Innenhof. Gute Fischgerichte kommen hier auf den Tisch und täglich gibt es auch ein umfangreiches Buffet (259 Pesos).

Calle Francisco I. Madero 395, T 961 616 16 75, tgl. 8.30–18.30 Uhr, €

Feiern

• **Fiesta Grande de Chiapa:** 9.–21. Jan. Über die Grenzen hinaus bekanntes Fest. Junge Männer, Parachicos genannt, verkleiden sich mit blonden Perücken und Masken als Konquistadoren und tanzen am 15., 17. und 20. Januar durch die Straßen. Höhepunkt des Spektakels ist eine ›Seeschlacht‹ auf dem Fluss am 21. Januar, die mit einem Feuerwerk abgeschlossen wird.

Infos

• **Busse:** Chiapa de Corzo liegt an der Hauptroute Tuxtla Gutiérrez–San Cristóbal de las Casas. Das Terminal Autobuses Grupo San Cristóbal liegt an der großen Carretera Internacional nördlich des Zentrums. Verbindungen u. a. nach Tuxtla (20 Min.) und San Cristóbal (1 Std.).

Zugabe
Sie lassen es krachen

Maya-Rock aus San Juan Chamula

Der Bandname Vayijel bedeutet übersetzt so viel wie ›Wächter der Tiergeister‹.

»Jeche yuun som xa li lik / som xa ay jk'el j-ilol / ay jakbe k'u kelanil / a ch'ulel chkaini xutun« – ›Deshalb bin ich früh aufgestanden / und ging zum Heiler / Ich fragte ihn, was ich habe / Es ist dein Geist, sagte er mir‹ (Text aus dem Lied »J-ilol« der Band Vayijel).

Es ist ein bisschen verrückt: Ausgerechnet im distanzierten und traditionsverhafteten San Juan Chamula gründete sich 2006 Vayijel, eine Rockband bestehend aus vier Musikern, die ihre Songs in ihrer Muttersprache Tzotzil singen. Oder auch schreien. Denn was Vayijel auf der Bühne präsentiert, ist feinster Metall-Rock. Die erste Reaktion vieler Bewohner war Verwirrung. »Warum spielen diese jungen Rebellen etwas, das mit unserer traditionellen Musik rein gar nichts zu tun hat?«

Doch Vayijel hat es geschafft! Sie heben sich von anderen Bands ab und verweisen durch die Wahl ihrer Sprache stolz auf ihre indigene Herkunft. Die Texte beschäftigen sich mit der Weltsicht der Maya, ihren Legenden und Bräuchen. Auf der Bühne tragen die Musiker grimmig aussehende Masken – ihre Totems, also ihre Schutzgeister, an die schon die alten Maya glaubten.

Die Videos, die sie auf YouTube posten (von wegen keine Moderne …), entführen in die geheime Welt der indigenen Rituale von Chamula. Ihr Lied »J-ilol« handelt von der Welt der Heiler, »Kux Kux« gibt Einblick in das Leben der Chamulanen und führt an verborgene Orte. Inzwischen ist ihre Musik so bekannt, dass sie auf großen Festivals wie Guelagetza in Oaxaca auftreten und von Radios in Chile, Bolivien bis in die USA gespielt werden.

Oscar López, Sänger und Gitarrist der Band, ist über die Wirkung ihrer Songs stolz: »Viele Landsleute in der Fremde erreicht unsere Musik. Sie hinterlassen uns Nachrichten in Tzotzil auf Facebook und YouTube, in denen sie beschreiben, wie sie beim Hören unserer Lieder zumindest für ein paar Minuten wieder in der Heimat sind.« Vayijel inspirieren mit ihren Texten und ihrem Erfolg besonders junge Indígenas, ihre Herkunft mit neuen Augen zu sehen und stolz zu sagen: »Ich bin ein Tzotzil.« ∎

Kleingedruckte

Das

Götterverehrung, Jenseitsvorstellungen und Ahnenkult prägten die Kunst der Maya, darunter viele Masken.

Anreise

... mit dem Flugzeug

Direktflüge ab Europa gibt es nur nach Cancún (11 Std.), z. B. mit Lufthansa ab München und mit Edelweiß ab Zürich. Preiswerter und ebenfalls direkt sind Charterflüge, z. B. mit Condor ab Frankfurt und Düsseldorf.

Wer einen Zwischenstopp nicht scheut, kann beispielsweise nach Mexiko-Stadt fliegen und von dort aus relativ günstig (ab 50 US-$) mit einem Inlandsflug nach Cancún gelangen. Infos zu Flugverbindungen bietet www.flug.idealo.de.

Der Aeropuerto Internacional de Cancún liegt knapp 20 km südlich des Zentrums bzw. ca. 13 km westlich der Zona Hotelera. Der Transfer erfolgt durch Taxis (teuer), Sammeltaxis (unter Umständen lange Wartezeit) oder einen Flughafenbus (preiswert), der allerdings nicht die Zona Hotelera bedient. Eine direkte Busverbindung besteht mit ADO nach Playa del Carmen. Nähere Infos zum Transfer s. S. 30.

Bewegen und Entschleunigen

Baden

Wie der Traum vom perfekten Badeurlaub auch aussehen mag, auf Yucatán wird jeder fündig: Die Palette reicht von belebten Hotelstränden bis zu einsamen, nur per Boot erreichbaren Buchten, z. B. bei Río Lagartos oder auf der Isla Holbox. Die Wasserqualität ist grundsätzlich gut, allerdings hat u. a. der Klimawandel zu einer unschönen Braunalgenplage geführt (s. S. 258). Vorsicht ist vor Unterströmungen geboten, z. B. vor Cancún, vor der Isla Cozumel und vor der Isla Holbox. Am besten nicht zu weit rausschwimmen und immer auf die Warnflaggen an den Stränden achten.

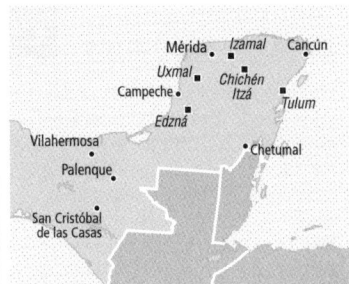

STECKBRIEF

Lage: Die Halbinsel Yucatán liegt im Südosten Mexikos und wird im Norden vom Golf von Mexiko und im Osten von der Karibik umspült. Im Südwesten schließt sich der Bundesstaat Chiapas an, dessen Strände bereits am Pazifik liegen. Grenzen gibt es zu Belize und Guatemala.

Fläche: Yucatán ca. 181 000 km², Chiapas ca. 73 311 km²

Einwohner: Halbinsel Yucatán knapp 7 Mio., Chiapas ca. 4,8 Mio.

Hauptstädte: Mérida (Yucatán), Chetumal (Quintana Roo), Campeche (Campeche), Villahermosa (Tabasco), Tuxtla Gutiérrez (Chiapas)

Geografie: Die Halbinsel Yucatán ist flach bis leicht hügelig, während das Bergland von Chiapas auf über 2500 m Höhe klettert.

Staat und Politik: Mexiko ist eine präsidentielle Demokratie mit 31 Bundesstaaten. Präsident ist seit Dezember 2018 der Linksnationalist Andrés Manuel López Obrador.

Sprache: Spanisch und Maya-Dialekte. In Touristenorten kommt man auch mit Englisch zurecht.

Währung: Mexikanischer Peso

Zeitzone: MEZ −7 Std., während der Sommerzeit −8 Std.

Vorwahl: 0052

EINER FÜR (FAST) ALLES **C**

Ein ganz spezielles Erlebnis ist das erfrischende Bad in einem der **Cenotes** (s. S. 54), Auswahl gibt es auf Yucatán mehr als genug. In den meisten dieser Wasserlöcher lässt es sich auch prima schnorcheln. Wer es abenteuerlicher mag, sucht sich einen Cenote ›mit viel Tiefgang‹, dann startet der Trip mit Abseiling.

Birding

Für Vogelfans ist Yucatán ein kleines Paradies: Über 500 Arten wurden hier gezählt, davon sieben endemisch. Die besten Regionen zur Beobachtung sind die Mangrovenwälder entlang der Küste, etwa in Celestún, um Río Lagartos oder in der Reserva de la Biósfera Sian Ka'an. Im tropischen Urwald der Reserva de la Biósfera Calakmul kann man die wunderschönen Tukane sehen.

Kanufahren

Die zahlreichen Lagunen der Halbinsel sind durch ihr ruhiges Wasser bestens geeignet für Kanu-Ausflüge. Dabei kommt man auch der Tierwelt ganz nah. Häufig sind Flamingos, Pelikane und Kormorane, mit Glück sieht man auch Krokodile und mit ganz viel Glück sogar Seekühe. Besonders lohnend sind die Schutzgebiete von Celestún, Punta Allen und Sian Ka'an sowie die Bahía Soliman bei Akumal und natürlich die Laguna Bacalar. Boote kann man vor Ort mieten. Wer nicht allein auf Achse sein will, vertraut sich einem der Führer an. Eine empfehlenswerte Agentur ist www.ecoyuc.com.

Kitesurfen

Der Spot zum Kitesurfen ist die Isla Holbox. Hier gibt es mehrere Schulen mit professionellen Lehrern, moderner Ausstattung. Das Revier eignet sich auch für Anfänger. Mehr Infos unter www.boardandbed.com/spot/mexiko/holbox-kitebeach.

Radfahren

Fahrradfahren ist definitiv kein Trendsport in Mexiko, aber es tut sich was – so organisiert beispielsweise Mérida wöchentlich einen Fahrradsonntag und sperrt hierfür seinen Prachtboulevard. Auf den autofreien Inseln Holbox und Mujeres werden (auch elektrobetriebene) Fahrräder vermietet, ebenso in Cancún. Von Tulum radelt es sich wunderbar ins Naturschutzgebiet Sian Ka'an (s. S. 80). Besonders reizvoll ist die Radtour durch die Maya-Stätte Cobá (s. S. 82).

Schnorcheln

Zum Schnorcheln bieten sich viele Möglichkeiten, auch ohne dass man ein Boot mieten muss. Gute Stellen findet man an der Südspitze der Isla Cozumel und bei der Playa Akumal. Highlight ist die Beobachtung von Walhaien, Touren werden von Cancún, der Isla Mujeres und der Isla Holbox aus veranstaltet.

Reiten

Das hügelige Chiapas ist sehr reizvoll zum Reiten. Beliebt ist der Ritt von San Cristóbal de las Casas nach San Juan Chamula.

Segeln

Die wichtigsten Jachthäfen sind Cancún, Playa del Carmen, Cozumel und Puerto Aventuras. Charter ist nur begrenzt möglich, dafür werden organisierte Ausflüge angeboten, meist auf großen Katamaranen. Kleinere Segelboote können Sie an vielen Stränden stundenweise mieten.

Tauchen

Fast die gesamte Karibikküste – von der Isla Contoy im Norden bis hinunter nach Belize – wird von Riffen gesäumt, die zu den besten Tauchrevieren der Welt zählen. Das größte Korallenriff heißt Banco Chinchorro, liegt im Süden der Halbinsel und wurde 2003 als UNESCO-Biosphärenreservat unter Schutz gestellt. Trips dorthin unternimmt die Tauchschule Doctor Dive Costa Maya (www.doctordive.com).

Besonders abenteuerlich sind Tauchgänge in den Cenotes (s. S. 54). In Yucatán gibt es die drei weltlängsten gefluteten Höhlensysteme dieser Art, allen voran das Sistema Ox Bel Ha mit 142 Cenotes, einer Gesamtlänge von 269 km und einer maximalen Tauchtiefe von 57,3 m. Mehrere Tauchschulen haben sich aufs Höhlentauchen spezialisiert, darunter Deep Dive Mexico (www.deepdivemexico.com), Cenote Dive Center (www.cenotedive.com) und Xibalba Dive Center (www.xibalbadivecenter.com). Einen guten Überblick über die einzelnen Tauchreviere und ihre Besonderheit findet man auf der Website www.taucher.net.

Wandern

Die Gegend rund um San Cristóbal de las Casas eignet sich am besten für Wandertouren. In der Region ist es nicht so heiß und rings um das Städtchen verteilen sich in den Bergen und Tälern zahlreiche indigen geprägte Dörfer. Es ist ratsam, einen Guia anzuheuern. Er kennt sich aus, auch mit den Gepflogenheiten der Indigenen, die Fremden gegenüber nach wie vor skeptisch sind.

Wellness und Yoga

Wellness hat eine lange Tradition in Mexiko. Schon die Maya entspannten in heilenden Thermalquellen und begaben sich zum Schwitzen in ein *temazcál*, eine medizinische Kräutersauna. Zahlreiche luxuriöse Resorts offerieren Wellnessprogramme, insbesondere an der Riviera Maya und in den Haciendahotels rund um Mérida. Yoga wird auch von kleineren Unterkünften und unabhängigen Studios angeboten.

Ziplining

Ganz nah über den Dschungel fliegen – das geht beispielsweise im Selvática Ecopark bei Puerto Morelos oder an der Cascada El Chiflón bei Comitán de Domínguez. Man kann auch seinen Rundgang durch die Maya-Stätte Cobá mit einem Flug durch luftige Höhen beginnen oder enden lassen.

Diplomatische Vertretungen

... in Deutschland, Österreich und der Schweiz

Embajada de México
Klingelhöferstraße 3
10785 Berlin
T 030 26 93 23-0
embamex.sre.gob.mx/alemania

Operngasse 21, 10. Stock
1040 Wien
T 01 310 73 83–86
embamex.sre.gob.mx/austria

Weltpoststrasse 20
3015 Bern
T 031 357 47 47
www.sre.gob.mx/suiza

... in Mexiko

Consulado Honorario de Alemania
Punta Conoca 36, SM 24
77509 Cancún
T 998 884 15 98
cancun@hk-diplo.de

Instituto Kresse
Calle 59-C 870, Fracc. Las Americas
97302 Mérida
T 999 944 32 52
merida@hk-diplo.de

Consulado Honorario de Austria
Av. Colón 501 c, Desp. A-309/310
97000 Mérida
T 999 925 63 86
bulnesa@prodigy.net.mx
(ohne Passbefugnis)

Consulado Honorario de Suiza
Av. Cobá 12, loc. 214
(Rolandi's Restaurant)
Ed. Vénus, SM 5, MZ1
77500 Cancún
T 998 884 84 46
cancun@honrep.ch

Einreisebestimmungen

Deutsche, Österreicher und Schweizer benötigen für die Einreise einen noch mindestens sechs Monate gültigen Reisepass in Verbindung mit einer Touristenkarte, die bei der Einreise ausgehändigt und ausgefüllt wird. Sie können sich ohne Visum bis zu sechs Monate in Mexiko aufhalten. Kinder brauchen unabhängig vom Alter einen eigenen Reisepass.

Elektrizität

In Mexiko beträgt die Stromspannung 110 Volt. Elektronische Geräte können problemlos ohne Spannungsumwandler geladen werden. Aufgrund der zweipoligen Flachstecker vom Typ A (wie in den USA) wird allerdings ein Adapter nötig, den man in jedem Elektrohandel vor Ort kaufen kann.

Feiertage

1. Jan.: Año Nuevo (Neujahr)
6. Jan.: Día de Reyes (Dreikönigstag)

BESONDERE BRÄUCHE **B**

Am Dreikönigstag wird bei einem gemeinsamen Essen im Familien- oder Freundeskreis ein großer Hefekranz verspeist, der Rosca de Reyes. Darin ist eine kleine Jesusfigur eingebacken. Wer sie findet, ist dessen Pate und der König des Festes. Manche deuten das als besonderes Omen fürs kommende Jahr. Allerdings ist damit auch eine Pflicht verbunden: Man muss das nächste Fest ausrichten, Mariä Lichtmess (Fiesta de la Candelaria) am 2. Februar.

5. Feb.: Aniversario de la Constitución (Tag der Verfassung)
März: Viernes Santo (Karfreitag)
1. Mai: Día del Trabajo (Tag der Arbeit)
16. Sept.: Día de la Independencia (Unabhängigkeitstag)
1./2. Nov.: Día de los Muertos (Tag der Toten)
12. Dez.: Nuestra Señora de Guadalupe (Tag der Jungfrau von Guadalupe)
25. Dez.: Navidad (Weihnachten)

Frauen alleine unterwegs

Wer selbstbewusst auftritt, kommt auch allein als Frau gut durch Mexiko. Pfiffe und Rufe sollte man einfach als Kompliment nehmen. Es versteht sich von selbst, dass einsame Ecken bei Nacht lieber gemieden werden sollten.

Geld

Mexikos Währung ist der Peso. Die Zahlung per Kreditkarte setzt sich immer mehr durch und ist in Unterkünften, besseren Restaurants, Geschäften und Supermärkten gängig. Banken gibt es sogar in kleinen Orten, Geldabhebungen mit EC-Karte und Kreditkarte sind möglich. Um Gebühren zu sparen, empfiehlt sich eine Kreditkarte der Santander-Bank, mit der man weltweit kostenlos Geld abheben kann.

Gesundheit

Die Ärztliche Versorgung in Mexiko ist gut. Die Touristenorte sind auf Fremde eingestellt, und meist sprechen die Ärzte in renommierten Krankenhäusern in Cancún & Co. Englisch oder sogar Deutsch. In kleinen abgelegenen Orten gibt es meist ein Gesundheitszentrum. Die Apotheken sind gut sortiert und das Personal kennt sich aus. Ein paar Spanischkenntnisse sind allerdings von Vorteil. Viele bei uns verschreibungspflichtige Medikamente sind frei erhältlich. Eine Auslandsreisekrankenversicherung sollte dennoch unbedingt vor Reiseantritt abgeschlossen werden.

Impfungen sind nicht vorgeschrieben. Auf keinen Fall sollte man Leitungswasser trinken. Die meisten Restaurants und Hotels halten *agua purificado* (gefiltertes Wasser in Flaschen) bereit. Gemüse und Salat wäscht man mit Trinkwasser, Obst sollte man schälen.

Informationsquellen

Fremdenverkehrsamt
in Deutschland
Klingelhöferstraße 3
10785 Berlin
T 030 263 97 94-0
www.visitmexico.com.mx
Das Büro ist auch für die Schweiz und Österreich zuständig.

Im Internet
www.mexico-info.de/mexico Website mit grundlegenden Informationen zu Mexiko allgemein und Tipps zu Sehenswürdigkeiten und Rundreisen durch Yucatán, angereichert durch hübsche Bilder.
www.yucatantoday.com Portal mit umfangreichen Infos für Zentralyucatán, insbesondere für Mérida und Umgebung. Viele weiterführende Links (sp., engl.).
www.campeche.travel Alle wichtigen Infos über Sehenswürdigkeiten, Kunst und Kultur, Maya-Stätten, Unterkünfte und Restaurants, teilweise auch auf Deutsch.
www.corazondechiapas.com Seite des staatlichen Fremdenverkehrsverbandes von Chiapas mit Hinweisen auf archäologische Stätten, Öko-Tourismus und die wichtigsten Städte (sp.).
www.chiapas.at Die engagierte Website einer österreichischen Aktivistengruppe zum Thema Zapatistas liefert viele Hintergrundinfos, ist jedoch einseitig ausgerichtet.

www.sommertage.com Blogs zum Thema Yucatán und Chiapas gibt es jede Menge, Kathie und Romeo schreiben über ihren Roadtrip per Mietwagen. Tipps und Tricks von Buchung bis Reiseroute, Hintergrundinfos und Hotelempfehlungen sind natürlich auch dabei.
www.mundoido.com Mundoido bietet eine Audioguide-App durch die Maya-Stadt Tulum (dt.). Weitere archäologische Stätten Mexikos sind in Planung. Download im App Store und Play Store.

Internetzugang

Nahezu alle Hotels und Restaurants bieten einen kostenlosen WLAN-Zugang. Oftmals kann man sich auch auf den zentralen Plätzen der Städte (*zócalos*) gratis ins Internet einwählen.

Kinder

Kinder lieben Mexiko! Baden, Ruinen erklimmen, Boot fahren, Tiere beobachten – langweilig wird es garantiert nicht. Und da auch Mexikaner Kinder lieben, stößt man in der Regel auf großes Entgegenkommen. In den meisten Unterkünften werden Kinder bis zu 12 Jahren nicht berechnet, v. a. wenn sie im Elternbett schlafen. Die großen Hotels haben Kinderpools und Babybetten, ein Großteil der Restaurants Kinderstühle. Windeln, Feuchttücher, Babybrei & Co. gibt es in den Supermärkten.

Klima und Reisezeit

Die Temperaturen auf Yucatán sind das ganze Jahr über relativ gleich. An der Küste ist es dank der fast stetigen, auch im Sommer wehenden Brise weitaus erträglicher als im Landesinneren. In Cancún liegt die durchschnittliche Tagestemperatur zwischen 23 und 28 °C mit Höchsttempera-

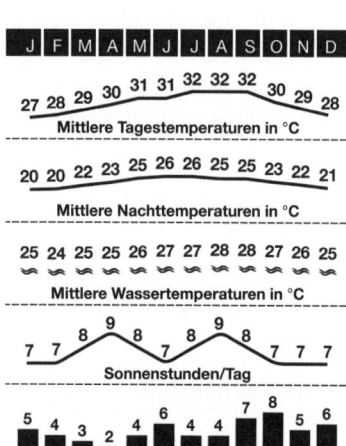

So ist das Wetter in Cancún.

turen von 32 °C im Juli und August. Nachts wird es selten kälter als 20 °C. Im Bergland von Chiapas ist es deutlich kühler – hier sollte abends eine Jacke dabei sein, sonst wird es ungemütlich. Heftige Schauer fallen in der Regenzeit von Mai bis Oktober. Die Sommermonate zwischen Juni und Ende Oktober sind auch die Zeit der Hurrikane, die v. a. die Karibikküste heimsuchen. Sie werden von sintflutartigen Regenfällen begleitet und können erhebliche Schäden verursachen. Die beste Reisezeit ist die Trockenzeit von Oktober bis März. Doch auch die Regenzeit hat ihren Reiz – die Natur präsentiert sich üppig grün und die Preise sind etwas günstiger.

Lesetipps

In Mexiko. Reise durch ein hitziges Land, Andreas Altmann: Der Autor hat lange in Mexiko gelebt und reiste für sein Buch quer durch's Land – auf der Suche nach spannenden Geschichten zu Land und Leuten. **Mexiko – Ein Länderporträt,** Jürgen Neubauer: Facettenreiche Einblicke in die Seele Mexikos anhand kurzer Storys, die einmal quer durch die Gesellschaft führen. **Kurzgefasster Bericht von der Verwüstung der Westindischen Länder,** Bartolomé de Las Casas: Originalbericht des spanischen Priesters aus Chiapas, der sich für die Rechte der Indígenas einsetzte. **Bittersüße Schokolade,** Laura Esquivel: Eine witzige und einfühlsame Geschichte rund um die mexikanische Küche. **Der Ruf des Roten Jaguar. Mythen, Märchen und Geschichten aus Mexiko,** Astrid Dinges: Das richtige Buch, um sich auf das Land und seine Besonderheiten einzustimmen. **Die fünf Sonnen Mexikos,** Carlos Fuentes: Mit einer Auswahl aus seinen Werken entwirft der große Dichter ein historisches Panorama seiner Heimat. **Das Labyrinth der Einsamkeit,** Octavio Paz: In diesem Buch gibt der mexikanische Literaturnobelpreisträger tiefe Einblicke in die Seele seines Volkes.

Reisen mit Handicap

Durch die oft holprigen Gassen in den Städten sind Rollstuhlfahrer auf Hilfe angewiesen. Barrierefrei sind dagegen viele Strandhotels. Dass auch Reisen mit Handicap möglich ist, erzählt Samira auf ihrem Blog www.chronisch-fabelhaft.de. Der Reiseveranstalter www.huckepack-reisen.de hat sich auf Urlaub für Behinderte spezialisiert, auch nach Mexiko.

Reiseplanung

Rundreisen: organisiert oder auf eigene Faust?

Es gibt unzählige Anbieter für geführte Rundtouren durch Yucatán und Chiapas. Allerdings ist es auch überhaupt kein Problem, das Land auf eigene Faust zu bereisen. Dank der zahlreichen Buchungs-

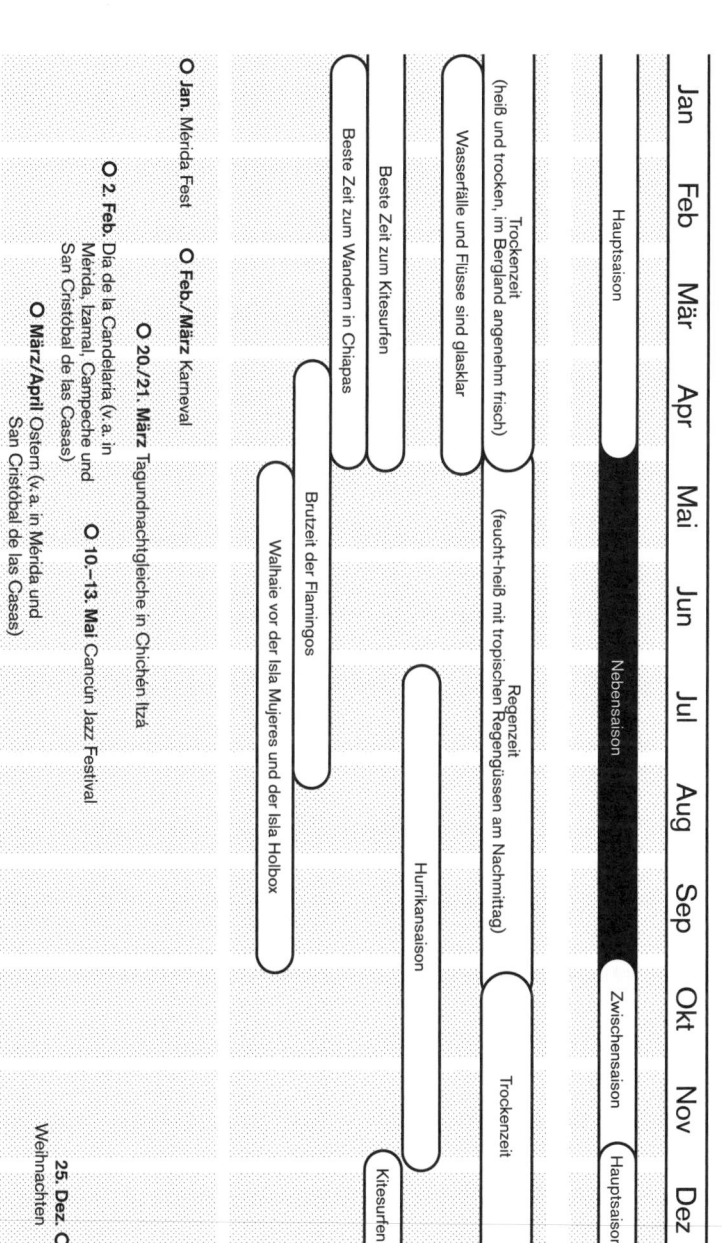

Jan	Feb	Mär	Apr	Mai	Jun	Jul	Aug	Sep	Okt	Nov	Dez

Hauptsaison

Nebensaison

Zwischensaison | Hauptsaison

Trockenzeit
(heiß und trocken, im Bergland angenehm frisch)

Regenzeit
(feucht-heiß mit tropischen Regengüssen am Nachmittag)

Trockenzeit

Wasserfälle und Flüsse sind glasklar

Beste Zeit zum Kitesurfen

Beste Zeit zum Wandern in Chiapas

Brutzeit der Flamingos

Walhaie vor der Isla Mujeres und der Isla Holbox

Hurrikansaison

Kitesurfen

O **Jan.** Mérida Fest

O **Feb./März** Karneval

O **2. Feb.** Día de la Candelaria (v. a. in Mérida, Izamal, Campeche und San Cristóbal de las Casas)

O **20./21. März** Tagundnachtgleiche in Chichén Itzá

O **10.–13. Mai** Cancún Jazz Festival

O **März/April** Ostern (v. a. in Mérida und San Cristóbal de las Casas)

25. Dez. O
Weihnachten

plattformen für Hotels, Bustickets und Mietwagen wird die Planung zum Kinderspiel. Mit einem Mietwagen ist man flexibel und sieht in überschaubarer Zeit sehr viel.

Stippvisite. Yucatán und Chiapas zum Kennenlernen

Die Sonnengarantie und die weißen Karibikstrände sind es, was die meisten Urlauber nach Yucatán zieht. Beliebte Strandorte sind Cancún und Playa del Carmen, Ruhe und Abgeschiedenheit finden Sie eher auf den Islas Cozumel und Holbox.

Das Flair der Kolonialzeit bieten Städte wie Mérida, Valladolid und Campeche, außerdem tolle Museen und Galerien. Besonders romantisch ist Izamal, wo sich die Kultur der Maya eindrucksvoll mit jener der Eroberer mischt. Apropos Maya: Von ihnen gibt es jede Menge Zeugnisse auf Yucatán. Neben der berühmten Stätte Chichén Itzá lohnen v. a. die abgelegenen Ruinen Uxmal und Cobá einen Besuch, denn sie sind nicht so überlaufen. Abenteuerlich wird es bei einem Trip in den Dschungel zur großen Maya-Stadt Calakmul, hier bekommen Sie auch Tukane und Affen zu Gesicht.

Wer Mexiko von seiner indigenen Seite kennenlernen will, muss ins Hochland von Chiapas fahren: nach San Cristóbal de las Casas und in die umliegenden Dörfer wie San Juan Chamula und Zinacantán.

Gibt es überlaufene Touristenhochburgen?

Cancún, Playa del Carmen und Tulum gehören zu den Lieblingszielen v. a. US-amerikanischer Touristen. Auch auf den Islas Cozumel und Mujeres ist das zu spüren. Authentischer ist es im Norden Yucatáns, hier besonders an der Golfküste mit dem Geheimtipp Campeche, und in Chiapas.

Rundreisevorschlag: Klassiker und Eskapaden

Drei Wochen sind eine ideale Zeitspanne, um ohne Stress möglichst viele Facetten von Yucatán und Chiapas kennenzulernen. Nach dem langen Flug nach Cancún bietet sich eine erste Nacht in der Ferienhochburg an. Am nächsten Tag geht es erst mal an den Strand der Isla Mujeres oder von Tulum, um den Jetlag zu verdauen. Dann ist es Zeit für einen Besuch in der wunderschön am Meer gelegenen Maya-Stadt Tulum. Am Nachmittag bietet sich eine Radtour ins Naturschutzgebiet Sian Ka'an an. Über Mahahual geht es zur Laguna Bacalar, ein perfekter Ort zum Relaxen für zwei bis drei Tage, denn dann steht die zweitägige abenteuerliche Fahrt über die Maya-Ruinen Becán und Calakmul Richtung Westküste an. Nach diesem Abstecher in die Einsamkeit und Natur ist es wieder Zeit für Kultur in der bunten Kolonialstadt Campeche. Auf den Spuren der Piraten erkunden Sie alte Bastionen und mischen sich zum Sonnenuntergang an der Uferpromenade unter die Einheimischen. Über die Ruta Puuc mit der umwerfenden Maya-Stadt Uxmal geht es Richtung Norden nach Mérida, der ehemaligen Kulturhauptstadt Amerikas. Nach diesem Programm haben Sie sich noch ein paar Tage Strand verdient, am besten auf der Isla Holbox. Auf dem Weg dorthin sollten Sie noch einen Stopp in der gelben Stadt Izamal einlegen.

PREISE

Die im Reiseteil des Buches angegebenen Preise beziehen sich auf ein Doppelzimmer mit Frühstück bzw. ein Hauptgericht oder Menü.

Schlafen
€ = bis 60 €
€€ = 60 bis 120 €
€€€ = ab 120 €

Essen
€ = bis 10 €
€€ = 10 bis 15 €
€€€ = ab 15 €

Viel Zeit? Dann erweitern Sie den Trip im Anschluss an Calakmul und drehen vor Campeche noch eine Runde durch Chiapas – hier sollten Palenque, San Cristóbal de las Casas und Villahermosa auf Ihrer To-do-Liste stehen.

Sicherheit und Notfälle

Auch wenn man immer wieder die wildesten Geschichten hört: Mit etwas Vorsicht ist Mexiko ein sicheres Reiseland, die Menschen sind hilfsbereit und freundlich. Nepper, Schlepper und Diebe gibt es überall, daher: nicht mehr als nötig mit sich führen, Portemonnaie unzugänglich aufbewahren, Handys nicht in die hintere Hosentasche stecken, keinen teuren Schmuck zur Schau tragen. Der Reisepass und die Touristenkarte sollten in der Unterkunft aufbewahrt werden, stattdessen kommt eine Kopie in den Tagesrucksack. Geld am Automaten holt man besser am Tag und in Begleitung.

Wer mit dem Mietwagen unterwegs ist, sollte tagsüber fahren, schon wegen der Schlaglöcher und der Geschwindigkeitsschwellen *(topes)*. Nachtfahrten in 1.-Klasse-Bussen sind dagegen kein Problem.

Der Drogenkrieg macht um Yucatán und Chiapas inzwischen keinen Bogen mehr, jedoch spielt sich die Gewalt unter den Drogenbanden oder zwischen ihnen und den staatlichen Sicherheitskräften ab. Touristen sind nicht das Ziel dieser Konflikte.

In abgelegenen Maya-Stätten leben giftige Schlangen – Wanderschuhe statt Flipflops sind eine gute Maßnahme.

Aktuelle Reise- und Sicherheitshinweise erhält man auf der Website des Auswärtigen Amtes: www.auswaertiges-amt.de.

Telefonieren

Gleich vorweg: Rufen Sie nicht über Ihre SIM-Karte von Mexiko zu Hause an, das wird teuer! Zum Glück gibt es WhatsApp

NOTRUFNUMMERN

Notruf: T 066, 911
Polizei: T 060
Touristen-Hotline: T 800 903 92, 078 (gebührenfrei, engl., sp.)
Touristenpolizei: T 061
Pannendienst: T 078
Notrufnummer Auswärtiges Amt: T +49 030 181 70
Kreditkartensperrung: T +49 116 116

& Co. und überall in Mexiko WLAN, sodass es kein Problem ist, mit daheim in Kontakt zu bleiben. Wer auch im Land günstig telefonieren und mobiles Internet nutzen möchte, sollte sich eine mexikanische SIM-Karte zulegen. Der beste Anbieter ist Telcel. Filialen gibt es überall und die Mitarbeiter aktivieren die SIM-Karte gleich vor Ort. Falls die Karte mit dem deutschen Handy nicht funktionieren sollte, gibt es in Mexiko günstige Geräte zu kaufen. Aufladen kann man die Karten in fast allen Supermärkten, Oxxo-Shops und sogar in Apotheken.

Trinkgeld

Propina wird gern genommen. Im Restaurant gibt man meist 10 % und lässt die Summe auf dem Tisch zurück. Auch Zimmermädchen, Tankwarte und Kofferträger freuen sich über ein paar Münzen.

Übernachten

Hinsichtlich Preis und Qualität ist die Auswahl groß. Das Angebot reicht von einfachen Hostels für 10 US-$ über nette Boutiquehotels und Ecolodges zwischen 60 und 100 US-$ bis zur Luxusherberge zu 250 US-$ und mehr – jeweils pro Person und Nacht. Am teuersten ist Cancún auf Yucatán, am preiswertesten San Cristóbal de las Casas in Chiapas.

Hotels und Cabañas

Am schönsten sind die kleinen Strandhotels, oft im Boutique-Chic und von Auswanderern geführt. Der Service und die Atmosphäre sind persönlicher, die Pools dafür kleiner als in den großen Kettenhotels. In Tulum am Strand, in Playa del Carmen und auf den Inseln gibt es jede Menge davon. Viele bieten auch Cabañas an, schicke Hütten, manchmal mit Palmblattdach und häufig mit eigener Terrasse.

In Kolonialstädten wie Mérida, Campeche oder Izamal ist eine Übernachtung in einem historischen Stadthotel eine gute Option – mit viel Liebe zum Detail renoviert, versprühen sie das passende Flair.

Haciendas

Ganz besondere Nächte verbringt man auf einer Hacienda. Vor allem rund um Mérida wurden einige der alten Herrschaftshäuser auf ehemaligen Sisalplantagen in schicke Hotels verwandelt – ein Luxus, der seinen Preis hat. Viele haben Wellnessangebote in ihr Programm aufgenommen. Einige der schönsten Haciendas sind zu finden unter www.haciendamexico.com.

Ferienwohnungen und - häuser

Den Locals ganz nah kommt man bei einer Buchung über Airbnb. Die Ferienwohnungen oder -häuser in Privatbesitz tragen oft die persönliche Note ihrer Eigentümer, das Mittendrin-Gefühl ist deutlich stärker als in einem Hotel.

Hostels

In jeder größeren Stadt gibt es Hostels, die meist günstiger sind als Hotels.

Camping

Zelten und Caravaning ist in Mexiko nicht verbreitet und es gibt nur wenige Campingplätze. Wild zelten sollte man sich aus Sicherheitsgründen lieber verkneifen.

Umgangsformen

Mexikaner legen großen Wert auf gepflegte Umgangsformen und eine gewisse Förmlichkeit, sowohl in der Sprache als auch im Auftreten. Touristen, die lautstark und in Strandbekleidung durch die Straßen flanieren, dürfen weder Verständnis noch Hilfsbereitschaft erwarten. Beim Betreten von Kirchen ist dezente Kleidung unverzichtbar, will man nicht am Zutritt gehindert werden.

Höflichkeit ist einer der wichtigsten Schlüssel zur Seele des Mexikaners. Aus Rücksicht auf den sehr ausgeprägten Nationalstolz sollte man sich mit Kritik an Land und Leuten zurückhalten. Hilfreich ist es, sich als Deutscher, Österreicher oder Schweizer zu erkennen zu geben, wird doch jeder ›Gringo‹ zunächst einmal als Besucher aus dem wenig geliebten USA angesehen.

Verkehrsmittel im Land

Flüge

Alle nationalen Flüge von den Städten auf Yucatán oder in Chiapas gehen immer über Mexiko-Stadt oder Monterrey, bringen also keine Zeitersparnis gegenüber Langstreckenbussen. Aerosaab (www.aerosaab.com) bietet teure private Charterflüge von Cancún, Playa del Carmen und Cozumel zur Isla Holbox und nach Palenque.

Busse

Mexikos Busnetz ist super ausgebaut. Die Busse sind pünktlich und reichen von preiswert bis komfortabel. Luxusbusse (*lujo, ejecutivo*) verfügen über Klimaanlagen (oft sehr kalt), bequeme Schlafsitze, Getränkeversorgung, Toilette und Videoanlage. Sie verkehren allerdings nur auf den Langstrecken. Fast den gleichen Standard bieten die Busse der 1. Klasse (*primera clase,* 1 a), Getränke gibt es hier allerdings nicht. Die Busse 2. Klasse (*secunda clase,* 2 a) werden vornehmlich im Lokalverkehr eingesetzt,

BUSTICKETS

B

Auf den Websites von www.click bus.com.mx und www.ado.com.mx (auch als App) kann man Fahrpläne einsehen und Tickets mit dem gewünschten Sitzplatz buchen. Infos zu den Fahrzeiten hält www.busbud. com (auch als App) bereit.

wobei die Qualität der Fahrzeuge erheblich schwankt. Während sie auf den Hauptrouten, etwa der Strecke Palenque–San Cristóbal de las Casas, durchaus akzeptabel ist, darf man bei Ausflügen in abgelegene Dörfer keinen Luxus erwarten – hier muss man seinen Sitz oft mit anderen teilen, unter den Bänken findet das Gepäck oder auch das beförderte Getier Platz. Zwischen Cancún und den Badeorten entlang der Küste werden auch Minibusse eingesetzt.

Taxis und Colectivos

Taxis sind außer in Cancún und Mérida relativ preiswert. Nur in Cancún verlangt die Taxifahrerlobby für die Strecke zwischen Flughafen und Hotelzone horrende Preise, die nicht verhandelbar sind. Ansonsten gelten innerhalb eines Ortes feste, entfernungsabhängige Tarife. Einen Zähler haben die Taxis nicht. Am besten erkundigt man sich im Hotel nach den üblichen Preisen. Eine günstigere Alternative zu den normalen Taxis ist Uber, für dessen Benutzung man jedoch die App herunterladen muss. Der Fahrservice wird in Cancún, Campeche und Mérida angeboten. Am preiswertesten fährt man mit Sammeltaxis *(colectivos),* die auf festgelegten Strecken verkehren. Allerdings muss man mehr Zeit einplanen, da die Autos erst starten, wenn sie voll belegt sind.

Mietwagen

Über www.billiger-mietwagen.de kann man in vielen Orten einen Mietwagen buchen (ab 30 US-$/Tag). Das Fahren auf Yucatán und in Chiapas ist angenehm, außerhalb der Städte ist nicht viel los. Um eine Strecke nicht doppelt fahren zu müssen, können unterschiedliche Orte für die Abholung und Rückgabe gewählt werden. Dadurch entsteht jedoch eine zusätzliche Gebühr, die deutlich über der eines Bustickets für diese Strecke liegt.

Eine Vollkaskoversicherung macht Sinn, denn bei einem Unfall können alle Beteiligten unter Arrest gestellt werden, bis die Versicherungsfrage geklärt ist. Das Mindestalter für den Fahrer beträgt je nach Verleihfirma 21 oder 25 Jahre. Man benötigt eine Kreditkarte, einen Reisepass und einen Führerschein (national oder international).

Der Umwelt zuliebe

Einen Beitrag zum Umweltschutz leistet man u. a., indem man auf Plastiktüten verzichtet, seine Handtücher im Hotel nicht jeden Tag wechseln lässt, die Klimaanlage zwischendrin mal abschaltet und beim Duschen an die Wasserknappheit vor Ort denkt. Die Einheimischen werden unterstützt, indem man kleine familiengeführte Unterkünfte und Restaurants bevorzugt. Souvenirs sollte man bei lokalen Kunsthandwerkern kaufen, die verarbeiten meist Ressourcen ihrer direkten Umgebung und unterstützen mit den Einnahmen ihre Familien.

www.naturamerica-reisen.de Der Veranstalter achtet auf einen sanften Tourismus. **www.forumandersreisen.de** Die Reiseveranstalter bieten ungewöhnliche Reisen weltweit. Nachhaltigkeit wird durch einen Kriterienkatalog gewährleistet. **www.fairunterwegs.org** ›Fair Reisen‹ anstatt nur verreisen, dafür wirbt der Arbeitskreis für Tourismus und Entwicklung. **www.tourism-watch.de** Vierteljährlicher Newsletter mit Infos zum Tourismus weltweit und Themenseiten zu Kultur, Religion und Menschenrechten im Tourismus.

Sprachführer Spanisch

AUSSPRACHE

c vor a, o, u wie k: casa,
c vor e und i wie engl. th: cena
ch wie tsch: chico
g vor a, o, u wie deutsches g: gusto
g vor e und i wie deutsches ch: genial
j wie deutsches ch: jefe
ll wie deutsches j: llamo
ñ wie gn bei Champagner: niña
qu wie k: porque
y am Wortende wie i: hay;
sonst wie deutsches j: yo
z wie engl. th: azúcar

Allgemeines

guten Morgen/Tag	buenos días
guten Tag (nachmittags)	buenas tardes
guten Abend/ gute Nacht	buenas noches
auf Wiedersehen	adiós
bis bald	hasta luego
Entschuldigung	disculpe, perdón
hallo, grüß dich/Sie	hola, ¿qué tal?
bitte	por favor
danke	gracias
ja/nein	sí/no
Wie bitte?	¿Perdón?

Unterwegs

Bahnhof	estación
Flughafen	aeropuerto
Bus	autobús
Auto	coche
Haltestelle	parada
Parkplatz	aparcamiento
Fahrkarte	billete
Tankstelle	gasolinera
Eingang	entrada
Ausgang/-fahrt	salida

A

rechts	a la derecha
links	a la izquierda
geradeaus	todo recto
hier/dort	aquí/allí
Auskunft	información
Stadtplan	mapa de la ciudad
Postamt	correos
geöffnet	abierto/-a
geschlossen	cerrado/-a
Kirche	iglesia
Museum	museo
Brücke	puente
Straße/Platz	calle/plaza

Übernachten

Doppelzimmer	habitación doble
Einzelzimmer	habitación individual
... mit Dusche/Bad/ Balkon	... con ducha/baño/ balcón
Toilette	servicio
mit Frühstück	con desayuno
Halbpension/ Vollpension	media pensión/ pensión completa
Gepäck	equipaje

Einkaufen

kaufen	comprar
Geschäft	tienda
Markt	mercado
Geld	dinero
Geldautomat	cajero automático
bar	en efectivo
Kreditkarte	tarjeta de crédito
Lebensmittel	comida
teuer/billig	caro/barato
wie viel	¿cuánto?
bezahlen	pagar

Notfall

Apotheke	farmacia
Arzt	médico

Zahnarzt	dentista	Donnerstag	jueves
Hilfe!	¡Socorro!	Freitag	viernes
Unfall	accidente	Samstag	sábado
Krankenhaus	hospital, clínica	Sonntag	domingo
Polizei	policía		
Schmerzen	dolores		
Notfall	emergencia		

Zeit

Stunde	hora
Tag	día
Woche	semana
Monat	mes
Jahr	año
heute	hoy
gestern	ayer
morgen	mañana
morgens	por la mañana
mittags	al mediodía
nachmittags	por la tarde
Montag	lunes
Dienstag	martes
Mittwoch	miércoles

Zahlen

1	uno	18	dieciocho
2	dos	19	diecinueve
3	tres	20	veinte
4	cuatro	21	veintiuno
5	cinco	30	treinta
6	seis	40	cuarenta
7	siete	50	cincuenta
8	ocho	60	sesenta
9	nueve	70	setenta
10	diez	80	ochenta
11	once	90	noventa
12	doce	100	cien
13	trece	101	ciento uno
14	catorce	150	ciento-
15	quince		cincuenta
16	dieciséis	200	doscientos
17	diecisiete	1000	mil

WICHTIGE SÄTZE

Allgemeines

Ich spreche kein Spanisch.	No hablo español.
Sprechen Sie Deutsch, Englisch?	¿Habla alemán, inglés?
Ich verstehe nicht.	No entiendo.
Ich heiße …	Me llamo …
Wie heißt du/ heißen Sie?	¿Cómo te llamas/se llama?
Wie geht's?	¿Qué tal? ¿Cómo estás?
Danke, gut.	Muy bien, gracias.

Unterwegs

Wo ist …?	¿Dónde está …?
Wie komme ich nach …?	¿Por dónde se va a …?
Wann kommt …?	¿Cuándo llega …?

Notfall

Können Sie mir bitte helfen?	¿Me podría ayudar, por favor?

Ich brauche einen Arzt.	Necesito un médico.
Mir tut es hier weh.	Me duele aquí.

Übernachten

Haben Sie ein Zimmer frei?	¿Tiene una habitación libre?
Ich habe ein Zimmer bestellt.	He reservado una habitación.

Einkaufen

Was kostet …?	¿Cuánto cuesta…?
Wann öffnet/ schließt …?	¿Cuándo abre/ cierra …?

Im Restaurant

Die Speisekarte, bitte.	La carta, por favor.
Was empfehlen Sie?	¿Qué recomienda?
Die Rechnung, bitte.	La cuenta, por favor.

Kulinarisches Lexikon

Allgemeines

azúcar	Zucker
comida vege-tariana	vegetarische Kost
desayuno	Frühstück
entrada	Vorspeisen
guarnición	Beilagen
pimienta	Pfeffer
plato del día	Tagesgericht
plato principal	Hauptgericht
postre	Nachspeise
sacarina	Süßstoff
sal	Salz
sopa	Suppe

Zubereitung/Spezialitäten

ahumado/-a	geräuchert
al ajillo	in Knoblauchsoße
a la plancha	gegrillt
a la tampiqueña	Fleisch mit Gemüsebeilagen, Reis, Tortilla und Guacamole
asado/-a	gebraten/gegrillt
brocheta	Spieß
cochinita pibil	im Bananenblatt gegartes Schweinefleisch mit Achiote-Sauce
crudo/-a	roh
empanado/-a	paniert
frito/-a	frittiert
gambas al ajillo	Krevetten in Knoblauchöl
guisado/-a	geschmort
hervido/-a	gekocht
plátanos fritos	frittierte Bananen

Snacks und Suppen

bocadillo	belegtes Brötchen
burritos	gerollte Weizen-tortillas mit Füllung
caldo de pollo	Hühnersuppe
empanadas	gefüllte Teigtaschen (Fleisch oder Gemüse)
enchiladas	Tortillas in Sauce mit Füllung
huevos fritos	Spiegeleier
huevos rancheros	Spiegelei auf Tortilla mit Tomatensauce
huevos revueltos	Rührei
jamon	gekochter Schinken
panecillo	Brötchen
pan (tostado)	(getoastetes) Brot
quesadillas	Weizentortillas, mit Käse gefüllt und gegrillt
queso	Käse
sopa de lima	Suppe mit Huhn, Tortillastreifen und Limonensaft
tacos	gefaltete Maistortillas mit Füllung
tortilla	dünne Mais- oder Weizenmehlfladen
tostadas	belegte Maistortillas

Fisch und Meeresfrüchte

almeja	Muschel
atún	Thunfisch
camarón	Garnele
cangrejo	Krebs
cevice	roher, in Limonensaft marinierter Fisch
langosta	Languste
mariscos	Meeresfrüchte

Fisch und Geflügel

aves	Geflügel
cabrito/chivo	Zicklein

carne en salsa	Fleischstücke in Soße
cerdo	Schweinefleisch
chuleta	Schweinekotelett
conejo	Kaninchen
cordero	Lamm
escalope	Schnitzel
milanesa	paniertes Rinderschnitzel
pato	Ente
pavo	Truthahn
pechuga de pollo	Hähnchenbrust
picadillo	Hackfleisch
pollo	Hühnchen
rés	Rind
salchicha	Würstchen

Gemüse und Beilagen

aceituna	Olive
achiote	Annattobaum-Samen
aguacuate	Avocado
ajo	Knoblauch
alcachofa	Artischocke
arroz blanco	weißer Reis
berenjena	Aubergine
calabaza	Kürbis
cebolla	Zwiebel
ensalada	Salat
espinaca	Spinat
fideo	Nudel
frijol negro	schwarze Bohne
guacamole	Avocado-Dip
guisante	Erbse
judía verde	grüne Bohne
lechuga	grüner Blattsalat
lenteja	Linse
papa	Kartoffel
papas fritas	Pommes frites
pepino	Gurke
pimiento	Paprikaschote
puré de papas	Kartoffelbrei
remolacha	rote Bete
verdura	Gemüse
zanahoria	Möhre

Nachspeisen

arroz con leche	Milchreis mit Zimt und Zucker
cake	Torte
flan	Eierpudding
galleta	Keks
helado	Eiscreme
natillas	Cremespeise
pastel	Kuchen

Obst

cereza	Kirsche
coco	Kokosnuss
fresa	Erdbeere
guayaba	Guave
limón	Limone
manzana	Apfel
melón	(Honig-)Melone
naranja	Apfelsine
piña	Ananas
plátano	Banane
tamarindo	Tamarindenschote
toronja	Grapefruit
uva	Weintraube

Getränke

agua (con/sin gas)	Wasser (mit/ohne Kohlensäure)
agua mineral	Mineralwasser
batido	Milchshake
café	Kaffee
café con leche	heller Milchkaffee
cerveza	Bier
champán	Sekt
chocolate	Schokolade
gaseosa	Limonade
hielo	Eis
jerez	Sherry
jugo	Saft
leche	Milch
margarita	Longdrink aus Tequila, Orangenlikör und Limettensaft
rón	Rum
té	Tee
tequila	aus Agaven gewonnener Schnaps
vino blanco	Weißwein
vino rosado	Roséwein
vino tinto	Rotwein

Das

Die Isla Holbox kann nicht nur Natur, sondern auch Kultur: Auf Schritt und Tritt begegnet man Wandmalereien, mittlerweile eines der Aushängeschilder der Insel.

Magazin

Besuch aus dem Jenseits

Während viele, vor allem zentraleuropäische Gesellschaften ihre Not mit dem Sterben haben, gehen die Mexikaner damit eher lässig um. Mancherorts werden am Tag der Toten sogar Menschenknochen zur Schau gestellt.

Genüsslich beißt ein Kind — in einen Totenkopf aus Zucker, Skelette zieren Schaufenster, als Tote maskierte Menschen laufen durch die Straßen. Was für Europäer befremdlich wirkt, ist in Mexiko völlig normal, zumindest am Tag der Toten.

Jedes Jahr Anfang November wird diese Form des Totenkults besonders offensichtlich. Aber auch sonst zieht er sich wie ein roter Faden durch das Leben der Mexikaner und erklärt viele Phänomene der mexikanischen Seele.

Opferriten

Seinen Ursprung hat der Totenkult in der Glaubenswelt der präkolumbischen Völker, die auf der Dualität von Leben und Tod basiert. Archäologische Funde belegen, dass bereits die Olmeken Figuren aus Ton brannten, die zu einer Hälfte eine lebende Person, zur anderen ein Skelett darstellten. Aber nicht nur die Menschen waren dem Tod geweiht, auch die kosmischen Zeitalter unterlagen seiner unerbittlichen Gesetzmäßigkeit. Und mit ihnen die Götter, die sich opferten, um einen neuen Weltzyklus in Gang zu setzen. Damit dieser möglichst lange auf sich warten ließ, war es nach Vorstellung der präkolumbischen Völker notwendig, die Sonne als Sinnbild des Lebens vor dem Untergang zu bewahren – ein probates Mittel hierfür waren Blutopfer, mehr oder weniger die Stellvertreter für das Opfer der Götter. Bis zum Exzess betrieben v. a. die Azteken diesen Kult. Sie fochten sogar die sogenannten ›Blumenkriege‹ (Xochiyao-iotl) aus, die allein dazu dienten, Gefangene für das Blutopfer zu machen. So war der Tod auf dem Altar durch das Obsidianmesser des Priesters für die Betroffenen keine Strafe, sondern ein verdienstvoller Beitrag, für den sie mit dem Eingang ins Paradies Tlalocan belohnt wurden.

Zwischen Leben und Tod

Die zweite Säule des mexikanischen Totenkults wurzelt in der tiefen Religiosität der spanischen Eroberer. Wie bei den Azteken oder Maya waren auch im frühen Christentum Leben und Tod viel enger miteinander verflochten als in der säkularisierten Welt unserer Tage. Man denke nur an die Darstellungen des Totentanzes von Hans Holbein d. J. (1497/98–1543) oder an die zahlreichen Memento-mori-Darstellungen mit Totenkopf und Stundenuhr. Ganz allmählich verschmolzen christlicher Glaube und vorspanisches Gedankengut zu dem für Mexiko charakteristischen Ahnenkult.

Zeit mit den Verstorbenen

Am Día de los Muertos (›Tag der Toten‹), der am Vorabend von Allerheiligen beginnt und bis in die Nacht von Allerseelen am 2. November andauert, bewirteten die Lebenden die Verstorbenen – eine Tradition, die bis in unsere Tage wichtiger Bestandteil der mexikanischen Totenverehrung ist.

Im Mittelpunkt dieses Ahnenkults steht die *ofrenda* (›Opfergabe‹), die als eine Mischung aus religiöser Zeremonie und weltlichem Familienfest zelebriert wird. Der Día de los Muertos ist also kein trüber Gedenktag, sondern Anlass zur Freude über das Zusammensein mit den verstorbenen Verwandten. Der Altar wird an dem Tag reich gedeckt, mit speziellem Totenbrot, Geflügel und *mole,* einer Chili-Schokoladensauce. Totenköpfe und Skelette aus Zuckerguss oder Marzipan dienen als Dekoration. Auch den Gräbern widmen die Angehörigen an diesem Tag ihre Aufmerksamkeit. Sie werden gesäubert und mit Blumen geschmückt und sind Platz des traurigen Abschieds am Tag nach der *ofrenda,* wenn die Toten wieder ins Jenseits zurückkehren müssen. Der Ritus knüpft ein Band zwischen dem Diesseits und dem Jenseits und lässt somit die Lebenden gelassener in die Zukunft blicken, bedeutet doch der Tod nicht den endgültigen Abschied vom Leben. ∎

COCO – LEBENDIGER ALS DAS LEBEN! **C**

Als der Film »Coco« 2017 in die Kinos kam, verblüffte er die Welt mit seiner Story: Der musikbegeisterte mexikanische Junge Miguel reist in die Welt der Toten und lüftet ein lange gehütetes Geheimnis seiner Familie. Um die Stimmung am Día de los Muertos richtig wiederzugeben, suchte das Filmteam lange nach einer Vorlage. In San Martín Ticajlete wurden sie fündig, und zwar beim Künstlerehepaar Jacobo und María Ángeles: Ihr Haus war geschmückt mit bunten Scherenschnittbildern *(papel picado)* und Fantasiefiguren *(alebrijes),* auf dem Herd brodelte eine Schokosauce und im Patio tobte ein Mexikanischer Nackthund. Der stand Pate für den Filmvierbeiner Dante, und Maestro Jacobo, der immer ein weißes Hemd trägt, wurde zum imaginären Vater des kleinen Miguel. Selbst die Köchin der Künstler findet sich in dem Film wieder: als Miguels *abuelita.* Die Coproduktion von Pixar und Disney gewann 2018 gleich zweimal die Auszeichnung als bester Animationsfilm – bei den Oscars und beim Golden Globe – und ist ein wunderbarer Einstieg für eine Mexikoreise!

Das grüne Gold Yucatáns

Auf der Fahrt durch Nordyucatán — sieht man immer mal wieder Felder mit spitzblättrigen Henequén-Agaven. Vom Ende des 19. bis zum Anfang des 20. Jh. waren sie das wichtigste Wirtschaftsgut Mexikos und machten ihre Produzenten reich.

Der Boom der aus diesen Pflanzen gewonnenen Sisalfasern hat bis heute unübersehbare Zeichen hinterlassen. Stadtbilder wie Mérida, Campeche oder Valladolid wären ohne den damals erwirtschafteten Wohlstand nicht denkbar.

Vom Pulque zum Tequila

Agaven, die fast überall in Mexiko wachsen, wurden bereits von den präkolumbischen Völkern genutzt. Weniger allerdings wegen ihrer Fasern als des daraus gewonnenen Pulque, ein bierartiges Getränk, das durch Vergärung entsteht. Mit den Spaniern kam dann die Kunst des Destillierens ins Land, wodurch sich aus den Agaven auch hochprozentiger Alkohol gewinnen ließ, der Mezcal. Eine Variante davon ist der über die Grenzen des Landes hinaus bekannte Tequila, der allerdings nur diesen Namen tragen darf, wenn er in den Bundesstaaten Jalisco oder Guadalajara produziert wurde.

Fasern statt Schnaps

Die steigende Nachfrage nach der Henequén-Agave *(Agave fourcroydes)* kann als Ergebnis früher Globalisierung gesehen werden. Durch die Ausweitung des Seeverkehrs Mitte des 19. Jh. nahm der Welthandel rasant zu und damit auch der Bedarf an Tauwerk und Verpackungsmaterial. Abhilfe schaffte Sisal, schlicht ein anderer Name für Henequén, obwohl die Bezeichnung streng genommen der botanische Oberbegriff für Faserpflanzen ist, zu denen auch der Hanf gehört.

Das Wort *henequén* entstammt der Sprache der Indígenas von Haiti, dem Ursprungsland der Agave. Bei den Maya hieß die Pflanze *tsootquij,* woraus die Spanier *sosquil* machten, das wiederum zu *sisal* verballhornt wurde. Die Henequén-Agave wird etwa 2 m hoch und besitzt bis zu 150 rosettenförmig angeordnete, fleischige und lanzenförmige Blätter, von denen jährlich jeweils nur etwa 15 geerntet werden können. Aus ihnen gewinnt man die Fasern.

Hacenderos und Peones

Da Sisal bis zur Reife etwa sechs Jahre benötigt, erfordert der Anbau der Agaven einen erheblichen Aufwand an Fläche und Kapitaleinsatz und eignet sich nur für den plantagenmäßigen Anbau. Zunächst begnügte man sich auf der Halbinsel Yucatán noch mit der Produktion der Rohware, ging dann aber zur Herstellung der Endprodukte über, insbesondere von Seilen.

Anbau und Produktion waren in Form der Hacienda organisiert. Durch die Orientierung am Weltmarkt einerseits und überkommene patriarchalische Strukturen andererseits stellte sie eine Verschmelzung von kolonialer Tradition und modernem Wirtschaftsbetrieb dar. An der Spitze der Hierarchie stand der *hacendero,* der Eigentümer, meist vertreten durch den Verwalter, den *jefe.* Am anderen Ende befanden sich die Arbeiter, die *peones,* die in einer Art Schuldknechtschaft lebten – sie mussten die Waren für ihre Verpflegung zu überhöhten Preisen aus dem Laden der Hacienda beziehen. Der Eigentümer wohnte in der herrschaftlichen Casa Principal, der Verwalter in der weniger feudalen Casa del Majordomo. Die Produktion erfolgte in der Casa de Maquinas, und für das Seelenheil verantwortlich war die *capilla,* die Kirche.

Es geht bergab

So schnell wie der Wirtschaftszweig anwuchs, so schnell ging es wieder bergab mit ihm. Als die Segelschiffe Anfang des 20. Jh. aufhörten zu existieren, sank die Nachfrage nach Sisalfasern, die damals v. a. zur Herstellung von Tauwerk dienten. Überdies gab es genügend Ersatzprodukte, insbesondere den höherwertigen Hanf, sowie neue Produktionsstätten v. a. in Südasien. Die meisten Haciendas auf Yucatán sind heute verfallen. Einige aber können besichtigt werden, andere wurden in Luxushotels verwandelt (s. S. 126). ∎

Der Boom ist schon lange vorbei, doch noch immer spezialisieren sich Bauern auf den Anbau von Henequén-Agaven, aus denen man u. a. Seile herstellt – und hochprozentige Schnäpse wie Mezcal oder Tequila.

Schatzgräber, Abenteurer Archäologen

Kunst ist Kommerz — alte Kunst allemal. Reiche Sammler, aber auch so manches Museum stellt keine Fragen nach der Herkunft begehrter antiker Stücke. So liefern sich Grabräuber und Archäologen einen dauernden Kampf.

Archäologie in Lateinamerika ist eine verhältnismäßig junge Wissenschaft. Die spanischen Eroberer hatten wenig Interesse an alten Kulturen. Ihnen war an Gold und Sklaven gelegen. Immaterielle Schätze wie Handschriften, Tempel oder Malereien nahmen sie zwar wahr, werteten sie in ihrer fundamentalistischen Verblendung aber allenfalls als Kuriositäten oder zerstörten sie als Machenschaften des Teufels. Glücklicherweise lagen viele der Tempelanlagen, zu denen heute die Touristen strömen, schon damals verborgen im Urwald. Beim Eintreffen der Spanier in Yucatán war die maya-toltekische Zivilisation bereits in Auflösung begriffen, die Stätten aus der Glanzzeit der Maya waren versunken und gaben ihre Geheimnisse erst viel später und ganz allmählich frei.

Abenteuer Palenque

Wie keine andere Ruinenstadt hat Palenque die Europäer in ihren Bann gezogen und zahlreiche Abenteurer, Amateurarchäologen sowie ernsthafte Wissenschaftler angelockt. Als erster Europäer betrat im Jahr 1773 der Dominikanerpater Ramón de Ordóñez y Aguiar die kurz zuvor von Indígenas entdeckten Ruinen. Der Konquistador Hernán Cortés war auf seinem Marsch von Mexiko nach Guatemala 250 Jahre zuvor daran vorbeigezogen – in kaum 50 km Entfernung, wie hinterher festgestellt wurde. Die beeindruckenden Gebäude, davon war der Geistliche überzeugt, konnten nur von fremden Völkern in grauer Vorzeit erbaut worden sein.

Die Neuigkeiten über Palenque, das seinen Namen nach dem bereits bestehenden Dorf erhielt, veranlassten 1786 den Gouverneur von Guatemala – in dessen Zuständigkeitsbereich die Ruinen damals lagen –, Kapitän Don Antonio del Río zur Erkundung auszuschicken. Dieser begnügte sich nicht mit einem romantischen Blick auf die überwucherten Gebäudereste, sondern ließ ein Heer indianischer Hilfskräfte die Bauten in militärischem Großeinsatz mit Feuer, Äxten und Macheten freilegen. So schaffte er in Wochen, wofür man heute Jahre benötigt, vernichtete aber auch unwiederbringliche Plastiken und Stuckdekorationen.

Amateur mit Abenteuerlust

Aus den Aufzeichnungen des Militärs war 1822 die erste Publikation hervorgegangen, wobei diesmal die Ägypter als potenzielle Baumeister in Erwägung gezogen wurden. Zwischenzeitlich hatte der pensionierte mexikanische Offizier Guillaume Dupaix Palenque aufgesucht und Zeichnungen anfertigen lassen, die wie die Notizen von Don Antonio del Río zunächst in den Archiven von Guatemala verstaubten, ehe sie auf verschlungenen Pfaden den Weg nach Europa fanden.

Die allmählich durchsickernden Berichte beflügelten auch Frédéric de Waldeck, einen französischen Abenteurer, der Münchhausen alle Ehre machte. Im Alter von 65 Jahren wagte er sich in den Urwald Mexikos. Sein Quartier schlug der unternehmungslustige Amateurarchäologe auf der Spitze des heute nach ihm benannten Tempels des Grafen auf. Wer zu den kleinen Kammern hinaufsteigt, kann nur Bewunderung für den zähen Exzentriker aufbringen, obwohl seine Forschungen aus wissenschaftlicher Sicht wertlos waren.

Ins Licht der Öffentlichkeit

Das Ergebnis des Aufenthalts von Frédéric de Waldeck waren die fantasievollen Zeichnungen in dem 1838 erschienenen Monumentalwerk »Voyage pittoresque et archéologique«. Immerhin veranlasste dies kurz darauf den Amerikaner John Lloyd Stephens und den Engländer Frederick Catherwood, die Geheimnisse der Maya zu erforschen und sich damit als die ersten wahren Amerikanisten in das Buch der Archäologie einzutragen – obwohl auch sie nur Amateure waren. Es war vor allem der genialen Zeichenkunst von Catherwood zu verdanken, dass die Maya fast über Nacht ins Licht der Öffentlichkeit traten, allerdings dort auch verklärt wurden. Gut verständlich, denn noch heute geht von den Bildern ein unvergleichlicher Zauber aus. Über 40 Ruinenstätten haben die beiden Forscher in mühevoller Arbeit dokumentiert. Noch umfangreicher waren die Arbeiten des nach Mexiko ausgewanderten Österreichers Teobert Maler (1842–1917), der über 100 Ruinen in Yucatán zeichnete und fotografierte.

Neue Entdeckungen

Die Unzugänglichkeit weiter Gebiete des Petén-Dschungels führt bis in unsere Tage zu neuen aufregenden Entdeckungen. Durch Zufall stieß der Biologe Cyrus L. Lundell 1931 auf ein riesiges Ruinenfeld an der Grenze von Mexiko und Guatemala, das er Calak Mul (›zwei benachbarte Pyramiden‹) nannte. Heute liegen sie im größten Naturschutzgebiet des Landes und stehen auf der Liste des UNESCO-Welterbes.

Häufiger noch als die Archäologen den Spaten ansetzen können, haben Grabräuber die Stätten entdeckt und geplündert. In Dos Pilas wurde 1998 eine reliefgeschmückte Treppe abtransportiert, bei dem 1990 entdeckten Fries von Balamkú kamen die Wissenschaftler glücklicherweise den Räubern zuvor. Dass noch immer aufsehenerregende Funde möglich sind, zeigt die Entdeckung eines Wandgemäldes in einer Pyramide in Guatemala. Es ist auf das Jahr 100 n. Chr. datiert. ■

AUSGRABUNGSSTÄTTEN **A**

Die Ruinenstätten sind im Allgemeinen von 8–17 Uhr geöffnet. Bei einigen wie etwa in Chichén Itzá, Tulum und Uxmal gibt es zusätzlich eine abendliche Licht- und Tonschau. Die wichtigsten Ausgrabungsstätten kann man über Google Street View auch virtuell besuchen.

Frederick Catherwood war ein Abenteurer, ein Amateurarchäologe – und ein begnadeter Zeichner. Ihm ist die Vorlage
dieser Lithografie zu verdanken. Sie zeigt die Wasserstelle
von Bolonchén südlich von Uxmal, zu der man während
der Trockenperiode nur über eine Treppe aus Rundhölzern
gelangte.

Ich bin hiergeblieben

Rundum zufrieden — ist Anette, sie kann sich kein anderes Leben vorstellen. Mit 20 Jahren kam die Deutsche in den mexikanischen Bundesstaat Chiapas, und blieb. Interview mit einer Auswanderin, die es geschafft hat.

Braungebrannt und im bauchfreien Sommerlook steht Anette hinter ihrem schick arrangierten Verkaufsstand. Auf einem cappuccinofarbenen Samttuch hat sie Ketten, Armbänder und Ohrringe ausgebreitet, alles aus ihrer eigenen Werkstatt. Mit dem Schmuckverkauf bestreitet sie den Lebensunterhalt für sich und ihre Tochter. Und das funktioniert gut.

Anette, viele Menschen träumen vom Auswandern. Wusstest du gleich bei deinem ersten Besuch in Mexiko, dass du bleiben wirst?

Nein, das hat sich nach und nach ergeben. Nach meiner ersten Reise bin ich zurückgekehrt und habe in Taxco (Guerrero) eine Ausbildung zur Silberschmiedin gemacht. Das hat ein Jahr gedauert. Danach bin ich weiter herumgereist und habe mal hier, mal da gewohnt. Inzwischen lebe ich seit 25 Jahren in Mexiko.

Wieso bist du in Mexiko geblieben?

Ich habe mich verliebt: in die Leute, in die Kultur, in die Natur und natürlich auch in das Essen. Mexiko war einfach zu meiner neuen Heimat geworden.

Herumreisen ist toll, doch irgendwann sehnt man sich doch nach einem Zuhause. Hattest du irgendwann eine feste Lebensstation?

Ich habe fast acht Jahre in Chiapas gelebt, zuerst in San Cristóbal de las Casas. Doch ich habe mehr Ruhe gesucht und bin in ein Örtchen namens Tzajalá gezogen. Das liegt in der absoluten Pampa von Chiapas, hinter Ocosingo, etwa 1,5 Stunden per Bus von San Cristóbal entfernt. Es gab dort nur ein paar Häuser an einem Fluss, das war sehr schön. Dort habe ich mit ein paar Mexikanern zusammengewohnt, die nicht aus der Gegend waren, und den ganzen Tag über Silber geschmiedet. Abends hockten wir zusammen, haben Feuer gemacht und über das Leben philosophiert. Ein richtiges Hippie-Dasein eben. Meine Welt war in Ordnung.

In Tzajalá ist ja nicht viel los. Wovon hast du denn dort gelebt?

Am Wochenende bin ich immer mit dem Colectivo zum Verkaufen meines Schmucks nach San Cristóbal gefahren. Auf dem Kunsthandwerksmarkt vor der Kirche Santo Domingo habe ich neben vielen anderen meinen Stand aufgebaut. Meine selbstgeschmiedeten Ohrringe und Kettenanhänger laufen immer ganz gut – Touristen, besonders Amerikaner, gibt es ja reichlich in der Stadt. Sonntagnachmittags bin ich dann auf dem Markt einkaufen gegangen, denn da draußen auf dem Land gab es praktisch nichts. Also habe ich mir mein Gemüse mitgenommen und davon wieder fünf Tage in der Pampa gelebt. Alles war sehr einfach. Ich hatte nicht viel Geld, aber diese Zeit war sehr schön. Als dann nach zwei Jahren mit meinem Freund Schluss war, mit dem ich in Tzajalá gelebt habe, wollte ich wieder mehr Stadtleben, sodass ich nach San Cristóbal zurückgezogen bin.

Anette hat sich ein unabhängiges Leben in Mexiko aufgebaut.

Da war dann Party angesagt …

Richtig! Da kann man ja gut weggehen. Es gibt viele junge Leute, eine Menge Kultur und das bunte mexikanische Leben. Mit meinen Verkäufen konnte ich mich dort gut über Wasser halten.

War es leicht, als deutsche Frau in der Fremde respektiert zu werden und dich in die mexikanische Gesellschaft zu integrieren?

Es war nicht schwer, Freunde zu finden, denn die Mexikaner sind sehr offen und herzlich. Und wer Spanisch kann, ist sowieso gleich mittendrin im Leben. Mit dem Respekt ist es eine andere Sache. Meine deutsche Mentalität hat schon dazu geführt, dass ich angeeckt bin, v. a. in puncto Machismo. Ich lasse mir von keinem Mann sagen, was ich wie machen soll. Wahrscheinlich lebe ich deshalb auch mit meiner Tochter allein. Aber letztlich kann es einem überall passieren, dass man auf Rassisten oder Machos stößt.

Was gefällt dir am besten an deinem Leben in Mexiko?

Da ich selbstständig bin, kann ich mein Leben frei gestalten. Ich bin meine eigene Chefin, arbeite, wenn es sein muss, und faulenze, wenn es gerade passt. In-

zwischen lebe ich in einem kleinen Dorf am Pazifik. Toll ist für mich, dass ich hier direkt in der Natur lebe, mit offenen Fenstern, singenden Vögeln und dem Rauschen des Meeres vor der Nase. Ich habe zwar auch ab und zu Skorpione im Haus und auch eine Schlange hing mal in einem Baum im Garten, aber daran gewöhnt man sich.

Ihr zwei Mädels lebt ja ganz allein in eurem Häuschen auf einem abgelegenen Hügel. Gibt es Probleme, mit denen ihr im Alltag klarkommen müsst? Habt ihr nie Angst?

Angst? Nein, nicht wirklich (lacht). Ich habe schon ein Pfefferspray, aber benutzen musste ich es noch nie und fürchte mich eigentlich nicht. Im Alltag muss man häufig kompromissbereit sein. Es klappt oft nicht alles gleich, wie man es aus Deutschland kennt. Vieles ist nicht so geregelt, und die Zuverlässigkeit der Menschen lässt manchmal zu wünschen übrig. Bei der Hochzeit einer deutschen Freundin haben wir z. B. auf den Standesbeamten gewartet. Alle Mexikaner, die dabei waren, tätschelten der aufgeregten Braut beruhigend die Schulter und erklärten gelassen, der komme schon noch. Und tatsächlich. Um 15 statt 14 Uhr stand er milde lächelnd auf der Matte. Verabredet man sich, bedeutet *unos 15 minutos* auch nicht, dass man sich in einer Viertelstunde trifft, sondern möglicherweise erst in zwei oder drei Viertelstunden. Aber überall auf der Welt gibt es ein paar Problemchen, und die lassen sich hier gut aushalten.

Hast du je darüber nachgedacht, nach Deutschland zurückzukehren?

Ich habe es nicht vor, doch vielleicht wird es irgendwann nötig wegen meiner Eltern oder meiner Tochter Zoé. Das Leben in Deutschland ist mir durch die vielen Regeln und das Wetter viel zu eingeschränkt, da genieße ich lieber das mexikanische Chaos! ∎

Tödliches Spiel

Es ging nicht um Punkte, Tordifferenzen und Tabellenplätze — sondern um Leben und Tod, wenn die Maya den Ball über das Feld trieben und versuchten, ihn durch einen waagerechten Steinring zu befördern. Beim Pok ta Pok handelte es sich denn auch nicht um eine Sportveranstaltung, sondern um ein religiöses, in der Mythologie verwurzeltes Ritual.

Vorläufer des Fußballspiels? Davon sei auszugehen, meinen die Experten. Allerdings bezahlten die Verlierer eines Pok-ta-Pok-Wettbewerbs mit ihrem Leben …

Die Legende

Das Ballspiel, das bereits die Olmeken pflegten, beruht auf der Legende von den göttlichen Zwillingen Hunahpú und Xbalanké, die uns das aus dem 16. Jh. stammende »Popol Vuh« überliefert hat. In diesem »Buch des Rates« sind die mythischen und religiösen Vorstellungen der Maya aus Guatemala festgehalten.

Danach erregen die Zwillinge durch ihr Ballspiel den Zorn der Fürsten der Unterwelt, die bereits den Vater der beiden wie auch dessen Zwillingsbruder getötet haben. Hunahpú und Xbalanké werden nun ebenfalls in die Unterwelt gelockt, können aber mit allerlei Tricks bis zu den Göttern vordringen. So etwa hilft eine aus einem Haar geformte Mücke dabei, die echten Götter durch ihre Stiche von den hölzernen Doubles zu unterscheiden, die allein der Verwirrung dienen sollten.

Bei einer weiteren Prüfung allerdings wird Hunahpú von der Killerfledermaus Camazotz der Kopf abgerissen und zum Spielplatz gebracht, um dort als Ball benutzt zu werden. Daraufhin erhält Hunahpú von seinem Bruder einen Kürbis, der die Gestalt des Kopfes einnimmt und heimlich während des Spiels gegen den echten ausgetauscht wird. So besiegen die beiden Brüder die Götter.

Hinter den zahlreichen Details der Geschichte, die noch weitere Episoden enthält, verbirgt sich eine tiefe Symbolik, der das dualistische Prinzip von Fruchtbarkeit und Tod zugrunde liegt. Somit kann das Ballspiel als Fruchtbarkeitsritual in Verbindung mit dem Opfer verstanden werden und der Spielplatz gleichermaßen als Stätte der Fruchtbarkeit wie auch als Zugang zur Unterwelt Xilbaba.

Der Ball

Auf die Spielweise der Maya kann nur durch die zahlreichen Reliefdarstellungen, z. B. in Yaxchilán und Chichén Itzá, und die auf Gefäßen abgebildeten Spielszenen geschlossen werden. Wichtige Grundlage ist zudem die Beschreibung im »Popol Vuh«, wobei nach wie vor manche Unklarheiten bestehen. Schon bezüglich des Balls ist man auf Vermutungen angewiesen. Möglicherweise bestand er aus massivem Kautschuk, dann muss er aber sehr schwer gewesen sein. Vielleicht aber war er auch nur aus einem leichten Kern mit Kautschukhülle angefertigt. Einige Forscher sind der Ansicht, dass es sich dabei um einen menschlichen Schädel gehandelt haben könnte. In den historischen Darstellungen treten die Bälle überdies in unterschiedlicher Größe in Erscheinung. Der Durchmesser der steinernen Ringe in Chichén Itzá (50 cm), durch die der Ball gestoßen werden musste, geben einen ungefähren Anhaltspunkt zumindest für diese Region.

Der Spielverlauf

Gespielt wurde in einer Schutzkleidung, die entfernt an die der Eishockeyspieler unserer Tage erinnert. Die Ausrüstung bestand aus hölzernen Reifen, die die Spieler um die Hüfte trugen, einem Brustschutz und Kopfschmuck. Geschlagen wurde der Ball mit Hüfte, Brust und Arm, vielleicht sogar mit Fuß und Hand. Offensichtlich agierten die Spieler – zwei bis sieben – auf zwei getrennten Feldern, wobei es wie beim Volleyballspiel darum ging, den Ball im eigenen Feld möglichst lange in der Luft zu halten. Eine Mannschaft konnte einen Punkt erzielen, wenn sie entweder den Ball durch einen der seitlichen Ringe schlug oder für den Gegner unerreichbar in dessen Spielfeld beförderte. Ungeklärt ist allerdings, ob das Spiel immer mit dem Opfertod endete, und wenn ja, wer geopfert wurde: der Spielführer oder die gesamte unterlegene Mannschaft. ∎

Die braune Flut

Fischig und gammlig — so riecht es an vielen Stränden von Yucatán, zumindest temporär. Schuld daran sind Braunalgen, die sich wie ein dicker Filzteppich über die Uferzone legen. Sie ruinieren nicht nur den Urlaub, sondern auch das Ökosystem.

Schon Kolumbus berichtete von schwimmenden Algenteppichen, die seine Schiffe auf der Fahrt in die Neue Welt passierten. Vermutlich bezog er sich geografisch auf die Sargassosee, eine riesige Fläche im Atlantik, deren Grenzen nicht durch Küsten, sondern durch vier gewaltige Strömungen definiert werden. Woher dieses Meeresgebiet seinen Namen hat, ist unschwer zu erraten: von den Braunalgen, die hier offensichtlich besonders gut gedeihen. Neu sind diese Wasserpflanzen also nicht in den Meeren, doch heutzutage werden ganze Küsten davon überschwemmt – an

KLEINE BOTANIKKUNDE B

Sargassum bzw. Golftang (sp. *sargazo*) lautet die wissenschaftliche Bezeichnung dieser Form des Seetangs, der zur Gattung der Braunalgen gehört. Er findet sich weltweit in wärmeren Meeren und ist entweder im Boden verankert oder treibt frei auf der Wasseroberfläche. Das wiederum ermöglichen kleine gasgefüllte ›Kugeln‹, die zwischen den ledrigen Blättern sitzen.

die 9000 km misst der Algenteppich, der sich inzwischen von Westafrika bis zum Golf von Mexiko erstreckt und sogar auf Satellitenbildern erkennbar ist.

Aus dem Gleichgewicht

Grundsätzlich bilden Braunalgen einen wichtigen Lebensraum für kleine Meeresbewohner. Nehmen sie jedoch überhand, gerät das Ökosystem aus dem Gleichgewicht. Schuld ist – wie meist – der Mensch. Vor allem Düngemittel, die über die Flüsse in die Meere gelangen, sorgen für ein schnelles Wachstum der Algen. In unmittelbarem Zusammenhang damit steht die Abholzung des Amazonas-Regenwalds, so zumindest sieht es das Forscherteam um Chuanmin Hu, einen Professor für optische Ozeanografie an der University of South Florida. Die abgeholzten und brandgerodeten Regenwaldäcker, die v. a. für den Anbau von Soja genutzt werden, sind wenig fruchtbar, weshalb fleißig gedüngt wird. Der Amazonas befördert die Chemikalien dann ins Meer.

Umdenken tut Not

Wird nicht schnell eine Lösung des Algenproblems gefunden, ist das Ökosystem Karibik in akuter Gefahr. Und mit einer

An abgelegenen Stränden kann es durchaus auch mal so aussehen …

Lösung ist nicht das Reinigen der Strände gemeint, das Abfischen der Algen durch Marineschiffe oder das Abfangen im Meer durch Fangnetze – das sind rein kosmetische Ansätze, die allein der Tourismusindustrie dienen. Es muss ein Umdenken stattfinden, sonst erstickt das Seegras am Meeresboden, erodieren Strände und es sinkt die Wasserqualität. Das Ökosystem kollabiert. Zur Bewältigung des Problems haben sich Expertenteams zusammengetan: Sargassum wird in Biogas verwandelt oder zu Baustoffen und Nahrungsergänzungsmitteln verarbeitet. Doch die Ursachenbekämpfung scheint in weiter Ferne.

Gefahr für Mensch und Tier

Während die Gelehrten noch streiten, die Weltbevölkerung weiter ihrem Fleischhunger frönt und sich Touristen über unansehnliche Strände beschweren, sterben in dem verfilzten Braunalgengewirr, der durchs Meer treibt, Schildkröten und Delfine. Auch die Eiablage der Schildkröten wird durch die Tangberge zum Problem, versperren sie doch den Zugang zum Strand. Hat der undurchdringliche Teppich erst die Strände erreicht, erdrückt er unter seiner glibbrigen Masse alles Leben. Auch für Menschen sind die stinkenden Ausdünstungen der Algen nicht ungefährlich: Der entweichende Schwefelwasserstoff reizt Augen und Atmung, kann zu Kopfschmerzen, Übelkeit und Asthma führen. Das Sargassum Watch System (SaWS), ein Frühwarnsystem für Sargassumblüten, sagt die Schwemme nur voraus, kann sie aber nicht aufhalten.

Alternativen zum Baden

Wind hilft, die auf dem Meer schwimmenden Algenteppiche zu vertreiben. Deshalb hoffen besonders die Karibikanrainer, dass es im November ordentlich pfeift. Doch bleibt die allgemeine Algenplage bestehen, helfen nur alternative Bademöglichkeiten. Die Isla Mujeres und die Isla Holbox sind deutlich weniger betroffen als die Festlandküste, oftmals sogar fast algenfrei. Badevergnügen bieten auch die zahlreichen Cenotes (s. S. 54). Eine Top-Ausweichmöglichkeit ist die Laguna Bacalar, die beinahe karibisches Flair hat. Nur der weiße Sand fehlt. Und die Palmen. ∎

Das zählt

Zahlen sind schnell überlesen — aber sie können die Augen öffnen. Nehmen Sie sich Zeit für ein paar überraschende Einblicke. Und lesen Sie, was in Mexiko zählt.

12

indigene Sprachen werden in Chiapas heute noch gesprochen. Insgesamt sind in ganz Mexiko offiziell 62 indigene Sprachen anerkannt. Am weitesten verbreitet sind das aztekische Nahuatl und die Maya-Sprache Mayathan.

16,6

Millionen Euro werden in Mexiko jährlich mit dem Export von Bier umgesetzt. Damit ist das Land der weltweit größte Bierexporteur, verkauft wird in 180 Länder. Deutschlands Umsatz in Sachen Bier liegt bei etwa 9,4 Millionen Euro pro Jahr.

5.000

Maissorten gibt es auf der Welt. 64 davon gedeihen in Mexiko, von denen wiederum 54 endemisch sind. Ihre Farbigkeit reicht von weiß über violett bis zu tiefschwarz.

352

Millionen Liter Tequila produzierte Mexiko im Jahr 2019, ein Anstieg von 13,9 Prozent im Vergleich zum Vorjahr. Der größte Teil davon wird exportiert, v. a. in die USA.

10,8

Prozent der Gesamtexporte Mexikos machen Autos aus, gefolgt von Fahrzeugteilen mit 6,69 Prozent.

4

Einträge hat Mexiko in der UNESCO-Liste des immateriellen Weltkulturerbes der Menschheit: die mexikanische Küche, den Fliegertanz (danza del volador), die Volksmusik (mariachi) und den Tag der Toten (Fest zu Allerheiligen).

4.092

Meter misst der Vulkan Tacaná, der damit der höchste Punkt im gebirgigen Chiapas ist.

12,6

Milliarden Dollar soll der ehemalige Drogenboss Joaquín ›El Chapo‹ Guzmán der mexikanischen Regierung zahlen – so viel hat er nach Schätzung der Staatsanwälte mit seinen Deals verdient.

163

Liter Softdrinks süffelt ein Mexikaner etwa im Jahr. Nirgendwo sonst auf der Welt wird so viel Cola und Limo getrunken wie in Mexiko.

827.519

Einwohner hat Cancún. 2019 kamen etwa 7,2 Millionen ausländischer Besucher in die Stadt. Jeder Einheimische könnte also übers Jahr verteilt mit etwa acht Touristen tanzen gehen.

35

UNESCO-Welterbestätten gibt es aktuell in Mexiko, fünf davon davon befinden sich auf der Halbinsel Yucatán – Chichén Itzá, Uxmal, Campeche, Sian Ka'an und Calakmul. Mit dieser Ausbeute belegt Mexiko weltweit den 7. Platz in Sachen Welterbe.

12

Auftritte und vier Tourneen hat die deutsche Band Rammstein bereits in Mexiko absolviert. Dem Sänger Till Lindemann liegt die spanische Sprache und den Song »Te quiero puta« hat er dem mexikanischen Volk gewidmet.

347

Kilometer misst das längste Unterwasser-Höhlensystem der Welt, die Cenotes Sac Actun und Dos Ojos bei Tulum. 2018 entdeckte der deutsche Taucher Robert Schmittner einen Verbindungsgang zwischen den Cenotes und landete damit eine Sensation.

400

Skulpturen des britischen Künstlers Jason deCaires Taylor warten auf dem Meeresgrund vor Cancúns Küste auf Schnorchler und Taucher. Nirgendwo sonst auf der Welt gibt es ein vergleichbares Unterwassermuseum.

4.150

mexikanische Mädchen zwischen 10 und 14 Jahren haben in der Zeitspanne von 2009 bis 2018 ein Kind geboren, oftmals als Folge einer Vergewaltigung. Zum Glück sind die Zahlen rückläufig. Während es 2013 noch 592 Mädchen waren, sank die Zahl im Jahr 2018 auf 175. Abtreibung ist in ganz Mexiko nur unter schwer zu erfüllenden Voraussetzungen möglich.

089

lautet die Telefonnummer, über die in Yucatán anonym Anzeigen *(denuncia anónyma)* gemacht werden können – Gewalt in der Familie, Vergewaltigungen, Drogenverkäufe etc. Man will die Bevölkerung dazu animieren, nicht mehr tatenlos zuzuschauen. Eine vergleichbare Telefonnummer gibt es in Deutschland nicht.

Das Zeitgetriebe der Maya

Die Berechnung der Zeit — war eine Obsession für die Maya. Nicht nur dem Lauf der Sonne schenkten sie Beachtung, mit für damalige Verhältnisse unvorstellbarer Präzision bestimmten sie auch die Umlaufbahnen von Mond und Planeten.

Die Glaubenswelt der präkolumbischen Völker war eng mit den Gestirnen und ihren Bahnen verknüpft, allen voran mit der Sonne als Spender von Licht und Leben. Zwar haben die Maya die Zeitmessung in der Neuen Welt revolutioniert und auf einen Stand erhoben, der dem europäischen weit überlegen war, Erfinder des Kalenders aber waren sie nicht. Bereits die Olmeken, ein Volk der mesoamerikanischen Hochkultur, hatten aus ihren Beobachtungen Methoden zur Quantifizierung des Zeitablaufs abgeleitet.

Die Geburt des Kalenders

Grundsätzlich lässt sich festhalten, dass der Kalender als Begleiterscheinung des beginnenden Ackerbaus bei allen Völkern anzutreffen ist, wenn auch in unterschiedlicher Vollendung. Spätestens in dem Moment, als der Jäger und Sammler zum Pflanzer wurde und den Zyklus von Saat und Ernte, von Trockenperiode und Regenzeit bewusst vorausplanend in sein Wirtschaften einbezog, war der Kalender geboren. Die Sonne genoss nicht von ungefähr in vielen frühen Religionen göttliche Verehrung und wurde zur wichtigsten Bezugsgröße auf der Zeitskala. Kein anderes Volk der Welt allerdings

In Stein gemeißelt: ein aztekischer Kalender

widmete sich mit derartiger Besessenheit der Zeitmessung wie die Maya. Sie dehnten ihre astronomischen Beobachtungen auch auf andere Himmelskörper aus, insbesondere auf Venus, Jupiter, Merkur und Mars. Auch den Umlauf des Mondes, die sogenannte Lunation, berechneten die Maya bereits äußerst genau und waren imstande, Mond- und Sonnenfinsternisse exakt vorauszusagen. Ergebnis der hoch entwickelten Astronomie war ein höchst ungewöhnlicher und komplizierter Kalender, der das lineare Fortschreiten der Zeit mit zyklisch wiederkehrenden Perioden in einzigartiger Weise verband.

Entziffert wurde dieses Meisterwerk gegen Ende des 19. Jh. durch Ernst W. Förstermann. Als Leiter der königlichen Bibliothek von Dresden hatte er Zugang zum Dresdner Codex (s. S. 138), der wichtigsten Maya-Handschrift, die bereits in der frühen Kolonialzeit an den spanischen Königshof gelangt und damit der Bücherverbrennung durch Diego de Landa (s. S. 138) entgangen war.

Zeitstrahl und Zahnrad

Die Maya kannten unterschiedliche Kalender: einen rituellen *(tzolk'in)*, einen für den täglichen Gebrauch *(haàb)* sowie einen für lange Zeiträume und astronomische Beobachtungen, die sogenannte ›Lange Zählung‹. Als Basis der Zeitrechnung diente ein in Tage aufgeteilter Zeitstrahl, dessen Beginn die Maya auf den 11. August 3114 v. Chr. (nach unserer Zeitrechnung) festgesetzt hatten. In diese Gerade, die man sich als eine ins Unendliche führende Zahnstange vorstellen kann, greift gewissermaßen als riesiges Zahnrad der zyklische Kalender des Sonnenjahres mit 365 Tagen, der *haàb*. Er ist in 18 Monate mit jeweils 20 Tagen unterteilt und in einen kurzen Monat mit nur fünf Tagen, die als unglückbringend galten. Das Sonnenkalenderrad ›bewegt‹ den 260 Tage zählenden, in 20 gleich lange Abschnitte von jeweils 13 Tagen untergliederten Ritualkalender, den *tzolk'in*. Doch damit nicht genug: Mit ihnen dreht sich ein kleines Rad mit 13 Tageskoeffizienten.

Durch diese eigenartige, wie ein Getriebe angelegte Kombination unterschiedlich langer zyklischer Kalender ergibt sich die gleiche Tageskombination nur alle 18 980 Tage bzw. 52 Jahre. Dann beginnt wieder eine neue Kalenderrunde, die oftmals mit dem Bau eines Heiligtums oder der Überbauung einer bereits bestehenden Pyramide eingeleitet wurde. Aus der mathematischen Aufteilung heraus wird ersichtlich, dass die Maya sich eines 20er-Systems bedienten.

Monate, Tage, Jahre

Um nun auch diese Zyklen von 52 Jahren eindeutig voneinander abgrenzen zu können, hatten die Maya den Zeitstrahl der ›Langen Zählung‹ nicht nur in Tage untergliedert, sondern überdies in größere Zeitabschnitte: 20 Tage *(k'in)* bildeten einen Monat *(winal)*, 18 Monate ein Jahr zu 360 Tagen *(tun)*, 20 Jahre ein *k'atun*, 20 *k'atun* ein *bak'tun*, also 400 Jahre zu je 360 Tagen.

Eine Epoche umfasst etwa 98,56 Zyklen, dauert also 5125 Jahre. Demnach fiel das Ende dieser ersten Epoche auf den 21. Dezember 2012. Zahlreiche Spekulationen über den bevorstehenden Weltuntergang machten die Runde. Die Maya selbst hatten darin allerdings nur den numerischen Beginn eines neuen Zeitabschnitts gesehen. In einer einzigen bisher gefundenen Inschrift wird auf dieses Datum überhaupt Bezug genommen. ∎

Zu Tisch in Mexiko

In südländisch extrovertierter Manier — lieben es die Mexikaner, sich im Familien- oder Freundeskreis kulinarischen Genüssen hinzugeben. Das Ambiente spielt dabei weniger eine Rolle als die Qualität des Essens und die Gesellschaft.

So geht traditionelles Kochen in Mexiko!

Was kommt nicht alles ursprünglich aus Mexiko: Der Kakao und die Vanille wurden hier entdeckt und in die Welt gebracht, ebenso die Tomate, die Paprika, die Chili, Erdnüsse oder auch die Avocado.

Küche voller Tradition

Schon bei den Maya bildeten Mais *(maiz)* und Bohnen *(frijoles,* meist zu einem unansehnlichen dicken Brei eingekocht) die Grundpfeiler der Gerichte und fehlen bis heute bei keiner Mahlzeit. Ebenso Tortillas, unangefochten das Lebensmittel Nr. 1 in Mexiko. Sie kommen, abgedeckt mit einem Tuch, zu allen Speisen auf den Tisch und ersetzen das Brot, die Kartoffeln und nicht selten auch den Löffel. Tortillas sind dünne, gekochte oder geröstete Maismehlfladen, die nur in ofenwarmem Zustand recht gut schmecken. Ansonsten nehmen sie die Konsistenz von zähem Gummi an. Den runden Fladen gibt es in unzähligen Varianten und mit ebenso vielen Namen. Peppige Chili-Salsas dürfen auch bei keiner Mahlzeit fehlen.

Von den kleinen Gerichten sind Tacos besonders typisch – eine knusprige eingerollte Tortilla mit Fleisch- und Gemüsefüllung. Nicht weniger beliebt sind die ebenfalls mit Fleisch oder Fisch, Käse und Bohnen gefüllten Burritos, bei denen jedoch eine Weizenmehl-Tortilla als ›Behältnis‹ dient. Die mit Soße angereicherte und überbackene oder gebratene Variante von Burrito und Taco heißt Enchilada.

Klassiker der Maya

Natürlich haben auch die Maya ihre kulinarischen Spuren hinterlassen. Die traditionellen Gerichte gerieten nicht in Vergessenheit, werden heutzutage aber eher in spezialisierten Restaurants angeboten.

Schweinelende oder -schulter kommen zum Einsatz, wenn *Cochinita pibil* (›vergrabenes Ferkel‹) zubereitet wird – langsam garend auf einem Grill und mit Bananenblättern bedeckt. Die Marinade, bestehend aus bitteren Orangen und Achiote (Annatto), sorgt durch ihren hohen Säuregehalt für besonders zartes Fleisch, das in seiner Konsistenz an Gulasch erinnert. Das Gericht wird gerne auf öffentlichen Festen serviert.

Poc chuc ist mit frischem Orangensaft mariniertes Schweinefleisch, das ebenfalls auf dem Grill landet. Serviert wird es mit Reis, Bohnen und roten Zwiebeln.

Eines der wohl ältesten überlieferten Gerichte der Maya sind Papadzules, eine Variante der bekannten Enchiladas. Nachdem Tortillas gerollt und frittiert auf dem Teller liegen, kommt eine herzhafte Soße aus gerösteten Kürbiskernen so üppig darüber, dass die Papadzules in der Soße schwimmen. Gefüllt sind sie mit kleingehackten gekochten Eiern. Obendrauf wird ein Schuss würzige Salsa de Tomate platziert.

Panuchos und Salbutes sind yucatekische Sonderformen der Tortilla. Werden zwei Maisfladen frittiert und mit Bohnenpüree gefüllt, nennt man sie Panuchos. Belegt werden sie je nach Gusto mit Tomaten, Weißkohl, Zwiebeln und Fleisch. Salbutes sind ungefüllt und werden mit gekochtem Ei angerichtet.

Eine typische Nachspeise sind die *Caballeros pobres,* süß ausgebackenes Weißbrot. Das Arme-Leute-Essen ist vergleichbar mit unserem Armen Ritter.

Hochland und Tiefland

Es liegt auf der Hand: Während auf Yucatán häufig Fisch auf dem Teller landet, wird im Hochland – wie generell in ganz Mexiko – viel Fleisch gegessen. Im Vergleich zur Hochlandküche ist die Küche auf Yucatán weniger deftig und auch abwechslungsreicher. Fleischgerichte werden hier zumeist mit Wild wie Truthahn, Kaninchen oder Hirsch zubereitet, das war schon bei den Maya so.

Wer selber kochen will …

… besucht am besten einen der lokalen Märkte. Hier gibt es einfach alles, von schamanischen Heilkräutern über Haushaltsgeräte bis hin zu Klamotten – und natürlich auch alle Zutaten zum Kochen. Feilschen ist üblich, jedoch sollten Sie ein vernünftiges Maß walten lassen und respektvoll auftreten. In den Dörfern um San Cristóbal de las Casas finden die Märkte an bestimmten Wochentagen statt, diese ›Wandermärkte‹ heißen Tiangis.

Mahlzeit!

Mexikaner essen drei Mal pro Tag. Das Frühstück *(desayuno)* besteht aus süßen Brötchen *(pan dulce)*, Eiern *(huevos)* und Kaffee *(café)*. Das Mittagessen *(almuerzo)* wird zwischen 13 und 15 Uhr eingenommen. Viele Restaurants bieten mittags ein Tagesmenü *(comida corrida)* zu günstigen Preisen. Die einfache Variante besteht aus einer Suppe *(sopa del día)*, einem Fleischgericht mit Reis und Gemüsebeilage sowie einem Nachtisch *(postre)*. Das Abendessen *(cena)* wird erst gegen 20 Uhr begonnen.

Ist ein Restaurant auf Fisch und Meeresfrüchte spezialisiert, heißt es meist Marisquería. Abends kommt Leben auf die Straße, wenn überall die Comedores aus dem Boden ploppen. Dort gibt es gute und günstige Hausmannskost wie Tacos, Tlayudas (dünne, knusprige Maistortillas belegt mit Bohnenpaste, Avocado, Kohl, Oaxaca-Käse und wahlweise Fleisch) oder Gorditas (eine mit Käse oder Fleisch gefüllte Maismasse). Manch einer bereitet Hamburguesas (›Hamburger‹) zu, und oft sind mobile Wagen mit gebrühten Maiskolben *(elotes)* unterwegs, die man mit Mayonnaise, einem Krümelkäse, Limettensaft und natürlich Chili isst. Abends kehrt man in die Cantina ein, wo es Bier, Tequila und Musik aus der Jukebox gibt.

Flüssige Nahrungsmittel

Schon sehr früh haben deutsche Braumeister den Weg nach Mexiko gefunden und der Kunst der Bierherstellung ihren Stempel aufgedrückt. Zu den bekannten Marken zählen Modelo, Bohemia, Superior und natürlich Corona. Wein gilt hingegen als Luxusgetränk und wird allein in größeren Restaurants ausgeschenkt. Mexiko hat nur drei größere Weinbaubetriebe. Die Qualität entspricht guten europäischen Tafelweinen.

Unter den harten Getränken ist der Tequila als Nationalgetränk des Landes über die Grenzen hinaus bekannt. Gewonnen wird der hochprozentige Schnaps aus einer Agavenart *(agava tequilana)*, die im Hochland nahe der Stadt Guadalajara gedeiht. Bei Touristen besonders beliebt ist der Tequila als Grundlage des Mixgetränks Margarita, einer Mischung aus Tequila, zerstoßenem Eis, Limonensaft und einem Schuss Orangenlikör. Die Besonderheit ist der mit einer Salzkruste versehene Rand des Glases. Tequila pur wird mit Limone und Salz getrunken, wobei man vor jedem Schluck das Salz vom Handrücken leckt und dann an der Limone lutscht – ein Ritual mexikanischer Machos.

Weniger verbreitet ist Mezcal, ein ebenfalls aus der Agave gewonnener Klarer, dessen Markenzeichen der im Schnaps schwimmende Wurm ist. Vorsicht: Wer die Flasche leert, muss den Wurm essen! ∎

Frische Ware ist auf Mexikos Märkten im Überfluss vorhanden – was man daraus zaubert, bleibt den Köchen vorbehalten: Hier gibt es Tacos al Pastor.

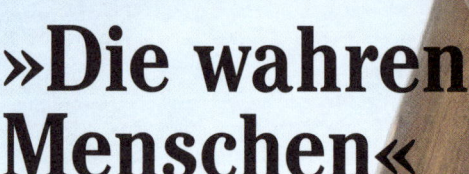

»Die wahren Menschen«

Im Grenzgebiet von Chiapas und Guatemala — leben die Lacandones. Mitten im Urwald. Ins Licht der Öffentlichkeit traten sie Anfang des 20. Jh. durch die Fotografien von Gertrude Blom, einer Schweizerin, die sich in der Widerstandsbewegung gegen Hitler engagiert hatte und mit viel Glück 1940 nach Mexiko emigrieren konnte. Vielleicht hat ihr Engagement die kleine indigene Gemeinschaft vor dem Aussterben gerettet.

Es gibt noch ca. 66 Familien, die in drei Gemeinden leben. Die Waldindianergemeinschaft in der noch weitgehend unerforschten Selva Lacandona ist stark geschrumpft.

Kennzeichen der archaisch lebenden Lacandones sind die weißen Gewänder.

Ursprünglich hielt man die Lacandones für reinrassige Nachfahren der Maya, vermutlich sind sie jedoch erst im 18. Jh. durch die Kolonisation aus der Golfregion vertrieben worden. Sie selbst nennen sich Hach Winik – die ›wahren Menschen‹.

Hut ab!

Ein Missverständnis sorgte dafür — dass eine weltberühmte Kopfbedeckung nicht das ist, was ihr Name vorzugeben scheint, und damit bis heute für ordentlich Verwirrung sorgt: der Panamahut.

Doppelter Irrtum

Als US-Präsident Theodore Roosevelt im November 1906 die Bauarbeiten am Panamakanal besuchte, konnte er nicht ahnen, dass er dazu beitragen würde, die Modewelt in die semantische Irre zu führen. Auf dem Kopf trug er einen Hut, der um 1900 in Mode gekommen war. Was kaum jemand weiß: Der Panamahut stammt nicht aus Panama, sondern aus Ecuador, und zwar aus einem Ort namens Jipijapa. Hier wird der fesche Strohhut schon seit 1630 aus den Fasern der Toquilla-Palme hergestellt. Man kann ihn falten, zusammenrollen, knittern – der federleichte *jipijapa* findet immer wieder in seine alte Form zurück.

Nachdem die Hüte auf der Pariser Weltausstellung 1885 für Aufsehen gesorgt hatten und ein paar Jahre später en vogue waren, wurden sie aus Zollrechtsgründen zunächst von Ecuador nach Panama transportiert und dann von dort aus – mit panamaischem Stempel – nach Europa und in die USA verschifft. Zweimal Panama also – das Missverständnis war perfekt.

Konkurrenz aus Mexiko

Auf etwa der Hälfte der Strecke von Mérida nach Campeche streift die MEX 180 das Dorf Bécal (s. S. 172). Mitten auf dem Zócalo klärt ein Monument darüber auf, weshalb es der Ort zu einer gewissen Berühmtheit gebracht hat: drei riesige weiße Betonhüte mit schwarzen Bändern – sie stellen die Panamahüte (*jipijapas*) dar, die hier produziert werden, und sind das Wahrzeichen von Bécal. Aber wie kommt das?

1859 brachte ein Priester Ableger von Toquilla-Palmen aus Ecuador nach Bécal. Die Pflanzen gediehen und aus ihren Fasern sollten auch hier schicke Schattenspender geformt werden. Allerdings gab es ein Problem: das Klima. Es ist hier staubtrocken. Doch die Palmenfasern müssen biegsam sein, um bearbeitet zu werden. »Wir haben uns einfach Höhlen in den umliegenden Kalkstein gehauen, fast jeder hat eine im Garten. An die 2000 Stück dürften es sein«, meint

---

HÜTE KAUFEN UND ANSCHAUEN

Sombreros Don Baldomero: Calle 30, Zona Centro, Bécal, T 999 137 32 95, Mo–Sa 10–18 Uhr
Museo de Bécal: Wer sich für die Geschichte und Herstellung der *jipis* interessiert, ist hier richtig (Calle 30, Bécal, www.museodebecal.com, Di–So 10–18 Uhr, 40 Pesos).

Brunnen mit Panamahut. Das hat sich der Ort Bécal einfallen lassen, um darauf hinzuweisen, dass er die ›Hauptstadt‹ dieser Form der Kopfbedeckung ist. Weit gefehlt!

Don Baldomero, der in Bécal ein Hutgeschäft führt. In den Höhlen herrscht ausreichend Luftfeuchtigkeit, hier geht das Hutweben gut von der Hand.

Die Strohhüte gibt es in vielen verschiedenen Varianten: entweder ganz simpel und weiß, mit aufwendigen Mustern oder sogar mit Initialen. Für einen Standardhut bzw. *sombrero becaleño*, wie er hier genannt wird, braucht Don Baldomero zwei Tage. Er verkauft ihn für ca. 30 US-Dollar. Prachtexemplare und Sondereditionen können dagegen mehrere Monate in Anspruch nehmen und kosten dann auch entsprechend mehr. Ärgern tut sich Don Baldomero über die Billigkopien aus China. »Wir haben es heute sowieso schon schwer. Die jungen Leute wollen nicht mehr in Höhlen sitzen und Hüte weben. Viele verlassen Bécal. Und nun werden die Panamahüte auch noch als Billigprodukte an den Stränden verkauft. Da kommt doch niemand mehr zu uns«, beklagt sich der Hutmacher. Dann muss er los auf sein Feld, Toquilla-Fasern ernten.

Per Rikscha zum Hut-Workshop

Seit 2012 gehört die Kunst des Hutwebens zum immateriellen Kulturerbe der UNESCO. Noch immer lebt die Hälfte der Bécaleños von der Verarbeitung der Faser. Neben Hüten werden auch Lampen und Schmuck daraus hergestellt.

Wer am Hutdenkmal ankommt, wird sofort von Rikschafahrern angesprochen. Sie bringen Touristen zu einem der Hutfabrikanten, wo man sich im Handwerk versuchen, Hüte probieren und selbstredend auch kaufen kann. Ziehen Sie gleich mit berühmten Hutträgern wie Ernest Hemingway, Winston Churchill oder Al Capone! ■

Frederick Catherwoods (s. S. 252) Zeichenleidenschaft ist es auch zu verdanken, dass diese Familienszene vor der Nordfassade von Uxmal bleibend festgehalten wurde.

Reise durch Zeit & Raum

Im Zeichen der Maya — Dieses indigene Volk prägt zwischen 1500 v. Chr. und 900 n. Chr. die Kultur von Chiapas und Yucatán. Ihre prächtigen Bauwerke haben die Zeit überdauert und auch ihre Nachfahren leben noch heute hier.

Urvölker, die es drauf haben
50000 v. Chr.–1450 n. Chr.

Die ersten Bewohner Mexikos kommen um 50 000 v. Chr. über die Beringstraße nach Nordamerika und breiten sich schnell gen Süden aus. Aus Jägern und Sammlern werden zwischen 10 000 und 5000 v. Chr. Ackerbauern, die Mais und Bohnen anbauen. Kleine Siedlungen entstehen, die nach und nach zu großen Dörfern anwachsen – sie bilden später die Zentren der prähispanischen Hochkultur.

Zu den frühen Stämmen gehören die Olmeken an der Golfküste, die Monumentalköpfe aus Stein herstellen. Auf die olmekische Kultur folgt die der Maya. Ab 250 n. Chr. errichten sie im Dschungel prächtige Pyramiden, Tempel und Paläste. Reliefs und Stelen erzählen von vielen Dynastien, Schlachten und Siegen. Als im 9. Jh. sämtliche Maya-Zentren im Tiefland von Chiapas und Petén (im heutigen Guatemala) verlassen sind, blühen auf Yucatán Maya-Städte wie Chichén Itzá und Tulum auf. Doch auch hier geht die letzte große Metropole der Maya ca. 1450 unter – noch vor der Ankunft der Spanier.

Zum Anschauen: Museo Maya in Cancún, S. 18; Cobá bei Tulum, S. 82; Mayapán bei Mérida, S. 139; Palenque, S. 194

Die Spanier kommen
1492–1530

Seit jenem Mittwoch am 12. Oktober 1492, als Christoph Kolumbus im Auftrag der spanischen Krone das erste Mal seinen Fuß auf amerikanischen Boden setzt, bleibt nichts mehr, wie es war. Nach der ersten Entdeckungsreise folgt schnell die zweite, dritte und vierte. Immer mehr Konquistadoren lassen sich für Eroberungszüge in die Neue Welt anheuern – große Schätze und ein Leben in Reichtum vor Augen. Am 4. März 1517 trifft der Spanier Francisco Hernández de Córdoba auf der Isla Cozumel das erste Mal auf Maya. Mit Händen und Füßen verständigen sie sich und tauschen Geschenke aus. Laut einer Legende entsteht während dieser Begegnung der Name Yucatán, denn ein Spanier fragt: »Wie heißt euer Land?«, worauf die Maya antworten »Yuk ak katán« (›Ich verstehe deine Sprache nicht‹).

Die Freundlichkeit schlägt schnell in Feindseligkeit um. Als die Spanier in einen Hinterhalt geraten, können sie nur knapp entkommen. Ein paar Schätze aus den Tempeln lassen sie mitgehen. Dasselbe passiert in der Maya-Siedlung, über der später Campeche erbaut wird, und in Champotón. Nachdem über die Hälfte der

Mannschaft verloren ist, segelt Hernández de Córdoba nach Kuba, wo er an seinen Verletzungen stirbt. Die Tempelschätze heizen trotzdem weitere Expeditionen an.

Ende 1526 gibt König Karl V. von Spanien den Order, Yucatán zu erobern. Die Indigenen wehren sich vehement. So geht der Versuch des Spaniers Francisco de Montejo zunächst schief, die Halbinsel zu kolonialisieren. Nach einer erfolglosen Schlacht bei Aké, wo noch heute eine kleine Maya-Ruine steht, ziehen die Spanier vorerst aus Yucatán ab. Die Maya in Chiapas haben weniger Glück. Ihr Lebensraum wird vom Spanier Diego de Mazariegos erobert, der 1528 San Cristóbal gründet. Viele Maya sterben in den Auseinandersetzungen oder durch eingeschleppte Krankheiten wie die Pocken.

Zum Anschauen: Zona Arqueológica San Gervasio auf der Isla Cozumel, S. 68

Die Kolonialisierung schreitet voran
1530–1810

Einhergehend mit der Eroberung wird das Christentum zur Staatsreligion erklärt. Die Spanier machen sich an die gewaltsame Bekehrung der Indígenas und zerstören brutal deren Kultur – auf und aus den Überresten von Maya-Bauten entstehen Kirchen und Klöster, die Orte erhalten ihr koloniales Aussehen. Als 1549 der Franziskanermönch Diego de Landa Vorsteher des Klosters in Izamal wird, lässt er Maya-Handschriften vor der Kirche von Maní verbrennen. Ironischerweise ist sein »Bericht aus Yucatán« heute eines der wichtigsten Zeitdokumente über das damalige Leben der Maya.

Zum Anschauen: Convento de San Miguel Arcángel in Maní, S. 138; Izamal, S. 141; San Cristóbal de las Casas, S. 205

Der Weg in die Unabhängigkeit
1810–23

Die Ideen der Französischen Revolution schwappen auf den amerikanischen Kontinent über. Auch in Mexiko gibt es erste Souveränitätsbestrebungen. Vor allem die Kreolen sehen nun die Zeit für die staatliche Unabhängigkeit gekommen und finden in Priester Miguel Hidalgo y Costilla ihren radikalen Anführer. 1810 ruft er seine Gemeinde zum Kampf für eine Landreform und bessere soziale Bedingungen auf. Obwohl Hidalgo schon 1811 gefangen genommen und hingerichtet wird, führt die von ihm ausgelöste Protestlawine 1821 zur Unabhängigkeit Mexikos. Yucatán schließt sich 1823 der neuen Republik Mexiko an.

Zum Anschauen: In der Pinacoteca Gamboa Guzmán in Mérida werden Gemälde von wichtigen Persönlichkeiten des 19. Jh. gezeigt, S. 111; eine Statue von Miguel Hidalgo steht im Hafen von Progreso, S. 124

Kriege und Revolutionen
19. Jh.

Die ersten 30 Jahre der Unabhängigkeit sind von Diktatoren und Revolutionären geprägt. Bewaffnete Auseinandersetzungen stürzen das Land ins Chaos. Der Krieg mit den USA führt 1848 zum Verlust der Hälfte des mexikanischen Staatsgebiets. Yucatán erklärt seine Unabhängigkeit vom restlichen Mexiko. Die Maya auf der Halbinsel können sich aber weder mit dem unabhängigen Mexiko noch mit den weißen Yucatecos arrangieren, denn sie werden nach wie vor ausgebeutet und sind rechtlos. Auf der Halbinsel kommt es zum Krieg der Kasten, der von 1847 bis 1901 andauert. In der Folge errichten die Maya einen eigenen Staat mit Chan Santa Cruz als Hauptstadt, dem heutigen Felipe Carrillo Puerto.

Nach verschiedenen Präsidenten und einem österreichischen Kaiser auf dem mexikanischen Thron putscht 1876 General Porfirio Díaz und beginnt eine 30-jährige Diktatur, das Porfiriato. Er beendet den Kastenkrieg, und die Maya müssen sich dem neuen Bundesstaat Quintana Roo unterordnen. Die nun angestrebte wirtschaftliche Moderni-

Einer der führenden Protagonisten der mexikanischen Revolution: Emiliano Zapata Salazar (1879–1919)

absurd es klingt: Diese Faktoren haben Putsche, Diktaturen und Bürgerkriege verhindert. Wichtige Reformen werden umgesetzt: Schulen und Gewerkschaften entstehen, Land wird verteilt, die Macht der Kirche eingeschränkt. Dennoch geht es auf und ab. Gegen die Korruption formiert sich Widerstand. 1994 bricht der Chiapas-Aufstand aus, da die Indígenas nach wie vor sozial und wirtschaftlich benachteiligt sind. Zwar beruhigt sich die Situation nach 1996, eine zapatistische Guerillabewegung existiert aber weiterhin.

Zum Anschauen: In ländlichen Gegenden von Chiapas wie in der Umgebung der Lagos de Montebello sind Plakate der Zapatistas nach wie vor Alltag.

Mexiko wählt links
21. Jh.

Nachdem sich der linkspolitische Andrés Manuel López Obrador zwei Mal nicht gegen konservativ-katholische Präsidentschaftskandidaten durchsetzen kann, gelingt im Jahr 2018 die Sensation: Obrador gewinnt die Wahlen mit klaren 53,2 %. Seit Dezember 2018 ist AMLO, wie Obrador in Mexiko genannt wird, der neue Präsident. Er will Korruption und Straflosigkeit bekämpfen, sozial Benachteiligte unterstützen. Für seine umstrittenen Umweltprojekte wie den Maya-Zug (s. S. 285) gerät er jedoch immer mehr in die Kritik. Zwei große Erfolge konnte der Staat in jüngster Zeit gegen den Drogenkrieg verbuchen: Im Juni 2018 wird der US-mexikanische Drogenboss Edgar Valdez Villareal, eine Schlüsselfigur im mexikanischen Drogenhandel, zu 49 Jahren Haft verurteilt. Joaquín ›El Chapo‹ Guzmán, ehemaliger Anführer des Sinaloa-Kartells, wird im Februar 2019 in allen Anklagepunkten schuldig gesprochen und bekommt lebenslänglich.

Zum Anschauen: Baustellen für den Maya-Zug ziehen sich von Palenque über Calakmul bis nach Cancún, S. 285

sierung des Landes geht zu Lasten der sozialen Verhältnisse. Besonders die Landbevölkerung verarmt, während sich ausländische Investoren die Hände reiben. Das ruft Widersacher wie Emiliano Zapata auf den Plan – der Beginn der mexikanischen Revolution. Unter dem Schlachtruf Tierra y Libertad (›Land und Freiheit‹) stürzt Zapata gemeinsam mit anderen Revolutionären Porfirio Díaz. Ab 1917 ist der großbürgerlich-liberale Venustiano Carranza Präsident und erlässt eine moderne Verfassung, die mit ihren sozialen und politischen Reformen bis heute gültig ist.

Zum Anschauen: Santuario del Cruz Parlante in Felipe Carillo Puerto, S. 87

Auf und ab im modernen Mexiko
20. Jh.

Das Rückgrat Mexikos im 20. Jh. sind die PRI (Partei der institutionalisierten Revolution), die einmalig sechsjährige Amtszeit des Präsidenten, Gewerkschaften und die Korruption. So

Von Blusen und Trachten, die was zu sagen haben

Geschwungene Linien, bunte Kreise, kleine Figuren und Tiere — die kunstvoll bestickten mexikanischen Blusen sind eine Augenweide und heben sich vom modischen Einheitsbrei deutlich ab. Sie sind traditionell. Und handgemacht.

Als wir das Atelier von Tania Meija in San Cristóbal de las Casas betreten, liegt auf einem Holztisch schon alles Notwendige bereit: Nadeln und Stoffe, Stickmuster und Garn in verschiedenen Farben, Scheren und Fingerhüte. Meine Tochter und ich möchten bei ihr in die Kunst der indigenen Stickereien hineinschnuppern.

2014 hat Tania das Projekt Kolaval Bordados Tradicionales gegründet und bietet Kurse an. Seit ihrem Abschluss in Alternativem Tourismus mit einem Zertifikat für handgemachte Stoffe träumte sie davon, dem Know-how und der Qualität der traditionellen Stickereien ihrer Region Los Altos de Chiapas zu einer neuen Wertschätzung zu verhelfen. Während wir die Stoffe einspannen, um mit den ersten Mustern zu beginnen, erzählt Tania uns einiges über deren Bedeutung.

Pilze, Berge, Universum, Gärten

»Ich arbeite mit fünf Gemeinden in den Bergen um San Cristóbal zusammen, und jede hat ihre Besonderheit. Die Frauen von San Juan Chamula zum Beispiel nutzen Schafwolle und fertigen Stickereien, die von der Natur inspiriert sind. Aldama ist eine andere Ortschaft. Dort werden die Textilien auf dem Webstuhl hergestellt, mit Symbolen, die aus der klassischen Periode der Maya-Kultur stammen. Jedes Dorf identifiziert sich über die individuelle Bestickung und die Farben seiner Tracht.« Die Frauen, mit denen Tania zusammenarbeitet, sind Nachfahren der Maya und gehören zu den Stämmen der Tzotzil, Tzeltal und Mam. Tania selbst stammt aus der Mam-Region und ist bestürzt darüber, dass diese Ethnie fast ausgelöscht ist. Auch deshalb kämpft sie mit ihrem Kursangebot für den Erhalt des alten Wissens über Textilien.

Tania zeigt uns, wie die verschiedenen Muster gestickt werden und was sie bedeuten: Kreise stellen Pilze dar, Zickzacklinien die Berge, Rauten das Universum mit seinen vier Kardinalpunkten und Blumen stehen für Gärten. Am Schluss haben wir auf unser Baumwolltuch ein buntes Potpourri der Natur gestickt.

100 % hecho a mano

Doch Tania lehrt in ihrer Atelier-Boutique nicht nur die Stickkunst, sondern verkauft auch bestickte Blusen. Damit (und mit den Kursen) finanziert sie sich, unterstützt aber gleichzeitig die Kunst-

KURSE UND KAUFEN

Kurse bei Tania: María Adelina Flores Nr. 80, San Cristóbal de las Casas, Buchung über Whatsapp 967 146 17 21 Mo, Mi und Fr 11–14, Di und Do 16–19 Uhr, 3 Std./350 Pesos, 15 Std./1200 Pesos.
ModaFrida: www.modafrida.com

handwerkerinnen in den Dörfern. »Die meisten Frauen widmen sich vorrangig ihren Familien und dem Land, auf dem sie wohnen. Einige produzieren nebenher Textilien«, erklärt sie. »Der Verkauf ist wichtig, um ihre Lebensqualität zu verbessern. Ich selbst sticke seit meinem sechsten Lebensjahr. Aber erst an der Uni wurde mir der Reichtum unserer Kultur so richtig bewusst. Ich begann Kurse bei mir zu Hause zu geben, suchte aber nach einem Ort, wo die Leute mich finden und ich ihnen die Stickkunst zeigen kann. Auch damit sie zu schätzen lernen, was wir tun, denn alle Arbeiten sind zu 100 % von Hand gefertigt.«

Jeden Tag sucht Tania nach Verkaufsflächen und neuen Kunden, damit die Produkte ›ihrer Frauen‹ an immer mehr Orte gelangen und einen fairen Preis erzielen, der in Relation zu den Arbeitsstunden steht. Denn diesen Preis gibt sie an die Frauen weiter, in ihrer Boutique schlägt sie nur eine Servicegebühr drauf.

Mexikanische Blusen in Deutschland

Einer, der bestickte Blusen aus Mexiko nach Deutschland bringt, ist Michael Schaal. Seit über zehn Jahren sorgt er mit seinem Unternehmen ModaFrida für mehr Farbe in deutschen Kleiderschränken. Die Namenspatronin und berühmte Malerin Frida Kahlo liebte ebenfalls indigene Trachten. Michael kennt alle Produzentinnen persönlich und unterstützt sie auf direktem Weg. Tania hat ihm ihre Kooperative vorgestellt. Demnächst wird es bei ModaFrida neben Blusen und Kleidern aus Bundesstaaten wie Oaxaca, Yucatán und anderen Orten in Chiapas wohl auch Blusen aus den Bergdörfern rund um San Cristóbal geben. ■

So sieht es aus, wenn Tania Meija einen Stickkurs gibt.

Brujos und Curanderos

Es ist doch ein wenig befremdlich — daran zu glauben, dass ein rohes Hühnerei einem Kind beim Einschlafen helfen soll. Doch genau darauf vertraut Gustavo Ramiréz, als er seinen kleinen Sohn Jorge bedächtig damit abreibt.

Dabei murmelt er einige Worte vor sich hin, mit denen er übernatürliche Kräfte um Hilfe bittet. Der komplette Körper des Jungen wird berücksichtigt, besonders wichtig sind die Stirn, der Hinterkopf, die Hände und die Unterarme sowie der Nacken. Jorge war unruhig, hat viel geweint und wirkte irgendwie gestresst. Das Hühnerei soll die negativen Energien von ihm abziehen, ihn reinigen, den Dämon vertreiben. Und schließlich dafür sorgen, dass der Kleine in der kommenden Nacht gut schläft. Nach der Prozedur wird Gustavo das Ei in einen Bach legen oder es unter der Wurzel eines Baumes vergraben, damit das Wasser oder die Pflanze die negative Energie freisetzen und in etwas Positives umwandeln kann.

Teil des Lebens

Schamanische Rituale gehören zum Leben in Mexiko dazu. Die Bezeichnung *chamán* wird hier jedoch selten gebraucht, viel mehr *curandero* (›Heiler‹) oder *brujo* (›Zauberer‹). Sie sind dafür verantwortlich, den Menschen, die zu ihnen kommen, bei ihren physischen oder psychischen Problemen zu helfen, ihr Gleichgewicht oder ihre Lebenskraft wiederzuerlangen. Die meisten Mexikaner glauben an die Kraft von Beschwörungsformeln, die Wirkung von Heilkräutern und den Einfluss übernatürlicher Energien auf das eigene Dasein. Nicht umsonst gibt es auf jedem Markt einen Bereich, in dem Kräuter und Gewürze angeboten werden. Säckeweise. Unter Aztekisches Süßkraut, Vanillepulver, Chipotle Chili und Drüsengänsefuß mischen sich Copalharz in sämtlichen Duftnoten und Größen, skurrile Figuren, Pasten sowie Tinkturen für jedes Zipperlein.

Neben körperlichen Beschwerden oder psychisch-geistigen Krankheiten werden Rituale oft aufgrund eines Schutzbedürfnisses durchgeführt. Der *curandero* fordert dabei übernatürliche Wesen, Vorfahren und Naturgewalten auf, die Ernte, den Hausbau oder eine Ehe zu segnen.

Der Heiler, der Weise

Ein *curandero* erlernt die Heilkunst meist von klein auf von seinen Eltern oder Großeltern: die Arten von Heilpflanzen und ihre Wirkung, den Umgang mit Feuer und berauschenden Getränken während eines Rituals. Er kennt den menschlichen Körper genau – die Muskeln und die Art der Energie, heiße oder kalte, die sich in bestimmten Bereichen befindet. Und er lernt die Formeln und Gebete, die während der Rituale gesprochen werden, und die übernatürlichen Wesen, die er anrufen muss, um durch sie die Gesundheit des Klienten wiederherzustellen.

Indigenes Erbe

Der weit verbreitete Glaube an den Schamanismus hat seine Wurzeln bei den mexikanischen Urvölkern. Maya, Zapoteken und Azteken hatten die Vorstellung, dass

jeder Mensch vom Tag seiner Geburt an einen Nahual besitzt, einen Schutzgeist, der ihn sein Leben lang begleitet. Dieser Schutzgeist kann eine Pflanze sein, doch in der Regel ist es ein Tier. Um herauszufinden, welches Tier der Nahual ist, wurde um die Stunde der Geburt Asche um das Haus gestreut. Das Tier, dessen Fußspur später in der Asche gefunden wurde, war von nun an der Schutzgeist des Neugeborenen.

Curandero Chuchú

Ich lernte Chuchú einen Tag vor meiner Hochzeit in Mexiko kennen. Es sollte so sein. Er hatte am mexikanischen Kindertag in seiner traditionellen Maya-Schwitzhütte ein Reinigungsritual mit Kindern durchgeführt. Ich habe meine sechsjährige Tochter begleitet. Und war fasziniert. Die Intensität des Zusammenseins, die Konzentration auf das eigene Ich – mithilfe von Trommeln, Gesängen, dem Rauch von Copalharz und dem Duft riesiger Rosmarinzweige einen solchen Raum zu erschaffen, hat mich schlichtweg umgehauen. Ich bat Chuchú, meine Eheschließung am nächsten Tag zu segnen.

Der Part mit dem offiziellen Beamten war schnell vollzogen, dann kam Chuchú an die Reihe. Wir bildeten einen Kreis und er rief in die vier kardinalen Himmelsrichtungen und das Erdzentrum alle Elemente an, die mit unserem Sein in Verbindung stehen: unsere Ahnen, Mutter Natur und die Lebenskraft des Universums. Währenddessen wurden Copalharz entzündet sowie Kakaobohnen, Kräuter und Mezcal bereitgestellt – ein Opfer für alle teilnehmenden Elemente. Zuerst bat er sie um Erlaubnis, dieses Ritual durchzuführen, dann lud er sie zur Teilnahme ein und bat sie schließlich um Unterstützung und positive Energien für unsere Ehe – den Beginn eines neuen Zyklus, eines neuen Lebens. Bis jetzt hält sie! ∎

Vom Schamanen gesegnet: Es bleibt zu hoffen, dass diese Art der Eheschließung den gängigen Statistiken widerspricht.

Zapata vive, la lucha sigue

Es sind klassische Souvenirs in San Cristóbal — kleine Püppchen mit schwarzen Gesichtsmasken, die nur einen Sichtschlitz haben, um den Hals ist ein rotes Tuch gebunden. Meist sitzen sie auf Pferden und tragen ein Gewehr über der Schulter.

Im wahren Leben stecken unter diesen Masken indigene Rebellen. Sie kämpfen in Chiapas, einem der ärmsten Bundesstaaten von Mexiko, für die Rechte der Indígenas. Für eine gerechte und kollektive Landverteilung. Für Gendergerechtigkeit. Für Nachhaltigkeit. Und für Selbstverwaltung. Vor allem in den Dschungelgebieten und Dörfern im Osten von Chiapas liest man immer wieder: »Está usted en territorio zapatista. Aquí manda el pueblo y el gobierno obedece« – ›Sie betreten die zapatistische Zone. Hier befiehlt das Volk und die Regierung gehorcht.‹ Dazu weht mancherorts ein roter Stern auf schwarzem Untergrund: die Flagge der Zapatistas.

Comeback einer Rebellion

Die Zapatistas, organisiert in der linksorientierten Befreiungsarmee EZLN (Ejército Zapatista de Liberación Nacional), verfolgen ihre Ziele aktuell so vehement wie seit Jahren nicht mehr. Im August 2019 verkündete die Gruppierung in einem öffentlichen Kommuniqué, sie habe im Bundesstaat Chiapas elf neue autonome Regionen eingerichtet. Überraschenderweise zeigte sich der linkspolitische Staatspräsident Andrés Manuel López Obrador begeistert: »Willkommen und weiter so, denn dss bedeutet, zum Wohle der Gemeinschaften und Völker zu arbeiten.« Das Prinzip der Selbstverwaltung hat Schule gemacht. Nicht nur in Chiapas. In mehreren mexikanischen Bundesstaaten gibt es Nachahmer der zapatistischen Autonomiebewegung. Und auch international entwickelte sich die friedliche Rebellion der Zapatistas zum Vorbild für soziale Bewegungen.

»Hoy decimos: ¡Basta!«

›Heute sagen wir: Es reicht!‹ – Mit diesem Kampfslogan marschierte die EZLN am Neujahrstag 1994 in San Cristóbal de las Casas und weiteren Städten der Region ein, trat erstmals öffentlich in Erscheinung. Es war kein Zufall, dass an diesem Tag auch das nordamerikanische Freihandelsabkommen NAFTA in Kraft trat, demzufolge die Erzeugnisse der einheimischen Bauern durch Billigimporte aus den USA ersetzt werden würden. Die Indígenas hatten es satt, ihre Situation weiterhin klaglos hinzunehmen – die Armut, die Landenteignungen, die soziale Ungerechtigkeit, die Diskriminierung und die Rechtlosigkeit.

Die Rebellen, die für die Rechte der Indígenas kämpfen, haben es bis in die Souvenirläden geschafft: Hier werden Puppen verkauft, die ihrem Auftreten entsprechen: schwarze Gesichtsmasken und ein Gewehr in der Hand.

Vorbild und Namensgeber der EZLN ist der mexikanische Revolutionsheld Emiliano Zapata (1879–1919). Die Zapatistas sehen sich in seinen Fußstapfen, wollen das Land verändern, drängen auf eine autonome Selbstverwaltung der Gemeinden. Mit Charisma und enthusiastischen Botschaften ihrer beiden Anführer Subcomandante Marcos und Subcomandante Moíses kämpft die EZLN seit 1994 für ihre Sache: »Wir müssen die Welt nicht erobern. Es reicht, sie neu zu schaffen. Heute. Durch uns!«

Der als Chiapas-Konflikt bekannt gewordene bewaffnete Aufstand dauerte nur zwölf Tage. Er endete mit einem Waffenstillstand sowie einem Vertrag, der vorsah, Autonomierechte für die indigene Bevölkerung in die Verfassung aufzunehmen. Da dieser Schritt jedoch nie vollzogen wurde, übt die EZLN im östlichen Chiapas ein De-facto-Regime aus. (Para-)Militärische Gruppen griffen die Zapatistas immer wieder an. Tragischer Höhepunkt war ein Massaker kurz vor Weihnachten 1997: Eine Miliz überfiel das mit den Zapatistas sympathisierende Dorf Acteal und ermordete 45 indigene Männer, Frauen und Kinder.

Rat der guten Regierung

2003 gründete die EZLN im Bergland von Chiapas fünf autonome Verwaltungszentren *(caracoles),* zu denen etwa 40 zapatistische Gemeinden gehören. Oberstes politisches Organ ist die Junta de Buen Gobierno (›Rat der guten Regierung‹). Um Korruption vorzubeugen, wechseln die Mitglieder im Rotationsprinzip. Vieles wurde bis heute erreicht: Immer mehr Kinder lernen in zapatistischen Schulen, ein regierungsunabhängiges Gesundheitssystem und Infrastrukturprojekte entstehen, ein Gesetz zum Schutz der Tropenwälder soll erlassen werden. Gewalt in den Familien ist durch ein Alkoholverbot zurückgegangen. Die Frauen der EZLN, heute etwa ein Drittel der Mitglieder, fordern zunehmend ihre Rechte ein.

Ein Problemstaat

Trotz dieser Erfolge steckt Chiapas nach wie vor voller Probleme. Unterernährung, Kindersterblichkeit, Armut und Gewalt gegen Frauen gehören zum Alltag. Hinzu kommen teils hinterlistige Attacken von Seiten der Regierung, um die Zapatistas zu zermürben: Da werden der Strom abgestellt, die Website sabotiert (www.enlacezapatista.ezln.org. mx), der Kongress der zapatistischen Frauen durch paramilitärische Angriffe boykottiert, Menschen zwangsumgesiedelt. Dieses Vorgehen setzt sich auch unter AMLO fort, wie Präsident Manuel López im Volksmund genannt wird, obwohl er doch die Einrichtung neuer zapatistischer Autonomiegebiete offiziell begrüßt hat. Stattdessen ist zu beobachten, dass die Militärpräsenz in den Gebieten seit seiner Amtsübernahme zunimmt und auch Ländereien der indigenen Bauern wieder bedroht sind – die Zapatistas und viele indigene Gemeinden demonstrieren gegen eine geplante neue Ölraffinerie im Südosten und den Tren Maya (s. S. 285).

Ein weiteres Übel: die Lage von Chiapas an der Grenze zu Guatemala. Tausende Flüchtlinge warten hier auf eine Möglichkeit, sich nach Mexiko und weiter in die USA zu schmuggeln. Seit Donald Trumps Androhung von Strafzöllen hat sich AMLO von seiner vor Amtsantritt angekündigten humanitären Migrationspolitik distanziert und rund 6500 Soldaten in die Region geschickt, was nicht unbedingt zu einer friedlichen Atmosphäre beiträgt. So bleibt Chiapas trotz kleiner Fortschritte ein Problemkind, dessen ›Macken‹ einem Reisenden jedoch meist verborgen bleiben. ∎

Der Dschungelzug

Eine Bahn — soll Urlauber aus der Touristenhochburg Cancún zu den Maya-Stätten im Dschungel bringen. Präsident López Obrador verspricht sich davon einen Aufschwung für die Region. Umweltschützer und Indigene hingegen befürchten den Ausverkauf der unberührten Natur.

Von der Spitze der Hauptpyramide von Calakmul aus hört man den Ruf des Dschungels. Brüllaffen markieren mit Schreien ihr Territorium in der alten Maya-Stadt im Südosten von Mexiko. Der Blick schweift über das ewige Grün eines Biosphärenreservats auf der Halbinsel Yucatán. Bald schon könnte ein Zug durch die Region rattern.

Umweltsünde oder Schlüssel zum Wirtschaftsboom

Der Tren Maya (›Maya-Zug‹) ist eines der größten Infrastrukturprojekte des mexikanischen Präsidenten Andrés Manuel López Obrador, der im Dezember 2018 sein Amt angetreten hat. 2019 wurde die konkrete Bauplanung für das Vorhaben mit einem Volumen von mindestens 120 Mrd. Pesos (5,5 Mrd. Euro) ausgeschrieben. Ab 2023 soll der Zug dann über die Halbinsel fahren, teilweise auf dem bereits bestehenden Schienennetz, teilweise auf neuen Streckenabschnitten.

»Der Maya-Zug ist nicht nur ein Zug, er ist eine Entwicklungsstrategie«, sagt der Projektverantwortliche Rogelio Jiménez Pons. Umweltschützer, Archäologen und Vertreter der indigenen Gemeinschaften sind allerdings besorgt. Die Dorfbewohner in der Region fürchten, dass von dem Megaprojekt für sie nur ein paar Jobs als Tellerwäscher in den neuen Hotels abfallen.

Der Zug soll eine Strecke von 1525 km auf der Halbinsel Yucatán abfahren und pro Jahr rund 3 Mio. Touristen transportieren. Auch Güterzüge und normale Personenzüge werden nach den Plänen der Regierung das neue Schienennetz nutzen. Insgesamt sind 15 Haltestellen geplant: von den weißen Sandstränden in Cancún bis zu den archäologischen Ausgrabungsstätten von Palenque und Chichén Itzá. An der Strecke sollen neue Hotels und Dörfer entstehen. Bauern, die ihr Land für den Bau zur Verfügung stellen, werden Partner des Projekts.

Quer durchs Biosphärenreservat

Calakmul erlebte seine Blütezeit zwischen 250 und 900 n. Chr. und ist heute Kulturerbe der UNESCO. Die alte Maya-Stadt liegt mitten in einem über 720 000 ha großen Schutzgebiet. Ein 60 km langer Weg führt von der Landstraße bis zu der historischen Stätte. Pfauentruthähne, Hirsche und Dachse kreuzen den Pfad. Nach Angaben der UNESCO handelt es sich um den letzten großen und gut erhaltenen tropischen Wald in Amerika.

Bereits jetzt durchschneidet eine Landstraße das Reservat. Die Bahnstrecke soll parallel dazu angelegt werden. »In der Region gibt es 15 Schutzgebiete des Bundes und weitere 20 bundesstaat-

So könnte der geplante Zug aussehen, der Touristen zu den entlegenen Maya-Stätten bringt (Bild oben). Schon längst formiert sich in der Bevölkerung Widerstand dagegen (Bild unten).

liche Schutzgebiete, aber das wichtigste ist das Biosphärenreservat von Calakmul«, sagt der Präsident des Mexikanischen Zentrums für Umweltrecht (CEMDA), Gustavo Alanis. In dem Reservat leben 2000 der letzten 4800 Jaguare Mexikos. Auch andere Tiere und Pflanzen in der Region sind vom Aussterben bedroht und stehen unter besonderem Schutz.

Der Zug wird fünf Bundesstaaten durchkreuzen: Yucatán, Quintana Roo, Campeche, Chiapas und Tabasco. An der Wegstrecke liegen zahlreiche Cenotes, für die Region typische unterirdische Seen und Flüsse, und Überreste der Maya-Kultur wie Xpujil, Becán und Chicanná.

Nicht alle zeigen sich begeistert

Am Eingang zu Xpujil sitzt Gloria Fuentes unter einem Palmendach und bietet Kunsthandwerk an. »Wie ich es verstanden habe, soll es hier eine Haltestelle geben und eine weitere in Calakmul. Das ist eine Chance für uns, mehr zu verdienen«, sagt sie. Die Details sind allerdings noch immer unklar. Um Spekulationsgeschäfte mit den an die Bahnstrecke grenzenden Ländereien zu vermeiden, hält sich die Regierung mit Einzelheiten bislang zurück.

Touristenführer Dámaso Vásquez sieht den geplanten Zug kritisch. »Das ist kein Projekt der Indigenen«, sagt der Mann vom Volk der Zapoteken, der vor einigen Jahren in die Region kam. »Für mich ist das ein Projekt der Großkapitalisten.« Viele der 28 000 Einwohner im Bezirk Calakmul sind Bauern. Sie pflanzen Mais und Chili an und halten Bienenvölker. Eine sichere Wasserversorgung interessiert sie wesentlich mehr als touristische Großprojekte.

Der Gegenwind wird Präsident López Obrador nicht gefallen. Der Linksnationalist versteht sich als Anwalt der Armen und Indigenen, wettert selbst immer wieder gegen Neoliberalismus und Großkapital. Dass sein Vorzeige-projekt jetzt ausgerechnet an der Basis nicht überall gut ankommt, dürfte am Selbstverständnis des populären Präsidenten nagen.

Zwar sollen vor Baubeginn ein Umweltschutzgutachten erstellt und eine Anhörung der indigenen Gemeinschaften nach den Vorgaben der Internationalen Arbeitsorganisation (ILO) durchgeführt werden. Aber López Obrador hat schon deutlich gemacht: Der Zug wird kommen.

Erste Drohungen

»Wenn sie nicht auf uns hören, dann müssen wir eben zu anderen Mitteln greifen«, warnt der Präsident des Indigenen Regionalrats von Xpujil, Alfredo López Díaz. Die Ortsansässigen hätten schlechte Erfahrungen mit touristischen Großprojekten beispielsweise in Cancún und Playa del Carmen gemacht, wo die örtliche Bevölkerung weichen musste. »Die Regierung will uns nur als billige Arbeitskräfte«, sagt der Bauer Genomelín López Velázquez.

Die Regierung versucht abzuwiegeln: Rund um Calakmul sollen nur Hotels mit bis zu 50 Zimmern entstehen. »Kleine Hotels, Ökotourismus. Es wird keine Golfplätze geben«, sagt Projektleiter Jiménez Pons. »Wir zielen auf Touristen, die den Dschungel erleben wollen, den Kontakt zur Natur und zur Archäologie suchen.«

Die Zapatistische Befreiungsarmee (EZLN) kann das nicht überzeugen. Die Rebellengruppe verfügt in einem Teil des Bundesstaats Chiapas über erheblichen Einfluss, einige Dörfer in der Region werden praktisch von den Zapatistas (s. S. 282) verwaltet. Sie befürchten, dass die Indigenen von ihrem Land vertrieben werden sollen, »damit ein Zug hindurchfahren kann und die Touristen Selfies machen können«. ∎

Von Andrea Sosa Cabrios, dpa

DAS KLIMA IM BLICK **K**

Reisen bereichert und verbindet Menschen und Kulturen. Wer reist, erzeugt auch CO_2. Der Flugverkehr trägt mit einem Anteil von bis zu 10 % zur globalen Erwärmung bei. Wer das Klima schützen will, sollte sich für eine schonendere Reiseform (z. B. die Bahn) entscheiden – oder die Projekte von atmosfair unterstützen. Atmosfair ist eine gemeinnützige Klimaschutzorganisation. Die Idee: Flugpassagiere spenden einen kilometerabhängigen Beitrag für die von ihnen verursachten Emissionen und finanzieren damit Projekte in Entwicklungsländern, die dort den Ausstoß von Klimagasen verringern helfen. Dazu berechnet man mit dem Emissionsrechner auf www.atmosfair.de, wie viel CO_2 der Flug produziert und was es kostet, eine vergleichbare Menge Klimagase einzusparen (z. B. Berlin – London – Berlin 14 €). Atmosfair garantiert die sorgfältige Verwendung Ihres Beitrags.

MIX
Papier aus verantwortungsvollen Quellen
FSC® C018236

Juliane Israel – Seit über zehn Jahren bin ich in Mexiko verliebt. Gepackt hat es mich, als ich nach meinem Archäologiestudium ein Auslandsjahr in Oaxaca verbrachte und in der UNESCO-Welterbestätte Monte Albán arbeitete. Die lieben Menschen, die geniale Musik, das Essen, die Gerüche, die Landschaften — es hat mich nicht mehr losgelassen. Inzwischen bin ich auch beruflich und familiär in Mexiko verwurzelt. Wann immer es geht, fahre ich dorthin.

Abbildungsnachweis
Café Painapol, Holbox (MX): S. 43 (Sara Ulloa) **DuMont Bildarchiv**, Ostfildern: S. 161 re. (Kay Maeritz) **Enrique Ortiz**, Campeche (MX): S. 160 re. (Ernesto Camara) **Grand Fiesta Americana Coral Beach Cancún All-Inclusive Spa Resort**, Cancún (MX): S. 24 **Hans-Joachim Aubert**, Bonn: S. 61 **Huber-Images**, Garmisch-Partenkirchen: S. 72 (Justin Foulkes) **iStock.com**, Calgary (CA): S. 12/13 (Arkadij Schell), 55 (CampPhoto), 191 re., 225 (diegocardini), 2/3 (Orbon Alija); 149 (Solange_Z) **Jacobo Parra** (IG:@kubko @jacoboparra.studio), Santa Catarina, (MX): S. 227 **Juliane Israel**, Blankenhain: S. 32, 45, 91, 103, 179, 184, 200, 255, 279, 281 o., 281 u., 283, 291 **laif**, Köln: S. 256 (Cavan Images/Chico Sanchez); 71 (Cavan Images/D. Santiago Garcia); 8 (Gregor Hohenberg); 221, 244/245 (Haytham-Rea/Jeoffrey Guillemard); 130, 267 o. (hemis.fr/Leroy Francis); Titelbild (hemis.fr/Tuul); 115 (Hub); 163, 10 (Le Figaro Magazine/Eric Martin); 7 re. m. (Naftali Hilger); 86 (NYT/Redux/Piotr Redlinksi) **Martin Engelmann**, Innsbruck (AT): S. 268/269, 270 li. o., 270 re. m., 270 li. u., 271 o., 271 u. **Mauritius Images**, Mittenwald: S. 259 (Alamy/B. Mete Uz); 246/247 (Alamy/Chico Sanchez); 216 (Alamy/Frans lemmens); 189 (Alamy/HeritagePics); 40, 15 li. (Alamy/James); 137 (Alamy/Marshall Ikonography); 273 (Alamy/Martin Norris Travel Photography); 277 (Alamy/Prisma Archivo); 264 (Alamy/Robert Landau); 124 (Alamy/Septemberlegs Editorial); 79, 9 (Alamy/Sergi Reboredo); 153 (Csondy); 65 (Masterfile RM/Gary Gerovac) **picture-alliance**, Frankfurt a. M.: S. 253, 274 (akg-images); 286 o. (AP Photo/Marco Ugarte); 286 u. (ASSOCIATED PRESS/Eduardo Verdugo); 167 (Bildagentur-online/Schoening); 173 (imagebroker/Sepp Puchinger) **Reiseblog worldonabudget.de**, Köln: S. 193 **Shutterstock.com**, Amsterdam (NL): S. 205 (Aleksandar Todorovic); 99 re. (Anna ART); 118 (B_M Photography); 97 (Barna Tanko); 141 (bmszealand); 190 re. (Brester Irina); 191 li. (Cris_mh); 049 re. (DC_Aperture); 108 (eskystudio); 190 li. (Fer Gregory); 98 re. (Florian Augustin); 19 (Francisco J Ramos Gallego); 161 li. (Gillian Holliday); 048 li. (Iren Key); 159, 250 u. (Jess Kraft); 250 o. (Leon Rafael); 47 (Libor Klimek); 7 li. u. (Lukiyanova Natalia frenta); 228 (Luma creative); 51 (M. Vinuesa); 7 li. o. (Maciej Czekajewski); 267 u. (Marcos Castillo); 14 li. (Mardoz); 160 li. (Marotoson); 049 li. (Matyas Rehak); 048 re. (prochasson frederic); 14 re. (Rob Atherton); 99 li. (Roberto Michel); 98 li. (simonovstas); Umschlagklappe vorn (SL-Photography); 6 li. o. (stacyarturogi); 262 (VojtechVlk); 210 (wayak); 15 re. (Zstock)

Umschlagfotos
Titelbild: Straßenszene in Izamal
Umschlagklappe vorn: Ruinenstätte Tulum

Kartografie: © DuMont Reiseverlag, Ostfildern

Text: Juliane Israel, Hans-Joachim Aubert **Bildredaktion:** Sima Ebrahimi, Titelbild: Carmen Brunner **Grafisches Konzept und Umschlaggestaltung:** zmyk, Oliver Griep und Jan Spading, Hamburg

Hinweis: Autorin und Verlag haben alle Informationen mit größtmöglicher Sorgfalt geprüft. Gleichwohl erfolgen alle Angaben ohne Gewähr. Bitte schreiben Sie uns! Über Ihre Rückmeldung und Ihre Verbesserungsvorschläge freuen wir uns: DuMont Reiseverlag, Postfach 3151, 73751 Ostfildern, info@dumontreise.de, www.dumontreise.de

Offene Fragen*

Tequila oder Mezcal?

Machen in Cancún wirklich so viele US-Amerikaner Urlaub?
Seite 17, 27

Muss ich in Mexiko verhungern, wenn ich keine Chilis mag?

Wie bestellt man in Mexiko ein Bier?
Seite 15

Schwitzt man in einem Temazcál?
Seite 71

Wie viel Mais steckt in einer Tortilla?
Seite 265

Hat Yucatán ein Problem mit dem Klimawandel?
Seite 258

Warum ist Baden in einem Cenote so dermaßen schön?
Seite 54

Bestehen die besten Hängematten aus Baumwolle, Sisal oder Polyester?
Seite 94

Wo geht auf Yucatán die Party ab?
Seite 27, 76

Sind Auswanderer glücklicher als Daheimgebliebene?
Seite 254

Haben die Maya Menschen geopfert?

Kann man Seegras essen?

* Fragen über Fragen – aber Ihre ist nicht dabei? Dann schreiben Sie an info@dumontreise.de. Über Anregungen für die nächste Ausgabe freuen wir uns.